HEYNE
BÜCHER

Martin Strick

Mineralwasser und Heilwasser

Entstehung · Zusammensetzung Wirkungsweise · Heilanzeigen

Ein kritischer Führer

Originalausgabe

Wilhelm Heyne Verlag
München

HEYNE RATGEBER
08 / 9139

Besonderer Dank für die Beschaffung einschlägiger Informationen geht an Frau Annemarie Stodt vom *Verband Deutscher Mineralbrunnen,* Herrn Peter Meroth, *Redaktion ›natur‹*, sowie Frau Dr. Eschenbruch von den *Staatl. Mineralbrunnen Siemens Erben.*

Printed in Germany 1987
Umschlaggestaltung: Atelier Ingrid Schütz, München
Umschlagfoto: Stefan Hagen, München
Satz: VerlagsSatz Kort GmbH, München
Druck- und Bindung: Presse-Druck Augsburg

ISBN 3-453-00915-0

Noch erst die Pein
Bringt Menschen bei des Wassers Wert.
Denn wärest Du in Turkestan allein,
Oder im Rettungsboot, von Glut verzehrt,
Oder umtobt von Wüstensandtaifunen:
Du wünschtest Dich fürwahr in einen Brunnen!

LORD BYRON

Inhalt

Was leistet dieses Buch?

Mineralwasser und Heilwasser zerfällt in drei Teile:

1. Grundlagen – der erste Abschnitt dieses Buches erläutert Natur, Gewinnung und Handhabung von Mineral- und Heilwässern im allgemeinen.

2. Verzeichnis – der zweite Abschnitt erfaßt 109 in Deutschland, Österreich und der Schweiz verkehrende Mineral- und Heilwässer im besonderen, stellt sie mit Etikett vor und beschreibt ihre Eigenheiten.

3. Bedeutung (Erschließung) – der dritte Teil erklärt die Wirkungsweise von Mineralien auf den Menschen. (Zusätzlich listet er über 250 Mineral- und Heilwässer nach nützlichen Gesichtspunkten auf: z. B. gemäß ihrer Mineralhaltigkeit – oder alle Heilwässer, die gegen Verdauungsbeschwerden helfen – oder alle Mineralwässer, die sich für die Zubereitung von Babynahrung eignen usf.)

Anhang Im Anhang stehen Dokumente und Angaben, die mit dem Thema dieses Buchs zu tun haben.

TEIL I

Über Natur, Gewinnung und Handhabung von Mineral- und Heilwässern im allgemeinen

Mineralwasser

Mineralwasser ist von der Natur gewürztes Wasser, ›abgeschmeckt‹ mit festen natürlichen Bestandteilen der Erdkruste wie Calcium, Magnesium, Natrium, Kalium, Carbonaten, Sulfaten oder Chloriden. Über 2000 Mineralien sind bekannt. Einige davon bedeuten viel für den Menschen.

Der Mensch braucht Mineralien zum Überleben

Sie verhindern zum Beispiel das Austrocknen der Haut (wer dem Altern vorbeugen will, sollte deswegen pro Tag mindestens 1½ Liter Mineralwasser trinken). Oder sie dienen als ›Elektrolyte‹, das heißt: besorgen den Stromtransport. Ohne Elektrolyte würde sich kein Muskel bewegen, weil die Nerven die entsprechenden Befehle nicht weiterleiten könnten; wir wären nicht einmal in der Lage zu denken.

Elektrolytverlust…

Die Minerale im Körper brauchen sich ständig auf. Vor allem wenn wir stark schwitzen, uns erbrechen oder Durchfall haben, verlieren wir mit der Flüssigkeit lebenswichtige Elektrolyte, die wir dem Organismus schleunigst wieder zuführen müssen, weil er sie selbst nicht herstellen kann.

…chronisch bei jungen Frauen und Mädchen…

Es ist allgemein bekannt, daß vor allem junge Frauen und Mädchen einen höheren Elektrolytverlust besonders von Eisen (wegen der Regelblutung) auszugleichen haben.

…bei Schülern und Managern

Doch nur wenige wissen, daß starke nervliche Anstrengung – z.B. von Schülern in

Lern- oder Managern in Streßsituationen – den Elektrolytbedarf erhöht. Auch ältere Leute brauchen mehr davon. Nicht, weil sie immer besonders viel nachdenken; ihr Körper scheint vielmehr außerstande, das übliche Elektrolyt-Angebot in der Nahrung in vollem Umfang zu nutzen, und braucht deswegen eine höhere Dosis.

Was einzelne Mineralien leisten

Einige Minerale haben besondere Aufgaben. Das eben schon erwähnte Eisen ist zur Blutbildung nötig. Calcium spielt eine Rolle bei der Knochenerneuerung. Und Natrium sorgt für den Ausgleich des Mineral- und Wasserhaushalts; ohne Natrium würden wir austrocknen. Eine Übersicht der entscheidenden Mineralien und Spurenelemente bietet der III. Teil dieses Buches. Dort werden nicht nur Wirkungsweisen und notwendige Dosen der einzelnen Stoffe erläutert, sondern auch, wieviel davon in jeweils welchem Mineralwasser enthalten sind.

Durstlöscher

Mineralien geben einem Wasser nicht nur Geschmack, sie sind es auch, die den Durst löschen. Durst ist der Schrei des Körpers nach Wiederausgleich des Mineral- und Salzanteils im Blut.

Alkohol der Mineralienräuber (macht durstig!)

Alkohol plündert diesen Schatz; er raubt dem Körper Mineralien und bringt dadurch das Durstzentrum im autonomen Teil des Gehirns in Fahrt. Drum macht das erste Gläschen Bier immer so durstig auf das zweite! Und hinterher der Kater ist der gesteigerte Ausdruck von Mineralmangel.

Mineralwasser gegen Kater

Ein paar Gläser kräftiges Mineralwasser gleichen ihn wirksam aus (fixer übrigens als der übliche Mineralienlieferant *Rollmops,* da das Wasser seine Gaben, begünstigt noch durch die Wirkweise der Kohlensäure, ungehemmter zum Ziel bringt). Manche finden deshalb, Mineralwasser sei überhaupt der einzig wirkliche Durstlöscher: weil man immer nur wenig davon zu trinken braucht, um den Brand zu stillen...

Mineralstoffmangel

Alkohol, einseitige Ernährung, zuviel Rauchen, Übergewicht und Bewegungsarmut können zu Mineralstoffmangel führen. Übrigens auch das Gegenteil: schweißtreibender Sport, unbarmherzige Abmagerungskuren usw.

Zivilisationskrankheit

Die Mangelversorgung an bestimmten Mineralstoffen ist eine Zivilisationskrankheit. Afrikanische Eingeborene etwa nehmen viermal mehr Mineralien zu sich als der Durchschnittseuropäer. Der fühlt sich schlaff, entnervt, unkonzentriert – müde und kann doch nicht schlafen. In solchen Fällen (wenn nicht eine wirkliche Stoffwechselkrankheit vorliegt) trägt Mineralwasser besonders zweckmäßig zu einem Ausgleich bei.

1 Gramm Mineralien pro Liter

Man sollte allerdings darauf achten, daß es auch genügend Mineralien enthält. 1000 Milligramm (= tausendstel Gramm, also 1 Gramm) sollten es schon sein. Der Mineralienanteil ist meist unterm ›Analyseauszug‹ auf dem Flaschenetikett angeführt. Zur Entzifferung dieser Angaben später mehr...

Lange vor unserer Zeit...

Die Altvorderen wußten auch ohne solche Kennzeichnung, was ihnen guttat. Erste Mineralwassernutzung kennt schon die Frühgeschichte. Man trank's als Heilmittel und nutzte solhaltige Austritte, um durch Einkochen kostbares Salz zu gewinnen.

Die Römer

In Schwung brachten das Mineralwassergeschäft dann die alten Römer. Bei vielen der heute genutzten Vorkommen, stößt man auf sie als Entdecker (→ Teil II). Sie machten den Germanen nicht nur vor, wie man im warmen Quellnaß badet, sondern sie schleppten auch das wegen seines Kohlensäureanteils besonders lange haltbare Wasser aus den Bornen Südwestdeutschlands in Tonkrügen übers Gebirge auf die verwöhnten Tische ihrer Hauptstadt.

Mineralwasser – so wertvoll wie Wein

Auch bei den Mächtigen der Folgezeit stand deutsches Mineralwasser allemal so hoch im Kurs wie Wein. Planmäßiger Versand läßt sich seit dem 30jährigen Krieg nachweisen. Tonkrüge, in Füllkörben aus der Quellgrube gehievt, wurden versiegelt und gingen über Land – anno 1778 von Selters aus schon über einmillionenmal. Und nicht nur ins Fürstentum um die Ecke, sondern durchaus auch per Schiff nach England (das über keine vergleichbaren Quellen verfügt) und weiter. Der Russen-Zar hatte einen regelrechten Kurierdienst für deutsches Mineralwasser eingerichtet.

Vorrecht der Reichen Mineralwasser blieb so lange ein Sonderrecht der Wohlhabenden, wie mühsame Transportwege den Preis hochtrieben. (Auch heute noch macht die Beförderung des Wassers von den meist abgelegenen Gewinnstellen zum Verbraucher den Großteil des Preises aus.) Erst mit der wegmäßigen Erschließung des Landes vor etwa 100 Jahren konnte abgefülltes Mineralwasser den Normalverbraucher zu erschwinglichen Preisen erreichen. Sogleich entstanden die ersten industriellen Abfüllanlagen.

Einmaliger Reichtum Deutschlands Heute gibt es an die 1000 Quellen und Tiefbrunnen zur Mineralwasserförderung in Deutschland. Die BRD ist ein Mineralwasser-Dorado. Über vergleichbare Schätze verfügen höchstens noch die Tschechoslowakei und Frankreich.

Wie Mineralwasser entsteht

Das ist natürlich kein ›Verdienst‹ der Deutschen, sondern hat mit den unterirdischen Besonderheiten des Landes zu tun.

Wo Regenwasser tiefer einbricht Naturgemäß dringt Wasser ein und aus, wo sich der geringste Widerstand bietet, also dort, wo z. B. infolge gebirgsbildender Vorgänge untere Erdschichten näher an die Oberfläche geschoben und dabei verformt worden sind.

Die Mittelgebirge Entsprechende Spalten und Störungen, die tief in den Untergrund reichen und den ursprünglichen Gesteinsverband aufgelockert haben, häufen sich in Deutschlands Mittelgebirgen: Schwarzwald, Harz, Rothaargebirge, Teutoburger Wald, Lippisches Bergland, Röhn, Fränkische und Schwäbische Jura, Odenwald, Fichtelgebirge, Voralpen, Vogelsberg, Taunus, Rheinisches Schiefergebirge usf. (siehe auch Liste der Wässer nach Regionen im Anhang dieses Buches). Hier steigt das ungehemmt tiefdringende Atmosphärenwasser an geeigneten Bruchstellen im Ausmaß seines ursprünglichen Niederschlags wieder an die Oberfläche. Und über mangelnden Regen brauchte Deutschland sich nie zu beklagen. Drum hat es Mineralquellen ›wie Heu‹.

Wie die Mineralien ins Wasser geraten

Der ›frische‹ Sprudel auf unserem Mittagstisch ist mithin vor vielleicht 30 Jahren, in Einzelfällen auch zu Zeiten Friedrichs des Großen oder gar der Kreuzzüge als Regen vom Himmel gefallen. Anschließend sickerte er tiefer als übliches Grundwasser – durch wechselnde Kies-, Sand-, Gesteinschichten, jedesmal Mineralien auslösend und sich damit anreichernd...

Die unterschiedlichen Mineralwasser-Typen

So ist er langsam zu einem der unterschiedlichen Mineralwasser-Typen geworden: *Hydrocarbonat-Wasser*, wo Kalkstein vorgeherrscht hat, *Chlorid-Wasser*, wo Kochsalzstöcke (Ablagerungen eingetrockneter Meere) berührt wurden, *Sulfat-Wasser* bei Gipslagen. Nach schleppender, mindestens zehn-, meist jedoch sehr viel langjährigerer Reise und bisweilen getrieben von Kohlensäure-Gasen des heißen Erdkerns, drängt unser gesättigter Sprudel dann durch typische Bruchstellen der Erdkruste wieder ans Licht.

Mineralwasser ist Tiefengrundwasser

Mineralwasser ist seiner Natur nach somit Grundwasser aus Tiefenlagen. Man muß sich das mehr oder minder durchlässige Gestein wie einen riesigen Schwamm vorstellen, der langsam (manchmal nur wenige Millimeter pro Tag) durchsickert wird. An irgendeinem unterirdischen Bruch perlt die Feuchtigkeit dann aus und sammelt sich zu einem Naßvorkommen. Die Vorstellung allerdings von Seen oder Bächen unter der Erde trifft – abgesehen von vereinzelten Dolomit- oder Sandsteinauswaschungen – nicht zu. Vielmehr ergeben sich in der Regel verhältnismäßig schmale ›wasserführende Schichten‹.

Verschiedene Mineralgehalte und Zusammensetzungen

Der Mineralanteil eines Quellwassers und seine Zusammensetzung hängt damit von der unterirdischen Beschaffenheit seines Austrittgebietes ab. Auch davon, wie tief das Vorkommen liegt und ob Kohlensäure im Spiel ist.

Kohlensäure

Die im Mineralwasser enthaltenen natürlichen ›Bergschwaden‹ (wie man die Kohlensäure früher nannte) unterstützen nämlich die Aufsaugefähigkeit. Sie sind die letzten Folgeerscheinungen des basaltischen Vulkanismus. 1 Liter abklingendes Magma entgast ca. 80 Liter Kohlensäure. Diese dringt durch unterirdische Klüfte der oben besprochenen Störungen ins Tiefenwasser und erhöht (Säure!) dessen Lösungsfähigkeit. Mit anderen

Worten: Kohlensäurehaltiges Wasser zerlöst Mineralien angriffslustiger. (Mineralwässer mit hohem natürlichen Kohlensäuregehalt kommen in Deutschland vor allem in vulkanisch geprägten Gebieten wie Vogelsberg, Eifel und mittlerer Schwäbischer Alp vor.)

Je tiefer, desto heißer = mineralhaltiger

Gesteigert wird der Anteil an gelösten festen Stoffen auch mit wachsender Tiefe eines Vorkommens: je näher zum Erdkern, desto wärmer (= alle 15→30 Meter um 1° zunehmend) – desto kohlensäure- und somit auch mineralhaltiger ist das Wasser. Manche fast aus dem Orkus empordringenden Sorten sind dermaßen mineralisiert, daß sie mit knapper Not (aber lindernder Wirkung!) zum Baden hergenommen werden können. Einige besitzen Heileffekte, wenn man sie schluckweise einnimmt. Das können Wässer sein, die bis zu 15 Gramm Mineralien pro Liter enthalten.

Neugemachtes Wasser

Und dann gibt es noch (Echo der Urzeit!) ›jungfräuliches‹ Wasser, das unmittelbar dem entgasenden Magma, also nicht der Atmosphäre entstammt und durch die Quelle oder den Brunnenschacht erstmals auf die Erdoberfläche gelangt.

Was auf dem Etikett steht (jedenfalls meistens)

Gehalt und Zusammensetzung eines natürlichen Mineralwassers oder zumindest seine charakteristischen Bestandteile gibt in den meisten Fällen ein ›Analyseauszug‹ auf dem Etikett der Flasche an. Es ist darauf von ›Kationen‹ und ›Anionen‹ oder einfach nur ›Ionen‹ die Rede. Was ist darunter zu verstehen?

»Alles ist aus dem Wasser entsprungen!«

Faust II

Der Mensch, die Erde, die Welt bis an den Rand des Universums: alles ist aus einer bestimmten Anzahl von Atomen aufgebaut.

Atome

Einzelne Atome ähneln dem Sonnensystem: sie haben einen Kern, der von Elektronen umkreist wird wie die Sonne von den Planeten. Die verschiedenen Atome (es sind etwas über hundert) unterscheiden sich einzig durch den Umfang ihrer ›Sonne‹: je größer der Kern, desto mehr ›Planeten‹ umrunden ihn.

Negativ und positiv

Ähnelten die Elektronen dem Kern, würde er sie abstoßen; nur weil sie ihm auf eine Art entgegenwirken, versucht er, einen Ausgleich zu schaffen, d.h.: er zieht sie an – bzw. hält sie auf Kreisbahn. Wissenschaftlich ausgedrückt, ist der Kern ›positiv‹ geladen. Positiv wird jedesmal durch ein [+]-Zeichen ausgedrückt. Die Elektronen dagegen haben immer eine ›negative‹ oder [–]-Ladung. Positive und negative Wirkung heben sich bekanntlich auf; insofern sind Atome beständige, nach außen neutrale Gebilde.

Die gescheiterte Beziehung

Es gibt allerdings (wie unter Menschen) auch welche, die weniger stabil sind, ab und zu mal ein Elektron verlieren – besonders, nachdem sie eine ›Beziehung‹ eingegangen sind. Wenn nämlich Atome sich verbinden – z.B. Natrium mit Chlor zu Salz –, dann ›vereinigen‹ sich die Kerne, und die Elektronen umschwirren sie gemeinsam.

Scheidewasser

Wasser nun *zerlöst* solche Verbindungen mit Vorliebe; in ihm tanzen die Atome wieder unabhängig voneinander. Dabei findet aber nie eine saubere Trennung statt. Der Partner mit dem dickeren Kern staubt meist ein paar Elektronen extra ab. Solches Atom ist infolgedessen, weil es mehr Elektronen rumschleppt als sein Kern aufwiegt, negativ geladen. Der Partner hingegen, dem die Elektronen abgehen, besitzt kein volles Gegengewicht mehr zur Fracht seines Kerns und ist demnach positiv geladen. Man könnte auch sagen: Er zieht Elektronen an – während sein Gegenüber sie abstößt.

Ionen = unvollständige Atome

Solche ›unvollständigen‹ Atome heißen Ionen – und *Kat*ionen, wenn sie positiv, *An*ionen, wenn sie negativ geladen sind. Zu den Kationen im Mineralwasser gehören die Metalle Natrium, Kalium, Calcium, Magnesium, Eisen u.a. – zu den Anionen Chlorid, Sulfat, Hydrogencarbonat. Sulfat und Hydrogencarbonat sind dabei nicht *einzelne* Atome, sondern der fünfteilige Rest von ursprünglichen ›Sechser-Beziehungen‹: ein Partner hat sich um den Preis einiger Elektronen im einladenden Wasser selbständig gemacht und vagabundiert als Kation; der Rest bleibt Anion, weil mehr Elektronen ihn umkreisen, als seine Kerne zusammen aufwiegen. Solch unausgeglichene Elektronen allerdings haften in der ›allgemeinen Auflösung‹ nicht besonders strenge – machen sich vielmehr, gelockt vom ›schwülen‹ Klima, leicht auf die Reise.

»Es sei denn, daß jemand geboren werde aus Wasser und Geist, so kann er nicht in das Reich Gottes kommen.«
Johannes, 3, 5

Eine endlose Anzahl von Ionen aus zerlösten Verbindungen durchschwirrt somit das klitsche Naß. Im weitesten Sinne ist es ›Strom‹, der im Wasser fließt. Diese fantastische Eigenschaft des Wassers: Verbindungen durch Lösung gewissermaßen in Gärung zu versetzen, hat mit der Entstehung und den tiefsten Gesetzen des Lebens überhaupt zu tun. Was die Wissenschaft später aufzeigte, ahnte bereits der erste Philosoph des Abendlandes, Thales von Milet, als er vor 2500 Jahren niederschrieb: »Das Prinzip aller Dinge ist das Wasser; aus Wasser ist alles und ins Wasser kehrt alles zurück.«

Wie das Mineralwasser zum Menschen kommt

Eine Ahnung von der Heilkraft des Mineralwassers müssen schon unsere Vorfahren gehabt haben; sobald sie irgendwo einen Quell in der Sonne glitzern sahen, machten sie ihn zum Sitz einer menschenfreundlichen Gottheit oder Nymphe.

Quellen

Und wer weiß, ob wir heute größere Kenntnis haben, wenn wir sachlich feststellen, daß solche Quellen heiß sein können oder kalt, sprudelnd oder still. In Deutschland begegnet man ihnen – wie gesagt – dank häufiger Niederschläge und typischer Verwerfungen überdurchschnittlich oft, besonders in den Mittelgebirgen.

Brunnen

Quellwasser springt unter Druck (z. B. von Erdüberschiebungen) selbsttätig ans Licht, selten allerdings in wirtschaftlich nutzbarem Ausmaß. Heute hilft man sich, indem man Mineralwasservorkommen unmittelbar anbohrt.

Künstliche Erschließung von Vorkommen

Eine kniffelige Angelegenheit; denn die Brunnenrohre müssen auch in Tiefen von mehr als einem Kilometer haarscharf eingerichtet werden, da der wasserführende ›Horizont‹ meist nicht viel dicker ist als ein paar Zentimeter. Anschließend wird der Schacht eines solchen Brunnens naßfest gegen etwaige Verunreinigungen durch Oberflächengrundwasser, Landwirtschaft oder Industrie abgedichtet. Beim Abpumpen darf dann der natürliche Wasserfluß nicht überfordert werden, sonst gerät die Ader aus dem Gleichgewicht und die Zusammensetzung stimmt nicht mehr. Das Wasser würde seinen Charakter (gegebenenfalls seine Zulassung) verlieren. Die Pumprohre müssen in Abständen erneuert werden, weil die Mineralien sich ablagern und die Schüttleistung unter wirtschaftliche 1000 Liter pro Stunde sinkt.

Wie man Mineralwasservorkommen aufspürt

Die Bauern am hessischen Vogelsberg buddelten in den letzten Jahrhunderten noch einfach dort, wo sich salzbevorzugende Gewächse häuften, und wurden nicht selten auch nach kurzem Graben fündig. Um tiefere Adern zu entdecken, die vor Oberflächenverschmutzung besser geschützt sind, richtet der moderne Wasserwissenschaftler sein Augenmerk heute auf bestimmte Kennzeichen des Bodens: Verwerfungen durch Vulkanismus, Erdverschiebungen usf., wie sie zumeist im Einzugsbereich von Gebirgen vorkommen. Um solche ›tektonischen Linien‹ aufzuspüren, werden heute modernste Hilfsmittel eingesetzt, Infrarotluftbilder etwa, die u.a. die saftigeren Grasbüschel gut durchfeuchteter Gebiete sichtbar von trockneren Flächen abgrenzen. Der Trennstrich zeigt eine mineralwasserträchtige ›Bruch‹stelle an.

Rutengänger

Als allerdings die große Züricher Brauerei Hurlimann 1974 mehr Wasser für ihr Bier brauchte, ließ sie zuerst einen Wünschelrutengänger kommen, der alsbald zuriet, unmittelbar auf dem Gelände zu bohren. Man tat's und stieß in 450 Meter Tiefe auf ein riesiges Mineralwasservorkommen!

Sorten...

Im allgemeinen verkehren Mineralwässer unter folgenden Oberbegriffen:

Chloridwässer (Natriumwässer)

Von Chloridwässern spricht man, wenn der Chlorid-(Cl^-)anteil – und in Verbindung damit meist auch der Natrium (Na^+) gehalt – überwiegt. Natrium und Chlorid zusammen sind die im Wasser gelösten Bestandteile von Kochsalz. Das Salz also, das bei uns im Streuer auf dem Tisch steht, heißt chemisch ›Natriumchlorid‹, und wird von Wasser in seine Bestandteile zerlöst. Chloridwässer leisten guten Ausgleich nach starken Salzverlusten durch Erbrechen, Schwitzen usf.

Hydrocarbonatwässer Die weitaus meisten Mineralwässer zählen zu den Hydrocarbonatwässern. Man erkennt Sie am Überwiegen des durch die Formel HCO_3^- gekennzeichneten Inhaltsstoffes. Hydrocarbonatwässer bekommen Nierenanfälligen, aber auch Diabetikern und Gichtleidenden gut. Gleichermaßen wirken sie der Bildung von Magensäure entgegen. Sie regulieren den Säurespiegel des Blutes und der übrigen Körperflüssigkeit. Vor allem, da unsere Alltagskost in der Regel säureüberschüssig ist (Fleisch, Wurstwaren, Eier, Käse...), leisten Hydrocarbonatwässer wichtige Ausgleichsdienste. Zu dieser Gruppe gehört auch die Mehrzahl der Mischformen – ›Natrium-Hydrocarbonat-Wasser‹, ›Calcium-Magnesium-Hydrocarbonat-Wasser‹ usw. –, aus denen man sich die den eigenen gesundheitlichen oder geschmacklichen Bedürfnissen am meisten entgegenkommende Sorte aussuchen kann.

Sulfatwässer Bei Sulfatwässern springt der vorherrschende SO_4^{2-}-Anteil (= Quote gebundenen Schwefels) ins Auge. Sulfatwässer, die etwas bitter schmecken und in vielen Fällen den Heilwässern zuzuordnen sind, schlagen bei empfindlicher, alkoholgebeutelter Leber und Gelbsucht an, helfen außerdem, Gallenstockungen, Aufstoßen und Verstopfung auszugleichen.

Säuerling/ Sauerbrunnen/ Sprudel Säuerlinge zeichnen sich, unabhängig von ihrem Mineraliengehalt, durch einen hohen Kohlensäureanteil (über 250 Milligramm pro Liter) aus. Sie perlen deswegen besonders stark und werden von dem, der's mag, als frisch und anregend empfunden. Einem empfindlichen Magen allerdings ist solcher ›Sprudel‹ mitunter zu sauer, und sein Besitzer muß rülpsen.*

Stille Mineralwässer

Stille Mineralwässer enthalten zwar kaum Kohlensäure, meist aber durchweg einen den Sauerbrunnen entsprechenden (wo nicht überlegenen) Mineralanteil, was sie ernährungsphysiologisch nicht weniger wertvoll macht.

Gebräuchliche Mineralgehalte

Was uns im Supermarktregal oder beim Getränkehändler begegnet, gilt als gut mineralisiert, wenn ihm 1 bis 2 Gramm gelöste Festkörper innewohnen. Meerwasser zum Vergleich enthält 35 Gramm – hauptsächlich Kochsalz – pro Liter.

Charakterisierung der Wässer im Handel

Werden einzelne Bestandteile eines Wassers auf dem Etikett angeführt – z.B. ›Calcium-Sulfat-Wasser‹ –, ist davon auszugehen, daß die genannten Stoffe mindestens 20% Anteil an der zugehörigen Ionengruppe haben. Also: ›Calcium‹ wäre mit mindestens 20% an den Kationen, ›Sulfat‹ mit mindestens 20% an den Anionen beteiligt. Gleiches gilt für andere mögliche Zusammensetzungen, etwa ›Natrium-Hydrogencarbonat-Wasser‹ oder ›Calcium-Magnesium-Chlorid-Wasser‹ usw.

Unterschiedliche Maßstäbe

Aufgemerkt: Die Charakterisierung drückt immer nur das Verhältnis der In-

* Wie man zuviel Kohlensäure schleunigst aus jedem Wasser entfernen kann, verrät u. a. das →KOHLENSÄURE-Kapitel / Teil III!

haltsstoffe *einer* Sorte untereinander aus, gilt also nie unbeschränkt. Zum Beispiel: Es hat eine Marke 1 Gramm (= 1000 Milligramm) Mineralgehalt, davon die eine Hälfte (500 Milligramm) Kationen, die andere Hälfte Anionen (also ebenfalls 500 Milligramm).

Folglich kämen 20% der jeweiligen Ionengruppe (Kationen/Anionen) 100 Milligramm gleich. Jedes Kation oder Anion, das diesen Wert erreicht oder übertrifft, könnte somit zur Charakterisierung des Wassers aufgeführt werden. Nehmen wir jetzt aber ein anderes Wasser, das etwa doppelt soviel Mineralien enthält (also 2000 Milligramm) je zur Hälfte auf Anionen und Kationen verteilt (also 1000 Milligramm pro Gruppe), so müssen von einer Substanz auf einmal mindestens 200 Milligramm (= 20%) von 1000 erreicht werden, bevor sie das Wasser charakterisieren darf.

Alles ist relativ

Es hängt somit vom (unterschiedlichen) Gesamtgehalt der einzelnen Wassersorten und ihrer Ionengruppen ab, wie hoch oder niedrig die Schwelle liegt, die einer ihrer Inhaltsstoffe überbieten muß, um das Wasser zu charakterisieren. (Verkompliziert wird die Sache noch dadurch, daß Kationen und Anionen natürlich nicht, wie im Beispiel der Einfachheit halber angeführt, in genau gleich große Gruppen zerfallen, sondern in ihren Summen meist unähnlich gewichtet sind.)

MTVO (Mineral- und Tafelwasser-Verordnung)

Mineralwasser darf sich in der BRD* nur nennen, was amtlich anerkannt ist. Dazu muß ein Wasser seinen Ursprung in einem »unterirdischen, vor Verunreinigung geschützten Vorkommen« haben und bestimmte ernährungswirksame Effekte auf Grund seines Gehalts an Mineralstoffen, Spurenelementen oder sonstigen Bestandteilen besitzen. Die Einzelheiten regelt die *Verordnung über natürliches Mineralwasser, Quellwasser und Tafelwasser (Mineral- und Tafelwasser-Verordnung) vom 1. August 1984.*

Zulassungsbestimmungen

Aus ein und demselben Brunnen dürfen nicht verschiedene Marken geschöpft werden. Jedes Mineralwasser muß einem eigenen Brunnen entstammen, einen zugehörigen Namen tragen und unter diesem Namen ein individuelles Billigungsverfahren durchlaufen: Seine ursprüngliche Reinheit muß nach wissenschaftlich anerkannter Methode geologisch, hydrologisch, physikalisch, chemisch und mikrobiologisch nachgewiesen werden. Das Wasser soll mindestens 1 Gramm gelöste Mineralstoffe *oder* 250 Milligramm freie Kohlensäure pro Liter enthalten. Wird keiner dieser Werte erreicht, muß ein ernährungswissenschaftliches Zusatzgutachten über die physiologische Wirksamkeit des Wassers er-

* Die einschlägigen Bestimmungen Österreichs und der Schweiz kommen den deutschen im wesentlichen gleich. Nationale Besonderheiten werden in extra Österreich- und Schweiz-Kapiteln am Ende dieses Teil I besprochen.

bracht werden. Natürliches Mineralwasser ist somit als einziges Lebensmittel in der BRD genehmigungspflichtig; es wird erst zugelassen, nachdem bis zu 200 Tests die Anwesenheit willkommener sowie das Fehlen schädlicher Stoffe bewiesen haben.

Abfüllung nur am Quellort

Ist eine Nutzungsgenehmigung erteilt worden, darf Mineralwasser ausschließlich am Quellort in verschmutzungssichere, nur für den Verbraucher bestimmte Behältnisse (Flaschen mit Kronen- oder Schraubverschluß, Dosen) abgefüllt werden. Die Weiterbeförderung in Rohrleitungen, Tankwagen oder Containern ist untersagt. Und wer jetzt behauptet, Mineralwasser schon aus dem Zapfhahn sprudeln gesehen zu haben, der hat sich nicht getäuscht, nur war es kein Mineral-, sondern *Tafel*wasser. Der Unterschied wird ein paar Abschnitte weiter erklärt.

Jährliche Überprüfung

Einmal jährlich unterliegt ein zugelassenes Mineralwasser der ›Brunnenwahrheit‹: Zusammensetzung und Reinheit werden nachgeprüft. Treten dabei Unterschiede oder Schwankungen auf, wird eine neue Zulassung fällig, und der Analyseauszug, der die Hauptinhaltsstoffe auf dem Etikett angibt, bzw. das Analysedatum, muß geändert werden. Mit anderen Worten: Je älter das Datum dieses Auszugs, desto beständiger hat sich die Zusammensetzung des Wassers erwiesen. Brunnen oder Quellen, die zum *Verband Deutscher Mineralbrunnen* gehören (das sind die meisten), müssen außerdem eine ¼jährliche Prüfung durchstehen. Darüber hinaus unterhalten die meisten Betriebe eigene Labors, die den Ausstoß immer wieder unter die Lupe nehmen (bei *Gerolsteiner* z.B. bis zu 100mal täglich).

Welche Veränderungen dürfen an natürlichem Mineralwasser vorgenommen werden?

Die *Mineral- und Tafelwasser-Verordnung* erlaubt folgende Eingriffe:

1. Das Ausfiltern oder Oxidieren bestimmter den Geschmack oder die Optik beeinträchtigender Inhaltsstoffe. Das sind zumeist aufgeschlämmtes Eisen oder Schwefelverbindungen; denn zuviel Schwefel schmeckt faulig und Eisen trübt das Wasser. Außerdem werden die Flaschen verfärbt.

2. Den vollständigen oder teilweisen Entzug der freien Kohlensäure durch ausschließlich physikalische Verfahren (z.B. Herausquirlen).

3. Das Versetzen oder Wiederversetzen mit Kohlensäure.

Ansonsten darf natürlichem Mineralwasser nichts zugesetzt werden, insbesondere keine Konservierungsstoffe. Auch darf es nicht entkeimt werden, sondern muß von vornherein frei von Krankheitserregern sein. Ein begrenzter Gehalt an anderen Mikroorganismen ist – wie beim Joghurt – erwünscht und Teil der Zuträglichkeit (und wird darüber hinaus – vor allem bei Säuerlingen – vom Kohlendioxidanteil unter Kontrolle gehalten).

Kennzeichnungspflicht

Die *Mineral- und Tafelwasser-Verordnung* schreibt folgende Kennzeichnungen (auf dem Etikett) vor:

Natürliches Mineralwasser, wenn ein Wasser nach den einschlägigen Bestimmungen der *Mineral- und Tafelwasserverordnung* zugelassen worden ist.

Natürliches kohlensäurehaltiges Mineralwasser, wenn das Wasser bei Abfüllung den gleichen Kohlensäuregehalt wie beim Quellaustritt besitzt und von Natur aus oder nach dem Abfüllen spontan und leicht wahrnehmbar sprudelt.

Natürliches Mineralwasser mit eigener Quellkohlensäure versetzt, wenn das Wasser bei Abfüllung einen höheren Kohlensäuregehalt als bei Quellaustritt besitzt und das zugesetzte Kohlendioxid aus dem gleichen Quellvorkommen stammt.

Natürliches Mineralwasser mit Kohlensäure versetzt, wenn das Wasser mit Kohlendioxid angereichert worden ist, das aus anderen Quellvorkommen als das Wasser stammt.

Kohlensäure ganz entzogen oder *Kohlensäure teilweise entzogen,* wenn das Kohlendioxid entsprechend ausgequirlt wurde.

Fluoridhaltig, wenn der Fluoridanteil pro Liter 1,5 Milligramm übersteigt.

*Enteisent** oder *entschwefelt*, sofern die entsprechenden Substanzen abgefiltert oder als Bodensatz entfernt worden sind.

Ferner müssen lesbar sein: *Ort der Quellnutzung*, *Name der Quelle*, der Satz *›Zusammensetzung entsprechend den Ergebnissen der amtlich anerkannten Analyse vom [Tag der Analyse]‹* oder die Angabe der Zusammensetzung unter Nennung der charakteristischen Bestandteile *(Analyseauszug)*.

Säuerling oder *Sauerbrunnen* darf sich ein Wasser zusätzlich nennen, wenn sein natürlicher Kohlendioxidgehalt (= nach Quellaustritt) 250 Milligramm pro Liter überschreitet, egal, ob anschließend noch Kohlensäure zugesetzt worden ist oder nicht.

Richtwerte, die Mineralwässer bei Angabe ihres Gehalts einhalten müssen

Wenn natürliche Mineralwässer in der Werbung oder auf Etiketten ihren Gehalt an bestimmten Inhaltsstoffen oder deren vornehmliche Zusammensetzung ins Blickfeld rücken wollen, verlangt die

---

* Enteisent mit ›t‹? Wird es nicht vielmehr mit ›d‹ am Ende geschrieben? In der 17. *Duden*-Auflage stehen hintereinander die Tätigkeitsworte ›enteisen‹ (= von Eis befreien) und ›enteisen*en*‹ (= von Eisen befreien). Beide Male ist vom Mittelwort nur die Leideform – ›enteist‹ und ›enteisent‹ – angegeben. Nicht angegeben wird die Tätigkeitsform der Mittelworte. Sie müßte wohl ›enteisend‹ bzw. ›enteisenend‹ heißen. Etwa: »Die Tragfläche *enteisend,* spritze der Flugzeugmechaniker eine Speziallösung darauf.«« Oder: »Das Mineralwasser *enteisenend,* belüftete der Brunneninhaber die Wannen von oben.« Hieraus ergäbe sich für das Mittelwort von ›enteisenen‹ die Leideform ›enteisenet‹, also: »Das ›enteisenete‹ Wasser schmeckte weniger tintig...« Das heute gebräuchliche Wort ›enteisent‹ wurde neu geschaffen. Man ist auf Anhieb versucht, es für einen sprachlichen Formfehler zu halten. Da es aber immer noch geschmeidiger als der ›richtige‹ Ausdruck klingt, wurde es nach Beratung mit dem zuständigen Sprachverein 1938 als gültige Sondergestalt in den deutschen Wortschatz aufgenommen.

Mineral- und Tafelwasserverordnung bei folgenden oder sinngleichen Besonderheiten nachstehende Aufschriften und Einhaltungen:

Gesamt-Mineraliengehalt

Mit geringem Gehalt an Mineralien → der Mineralstoffanteil beträgt insgesamt nicht mehr als 500 Milligramm (½ Gramm) pro Liter.

Mit sehr geringem Gehalt an Mineralien → der Mineralstoffanteil beträgt insgesamt nicht mehr als 50 Milligramm (1/50 Gramm) pro Liter.

Mit hohem Gehalt an Mineralien → der Mineralstoffanteil beträgt insgesamt mehr als 1500 Milligramm (1½ Gramm) pro Liter.*

* Wässer unter 1000 Milligramm (1 Gramm) Mineralstoffe pro Liter sind in Deutschland nach der alten (inzwischen ungültigen) *Tafelwasserverordnung* nur in Ausnahmefällen als natürliche Mineralwässer anerkannt worden. Dies, weil man nach zahllosen Untersuchungen und auf Grund medizinischer wie lebensmittelwissenschaftlicher Erfahrungen erkannt hatte, daß Mengen ab 1 Gramm einen ernährungswirksamen Effekt erzielen, der bei halbem oder geringerem Mineralienanteil nicht mehr eindeutig nachgewiesen werden kann. Der erprobte Mindestwert von 1 Gramm mußte im Rahmen der Vorschriftenvereinheitlichung innerhalb der Europäischen Gemeinschaft 1984 berichtigt werden, da eine Reihe ausländischer Brunnen nicht in der Lage war, Mineralwasser mit mehr als 1 Gramm gelöster Stoffe zu liefern. In der Praxis ist die 1-Gramm-Forderung dadurch weggefallen. Zwar behalten die überkommenen Mindestgrenzen (1 Gramm gelöste feste Stoffe *oder* 0,25 Gramm freies Kohlendioxid) insofern ihre Bedeutung, als daß sie im geforderten amtlichen Billigungsverfahren die zusätzliche Untersuchung auf ernährungswirksame Effekte ersparen – ansonsten aber kann jedes mindermineralisierte Wasser mit Anerkennung rechnen, solange es einem verschmutzungssicheren Vorkommen entstammt und bestimmte physiologische Eigenschaften – etwa mindestens 150 Milligramm Calcium oder 50 Milligramm Magnesium bzw. 1 Milligramm Fluor (!) – nachweist. In Folge sind dann auch eine Anzahl deutscher, zum Teil neu erbohrter Wässer beglaubigt worden, die früher auf Grund mangelnden Mineralgehalts keine Zulassung erhalten hätten. Neuer Knackpunkt der Anerkennung zum Mineralwasser ist die ›Ursprünglichkeit‹ des Vorkommens, d.h. seine Freiheit von allen Stoffen, die nicht-natürlicher Herkunft sind (Industrie-, Landwirtschaftseinspülungen usf.).

Gehalt an einzelnen Mineralien

Biocarbonathaltig → der Hydrocarbonatanteil beträgt mehr als 600 Milligramm pro Liter.

Sulfathaltig → der Schwefelanteil beträgt mehr als 200 Milligramm pro Liter.

Chloridhaltig → der Chloridanteil beträgt mehr als 200 Milligramm pro Liter.

Calciumhaltig → der Calciumanteil beträgt mehr als 150 Milligramm pro Liter.

Magnesiumhaltig → der Magnesiumanteil beträgt mehr als 50 Milligramm pro Liter.

Fluoridhaltig → der Fluoridanteil beträgt mehr als 1 Milligramm pro Liter.

Eisenhaltig → der Anteil an zweiwertigem Eisen beträgt mehr als 1 Milligramm pro Liter.

Natriumhaltig → der Natriumanteil beträgt mehr als 200 Milligramm pro Liter.

Geeignet für natriumarme Ernährung → der Natriumanteil darf 20 Milligramm pro Liter nicht übersteigen.

Sonstige bindende Angaben

Geeignet für die Zubereitung von Säuglingsnahrung → die Milligramm-pro-Liter-Grenzwerte sind für Natrium 20, für Nitrat 10, für Fluorid 1,5 und für Nitrit 0,02. (Solche Werte sollen Vater und Mutter in die Lage versetzen, die Babynahrung mit einem uneingeschränkt zuverlässigen natürlichen Mineralwasser anrühren zu können. Beim Fluoridgehalt sollte trotzdem darauf geachtet werden, daß er 0,1 Milligramm pro Kilogramm Körpergewicht nicht überschreitet. Die *Deutsche Gesellschaft für Ernährung* empfiehlt im ersten Lebensjahr höchstens 0,25 Milligramm Fluorid pro Tag.)

Sprudel darf ein Säuerling genannt werden, der im wesentlichen unter natürlichem Kohlensäuredruck aus seiner Quelle oder seinem Brunnen hervorsprudelt.

Zusätzlich dürfen mit Sprudel auch unter Kohlendioxidzusatz abgefüllte Mineralwässer bezeichnet werden.

Kann-Bestimmungen (mit einer Ausnahme!)

Es ist nicht vorgeschrieben, den Mineralgehalt oder seine vornehmliche Zusammensetzung auf dem Etikett anzugeben, wer jedoch von der Möglichkeit Gebrauch machen will, muß sich bei den Angaben an die oben verfügten Grenzwerte halten.

Doppelgesichtiges Fluor

Mit einer Ausnahme: Wenn der Fluoridgehalt 1,5 Milligramm pro Liter übersteigt, ist die Angabe *Fluoridhaltig* vorgeschrieben. Die *Mineral- und Tafelwasser-Verordnung* läßt den Begriff allerdings im Zwielicht: *Fluoridhaltig kann* sich ein Sprudel nämlich auch schon ab 1 Milligramm pro Liter nennen – er *muß* es dann ab 1,5 Milligramm. Das hat mit dem Doppelgesicht von Fluor zu tun. In geringen Gaben fördert es die Gesundheit, deswegen der erlaubte ›Qualitäts‹hinweis ab 1 Milligramm pro Liter. Darüber hinaus aber nimmt die Zuträglichkeit eher ab (siehe Teil III → FLUOR-Kapitel), worauf der vorgeschriebene Aufdruck ab 1,5 Milligramm pro Liter milde hinweisen soll. Sollte der Fluoridgehalt jedoch einmal 5 Milligramm pro Liter erreicht haben oder übersteigen, darf natürliches Mineralwasser laut § 8(8) der *Mineral- und*

Tafelwasser-Verordnung gewerbsmäßig nur noch in den Verkehr gebracht werden, wenn auf dem Etikett »deutlich sichtbar, leicht lesbar und unverwischbar in deutscher Sprache der Warnhinweis angebracht ist, daß es wegen des erhöhten Fluoridgehalts nur in begrenzter Menge verzehrt werden darf«.

Quellwasser

Quellwasser ist laut der *Mineral- und Tafelwasser-Verordnung* ein *mineralarmes Wasser,* das zwar am Quellort abgefüllt worden sein muß, ansonsten aber nur den EG-Richtlinien für Trinkwasser zu genügen hat.

Tafelwasser

Tafelwasser ist laut *Mineral- und Tafelwasser-Verordnung* ein *künstliches Mineralwasser,* d.h. ein Quell- oder Trinkwasser, das zur geschmacklichen Aufbesserung mit natürlichem Salzwasser, Mineralwasser, Meerwasser, Kochsalz, Soda oder doppeltkohlesaurem Natron angereichert worden ist. Es muß den gleichen mikrobiologischen Anforderungen wie Quell- und natürliches Mineralwasser genügen, ohne allerdings – wie erstere – am Quellaustritt geprüft zu werden. Weil Tafelwasser kein natürliches Mineralwasser ist, also in seiner Handelsform weder einem eindeutig lokalisierbaren Brunnen noch einer Quelle entstammt, darf es auf seinem Etikett auch keine Reklame mit seiner Herkunft machen.

Beschränktes Etikett

Ihre Zusammensetzung dürfen Quell- und Tafelwässer auf dem Etikett ebenfalls *nicht* angeben. Dadurch soll einer Verwechslung mit natürlichem Mineralwasser vorgebeugt werden. Leider ist damit aber auch ihre mögliche Brauchbarkeit für eine bestimmte Diät nicht mehr erkenntlich. Höchstens der (erlaubte) Hinweis auf die Eignung für Säuglingsnahrung gibt Aufschluß über den Natriumgehalt, der dann unter 20 Milligramm pro Liter liegen muß.

Grenzwerte

Ein Tafelwasser darf darüber hinaus nicht mehr als 1,5 Milligramm Fluorid pro Liter enthalten (dies im Gegensatz zu natürlichem Mineralwasser, das sich ab dann lediglich *fluoridhaltig* nennen muß). Ferner ist der Sulfatanteil auf höchstens 240 Milligramm pro Liter beschränkt.

Heilwasser

Heilwässer heißen Mineralwässer, die obendrein eine gesund machende Wirkung ausüben. Während normale Mineralwässer überall gleichmäßig das Wohlbefinden fördern, indem sie Durst löschen und den Mineralstoffhaushalt des Körpers sinnvoll ergänzen, unterstützen Heilwässer auf Grund ihrer besonderen Zusammensetzung in schonender Weise Vorbeugung, Behebung oder Linderung bestimmter Körperleiden: Verstopfung, Nieren-/Blasenschwäche, Neigung zur Steinbildung, Darmentzündung, Appetitlosigkeit, Magenübersäuerung, Fettleber, Asthma usw. Der III. Teil dieses Buches listet unter ›Heilanzeigen‹ alle Beschwerden, die mit Heilwässern ausgeglichen werden können, zusammen mit den jeweils hilfreichen Wässern auf.

Zulassung von Heilwässern

Heilwässer zählen als ›natürliche Heilmittel des Bodens‹ nicht – wie Mineralwässer – zu den Lebensmitteln, die nach § 1 des *Lebensmittel- und Bedarfsgegenständegesetzes* »zur Ernährung oder dem Genuß« dienen. Deswegen übergeht die *Mineral- und Tafelwasser-Verordnung* sie auch. Sie unterliegen dem Medikamentenrecht und müssen vom Bundesgesundheitsamt als Arzneimittel zugelassen werden. Wie Medizin sollen sie deswegen in erster Linie auch nicht munden, sondern gesund machen. Sie können daher salzig, schwefelig, bitter schmekken, trüben oder einen Bodensatz haben.

Abfüllvorschriften

Heilwässer, die unmittelbar nach Quell- oder Brunnenaustritt auf Flaschen gezogen werden, dürfen sich *Naturbelassene Abfüllung* oder *Rein-Natürliches Heilwasser* nennen. Weit häufiger jedoch liest man *Natürliches Heilwasser,* was bedeutet, daß eine Bearbeitung stattgefunden hat – meist der Entzug von Eisen sowie Zusatz von Kohlensäure. Solche (erlaubten) Einwirkungen müssen auf dem Etikett unterhalb der Artbezeichnung *Natürliches Heilwasser* aufgezählt werden.

Mineral-haltigkeit

Ansonsten muß der Mineralgehalt nicht mal besonders hoch liegen. Mitunter reicht's schon zum Heilwasser, wenn ein Quell als *Therme* (= über 20° C) austritt. Meistens herrscht ein bestimmter Stoff (Eisen, Jod, Schwefel...) vor, der dann die eigentümliche Wirkung erzielt.

Worin sich das Heilwasser-Etikett von dem der Mineralwässer unterscheidet

Das Arzneimittelgesetz schreibt Heilwässern vor, ihre vollständige Zusammensetzung auf dem Etikett anzugeben. Sie dürfen sich also nicht wie die meisten Mineralwässer mit ›charakteristischen Bestandteilen‹ begnügen. Zusätzlich müssen *Anwendungsgebiete, Gegenanzeigen, Neben-* und *Wechselwirkungen mit anderen Mitteln* sowie *Dosierungsanleitung* mit Einzel- und Tagesgaben aufgedruckt sein.

Charakterisierung von Heilwässern

Heilwässer werden auf dem Etikett durch solche Bestandteile charakterisiert, die 20% der Summe ihrer Ionengruppe überschreiten. Also ›Natrium-Magnesium-Hydrocarbonat-Wasser‹ meint: Natrium und Magnesium sind je mit über 20% an den Kationen, Hydrocarbonat ist mit über 20% an den Anionen beteiligt. Gleiches gilt für andere mögliche Zusammensetzungen, etwa ›Calcium-Magnesium-Hydrogencarbonat-Wasser‹ oder ›Natrium-Chlorid-Sulfat-Säuerling‹ usw. Die Zusatzbezeichnung ›Säuerling‹ zeigt bei Heilwässern einen Kohlendioxidanteil von über 1 Gramm pro Liter an.

Spuren-elemente

Ferner enthalten Heilwässer meist eine Reihe sog. Spurenelemente (weil sie nur in ›Spuren‹ vorkommen). Ihren Anteil

stellt das Etikett immer dann heraus, wenn folgende Schwellen überschritten werden:
Eisenhaltig – 20 Milligramm pro Liter,
Iodhaltig – 1 Milligramm pro Liter,
Schwefelhaltig – 1 Milligramm pro Liter,
Radonhaltig – 666 Becquerel pro Liter*.

›Arznei‹ im Supermarkt?

Obwohl Heilwässer Medikamente sind, wird mancher sie schon im Supermarktregal entdeckt haben. Und wenngleich sie als Medizin den Pflichttext nach § 11 des Arzneimittelgesetzes: »Arzneimittel sollen für Kinder unzugänglich aufbewahrt werden«, tragen müssen, können doch viele von ihnen gerade auch von Kindern unbedenklich getrunken werden. Aus folgendem Grund:

Gesetzliche Trennung von Mineral- und Heilwässern (selbst wenn sie die gleiche Zusammensetzung haben!)

Die meisten Heilwässer sind nichts weiter als natürliche Mineralwässer mit Zusatzerlaubnis vom Bundesgesundheitsamt. Gesetzlich aber kann oder darf sich kein Heilwasser Mineralwasser nennen – umgekehrt auch nicht. Dem natürlichen Mineralwasser als ›Lebensmittel‹ sind nämlich »Aussagen, die sich auf die Beseitigung, Linderung oder Verhütung von Krankheiten beziehen« laut § 18 des *Lebensmittel- und Bedarfsgegenständegesetzes* verboten. Auch wenn solche Effekte in Wirklichkeit vorhanden sein sollten. Heilwässer dagegen müssen als Arz-

* Sie haben sich nicht verlesen: Es gibt in der Tat Quellen (Bad Münster am Stein, Bad Steben, Badgastein), deren gesund machende Wirkung dem radioaktiv zerfallenden Radon zugeschrieben wird. Ihr Wasser dient normalerweise dem Bad, wird aber bei chronischen, entzündlichen Erkrankungen, bei rheumatischen Leiden und bestimmten Lähmungszuständen des Organismus auch zum Trinken verabreicht (s. a. → GASTEINER / Teil II und → RADIOAKTIVITÄT-Kapitel / Teil III).

neimittel auf ihre gesund machende Wirkung sogar besonders hinweisen. Ihre Anwendungsgebiete werden durch medizinische Gutachten festgelegt; den Text schreibt das zulassende Gesundheitsamt vor. Gibt es nun – was vorkommt – Mineral- und Heilwässer von fast gleicher Zusammensetzung, so darf, ja *muß* das ›Medikament‹ seine Heilanzeigen auflisten, während es dem ›Lebensmittel‹, das ähnliches zu leisten imstande wäre, untersagt bleibt (in Östereich sind solche Doppelzulassungen – Mineral- *und* Heilwasser – möglich).

Heilwässer, die natürliche Mineralwässer sind – und umgekehrt

Nochmals: Es gibt Heilwässer, die in ihrer Zusammensetzung natürlichen Mineralwässern gleichen. In Wirklichkeit ist es sogar die Mehrzahl: Die meisten Heilwässer unterscheiden sich in ihrer Zusammensetzung nicht wesentlich von natürlichen Mineralwässern. Denn mit jedem einigermaßen mineralisierten Wasser lassen sich irgendwo Heil- oder Linderungserfolge erzielen. Dieser Teil des Geschäftes entgeht jedoch dem Brunnenbesitzer, der sein Mineralwasser lediglich als ›Lebensmittel‹ verkauft. Also bringt er's zum Bundesgesundheitsamt und läßt es zusätzlich als Heilwasser beglaubigen. So werden aus ein und demselben Vorkommen einerseits ein Lebensmittel, andererseits ein Medikament geschöpft. Das ist nicht immer so, aber häufig. Trotzdem sollte man Heilwässer im Zweifelsfall nicht wie natürliches Mineralwasser trinken. Allein deshalb schon, weil die

Lebensmittelrichtlinien der *Mineral- und Tafelwasser-Verordnung* auf Heilwasser nicht mehr zutreffen.

Heilwässer brauchen sich nicht an die Kennzeichnungs-Vorschriften der MTVO zu halten (Rechtsunsicherheit)

An die vorgeschriebenen Bezeichnungsgrenzwerte nämlich für natürliches Mineralwasser (›*Calciumhaltig*‹, ›*Fluoridhaltig*‹, ›*Natriumarm*‹ usw.) brauchen sich Heilwässer *nicht* zu halten. Schließlich sind es auch keine Lebensmittel, sondern Medikamente; und für deren Inhaltsstoffe werden nun mal keine ›Höchst‹werte vorgeschrieben.

Heilwässer, die sich wie Mineralwässer kennzeichnen

Was es aber gibt, sind Heilwässer, die geläufige Kennzeichnungen der *Mineral- und Tafelwasser-Verordnung* – z.B. *streng natriumarm* – auf ihrem Etikett oder in der Werbung verwenden. Das ist nicht verboten, jedoch sollte man in solchen Fällen wissen, daß derlei Aussagen die Einschätzung des Herstellers oder irgendwelche anderen Maßstäbe wiedergeben, nicht aber mineralwassergesetzliche Vorschriften einhalten. Da nennt sich z.B. ein Heilwasser in seinem Prospekt ›*streng natriumarm*‹ – bei 164,7 Milligramm Natrium pro Liter. Als natürlichem Mineralwasser wären ihm zu dieser Angabe (laut *Mineral- und Tafelwasser-Verordnung*) höchstens 20 Milligramm erlaubt gewesen! Ähnliches gilt auch für den Fluorid-Gehalt. Sollte er z.B. 5 Milligramm pro Liter übersteigen, darf natürliches Mineralwasser gewerbsmäßig nur in den Verkehr gebracht werden, wenn auf dem Etikett »deutlich sichtbar, leicht lesbar und unverwischbar in deutscher

Sprache der Warnhinweis angebracht ist, daß es wegen des erhöhten Fluoridgehalts nur in begrenzter Menge verzehrt werden darf«. Einem Heilwasser mit ähnlich hohem Fluoridgehalt ist kein ›Warnhinweis‹ vorgeschrieben. Es handelt sich bei einem solchen Wasser schließlich um ein Medikament, d.h. der Gesetzgeber geht davon aus, daß der Konsument die Gebrauchsanweisung (das Etikett) genau studiert: Dort wird er den besonderen Fluorid-Gehalt an vorgeschriebener Stelle in der Tat (allerdings nicht ohne Lupe) erörtert finden.

Immer das Etikett lesen!

Im Zweifel also bei Heilwässern immer das *ganze* Etikett lesen. Darauf stehen nämlich nicht nur die Heil-, sondern auch die Gegenanzeigen. Letztere allerdings nicht bei allen Sorten. Das hat mit einer Übergangsregelung zu tun, die noch nicht ganz abgeschlossen ist. Gekommen ist das so:

Anerkennungsvoraussetzungen

Nach dem in der Bundesrepublik gültigen Arzneimittelgesetz muß die beanspruchte Heilwirkung eines Wassers nach gesichertem wissenschaftlichen Erkenntnisstand, in der Regel also durch klinische oder gleichwertige anderweitige medizinische Erprobungen, Gutachten usw. bewiesen werden.

Zul.-Nr., Reg.-Nr.

Hat ein Wasser alle Prüfungen erfolgreich bestanden, erhält es eine *Zul.-Nr.* des Gesundheitsamts. Diese wird auf das Etikett gedruckt. Bei den meisten Heilwässern steht dort jedoch eine *Reg.-Nr.* Was hat die zu bedeuten?

Vorübergehende Zulassung

Viele Heilwässer sind älter als das Arzneimittelgesetz, das in seiner heutigen Form am 1. 1. 1978 in Kraft trat. Die Heilwirkung der meisten Wassermarken aber war schon lange vorher, manchmal durch Jahrhunderte bekannt und brauchte deswegen (zunächst) – ähnlich der von Aspirin oder Baldrian – nicht noch einmal gesondert nachgewiesen zu werden. Heilbrunnen, die zwischen dem 1. 1. und 30. 6. 1978 einen Antrag stellten, erhielten eine *Reg.-Nr.* beim Gesundheitsamt, die einer vorübergehenden Anerkennung gleichkam und die sie auf ihrem Etikett tragen. Damit hatten sie die wertvolle Zulassung als Heilwasser auf Zeit erlangt. Bis 1990. Denn bis dahin müssen auch sie ihre beanspruchte *Heil*wirkung den sog. ›Aufbereitungskommissionen‹ beim Gesundheitsamt nach gesichertem wissenschaftlichem Erkenntnisstand, erforderlichenfalls durch klinische oder entsprechende anderweitige medizinische Erprobungen, Gutachten usw. bewiesen haben.

Neuzulassung bringt keine Vorteile

Nun gibt es eine Reihe eingeführter Sorten, die es als ›Heilwässer‹ zu Ruhm gebracht haben, aber auch gerne wie natürliche Mineralwässer – etwa mit Wein oder pur in Bonner Kabinettsrunden – getrunken werden. Diese Wässer haben damals alle eine *Reg.-Nr.* beim Gesundheitsamt beantragt (und erhalten), sind also vorläufig anerkannt. Die endgültige *Zulassung* aber zögern sie möglichst lange hinaus, am besten bis 1990. Warum? Als gesetzmäßiges ›Medikament‹ mit *Zul.-Nr.* wäre es ihnen nicht mehr erlaubt, wie bisher nur *Heil*anzeigen und Zuträglichkeit auf ihrem Etikett anzugeben, sie müßten auch die *Gegen*anzeigen drucken sowie den Pflichttext nach § 11 des Arzneimittelgesetzes: »Arzneimittel sollen für Kinder unzugänglich aufbewahrt werden.« Das, fürchten sie (wohl nicht zu unrecht), wird den Verbraucher abschrecken. Eine Lösung wäre, ihr Heilwasser, wenn es den Richtlinien der *Mineral- und Tafelwasser-Verordnung* entspricht (was fast immer der Fall ist), in natürliches Mineralwasser zu verwandeln. ÉVIAN zum Beispiel ist diesen Weg gegangen. Aber ein anderes Problem tut sich auf...

Heilwässer, etwas Besonderes

Eine Heilwasserzulassung ist nämlich für ein Mineralwasser als zusätzlicher Befähigungsnachweis unter anderem auch deswegen vorteilhaft, weil sie in den Augen des Verbrauchers einer Auszeichnung gleichkommt, die – und da liegt der Hund begraben – einen höheren Preis rechtfertigt (0,7 Liter STAATL. FACHINGEN z.B. kosten inzwischen mit Pfand schon mal 1,85 DM [in München gesichtet]!). Es läßt sich an Heilwässern durchweg mehr verdienen, als an natürlichen Mineralwässern, bei denen der Verbraucher erfahrungsgemäß immer zur billigsten Sorte greift. Auf den ›Heilwasser‹-Status zu verzichten, würde mithin die Geltung und infolge wohl auch den Preis einer Marke zerstören. Es gibt daher Bestrebungen, die Heilwässer aus dem Arzneimittelrecht zu nehmen und einer eigenen, neu zu schaffenden ›Heilwasserverordnung‹ zu unterstellen, die dann nicht mehr die Kundschaft mit aufgedruckten Warnhinweisen abschrecken soll. Wie aussichtsreich solche Bemühungen sind, bleibt dahingestellt. Inzwischen harrt man so lange es irgend geht mit der *Reg.-Nr.* aus.

Heilwasser trinken wie Mineralwasser?

Was also in großen Mengen (z.B. im Supermarktregal) angeboten wird, kann in der Regel dann wie übliches Mineralwasser getrunken werden, wenn die Zusammensetzung entsprechend ist. Man erkennt die Eignung im großen und ganzen durch einen Vergleich der Etikettenangaben von Heilwässern mit denen von Mineralwässern (und spart ein paar Mark, wenn man sich für das gleichartige Mineralwasser entscheidet).

Ausgeprägte Heilwasser nur nach Dosierungsanleitung trinken

Besondere Heilwässer jedoch zur Behebung eigentümlicher Befindlichkeitsstörungen sollten lieber nur nach aufgedruckter Dosierungsanleitung getrunken werden. Empfehlungen aussprechen können hier z.B. ein bewanderter Apotheker oder ein Kurarzt, wie man sie am ehesten in Heilbädern findet.

Teil III ermöglicht Vergleich von Mineral- und Heilwässern

Darüber hinaus sei noch einmal auf den III. Teil dieses Buches verwiesen, der die meisten in Deutschland, Österreich und der Schweiz verkehrenden Mineral- *und* Heilwässer unter anderem auch so auflistet, daß man ihre Inhaltsstoffe einzeln wie als Summe vergleichen und dadurch zueinander in Beziehung setzen kann.

Der Markt

Dem dort Nachschlagenden springt als erstes die Vielfalt des Angebots ins Auge, was das Ergebnis zahlreicher und verzweigter Vorkommen, aber auch vom Zentralgebot der *Mineral- und Tafelwasser-Verordnung* ist: denn da »nur am Quellort« abgefüllt werden darf, sind die Flaschen naturgemäß dort am billigsten, wo die geringsten Transportkosten anfallen.

Regionalisierung

Auf dem deutschen Markt behaupten sich infolge viele kleine Abfüller, die ihr Mineralwasser vor der Tür verkaufen und deshalb durchweg günstiger anbieten können als ›auswärtige‹ Mitbewerber. Die örtliche Hausfrau ist preisbewußte Verbündete dieses Systems, denn bis jetzt rollt sie allemal den billigeren Kasten vor zur Kasse.

Nur drei bundesweite Anbieter

Deswegen gibt es auch nur drei wirklich im ganzen Land absetzende Marken: APOLLINARIS, dem über die mächtige Brauerei-Mutter der Gastronomievertrieb offensteht; GEROLSTEINER als bundesweit führende Marke im Handel; und STAATL. FACHINGEN, das sich trotz seines Heilwasser-Charakters zeitig als ›stiller‹ Begleiter (etwa zum Wein) hat etablieren können und über ein zusätzliches Standbein im öffentlichen Gesundheitswesen verfügt. Die restlichen Abfüller bleiben in der Mehrzahl auf ihr regionales bis lokales Umfeld beschränkt. Keiner erreicht einen Marktanteil von über 10 Prozent.

Die wichtigsten Abfüller

Auch der größte, *die Mineralbrunnen Überkingen-Teinach AG,* bleibt mit über 10 Varianten und 550 Mio. Liter Jahresförderung (1986) darunter. Einigermaßen auf liegen *Apollinaris/Gerolsteiner* (je über 300 Mio.), gefolgt von Nestlés *Blauen Quellen* (NEUSELTERS, HARZER GRAUHOF, FÜRST BISMARCK, RHENSER, FRIEDRICH CHRISTIAN HEILQUELLE, KAISER RUPRECHT HEILQUELLE) und *Hassia & Luisen,* die's ungefähr auf die Hälfte bringen, sowie den *Vereinigten Mineral- und Heilquellen* (KAISER FRIEDRICH QUELLE, ROSBACHER), *Franken Brunnen* und *Peterstaler* mit noch ca. ¼ → ⅙ des Branchenführer-Ausstoßes. Diese Firmen mit einigen anderen (*Staatl. Fachingen:* über 100 Mio.) kontrollieren inzwischen 25% des Marktes.

Konzentrationsbestrebungen

Verstärkte Konzentration ist abzusehen. Automatisierungsfreudige Zentralbetriebe geraten nämlich durch weitere Senkung ihrer Füllkosten zusehends in die Lage, auch aus großer Entfernung lokale Mitbewerber zu unterbieten – oder aber die entscheidenden Extrapfennige mit Hilfe nobler Produktbilder (deren teurer Werbe-Aufbau sich nur bei erstrebtem Landweitabsatz lohnt) aus der Tasche zu locken. Schule machen da offenbar die mächtigen französischen Unternehmen (Jahresausstoß *Évian:* bald 1 Milliarde Liter!).

Einheitsflasche

Im Vergleich zu diesen besitzen die deutschen allerdings keine ausgeprägten Markenflaschen. Der kühn geschwungenen Keule PERRIERS etwa setzen heimatliche

Abfüller zumeist einen empirehaft hochgegürteten Glasklotz mit Pickel-Brust entgegen: die ›Leihflasche deutscher Brunnen‹.

Hoher Kohlensäuregehalt deutscher Mineralwässer

Deren germanische Stämmigkeit schreibt sich von dem großen Druck her, den sie hierzulande aushalten muß. Deutschland liebt's nämlich deftig: 8 Gramm Kohlensäure pro Liter müssen es in der Regel schon sein...

Exporthindernis

...was – neben dem inkompatiblen Mehrwegsystem – mit ein Haupthindernis für den Export solcher Wässer ist: Gelten doch in Frankreich z.B. schon 4 Gramm Kohlensäure pro Liter als hochgradig ›gazeuse‹. Umgekehrt kann der teutonische Gaumen der schweigsamen Niedrigmineralisation der meisten gallischen Wässer nichts abgewinnen; ihr Marktanteil in Deutschland bleibt unter 4%.

Vorbildliches Mehrwegsystem

Es mag das warzige ›Perlendekor‹ der Brunnen-Einheitsflasche Ästhetenblut nicht gerade in Wallung versetzen, Hut ab trotzdem vor Ausdauer und Findigkeit, mit denen 30 Jahre lang ein Mehrwegsystem entwickelt wurde, das seinesgleichen sucht: 180 ansonsten völlig unabhängige, in der Mehrzahl mittelständische Betriebe arbeiten zusammen und füllen zu 95% vereinheitliche Mehrwegflaschen. Das erschwert zwar die Individualisierung des Produkts, weist andererseits aber umweltfreundlich in die Zukunft und sollte bedacht werden, wenn man sich zwischen Einweg- oder Plastikabfüllungen und einer Mehrwegflasche entscheiden kann. Diese gibt es neben der 0,7-l-Standard-Größe auch in 0,5-, 0,25- und 0,2-l-Versionen mit Kronkorkenverschlüssen. (Die Verschlußkapseln der 0,7-l-Flaschen übrigens immer mit dem Leergut zurückgeben; auch sie wird wiederverwertet!)

Verband Deutscher Mineralbrunnen Kennedyallee 28 5200 Bonn 2

Vereinigt haben sich die verstreuten Abfüller bereits 1904 unterm Dach des *Verbandes Deutscher Mineralbrunnen.* Damals brachten es alle Mitglieder zusammen auf 100 Millionen Füllungen pro Jahr. Zum 75jährigen Jubiläum hatte sich der Umsatz ver*dreißig*facht; heute sind es fast 6 Milliarden Flaschen pro Jahr (Zuwachsrate der letzten 1½ Dekaden: 300%)!

Woher kommt der enorme Zuwachs?

Das drängt die Frage auf, was um alles in der Welt die Deutschen wohl vorher getrunken haben? Bier und Wein? Deren Verbrauch ist in der Tat verhältnismäßig zurückgegangen. Also ein ›0,8-Promille‹-Effekt zugunsten von Mineralwasser? Auch Süßgetränke (Limonaden usf.) haben Federn gelassen. Ausdruck gesteigerten Fitness-Willens? Und griffen die neuen Abstinenzler jedesmal zur Mineralwasserflasche?

Mineralwasser statt Trinkwasser

Selbst wenn: Es würde den enormen Anstieg nicht erklären. Der Löwenanteil ist dem Tiefennaß aus anderer Richtung zugewachsen. Es werden nämlich mit Mineralwasser inzwischen Tee gemacht, Kaffee aufgegossen und Kartoffeln gekocht: Mineralwasser ist im Begriff, das Trinkwasser zu ersetzen!

Warnende Stimmen

Die Verbraucher ziehen Flaschenabfüllungen vor, weil sie dem mißtrauen, was aus der Leitung kommt – oder Mineralwasser ihnen einfach besser schmeckt und sie sich's bei steigendem Wohlstand inzwischen auch leisten können. Hierzu sind in letzter Zeit warnende Stimmen laut geworden: Mineralwasser und Trinkwasser seien nicht das gleiche! Folglich auch nicht so ohne weiteres durcheinander zu ersetzen... Was, fragt man sich unwillkürlich, ist denn der entscheidende Unterschied?

Trinkwasser ⟷ Mineralwasser

Wasser besitzt (wie weiter oben schon angedeutet) eine besondere Lösungsfähigkeit: Es läßt Dinge in sich zergehen. Dadurch ist es eigentlich immer mit Spuren von Stoffen angereichert.

Jedes Wasser ist mineralhaltig...

Fast alles vorkommende Wasser ist somit in gewissem Grade mineralhaltig. Das erkennt man z.B. an den sog. ›Wasser‹flekken auf Trinkgläsern, die nichts anderes sind als mineralische Rückstände von verdunstetem Wasser.

...außer destilliertem Wasser

Fängt man den Dunst wieder ein und kühlt ihn ab, bekommt man destilliertes Wasser, das nun keine Mineralien mehr enthält. Dadurch sinkt sein Wert für den Menschen (wenn er nicht gerade eine Autobatterie nachfüllen muß) auf Null. Ein Verdurstender in der Wüste könnte destilliertes Wasser literweise trinken und müßte trotzdem sterben: weil ihm die ausgeschwitzten Mineralien (Elektrolyte u. ä.) nicht wieder zugeführt werden. Außerdem schmeckt destilliertes Wasser scheußlich. Es fehlt eben das Salz in der Suppe. Deswegen übrigens erzeugt auch hartes, calcium- oder magnesium›gewürztes‹ Leitungswasser dem Gaumen mehr Aroma als weiches, mineralarmes, das wiederum besser für die Waschmaschine oder zum Einseifen ist.

Was ist dann ›Mineral‹-wasser?

Mit Ausnahme von destilliertem Wasser sind also alle vorkommenden Feuchtigkeitsarten mehr oder weniger mineralisiert. Unter ausdrücklichem *Mineral*wasser versteht man deswegen im allgemeinen Wasser, das im Vergleich zum Leitungsnaß hochgradiger mit gelösten festen Stoffen angereichert ist.

Warum Mineralwasser nicht aus dem Wasserhahn kommt

Aus diesem Grund könnte Mineralwasser auf Dauer auch aus keiner Trinkwasserleitung kommen: Seine ›harten‹ Mineralien würden sich bald ablagern und die Rohre verstopfen. Der Mineralanteil von Trinkwasser muß allein deswegen schon unter Kontrolle gehalten werden.

Der gesetzliche Unterschied zwischen Mineral- und Trinkwasser

Als ausschlaggebend für die Eignung zum Mineralwasser kommt jedoch – laut *Mineral- und Tafelwasser-Verordnung* – noch etwas anderes hinzu: über einen nachgewiesenen Mineralanteil hinaus muß das Wasser auch »ursprünglich rein« sein. Was ist darunter zu verstehen?

Unverfälschtes Tiefenwasser

Das langwierige Sickern von Feuchtigkeit in extreme Tiefen wirkt höchlich filternd; Mineralwasser aus Untergrundvorkommen kann daher als ›naturrein‹ gelten. Die *Mineral- und Tafelwasser-Verordnung* nun macht das zur Vorschrift: Reservoire, aus denen Mineralwasser geschöpft wird, müssen so begraben und abgeriegelt sein, daß Verschmutzungskontakte zu einspülungsgefährdeten Oberflächengrundwässern (aus denen immerhin die Wasserwerke stellenweise schöpfen) nicht in Frage kommen; *andernfalls müssen Mineralbrunnen oder -quelle sofort geschlossen werden!*

Ist Mineralwasser reiner als Trinkwasser?

Mineralwasser ist deswegen aber nicht ›reiner‹ als das Leitungsnaß. Denn Trinkwasser, das am strengsten kontrollierte Lebensmittel überhaupt, kommt erst zum Verbraucher, wenn es die scharfen Grenzwerte der Trinkwasserverordnung einhält.

Trinkwasser wird ›hergestellt‹, Mineralwasser nicht

Zu diesem Zweck darf, ja muß es unter Umständen durch Sand oder andere Böden geseiht, wiedergewonnen, entsäuert, ozonisiert, kies- oder aktivkohlegefiltert, nachgechlort und sonstwie behandelt werden. Bei Mineralwasser ist all dies verboten. Natürliches Mineralwasser muß von vornherein gewissen hygienischen und toxikologischen Anforderungen genügen sowie frei von Umwelteinflüssen sein. Von geringfügigen Einwirkungen (Schwefel-/Eisenentzug, CO_2-Dreingabe...) abgesehen, wird es im ›Ur‹-zustand an den Verbraucher weitergereicht. Im Vergleich zu Trinkwasser ist Mineralwasser somit ›Rohstoff‹. Und muß es bleiben.

Unterschied zwischen natürlichem Mineralwasser und Quellwasser

In diesem Punkt fällt es schwer, natürliches Mineralwasser vom *Quellwasser* zu unterscheiden, welches – laut *Mineral- und Tafelwasser-Verordnung* – ein zwar mineralarmes Wasser ist, darüber hinaus aber ebenso unbeeinflußt wie natürliches Mineralwasser am Quellort abgefüllt worden sein muß. Auch Quellwasser ist daher auf seine Art ›ursprünglich rein‹. Um jedoch als natürliches Mineralwasser anerkannt zu werden, müßte es – laut *Mineral- und Tafelwasser-Verordnung* – eine »ernährungsphysiologische Wirkung« haben. Mit anderen Worten: Nicht *nur* die ursprüngliche Reinheit zählt für ein Mineralwasser, sondern *auch* der ernährungswirksame Effekt – welchen Quellwasser nicht hat, *obwohl* es von ursprünglicher Reinheit ist. Was aber erzielt diese verlangte Wirkung auf den Stoffwechsel? Natürlich Mineralien. Sie müssen also doch noch in einem Mineralwasser vorhanden sein, allerdings nicht mehr im früher einmal verlangten Ausmaß. Gekommen ist das alles so:

Entwicklung des heutigen Mineralwasser-Begriffs

Seit jeher gab es in Deutschland die 1-Gramm-Mineralien-pro-Liter-Faustregel: was darüber lag, galt als Mineralwasser, darunter nicht. Folglich waren z.B. eine Reihe französischer Sorten vom deutschen Markt ausgesperrt, weil sie diesen Mindestgehalt nicht erzielten. Umgekehrt durften deutsche Sorten nicht in Frankreich verkauft werden, da sie nach geltendem deutschen Recht nicht ›ursprünglich rein‹ sein mußten, was der französische Gesetzgeber wiederum verlangte. Im EG-Rahmen wurde hieraufhin die ›Vereinheitlichung der Richtlinien‹ angestrengt. Für Deutschland bedeutet das den Fall der 1-Gramm-Grenze. Nur: Ab wann sollte ein Wasser sich *dann* ›Mineral‹wasser nennen dürfen? Ab ¾ oder ½ oder ¼ Gramm Mineraliengehalt? Die neue Formel lautete: »Ursprüngliche Reinheit & ernährungsphysiologische Wirkung« (also Freiheit von allen Substanzen, die nicht natürlichen Ursprungs sind, sowie nachweisbarer Einfluß auf den menschlichen Stoffwechsel) – *sie* sollten inskünftig zum Mineralwasser qualifizieren. Weiter: Die Entscheidung, ob ein Wasser den Anforderungen genügt, treffen die zuständigen Behörden des jeweiligen Ursprungslandes; die solcherart anerkannten ›Mineralwässer‹ dürfen anschließend über nationale Grenzen hinweg frei im EG-Wirtschaftsraum verkehren.

Mineralgehalt nicht mehr erste Bedingung

Aus deutscher Sicht hatten sich damit mindermineralisierte Auslandssorten den ungehinderten Zutritt zum deutschen Markt verschafft. Gleichzeitig war aber auch in der Inlands-Praxis die Mineralisationsforderung dadurch entfallen. Zwar behalten die überkommenen Mindestgrenzen (1 Gramm gelöste feste Stoffe *oder* 0,25 Gramm freies Kohlendioxid) insofern ihre Bedeutung, als daß sie im geforderten amtlichen Billigungsverfahren den zusätzlichen Nachweis ernährungswirksamer Effekte ersparen –

ansonsten aber kann nunmehr auch jedes neuerbohrte inländische Minderwasser mit Anerkennung rechnen, solange es hauptsächlich einem verschmutzungssicheren Vorkommen entstammt und zusätzlich bestimmte physiologische Eigenschaften – etwa mindestens 150 Milligramm Calcium oder 50 Milligramm Magnesium bzw. 1 Milligramm Fluor (!) – nachweist. Knackpunkt der Anerkennung zum Mineralwasser ist also in Wirklichkeit nicht mehr die Mineralisation, sondern die ›Ursprünglichkeit‹ des Vorkommens: seine Freiheit von allen Stoffen, die nicht-natürlicher Herkunft (Industrie-, Landwirtschaftseinspülungen usf.) sind.

›Ursprüngliches‹ Trinkwasser

Was nun diese ›Ursprünglichkeit‹ von natürlichem Mineralwasser angeht, gibt der *Deutsche Verein des Gas- und Wasserfaches e.V.* mit Recht zu bedenken, daß über 70% des von der öffentlichen Wasserversorgung abgegebenen Trinkwassers »ursprüngliche Reinheit« besitzt, insofern es – wie Mineralwasser – »unterirdischer Herkunft« und frei von Umwelteinflüssen ist: Die öffentlichen Brunnen könnten durchaus mit denen der Mineralwasserförderer an Tiefe mithalten, und die meisten Grundwässer, die zur Trinkwassergewinnung herangezogen werden, bedürften bestenfalls derselben Aufbereitung, die auch § 6 der *Mineral- und Tafelwasser-Verordnung* (Enteisenung usf.) zuläßt.

Schlechter Ruf des Trinkwassers

Das mag für *Brunnen*wasser zutreffen. Der Leumund jedoch, den das unmittelbar oder auf Umwegen aus Deutschlands

Flüssen gewonnene Trinkwasser im Laufe der letzten Jahre (Chemieunfälle!) erlangt hat, sowie ein allgemein geschärftes Umweltbewußtsein, aber auch gestiegene Ansprüche an den Geschmack haben das *gesamte* Leitungsnaß in Verruf gebracht. Der Verbraucher jedenfalls weicht zunehmend auf Mineralwasser aus. Mancher bis zum Zähneputzen.

Den Nutzen haben die Mineralwasserabfüller

Die Geschäfte der Abfüller laufen seither entsprechend. Wobei sich dieser unversehens begünstigte Industrie-Zweig, in der Mehrzahl mittelständisch organisiert, nicht einmal vorgedrängt hatte. Infolge wachsenden Zuspruchs jedoch stand er bald auch im Brennpunkt öffentlichen Interesses.

Schließt Ausweichen auf Mineralwässer die Augen vor der Wirklichkeit?

Maßgebliche Richtungen nämlich verfolgen das Ausweichen des Verbrauchers auf Mineralwasser mit Sorge. Der Weg, statt möglicherweise verseuchtem Trinkwasser Mineralwasser zu trinken, ist nach solcher Ansicht ein Irrweg: Nicht das persönliche Ausweichen auf noch unbelastete Wasserquellen sei das Gebot der Stunde, sondern ein besserer Schutz der Wasservorkommen überhaupt. Denn wenn diese erst verdorben seien, träf's das Mineralwasser früher oder später genauso.

Den Abfüllern ins Stammbuch

Die Mineralwässer wurden in diesem Zusammenhang unter eine kritische Lupe genommen: zu klären galt es, inwieweit nicht auch sie vielleicht schon umweltverschmutzt wären. Vor allem die Nitratanteile, deren Schwankung Einspülungen verrät, wurden kritisch beleuchtet. Darüber hinaus ergingen Hinweise auf die ›problematische‹ Zusammensetzung (Natriumgehalt!) einzelner Sorten, was sie ungeeignet zum Trinkwasserersatz mache.

Mineralwasser unter Beschuß

Die Brunnenbetreiber sahen aus völlig unerwarteter, nämlich ökologischer Richtung ihr Erzeugnis in Frage gestellt: ein ›Naturprodukt‹, bei dem die Verbraucher bisher wie von selbst an ›Gesundheit‹ gedacht hatten!

Grundsätzlicher Punkt

Im Hintergrund dieses andauernden Konflikts wirkt wohl unausgesprochen auch die grundsätzliche Frage: Ist es vertretbar, daß der wichtigste Grundnahrungsstoff zusehends über nichtöffentliche Kanäle an den Verbraucher gelangt, ohne in allen Punkten der Trinkwasserverordnung genügen zu müssen.

Mineralwasser weicht in einem wesentlichen Punkt von den Grenzwerten der Trinkwasserverordnung ab

Mineralwässer weichen aber von den Forderungen der Trinkwasserverordnung nur einmal wesentlich ab: im Mineralgehalt, der bei ihnen nach oben offen ist, d.h. seine Grenzen letztendlich im Geschmacksurteil des einzelnen Trinkers findet: Was diesem zusagt, geht. So kann natürlich nicht die Grundlage zur aromatischen Komposition von Leitungswasser aussehen. Die *Trinkwasser-Verordnung* schreibt daher bestimmte Mineral-Grenzwerte fest, die einen ausgewogenen bis neutralen Geschmack garantieren sollen. Ob diese Schwellen auch gesundheitliche Bedeutung haben, ist umstritten (siehe dazu NATRIUM-Kapitel in Teil III).

Mineralwasser ↔ Trinkwasser: hinkender Vergleich…

Aber zurück zum Mineralwasser: Es soll laut Gesetz ›Rohstoff‹ bleiben, d.h. nicht – wie Trinkwasser – irgendwelchen Vorschriften angepaßt werden, die auf letztendlich gleichartige Zusammensetzung abzielen. Mineralwasser darf einzig keine Krankheitskeime oder Giftstoffe enthalten; darüber hinaus hat es die Möglichkeit, jedes nur erdenkliche Profil zu zeigen – vom linden ST. LINUS bis hin zur kräftig salzigen KAISER FRIEDRICH QUELLE (siehe Teil II). Jedes Mineralwasser ist insofern völlig einmalig, zusammengesetzt von der Natur. Mit Trinkwasser kann man es so wenig vergleichen wie etwa Brot oder Kartoffeln mit einer zubereiteten Mahlzeit.

Wer Trinkwasser durch Mineralwasser ersetzt…

Wer also Mineralwasser an Stelle von Trinkwasser nimmt, halte sich vor Augen, daß es eben *kein* Trinkwasser ist, das er verwendet, sondern die eigentümliche Variante eines natürlichen Rohstoffs mit ausgeprägtem Charakter und individuellem Geschmacksbild.

Mineralwassergesetzgebung hat etwas anderes im Auge als die Trinkwassergesetzgebung

Die Mineralwassergesetzgebung ist auf die Wahrung dieser Eigentümlichkeit und nicht etwa auf die Versorgung der Bevölkerung mit einem überall gleichen Grundnahrungsmittel zugeschnitten. Dadurch wird für Mineralwasser im Grunde ein Käufer vorausgesetzt, der sich bewußt für die eine oder andere Marke entscheidet.

Viele Verbraucher täuschen sich

Das ist allerdings nicht die Einstellung der meisten Verbraucher: Sie drehen heute mit den gleichen Erwartungen am Verschluß der Sprudelflasche, wie gestern noch am Wasserhahn. Gegen diese (falsche) Denkhaltung richten sich in letzter Zeit Aufklärungsversuche, die den Unterschied zwischen Mineral- und Trinkwasser begreiflich machen wollen: daß Trinkwasser in seiner neutralen Zusammensetzung auf lebenslangen Gebrauch durch die ganze Bevölkerung abgestellt ist, während Mineralwässer in ihrer Buntheit den verschiedensten Bedürfnissen entgegenkommen sollen und deswegen im Einzelfall von der Natur auch nicht auf Dauer-, sondern ›Spezial‹anwendung hin komponiert worden sind.

Da geschieht dem Mineralwasser Unrecht…

Mit dem Ergebnis, daß erste Verbraucher sich enttäuscht vom Mineralwasser abwenden – und dem Sprudel dabei unrecht tun; denn er hat nie behauptet, das zu sein, wofür man ihn nahm: neutrales Trinkwasser (allerdings hat er anständig davon profitiert).

Falsch angewendetes Mineralwasser

Die meisten Mineralwässer haben nun mal einen ausgeprägten Charakter. Der vor allem drängt sich immer wieder in den Vordergrund – z.B. wo ein neutrales Zubereitungsmittel (etwa zum Kaffeeaufgießen oder Essen machen) viel angebrachter wäre. Manch mineralreiche Sorte schlägt beim Kochen sogar regelrecht um und schmeckt dann ›seifig‹.

Dem Trinkwasser angenähertes Mineralwasser

Wer trotzdem den Wasserhahn nur noch zum Abwaschen oder Duschen aufdrehen möchte – sei's, weil er dem Leitungsnaß nicht mehr traut, sei's, weil er die Aufbereitung zu sehr herausschmeckt –, sollte sich daher als Ersatz am besten ein stilles Mineralwasser mit bescheidenem Mineraliengehalt aussuchen, das in seiner Zusammensetzung dem Trinkwasser nahe- bis gleichkommt. Eine entsprechende Auflistung in Teil III dieses Buches gibt nützliche Hinweise, weil dort auch die Werte einiger Trinkwässer berücksichtigt werden und zum Vergleich dienen können. Es geht – wie gesagt – nicht darum, einen krachenden ›Charakterkerl‹ unter den Sprudeln zu finden, sondern einen schweigsamen Gehilfen, der sich darein fügt, die Arbeit von normalem Leitungswasser zu tun.

Mineralwasser, das der Trinkwasser-verordnung genügen sollte…

In diesem Fall ist es auch statthaft – was die Abfüller sonst (mit Recht) weit von sich weisen –, an Mineralwässer die Trinkwasser-Elle anzulegen; denn es dreht sich ja darum, aus ihrer Mitte einen eventuellen Trinkwasser›ersatz‹ zu finden, der folglich auch den Richtlinien der *Trinkwasser-Verordnung* genügen sollte. Dabei gibt es neben einer schweigsamen Mineralkomposition (von hauptsächlich aromatischer Bedeutung) vor allem *einen* Trinkwasser-Grenzwert zu berücksichtigen, den Mineralwässer erklärtermaßen nicht einhalten müssen: die höchstens 1,5 Milligramm Fluorid pro Liter. Wer also Mineralwasser im großen und ganzen statt Trinkwasser hernehmen möchte, sollte immer darauf achten, daß dieser Wert nicht allzusehr überschritten wird (siehe dazu auch das FLUORID-Kapitel in Teil III dieses Buches).

Mineralwasser in ›Diener‹-funktion

Mineralwasser als Trinkwasser übt, wie gesagt, immer Lakaiendienste aus. Und wie bei Menschen gibt es auch unter Mineralwässern solche, die sich besser dafür eignen als andere, besser jedenfalls als die mineralstarken ›Herrschernaturen‹...

Für jeden Zweck das richtige

Solche *anregenden Wässer mit viel Mineralien* (2–4 Gramm pro Liter) und/oder Kohlensäure (bis 8 Gramm pro Liter) empfehlen sich dagegen zur Aufmunterung, bei Kater und nach Strapazen: Sport, langen Autofahrten usf. – weil sie den erschöpften Mineralhaushalt wieder in Schwung bringen. Darüber hinaus sind sie auch ein stimulierender Aperitif.

Starke Wässer – leichte Wässer...

Leichtere Wässer (unter 1 Gramm Mineralien/wenig Kohlensäure) lassen sich angenehm während der Mahlzeiten trinken, weil sie zurückhaltender im Geschmack sind und auch keine zusätzlichen Mineralien aufdrängen, die das Essen bereits enthält (z.B. Salz). Ihr bescheiden gelöster Anteil jedoch fördert die Verdauung und das Wohlbefinden.

...stille mineralarme Sorten...

Die stillen mineralarmen Sorten (unter ½ Gramm/ohne Kohlensäure) eignen sich als naturreiner Trinkwasserersatz, mitunter auch zu reinen Durchspülkuren.

...alles Geschmack-sache

Das sind Anregungen, Ratschläge, Tips – des weiteren und vorrangig entscheidet natürlich immer der einzelne Geschmack. Wem also kerniges RADENSKA zur zarten Forelle mundet, der soll darüber keine schlaflosen Nächte verbringen, sondern sich nichts versagen.

Geschmack

Es mag auf den ersten Blick verblüffen, bei Mineralwässern von ›Geschmack‹ zu reden. Aber der Zweifler soll vom nächsten Einkauf einmal zwei, besser drei verschiedene Sorten mitbringen und zu Hause einen kleinen Test veranstalten: Er wird deutliche Unterschiede feststellen und am Ende vielleicht sogar einer Marke den Vorzug geben.

Grundlagen

Der Geschmack läßt sich ungefähr an den Inhaltsstoffen eines Mineralwassers festmachen: dem Gehalt und seiner Mischung. So gibt es stark (bis 5 Gramm), mittelmäßig (bis 2 Gramm) und schwach (unter 1 Gramm) mineralisierte Wässer mit demgemäß ausgeprägtem Gaumeneindruck. Sie können von ›platt‹ oder ›still‹ bis schrittweise hinauf zu 8 Gramm pro Liter kohlensäureversetzt sein, und entsprechend ›sauer‹wirksam. Wobei Klasse und Persönlichkeit um so leichter auf die Zunge wirken, je zärtlicher die Perlchen prickeln. Den mineralischen Gusto schließlich erzielt die bei jedem Wasser andere Mischung von *salzig* (Natrium / Chlorid), *erdig* (Hydrogencarbonat), *hart* (Calcium / Magnesium) und *bitter* (Sulfat). Mit hinein können auch das ab ca. 2 Milligramm pro Liter durchschmeckende Fluorid sowie ›tintiges‹ Eisen spielen. Zusätzlich ›Körper‹ verleiht dem Gebilde – selbst wenn die Mineralisation fast Null ist – die eigentümliche Bakterienflora seiner Geburtsquelle.

Welches Wasser schmeckt am besten?

Welches von den vielen Mineralwässern nun ›am besten‹ schmeckt, läßt sich ebenso schlecht beantworten wie die Frage: Welche Apfelsorte schmeckt am besten? Gültig festzustellen bleibt nur, daß jedes Mineralwasser *anders* schmeckt. »Diese Wässer sind so verschieden wie die Erdschichten, die sie durchfließen«, bemerkte vor 2000 Jahren schon Plinius der Ältere. Und so wie man manchmal Lust auf ein Bauernbrot mit Speck verspürt, mag einem zuweilen der Sinn nach einem kernigen Sprudel stehen, während man bei anderen Gelegenheiten den linden Gaumenkitzel vorzieht.

Geschmackstester an der Arbeit

Mineralwässer sind gelegentlich von Feinschmeckern geprüft und bewertet worden. Wie aussagekräftig solche Tests sind, beweisen folgende drei Urteile zur italienischen Renommiermarke SAN PELLEGRINO: »Salzig, langweilig, mit einem Nachgeschmack von Küchensoda« *(Sunday Times Magazine);* »angenehm, nicht zu vordergründig mineralisch, schwach salzig und sauer, sehr geringe Härte, mittlere, nach 5 Minuten geringere CO_2-Entfaltung« *(Alles über Wein);* »echter Gaumenschmeichler mit lebhaft-angenehmem Sprudel. Klar ausbalancierter, spritziger Quellwasser-Geschmack« *(Time).*

Jeder finde für sich selbst

Dem einzelnen sei daher angeraten, sich die wirklichen Lieblinge persönlich herauszuschmecken, für jede Gelegenheit oder Stimmung ›sein‹ Wasser zu entdecken.

Geschmacks-verfälscher

Und wenn er dann trendgenau vom Barkeeper nach Mitternacht keinen Drink mehr, sondern ein Fläschchen Sprudelndes kommen läßt, sollten nach Ankühlung des Glases die Eiswürfel weggeschüttet werden, denn sie bestehen im Zweifelsfall aus aromafälschendem Leitungswasser. Auch die Zitronenscheibe im Dezi-Glas braucht nur, wer den Mineralgeschmack überdecken will. Lieber sollte er statt dessen eine ihm zusagendere Sorte bestellen. Im breiten Angebot gibt's die mit Sicherheit.

Österreich

Das Kapitel ›Tafelwasser, Sodawasser, künstliches Mineralwasser‹ des *österreichischen Lebensmittelbuches* – kurz *Codex* genannt – regelt Bezeichnungen und Verkehr der verschiedenen Wassertypen.
Es differenziert zwischen ›*Mineral*wasser‹ bzw. ›Tafel*mineral*wasser‹ und ›*Quell*wasser‹ bzw. ›Tafel*quell*wasser‹. Der Unterschied ist einfach: *Mineral*wasser enthält mehr als 1 Gramm Mineralien pro Liter, *Quell*wasser enthält weniger als 1 Gramm Mineralien pro Liter. Die hygienischen Anforderungen entsprechen denen Deutschlands oder der Schweiz.
Der *Codex* sieht eine Begrenzung des Mineralgehalts vor: Er darf 6,5 Gramm pro Liter nicht überschreiten.
Der Fluorid-Gehalt ist auf 1,5 Milligramm pro Liter beschränkt. Was darüber hinausgeht, muß dem Wasser entzogen werden. Die höchsterlaubte Nitratmenge liegt bei 30 Milligramm pro Liter (40% unter der deutschen von 50 Milligramm). Dann gibt es noch eine nicht näher erklärte Sulfat-Begrenzung von 750 bzw. 1000 Milligramm pro Liter. Ein besonderer Natriumhinweis ist ab 400 Milligramm pro Liter vorgeschrieben.
Österreichische Besonderheit: Ein *Heil*wasser oder Mineral-*Heiltafel*wasser kann zusätzlich als *Mineral*wasser bzw. *Tafelquell*wasser in den Verkehr gebracht werden, wenn es die vorgeschriebenen Codex-Grenzwerte einhält. In Praxis: GASTEINER MINERAL-HEILTAFELWASSER darf als GASTEINER TAFELQUELLWASSER verkehren, wenn sein Fluoridgehalt auf 1,5 Milligramm reduziert worden ist und seine radioaktive α-Aktivität »die Grenzwerte der Strahlenvorschriften« einhält (*Codex* Absatz 33 und 20).
RÖMERQUELLE darf sich ›Mineral- und Heilwasser‹ nennen, da seine Heilwasserzusammensetzung nicht den Mineralwasseranforderungen des *Codex* widerspricht. Aus Schweizer wie Deutscher Sicht macht in solchen Fällen ein Lebensmittel auf seine Heilwirkung aufmerksam – was verboten ist.

Die Österreicher sehen es andersrum: Einem Heilmittel, das sich auch zum Lebensmittel eignet, wird diese Befähigung nicht abgesprochen.
Die Deklarationsverpflichtung des *Codex* sind weniger genau als in der Schweiz, weil der österreichische Mineraliengehalt von vornherein gesichert bzw. am Namen – Mineralwasser (Tafelmineralwasser) oder Quellwasser (Tafelquellwasser) – erkennbar ist.
Etikettangaben sind in Österreich folglich Kann-Bestimmungen, abgesehen von einigen Warnhinweisen bei erhöhtem Gehalt virtuell kritischer Mineralien (z. B. Natrium). Fluor und Sulfat sind von vornherein begrenzt. Fluor darf – im Gegensatz zu deutschen Bestimmungen – sogar entzogen werden. Auch die österreichische Obergrenze von 6,5 Gramm Mineralien pro Liter *(Codex* Abschnitt 8) wäre in Deutschland undenkbar.
Die österreichische Gesetzgebung schützt – verglichen mit der schweizerischen und deutschen – am wirkungsvollsten die Interessen des Verbrauchers, indem sie ihm eine bestimmte Grundqualität des Produktes garantiert und eventuell schädliche Wirkungen von vornherein begrenzt. Verglichen damit scheinen die Deutschen (in Anpassung an ihre EG-Partner Frankreich, Italien, Belgien) inzwischen erstrangig darauf erpicht zu sein, die Identität des Wassers zu sichern, während die Schweizer wohl lange Zeit vordringlich die Geschäfte der Vertreiber im Auge gehabt haben müssen, da sie ihnen noch nicht mal das Abfüllen besseren Leitungswassers verboten.
Österreich blickt auf eine lange Mineralwassesr-Tradition zurück, die von (wem auch sonst?) den Römern aus der Taufe gehoben wurde. Wie überall in Europa kam das Abfüllgeschäft jedoch erst mit der wegmäßigen Erschließung des Landes im vorigen Jahrhundert in Schwung. Anfänglich herrschten mineralstarke Marken aus vulkanischen Warmquellen vor. Sie wurden mehr als Heilmittel, also in entsprechend bescheidenem Umfang getrunken.

Der Mineralwasser-Boom ab den 70er Jahren ging an den ›schwerblütigen‹ Stammsorten fast wirkungslos vorüber und stand ganz im Zeichen der prickelnden Leichtfüße RÖMERQUELLE und VÖSLAUER, die mit ihren modernen Abfüllanlagen heute das Geschehen beherrschen. Auch dank raffiniert aufgebauter Werbebilder. So hebt RÖMERQUELLE z.B. beim Ur-Gesundheitsartikel Mineralwasser ausgerechnet auf Sinnlichkeit ab und hat es geschafft, daß man im Zusammenhang mit der kleinen grünen Flasche immerzu an Sex denkt: um wieviel besser er wird, wenn man vorher keinen Alkohol, sondern Mineralwasser getrunken hat (»...belebt die Sinne!«).
Die überlieferten Sorten haben seitdem noch mehr zurückstecken müssen und konnten zuweilen nur mehr in Nischen überleben. Von hier aus versuchen sie zum Teil das Comeback. GÜSSINGER z.B., das sich auf die Gasthaustische zurückgezogen hatte, probiert inzwischen, dort mit Wein zu fraternisieren und eine neuartige Variante, den ›gaumig‹ mineralstark Gespritzten durchzusetzen. Die Winzer des Burgenlandes halten ihm die Stange.
Kleine Marken aber, die keine Brauerei oder Kapitalgesellschaft im Rücken haben, bleiben angesichts 20% Mehrwertsteuer und schwindelnder Transportkosten auf ihr unmittelbares Umfeld beschränkt.

Adresse des Dachverbandes:
Österreichischer Heilbäder- und Kurorteverband,
Josefsplatz 6, 1010 Wien.

Nachstehende österreichische Mineral- und Quellwässer werden im folgenden Teil II an ihrer Stelle im Alphabet besprochen: GASTEINER, GÜSSINGER, PETERQUELLE, PREBLAUER, SEVERINQUELLE, RÖMERQUELLE, VÖSLAUER. Diese Marken wurden auch in den Erschließungslisten von Teil III berücksichtigt.

Schweiz

Die Schweizer sind – wie ihre Nachbarn – tüchtige Mineralwasser-Trinker, haben allerdings lange nichts zum Schutz der Produkt-Identität getan. Die hygienischen Vorkehrungen waren immer einwandfrei, darüber hinaus aber durfte sich alles ›Mineralwasser‹ nennen, was naß und durchsichtig war. Die Mineralisation spielte eine untergeordnete Rolle; gesetzlich war sie nicht vorgeschrieben.
Auch die Änderung der *Lebensmittelverordnung* vom 12. Februar 1986 nennt keinen Mindestwert, schreibt aber vor, daß Wässer, die eine bestimmte Grenze unterschreiten, dies zumindest auf ihrem Etikett zu deklarieren haben: *Mit geringem Gehalt an Mineralien* muß bei Wässern unter 500 Milligramm pro Liter aufgedruckt sein – und *Mit sehr geringem Gehalt an Mineralien,* wenn es weniger als 50 Milligramm sind. Zusätzlich sind andere Kennzeichnungen von Inhaltsstoffen vorgeschrieben, wenn diese bestimmte Schwellen überschreiten, z.B. *Kann abführend wirken* bei mehr als 2000 Milligramm pro Liter Sulfat oder *Natriumhaltig* bei mehr als 200 Milligramm pro Liter.
Vergleicht man die Schweizer Paragraphen mit denen Deutschlands und Österreichs, fällt auf, daß der Bundesrat es nicht etwa darauf angelegt hat, die Identität von Mineralwasser zu schützen (Österreich) oder eine ernährungsphysiologische Wirkung zu sichern (Deutschland), sondern durch genaue Deklarationsverpflichtungen den Verbraucher ins Bild gesetzt wissen will, damit dieser sich selbst entscheiden kann. Die Anwesenheit erwünschter Stoffe ist nicht Bedingung, nur die Abwesenheit unerwünschter.
Eine Änderung schweizerischer Gepflogenheiten bedeutet auch, daß ein und die gleiche Quellenausbeute nicht mehr unter verschiedenen Namen ins Regal darf. Das kann zum Schutz der Mineralwasser-Abfüller ausgelegt werden; denn viele hatten listigerweise ihr Wasser nebenbei umetikettiert, als Billigsorte an Supermärkte abgegeben und hinter-

her ihre Hausmarke im Nachbarregal nicht mehr losgekriegt. Dem ist nun ein Riegel vorgeschoben.
Die Übergangsregelung der Gesetzesänderung läuft noch bis 1992.
Heilwässer werden in der Schweiz als Medikamente registriert und dürfen nicht beworben werden. Ihr Anteil am Mineralwassermarkt liegt unter ein Prozent.
Die Mineralwasser-Trinkgewohnheiten variieren in der Schweiz mit der Sprache. Im französischen Teil behaupten sich unangefochten die ›stillen‹ Gallier ÉVIAN, VOLVIC usf., deren Importanteile mit 10% höher liegt als irgendwo sonst in Europa. Die deutschsprechende Schweiz zieht – ähnlich der BRD-Mehrheit – Sprudelwasser vor, wofür das Kohlendioxid in der Regel aus dem Schwarzwald importiert werden muß; denn Schweizer Quellen gasen kaum.

Die Adresse des Dachverbandes:
Verband Schweizerischer Mineralquellen,
Fraumünsterstraße 17, 8022 Zürich.

Folgende Schweizer Mineralwässer werden in Teil II an ihrer Stelle im Alphabet besprochen. ADELBODNER, APROZ, AQUI, HENNIEZ, PASSUGGER, RHÄZÜNSER, VALSER, ZURZACHER. Diese Marken wurden auch in den Erschließungslisten von Teil III berücksichtigt.

TEIL II

109
in Deutschland,
Österreich
und der Schweiz
verkehrende
Mineral- und Heilwässer

Vorausbemerkung

Die einzelnen Wässer werden mit Etikett vorgestellt und in ihrer Zusammensetzung sowie der darüber hinaus gehenden Eigentümlichkeit besprochen. Egal ob es sich um Mineral- oder Heil- oder Tafelquell- oder Mineral-Heiltafelwässer – aus Deutschland, Österreich oder der Schweiz handelt: die Reihenfolge ist strikt alphabetisch.

Das ›→‹-Symbol innerhalb eines Vorstellungstextes verweist auf Stellen, die den unmittelbaren Inhalt am angezeigten Ort ergänzen.

Die stets in Verbindung mit den mineralischen Zusammensetzungen eines Wassers genannte ›Summe der Hauptbestandteile‹ ist ein Behelfswert, der die Mineralhaltigkeit dieses Wassers ausdrücken soll. Er stimmt *nicht* mit der geläufigen ›Summe der gelösten festen Stoffe‹ überein. Diese (›Summe der gelösten festen Stoffe‹) bedeutet den Mineralgehalt eines Wassers laut offizieller Analyse. Auf manchen Etiketten ist sie angegeben, auf anderen nicht. Um nun den Mineralgehalt möglichst vieler Wässer auf einen ausnahmslos vergleichbaren Nenner zu bringen, wurden in diesem Buch nur die bei wirklich *jeder* Sorte identisch zu ermittelnden kennzeichnenden Inhaltsstoffe addiert – zur ›Summe der Hauptbestandteile‹. Diese unterbietet zwar erklärtermaßen die tatsächliche ›Summe der gelösten festen Stoffe‹, in Wirklichkeit aber nur so geringfügig, daß sie ohne Falsch die Mineralhaltigkeit eines Wassers kennzeichnet.

Der Kohlensäuregehalt konnte nicht bei allen Wässern ermittelt werden. Wo er vorlag, wurde er allerdings auch angegeben.

Bei den deutschen Heilwässern mit *Zul.-Nr.* wurde darauf verzichtet, die Gegenanzeigen mit zu nennen. Dies aus folgendem Grund: Viele Heilwässer sind älter als das *Arzneimittelgesetz,* das in seiner heutigen Form am 1. 1. 1978 in Kraft trat. Die Heilwirkung der meisten Wassersorten aber war schon lange vorher, manchmal durch Jahrhunderte bekannt und brauchte deswegen (zunächst) – ähnlich der von Aspirin oder Baldrian – nicht noch einmal gesondert nachgewiesen werden. Heilbrunnen, die zwischen dem 1. 1. und 30. 6. 1978 einen Antrag stellten, erhielten eine *Reg.-Nr.* beim Gesundheitsamt, die einer vorübergehenden Anerkennung gleichkam und die sie auf ihrem Etikett tragen. Bis 1990 muß die Heilwirkung den sog. ›Aufbereitungskommissionen‹ beim Gesundheitsamt nach gesichertem wissenschaftlichen Erkenntnisstand, erforderlichenfalls durch klinische oder entsprechende anderweitige medizinische Erprobungen, Gutachten usw. bewiesen worden sein. Einige Marken nun zögern diese endgültige *Zulassung* möglichst lange hinaus, am besten bis 1990. Warum? Als gesetzmäßigem ›Medikament‹ mit regulärer *Zul.-Nr.* (statt *Reg.-Nr.*) wäre es ihnen nicht mehr erlaubt, wie bisher nur *Heil*anzeigen und Zuträglichkeit auf ihrem Etikett anzugeben, sie müßten auch die *Gegen*anzeigen drucken sowie den Pflichttext nach § 11 des Arzneimittelgesetzes: »Arzneimittel sollen für Kinder unzugänglich aufbewahrt werden.« Würden also im folgenden bei allen Heilwässern, die eine *Zul.-Nr.* bereits haben, die Gegenanzeigen angegeben, so könnte leicht der Eindruck entstehen, daß es Heilwässer ›mit‹ oder ›ohne‹ Gegenanzeigen gibt – und weiter: daß *Zul.-Nr.* ›Gegenanzeigen‹ bedeutet, während *Reg.-Nr.* heißt ›frei davon‹. Um diesem Irrtum vorzubeugen, wurden die Gegenanzeigen, auch wo sie bereits auf dem Etikett stehen, im Vorstellungstext weggelassen. In der überwiegenden Mehrzahl betreffen sie Krankheiten, die die Passage durch den Magen-Darm-Kanal und den Durchfluß der harnabführenden Wege behindern, sowie den Bluthochdruck (bei Natrium-Wässern). Was über die Linderungswirkung von Heilwässern gesagt wird, gilt also immer eingeschränkt durch mögliche Gegenanzeigen. Wer ein solches Wasser erwirbt, wird sie – wenn es bereits eine *Zul.-Nr.* hat – auf dem Etikett finden; steht dort jedoch noch die *Reg.-Nr.*, sollte man im Zweifelsfall (etwa wenn erhebliche Befindlichkeitsstö-

rungen behoben werden sollen) lieber einen bewanderten Apotheker oder Kurarzt zu Rate ziehen, wie man sie erfahrungsgemäß am ehesten in Heilbädern findet.
Die gelegentlichen zitierten Geschmacksbeurteilungen einzelner Mineralwassersorten wurden der Fachzeitschrift ›Alles über Wein‹, 2/86 *(Woschek-Verlag, Wilh.-Th.-Römheld-Str. 30, 6500 Mainz)* entnommen.

Übersicht der in diesem Teil besprochenen Wässer

○ = Mineralwasser
■ = Heilwasser
□ = Heil- und Mineralwasser
● = Tafelquellwasser

Aachener Kaiserbrunnen ○
Adelbodner ○
Adelheidquelle ■
Adelholzener Primus-Heilquelle ■
Altmühltaler Quelle ○
Apollinaris ○
Aproz ○
Aqui ○

Bad Liebenzeller Mineral-Therme ○
Bad Neuenahrer Heilwasser ■
Bad Niedernauer Römerquelle ■
Bad Tönissteiner Heilbrunnen ■
Bad Vilbeler UrQuelle ○
Bad Windsheimer Residenz-Quelle ○
Bad Windsheimer St. Kiliani-Heilquelle ■

Contrex ○

Dietenbronner ○

Elisabethenquelle ■
Emser Kränchen ■
Emstaler Brunnen ○
Evian ○

Ferrarelle ○
Franken Brunnen ○
Freyersbacher Alexanderquelle ■
Freyersbacher Schwarzwälder Mineralwasser ○
Friedrich Christian Heilquelle ■
Fürst Bismarck Quelle ○

Gasteiner ■ ○
Gerolsteiner Sprudel ○
Göppinger Christophsquelle ■
Göppinger Mineralwasser ○
Granus Sprudel ○
Güssinger Mineralwasser ○

Haaner Felsenquelle ○
Harzer Grauhof Brunnen ○
Hassia Sprudel ○
Henniez ○
Heppinger ■
Hirschquelle ■
Höllensprudel ○
Hunyadi Janos ■

Imnauer Apollo ○

Jebenhauser Sprudel ○
Johannis Quell ○

Kaiser Friedrich Heilquelle ■
Kaiser Friedrich Quelle ○
Kaiser Ruprecht Heilquelle ■
Karlsbader Mühlbrunn ■
Kisslegger ○
Knetzgauer Steigerwald ○
Kurselters ■

Leopoldsquelle ■
Lieler Quelle ○
Lieler Schloßbrunnen ○
Luisen Brunnen ○

Marco Quelle Heilwasser ■

Neuselters Mineralquelle ○

Oberselters Mineralbrunnen ○

Paracelsus-Quelle ■
Passugger ○
Perrier ○
Peterquelle □
Peterstaler Mineralwasser ○
Pfalzgrafen Quelle ○
Preblauer □
Prinzenquelle ○

Radenska ○
Reginaris ○
Remstal Sprudel ○
Rhäzünser ○
Rheinfels Quelle ○
Rhenser Mineralbrunnen ○
Rhodius Fellbuhr-Quelle ○
Rhön-Sprudel ○
Rietenauer Heiligenthalquelle ○
Rippoldsauer Mineralwasser ○
Römerquelle □
Rogaska-Quell ■
Rosbacher Ur-Quelle ○

S. Pellegrino ○
Sankt Martin ■

Schwäbisch Haller St. Ulrich-Quelle ■
Schwäbisch Haller Wildbadquelle ○
Selters ○
Severin Quelle □
Sinziger ○
Sinziger Heilquelle ■
Spa Reine ○
St. Anna ■
St. Gero ■
St. Lambertus Altmühltaler Heilquelle ■
St. Linus ■
Staatl. Fachingen ■
Stilles Selters ■

Teinacher ○
Tönissteiner Römerfüllung ○

Überkinger ○
Urbacher ○

Valser St. Petersquelle □
Vichy Celestins ○
Victoria Lahnsteiner Heilquelle ■
Victoria Lahnsteiner Mineralquelle ○
Vittel ○
Vöslauer ●
Volvic ○

Wittenseer Quelle ○

Zurzacher ○
Zwestener Löwenquelle Heilwasser ■
Zwestener Löwensprudel ○

Zu den Maßeinheiten

Die einzelnen Inhaltsstoffe von Mineralwässern werden allgemein in Milligramm* pro Liter angegeben. Da diese Meßeinheit (mg/l) sich inzwischen von selber versteht, wird ihre Kennzeichnung auf den folgenden Seiten übersprungen; überall wo hinter einem Zahlenwert *keine* Maßangabe steht, bedeutet das also mg/l.

Die ›Summe der Hauptbestandteile‹ dagegen wird auf den folgenden Seiten immer in Gramm (pro Liter) angegeben. Das ist zweckmäßiger, denn der Leser kann so auf Anhieb einen Bezug zum Mineralisations-Richtwert von 1 Gramm pro Liter herstellen.

Während mg/l wegen seiner Häufigkeit grundsätzlich ausgespart bleibt, steht das gelegentliche ›Gramm‹ *immer* hinter dem ihm entsprechenden Wert, um Verwechslungen vorzubeugen.

* *Milli*gramm (*mg*) = *Tausendstel*gramm/1000 Milligramm = 1 Gramm

AACHENER KAISERBRUNNEN / Aachen

Kaiserbrunnen A.-G.
Postfach 9
5100 Bad Aachen

MINERALWASSER

Zusammensetzung entsprechend den Ergebnissen der Analyse vom 12. 12. 1979 des *Instituts Fresenius* (Taunusstein):

Kationen		*Anionen*	
Natrium (Na^{+})	1315.000	Chlorid (Cl^{-})	1501.000
Calcium (Ca^{2+})	57.600	Sulfat (SO_3^{4-})	279.700
Magnesium (Mg^{2+})	8.160	Hydrogencarbonat	
Kalium (K^{+})	63.100	(HCO_3^{-})	857.900

Summe der Hauptbestandteile ca. 4.08 Gramm

Gründungsursache der Stadt Aachen sind zweifellos die heißen Quellen gewesen. Schon die Kelten wußten, daß dieses ›Lebenswasser‹ nicht nur Kranken wieder auf die Beine hilft, sondern auch Gesunde entspannt. Schwefel- und salzreich brodelt es ca. 50–70° heiß aus den Quellschlünden. Aachen war infolge Bad römischer Legionäre; Karl der Große erfreute sich an den heißen Dämpfen; und Händel, angereist aus London, genaß in den Thermen von einer halbseitigen Lähmung (danach komponierte er den *Messias*).

Kaum verwunderlich, daß solches Wasser schließlich auf Flaschen gezogen wurde: 1884 nannte eine Abfüllgesellschaft sich und ihre Marke nach Karl dem Großen KAISERBRUNNEN. Das Wasser hatte es in sich! Heiß abgefüllt enthielt es über 4 Gramm Mineralien, was ihm eine kräftige Würze verlieh. Schon vor dem I. Weltkrieg wurde es in viele Teile Europas, selbst nach Übersee exportiert. Der auf dem Etikett abgebildete Schiffssteward erinnert an die Zeiten, als AACHENER KAISERBRUNNEN auf Ozeanriesen ausgeschenkt wurde.

Heute ziert zusätzlich das Siegel des deutschen Fußballbundes auf grüner Banderole oben links das Etikett. AACHENER KAISERBRUNNEN hat nämlich die deutsche Fußballnationalmannschaft als natürlicher Elektrolytlieferant (isotonischer Durstlöscher) 1986 nach Mexiko begleitet. Das hängt zusammen mit der weit überdurchschnittlichen Mineralhaltigkeit dieses Wassers vor allem im Salzbereich: Wo viel Körperflüssigkeit verloren wird, leistet AACHENER KAISERBRUNNEN raschen Ausgleich – und ist deswegen besonders für Leistungssportler bzw. nach starken Schweißverlusten nützlich. AACHENER KAISERBRUNNEN ist fluoridhaltig.

ADELBODNER / Adelboden

Adelbodner Mineral- und Heilquellen AG
CH-3715 Adelboden

MINERALWASSER

Zusammensetzung entsprechend Etikett:

Kationen		*Anionen*	
Natrium (Na^+)	6.000	Chlorid (Cl^-)	11.000
Calcium (Ca^{2+})	540.000	Sulfat (SO_3^{4-})	1230.000
Magnesium (Mg^{2+})	39.000	Hydrogencarbonat	
Kalium (K^+)	2.100	(HCO_3^-)	290.000
Strontium (Sr^{2+})	9.700	Fluorid (F^-)	0.094
Eisen (Fe^{2+})	0.050	Iodid (I^-)	0.021

Summe der Hauptbestandteile ca. 2.12 Gramm

Zu den höchsten Abfüllstellen Europas gehört zweifellos die von ADELBODNER im Berner Oberland. Vor Ort tritt zweimal Mineralwasser aus, die ADELBODNER- sowie die Oeybad-Quelle, die fast identisches Wasser zutage fördern, wobei die Oeybad-Quelle ein bißchen zusätzlichen Schwefelwasserstoff enthält.

Erste sichere Erwähnung des Oeybades finden sich im großen Bannbrief Adelbodens von 1617/21. Es sollen viele Leute hingegangen sein, um ihre Leiden zu heilen. Bis zum II. Weltkrieg speisten die Wässer auch Kureinrichtungen, die dann jedoch aus Rentabilitätsgründen geschlossen werden mußten. Heute wird das Wasser nur noch auf Flaschen gezogen; wobei die Ausbeute der Oeybad-Quelle entschwefelt werden muß. Es gibt aber auch eine Reihe von Parteigängern, die das ›pure‹ Wasser frisch ab der Quelle beziehen.

Die Quelle tritt in einem malerischen Stück Natur ca. 1 Kilometer vom Betrieb talaufwärts zutage. 1971 wurde das Mineralwasser mit einer tiefer reichenden Bohrung erschlossen, um mögliche Einflüsse von außen mit Sicherheit fernzuhalten. Der modernen Fassungsanlage entfließt ein Wasser mit deutlichen Calcium-Sulfat-Akzenten.

Die ADELBODNER-Mineralquelle schüttet gleichbleibend stark, unabhängig von Niederschlagsmengen. Das Wasser entstammt somit wetterunabhängigen Speichern in den Tiefen des Alpenmassivs und hat ein hohes Alter.

Es gibt ADELBODNER MINERAL mit wenig und ADELBODNER SPEZIAL mit viel Kohlensäure.

ADELHEIDQUELLE / Bad Überkingen

Mineralbrunnen Überkingen-Teinach AG
Postfach 80
7347 Bad Überkingen

HEILWASSER

Zusammensetzung entsprechend den Ergebnissen der Analyse vom 21. 12. 1970 des *Instituts für angewandte Chemie*, Stuttgart (Prof. Ing. Chem. H. Gockel):

Kationen		*Anionen*	
Natrium (Na^{+})	973.200	Chlorid (Cl^{-})	117.000
Calcium (Ca^{2+})	136.300	Sulfat (SO_3^{4-})	318.500
Magnesium (Mg^{2+})	107.000	Hydrogencarbonat	
Kalium (K^{+})	31.000	(HCO_3^{-})	3001.000
Lithium (Li^{+})	2.350	Fluorid (F^{-})	0.300
Strontium (Sr^{2+})	1.000		
Eisen (Fe^{2+})	0.020		

Kohlensäure (CO_2) 2490.000

Summe der Hauptbestandteile ca. 4.68 Gramm

Als Natrium-Hydrocarbonat-Säuerling verfügt die ADELHEIDQUELLE vorrangig über solche Mineralien, die besonders magenfreundlich sind und bei Sodbrennen helfen.
Die ADELHEIDQUELLE entspringt bei Bad Überkingen am Fuße der Schwäbischen Alb. Wer will, kann sich vor Ort in ihrem Wasser baden oder sie kurmäßig anwenden.
Abgefüllt und vertrieben wird ADELHEIDQUELLE von der *Mineralbrunnen Überkingen-Teinach AG,* dem größten Heil- und Mineralbrunnenunternehmen in der Bundesrepublik. Vom selben Abfüller stammen → ÜBERKINGER, → TEINACHER, und → HIRSCHQUELLE.
Verkauft wird ADELHEIDQUELLE hauptsächlich in Bayern und Baden-Württemberg.
Das Wasser ist mit über 5½ Gramm überdurchschnittlich mineralisiert.
Heilanzeige: Fördert die Funktion von Magen und Darm, Nieren und Blase. Hilft bei Sodbrennen.

ADELHOLZENER PRIMUS-HEILQUELLE
Bad Adelholzen

Adelholzener Primus-Quelle
8227 Bad Adelholzen/Obb.

HEILWASSER

Zusammensetzung entsprechend den Ergebnissen der Analyse vom 22. 12. 1986 des *Instituts für Wasserchemie und chemische Balneologie der TU München* (Prof. Dr. K.-E. Quentin):

Kationen		*Anionen*	
Natrium (Na^{+})	3.010	Chlorid (Cl^{-})	2.500
Calcium (Ca^{2+})	87.900	Sulfat (SO_3^{4-})	11.300
Magnesium (Mg^{2+})	29.700	Hydrogencarbonat (HCO_3^{-})	407.300
Kalium (K^{+})	0.870	Fluorid (F^{-})	0.082
Strontium (Sr^{2+})	0.420		
Eisen (Fe^{2+})	0.050		
Kohlensäure (CO_2)	23.600		

Summe der Hauptbestandteile ca. 0.54 Gramm

Adelholzen im Chiemgau (am Fuß der Alpen) war früher Wildbad. Seine Entstehung geht zurück auf die ersten christlichen Zeiten. Um 280 n. Chr. soll der fromme Einsiedler Primus die heilsame Quelle im ›Adelholtz‹ gefunden und vielen Kranken mit dem Wasser geholfen haben.
Der Ort wurde in der Folgezeit rege aufgesucht. 1600 konnten über 150 Gäste aufgenommen und versehen werden. 1895 wurde das Wasser dann in den Handel gebracht.
Heute liegt unterhalb der Parkanlage mit der alten Primusquelle und dem ehemaligen Kurhaus eine supermoderne Abfüllanlage, die knapp die Nachfrage des angestammten oberbayerischen Marktes befriedigen kann.
Die ADELHOLZENER PRIMUS-HEILQUELLE wird auch als natürliches Mineralwasser verkauft; dann heißt sie ADELHOLZENER PRIMUS-QUELLE, und es gibt sie in kohlensäureversetzter (blaues Etikett) und kohlensäurearmer (grünes Etikett) Form.
Das Wasser ist mit nur ½ Gramm pro Liter recht linde mineralisiert, jedoch im südlichen Bayern wegen seiner unaufdringlichen Ausgewogenheit äußerst beliebt.
Als Heilwasser hilft die ADELHOLZENER PRIMUS-HEILQUELLE bei Erkrankungen der Nieren und der ableitenden Harnwege sowie bei Steinleiden von Galle, Blase oder Nieren. Ferner schlägt das Primuswasser an bei Magen-Darm-Katarrhen oder -entzündungen sowie chronischer Verstopfung. Es dient auch zur unterstützenden Behandlung bei spezifischen Stoffwechselstörungen (wie Diabetes).

ALTMÜHLTALER QUELLE
Naturpark Altmühltal

Altmühltaler Heilquellen GmbH
Postfach 48
8830 Treuchtlingen

MINERALWASSER

Zusammensetzung entsprechend den Ergebnissen der Analyse vom 2. 2. 1984 des *Instituts Fresenius* (Taunusstein):

Kationen		*Anionen*	
Natrium (Na^+)	47.000	Chlorid (Cl^-)	1.300
Calcium (Ca^{2+})	47.800	Sulfat (SO_3^{4-})	64.000
Magnesium (Mg^{2+})	11.400	Hydrogencarbonat	
Kalium (K^+)	28.900	(HCO_3^-)	292.000
Lithium (Li^+)	0.300	Fluorid (F^-)	0.500
Strontium (Sr^{2+})	0.480		
Eisen (Fe^{2+})	0.260		

Summe der Hauptbestandteile ca. 0.49 Gramm

Als in dem mehrere Millionen Jahre alten Gestein des Naturparks Altmühltal (zwischen Treuchtlingen – Eichstätt) 1978 nach Heilwasser gebohrt wurde, stieß man früher als erwartet nach ›nur‹ 240 Metern unterhalb einer dicken Tonschicht auf mindestens 10000 Jahre altes Gletscherwasser aus der letzten Eiszeit.
Ähnlich wie ihr nördliches Schwestervorkommen, der →WITTENSEER QUELLE, das sich unter gleichen Bedingungen angesammelt hat, ist auch die ALTMÜHLTALER QUELLE nur mäßig mineralisiert, was ihr einen milden Grundton verleiht.
Es gibt eine Variante ALTMÜHLTALER MINERALWASSER, das sich von der ALTMÜHLTALER QUELLE dadurch unterscheidet, daß ihm reichlicher Kohlensäure zugesetzt worden ist.

APOLLINARIS / Bad Neuenahr

Apollinaris Brunnen AG
Postfach 100151
5483 Bad Neuenahr-Ahrweiler

MINERALWASSER

Apollinaris

Zusammensetzung entsprechend den Ergebnissen der Analyse vom 19. 3. 1985 des *Instituts Fresenius* (Taunusstein):

Kationen		*Anionen*	
Natrium (Na^+)	504.000	Chlorid (Cl^-)	168.200
Calcium (Ca^{2+})	94.300	Sulfat (SO_3^{4-})	128.000
Magnesium (Mg^{2+})	115.300	Hydrogencarbonat (HCO_3^-)	1806.000
Kalium (K^+)	29.400		

Summe der Hauptbestandteile ca. 2.84 Gramm

Ein Mineralwasser, das seine Entdeckung dem Zufall verdankt.
Im Jahr 1852 stellte der Winzer Georg Kreuzberg fest, daß an einer bestimmten Stelle in seinem Weinberg die Rebstöcke nicht so recht wachsen wollten. Außerdem verlöschten tiefer gehaltene Streichhölzer, und die Arbeiter vermeldeten ein ›prickelndes‹ Gefühl in der Nase. Kreuzberg bat Wissenschaftler der nahen Universität Bonn um eine Boden-Untersuchung. Dabei stießen sie auf eine wertvolle Quelle. Aus den Tiefen der Vulkaneifel trat das Mineralwasser mit einer Temperatur von 25° C ans Tageslicht. Georg Kreuzberg gab der Quelle den Namen des heiligen Apollinaris (Petrusbegleiter, Märtyrer und Schüler des Apostels Paulus), dessen Statue seit Jahrhunderten am Fuße des terassenförmigen Weinberges stand.
Das sprudelnde Wasser begann man in Tonkrüge abzufüllen und zu verkaufen. So wurde das Naß aus der kleinen Quelle schon bald zur großen Berühmtheit, bekannt über die Grenzen des Landes um Ahr und Rhein hinaus.
1892 bis 1956 war der APOLLINARIS-Brunnen in britischem Besitz. Aus dieser Zeit stammt der Slogan *The Queen of Table Waters.* Er wurde bereits 1894 unter der Nummer 113 im Markenregister des Deutschen Patentamtes eingetragen und ist damit eines der ältesten deutschen Warenzeichen.
Seit 1956 gehört die *Apollinaris Brunnen AG* zu 100% der *Dortmunder Union-Schultheiss Brauerei AG.*
Heute ist APOLLINARIS mit einem Bekanntheitsgrad von 91% das berühmteste Mineralwasser Deutschlands. Darüber hinaus wird es in 52 Länder der Welt exportiert – was den Slogan prägte: »Aus dieser Quelle trinkt die Welt.«
APOLLINARIS ist ein Natrium-Magnesium-Hydrocarbonat-Säuerling, mit knapp 3 Gramm pro Liter reichlich durchmineralisiert. Die zugefügte Kohlensäure (8 Gramm pro Liter) entstammt der eigenen Quelle. APOLLINARIS besitzt einen kräftig warmen, zurückhaltend salzigen Mineralgeschmack, mehr hart als sauer und das Gegenteil von herb.

APROZ / Sitten (Wallis)

SEBA Aproz SA
C.P. 326
CH-1951 Sion

MINERALWASSER

Zusammensetzung entsprechend Herstellerangaben:

Kationen		*Anionen*	
Natrium (Na^+)	8.200	Chlorid (Cl^-)	8.300
Calcium (Ca^{2+})	454.000	Sulfat (SO_3^{4-})	1118.000
Magnesium (Mg^{2+})	67.000	Hydrogencarbonat (HCO_3^-)	229.000
Kalium (K^+)	2.100	Fluorid (F^-)	0.130

Summe der Hauptbestandteile ca. 1.88 Gramm

Die Bergquelle des APROZ wurde erstmals 1947 von privater Hand auf Flaschen gezogen. Der kleine Betrieb am Rhône-Ufer bei Sitten kam im Laufe der Jahre immer mehr auf die Beine.
1958 kaufte sich *Migros* ein und errichtete eine dementsprechende Abfüllanlage. Das Wassser der ursprünglichen Quelle reichte bald nicht mehr aus. Weiter den Berg hinauf wurden zusätzliche Adern angestochen, eine fast 1300 Meter hoch und ähnlich weit vom Betrieb entfernt.
Was in die Flaschen gerät, ist ein Verschnitt aus vier Quellsorten. Auffällig ist der hohe Sulfatanteil, der APROZ in die Nähe von → CONTREX rückt und ihm eine ähnlich ›entschlakkende‹ Wirkung verleiht.
Es gibt die Sorten ›Cristal‹ (still), ›Medium‹ (4 Gramm Kohlensäure pro Liter) und ›Natur‹ (6 Gramm Kohlensäure pro Liter).

AQUI / Zürich

Brauerei Hürlimann AG
Brandschenkestraße 150
CH-8002 Zürich

MINERALWASSER

Zusammensetzung entsprechend Etikett:

Kationen		*Anionen*	
Natrium (Na^{+})	318.000	Chlorid (Cl^{-})	144.000
Calcium (Ca^{2+})	2.450	Sulfat (SO_3^{4-})	129.000
Magnesium (Mg^{2+})	0.840	Hydrogencarbonat (HCO_3^{-})	395.000
Kalium (K^{+})	1.750	Fluorid (F^{-})	3.200
Lithium (Li^{+})	0.080	Iodid (I^{-})	0.200
Eisen (Fe^{2+})	0.010		

Summe der Hauptbestandteile ca. 0.99 Gramm

Das Ammonshorn auf dem Etikett soll von den Ur-Schichten erzählen, aus denen AQUI quillt.
Das Vorkommen liegt mitten im Stadtgebiet Zürichs. Als 1974 dort die Hurlimänner nach mehr Wasser für ihr Bier suchten, riet ihnen ein angemieteter Rutengänger, es unmittelbar auf dem Brauereigrundstück zu versuchen. In 450 Meter Tiefe stieß man in der Tat auf Nässe – untauglich für Bier zwar, jedoch verwendbares Mineralwasser.
Seitdem läuft an drei Tagen in der Woche statt Gerstensaft AQUI von einigen Hurlimann-Bändern. Wer in der Nähe vorbeikommt, kann das Wasser kostenlos aus der neugelegten Fontäne vorm Haupteingang trinken.
Ansonsten muß er schon ein paar Rappen extra hinklimpern für AQUI. Das Wasser gilt (wegen seiner vornehmen Mineral-Zurückhaltung?) als etwas besser, wird z.B. in noblen Restaurants serviert.
Bemerkenswert ist der Jodanteil von 0,2 Milligramm; ein Liter AQUI deckt damit den menschlichen Tagesbedarf.

BAD LIEBENZELLER MINERAL-THERME
Bad Liebenzell

Kurverwaltung Bad Liebenzell GmbH,
Abt. Mineralbrunnen
Klein-Wildbad
7263 Bad Liebenzell

MINERALWASSER

Zusammensetzung entsprechend den Ergebnissen der Analyse vom 31. 1. 1986 des *Instituts für angewandte Chemie*, Stuttgart (Prof. Ing. Chem. H. Gockel):

Kationen		*Anionen*	
Natrium (Na^+)	278.000	Chlorid (Cl^-)	312.000
Calcium (Ca^{2+})	44.100	Hydrogencarbonat (HCO_3^-)	336.500
Magnesium (Mg^{2+})	7.300	Fluorid (F^-)	2.200
Kalium (K^+)	17.000		

Summe der Hauptbestandteile ca. 0.99 Gramm

Das Kurbad Liebenzell liegt im Wiesental der Nagold unter dunklen Schwarzwaldtannen südlich von Pforzheim.
Die hier entspringenden Quellen kommen aus großer Tiefe. Bei ihrer Ausbeute handelt es sich um sog. juveniles Wasser, das nicht unserer Atmosphäre entstammt, sondern unter vulkanischem Hitzedruck aus der Umwandlung kristallogener Felsmasse in Feuchtigkeit und Kohlensäure entstanden ist. In der Unendlichkeit geboren, dringt es heiß (24 – 29° C) an die Erdoberfläche.
Bekannt sind die warmen Quellaustritte der BAD LIEBENZELLER MINERAL-THERME seit Menschengedenken. 830 bei der ersten Gründung des Hirsauer Klosters von Trithemius schreibt Abt von Sponheim darüber. Auch der berühmte Naturforscher und Arzt Paracelsus hat den Liebenzeller Heilquellen eingehende Forschungen gewidmet.
Die BAD LIEBENZELLER MINERAL-THERME ist ein stilles Mineralwasser, mit wenig Kohlensäure angereichert. Kraftvoller schmeckt die Sprudel-Ausgabe BAD LIEBENZELLER MINERALWASSER.
Die Heilwasser-Variante heißt → PARACELSUS-QUELLE

BAD NEUENAHRER HEILWASSER

Bad Neuenahr

Apollinaris Brunnen AG
Postfach 100151
5483 Bad Neuenahr-Ahrweiler

HEILWASSER

Zusammensetzung entsprechend den Ergebnissen der Analyse vom Jahr 1962 des *Instituts Fresenius* (Taunusstein):

Kationen		*Anionen*	
Natrium (Na^+)	300.000	Chlorid (Cl^-)	61.500
Calcium (Ca^{2+})	78.400	Sulfat (SO_3^{4-})	65.300
Magnesium (Mg^{2+})	87.900	Hydrogencarbonat (HCO_3^-)	1342.000
Kalium (K^+)	24.000	Fluorid (F^-)	0.800
Lithium (Li^+)	0.170	Iodid (I^-)	0.040
Eisen (Fe^{2+})	7.770		

Kohlensäure (CO_2) 1223.000

Summe der Hauptbestandteile ca. 1.96 Gramm

Seit 1858 ist BAD NEUENAHRER als natürliche Heilquellenfüllung aus dem großen Sprudel des Heilortes Bad Neuenahr bekannt.
In einer 18 Meter hohen Fontäne, 36° warm, schießt dieser ›große Sprudel‹, gedrückt von vulkanischen Gesteinsschichten der Eifel, an die Oberfläche. Eine moderne Quellfassung bändigt die Kraft und macht den Austritt für medizinische Zwecke nutzbar.
Mineralstoff, Spurenelemente sowie gelöste und freie Kohlensäure prägen den Geschmack und den lindernden Wert dieses Heilwassers. Naturbelassen enthält es vor allem Natrium, Magnesium und Hydrogencarbonat.
Eine Trinkkur mit BAD NEUENAHRER HEILWASSER kann sowohl dem Allgemeinbefinden dienen, als auch bestimmte Störungen behandeln: Stoffwechselkrankheiten (Unterstützung bei Diabetes), Magen- und Darmerkrankungen, Erkrankungen der Leber und der Gallenwege sowie der harnabführenden Wege. Ferner wird der Neigung zu Gallensteinbildung vorgebeugt sowie Katarrh des Magens oder Darms ausgeglichen.

BAD NIEDERNAUER RÖMERQUELLE
Rottenburg a.N.

Brunnen Union St. Christophorus GmbH
Postfach 1120
7605 Bad Peterstal 1

HEILWASSER

Zusammensetzung entsprechend den Ergebnissen der Analyse vom 7. 11. 1977 *des Instituts Fresenius* (Taunusstein):

Kationen		*Anionen*	
Natrium (Na^+)	8.050	Chlorid (Cl^-)	11.500
Calcium (Ca^{2+})	309.500	Sulfat (SO_3^{4-})	139.000
Magnesium (Mg^{2+})	82.600	Hydrogencarbonat (HCO_3^-)	1180.000
Kalium (K^+)	1.860		
Eisen (Fe^{2+})	0.030		

Kohlensäure (CO_2) 2669.000

Summe der Hauptbestandteile ca. 1.73 Gramm

Die BAD NIEDERNAUER RÖMERQUELLE entspringt unweit von Rottenburg am Neckar in einem malerischen Waldwinkel am Fuß des dortigen ›Schloßbergs‹. Wie der Name vermuten läßt, haben sich auch hier die unvermeidlichen Römer zu ihrer Zeit gebadet.
Nachdem die Römer vertrieben worden waren, geriet die Quelle für lange Zeit in Vergessenheit. Im Jahre 1471 wird der ›Sauerbrunn zu Niedernaw‹ erstmals wieder urkundlich erwähnt. Um 1489 steht vor Ort ein rege besuchtes Badehaus, das während des 30jährigen Krieges dann allerdings wieder zerfällt. Nach 19 verschiedenen Besitzern bis 1804 nimmt sich schließlich der Rottenburger Badearzt Xaver Raidt der verwahrlosten Anlagen an und bringt sie wieder in Schuß. Dabei stößt er 1836 auf die verschüttete RÖMERQUELLE, deren »mephistische Ausdünstung«, ... »perlendes Schäumen und prickelnder Geschmack« ihn beeindruckt. Das Wasser wird seitdem auf Flaschen gezogen und zum Verkauf gebracht. Mehr als 100 Jahre gehörte die Quelle der Familie Raidt, um dann nach einem weiteren Wechselspiel der Eigner 1961 in den Besitz des → GÖPPINGER MINERALBRUNNENS überzugehen. Und während das ›Bad‹ Niedernau immer mehr an Bedeutung verlor, trat die RÖMERQUELLE als Versand-Heilbrunnen zunehmend in Erscheinung.
Das Vorkommen der RÖMERQUELLE entstammt dem unteren Muschelkalk bzw. Buntsandstein aus Tiefen zwischen 70 und 150 Meter. Das Wasser gehört dadurch zur Gruppe der Calcium-Magnesium-Hydrocarbonat-Säuerlinge und hat, da es mit keinen Salzstöcken in Berührung kommt, nur geringen NaCl-Anteil.
Die Heilanzeigen der BAD NIEDERNAUER RÖMERQUELLE beziehen sich im wesentlichen auf Leber- und Gallenleiden, chronische Magen- und Darmerkrankungen, entzündliche Erkrankungen der harnabführenden Wege, besonders Steinleiden, Zustand nach Operationen und Bluthochdruck. Dem Zuckerkranken hilft das Wasser bei Komplikationen der diätischen und medikamentösen Therapie.

BAD TÖNISSTEINER HEILBRUNNEN / Brohl

Tönissteiner Sprudel Dr. C. Kerstiens
Postfach 82
5474 Brohl-Lützing 1

HEILWASSER

Bad Tönissteiner
Heilbrunnen

Zusammensetzung entsprechend den Ergebnissen der Analyse vom 1. 8. 1983 des *Laboratoriums für Wasseruntersuchung Prof. Höll/Griesing* (Hannover):

Kationen		*Anionen*	
Natrium (Na^+)	96.000	Chlorid (Cl^-)	17.000
Calcium (Ca^{2+})	175.300	Sulfat (SO_3^{4-})	22.700
Magnesium (Mg^{2+})	136.600	Hydrogencarbonat (HCO_3^-)	1461.430
Kalium (K^+)	15.800	Fluorid (F^-)	0.050
Lithium (Li^+)	0.350	Iodid (I^-)	0.380
Eisen (Fe^{2+})	0.220		

Kohlensäure (CO_2) 2620.000

Summe der Hauptbestandteile ca. 1.92 Gramm

BAD TÖNISSTEINER HEILBRUNNEN ist die Heilwasservariante des TÖNISSTEINER Sprudels bzw. der → TÖNISSTEINER RÖMERFÜLLUNG. Die Zusammensetzung der drei ist nahezu identisch. Die Tiefe der Quellen (bis zu 650 Meter) gewährleistet konstante Schüttung und somit gleichbleibende Mineralisation.
Das Tönissteiner Vorkommen taucht als ›Heylborn‹ erstmals 1501 in den Annalen der Stadt Andernach auf.
1739 läßt sich die Gemeinde vom Kurfürsten Clemens August (bereits Eigentümer des benachbarten Bad Tönisstein) überreden, ihm den Heilbrunnen abzutreten.
Später wird der französische König geköpft, und das Bürgerheer unter Napoleon besetzt die Rheinlande, so auch den Tönissteiner Brunnen. Danach hat bis 1866 der preußische Staat das Alleinrecht. Und anschließend gehen Brunnen incl. ganz Bad Tönisstein in den Besitz der Thyssen-Familie, Mülheim/Ruhr über (interessant die Parallele zu den Hoffmann-LaRoches, die sich seinerzeit ebenfalls einen Heilbrunnen mit allem drum und dran kauften → LIELER SCHLOSSBRUNNEN).
Von Thyssen wiederum erwarb der Chemiker Dr. Karl den Heilbrunnen und gab ihm seinen heutigen Namen.
BAD TÖNISSTEINER HEILBRUNNEN wird nach dem Quellaustritt lediglich enteisent und mit eigener Quellkohlensäure versetzt, ansonsten naturbelassen abgefüllt.
Das Wasser hilft bei leichten Magnesiummangelzuständen.

BAD VILBELER URQUELLE / Bad Vilbel

Hassia & Luisen Mineralquellen Bad Vilbel
GmbH & Co.
Postfach 1160
6368 Bad Vilbel

MINERALWASSER

Zusammensetzung entsprechend den Ergebnissen der Analyse vom 15. 5. 1984 des *Instituts Fresenius* (Taunusstein):

Kationen		*Anionen*	
Natrium (Na^{+})	97.000	Chlorid (Cl^{-})	69.300
Calcium (Ca^{2+})	126.100	Sulfat (SO_3^{4-})	31.900
Magnesium (Mg^{2+})	20.700	Hydrogencarbonat	
Kalium (K^{+})	17.500	(HCO_3^{-})	613.200

Summe der Hauptbestandteile ca. 0.97 Gramm

Der buschige Kinnbart auf dem Etikett stellt den Landvermesser Friedrich Grosholz dar, der letztes Jahrhundert damit begann, Vilbeler Mineralwasser in Tonkrügen unter die Menschen der näheren und ferneren Umgebung zu bringen.
Darüber hinaus hat er nichts mit der Marke zu tun, deren Etikett er ziert. BAD VILBELER URQUELLE stellt vielmehr den Versuch der *Hassia & Luisen Mineralquellen* dar, auf dem expandierenden Markt für stille Mineralwässer mitzumischen. Eine Rechnung, die aufzugehen scheint; denn die Marke hat sich mittlerweile über ihren hessischen Stammraum hinaus entwickelt und will weiter wachsen...
Ein Blick auf die Zusammensetzung verrät, daß BAD VILBELER URQUELLE sich in der Tat mineralisch zurückhält. Auch Kohlensäure ist nur bis 4 Gramm zugefügt worden, was ein nur mehr dezentes Kribbeln zur Folge haben soll.
Die Geschmackstester von ›Alles über Wein‹ *(Woschek-Verlag)* urteilen: »Gering mineralisch, leichte Ausprägung im Bereich salzig und mittlere Ausprägung bei sauer, insgesamt harmonisch.«

BAD WINDSHEIMER RESIDENZ-QUELLE

Bad Windsheim

Bad Windsheimer Mineral- und
Heilquellen GmbH
Postfach 250
8532 Bad Windsheim

MINERALWASSER

Zusammensetzung entsprechend den Ergebnissen der Analyse vom 27. 5. 1983 des *Instituts Fresenius* (Taunusstein):

Kationen		*Anionen*	
Natrium (Na^+)	107.700	Chlorid (Cl^-)	172.900
Calcium (Ca^{2+})	577.200	Sulfat (SO_3^{4-})	1419.000
Magnesium (Mg^{2+})	83.700	Hydrogencarbonat (HCO_3^-)	392.900
Kalium (K^+)	11.500	Fluorid (F^-)	0.250

Summe der Hauptbestandteile ca. 2.76 Gramm

Die RESIDENZ-QUELLE entspringt im Kurpark des unweit von Rotenburg ob der Tauber gelegenen Erholungsorts Windsheim. 1961 anerkannte die Bayerische Staatsregierung das Städtchen offiziell als ›Bad‹.
In Bad Windsheim, das sich mitunter auch ›die Brunnenmetropole Bayerns‹ nennt (siehe z.B. → ST. ANNA), fördert die *Bad Windsheimer Heil- und Mineralquellen GmbH* neben der BAD WINDSHEIMER RESIDENZ-QUELLE noch die in der Zusammensetzung fast identische BAD WINDSHEIMER SCHÖNTHAL QUELLE sowie die hochmineralisierte → BAD WINDSHEIMER ST. KILIANI-HEILQUELLE.
Aus einer 156 Meter tief gelegenen, 1907 erbohrten Sole (der ›stärksten Europas‹!) wird darüber hinaus ein famoses Tafelwasser (NAWINTA) angerührt, das selbst in Togo, Nepal oder auf den Seychellen verlangt werden kann.
BAD WINDSHEIMER RESIDENZQUELLE enthält neben dem verdauungsfördernden Sulfat vor allem Calcium und Magnesium, die zusammen mit dem Hydrocarbonat der bitteren Geschmacksspitze entgegenarbeiten.
Pro Jahr gehen über 550000 Hektoliter (80 Mio. Flaschen) vom Band des Füllbetriebes; drei Anlagen stoßen bei Bedarf 100000 Stück stündlich aus. Verbreitungsgebiet ist der gesamte bayerische Raum.
Es gibt die üblichen Varianten ›mit Kohlensäure‹ (blaues Etikett) und ›mit wenig Kohlensäure‹ (grünes Etikett).

BAD WINDSHEIMER ST. KILIANI-HEILQUELLE
Bad Windsheim

Bad Windsheimer Mineral- und
Heilquellen GmbH
Postfach 250
8532 Bad Windsheim

HEILWASSER

Zusammensetzung entsprechend Etikett:

Kationen		*Anionen*	
Natrium (Na^+)	1055.000	Chlorid (Cl^-)	1144.000
Calcium (Ca^{2+})	574.500	Sulfat (SO_3^{4-})	1515.000
Magnesium (Mg^{2+})	129.100	Hydrogencarbonat (HCO_3^-)	421.600
Kalium (K^+)	40.800	Fluorid (F^-)	0.340
Strontium (Sr^{2+})	5.350		

Summe der Hauptbestandteile ca. 4.88 Gramm

Wenn andere Mineral- oder Heilwässer mit der Fülle ihrer ›wertvollen Mineralien‹ protzen, muß man sich mal die BAD WINDSHEIMER ST. KILIANI-HEILQUELLE aus der Nähe anschauen: gute 5 Gramm feste gelöste Stoffe pro Liter! Da hält so leicht kein anderer Sprudel mit.

Den Bärenanteil stellt mit 1515 mg/l das Sulfat (bitter) – ausbalanciert von rund 1000 mg/l Natrium/Chlorid (salzig) und 700 mg/l Magnesium & Calcium (hart).

BAD WINDSHEIMER ST. KILIANI-HEILQUELLE wird aus einer Tiefe von 38 Metern gewonnen, nach dem Austritt enteisent und mit wenig Kohlensäure versetzt.

Das Wasser hilft bei Sekretionsstörungen im Bereich von Magen und Darm.

Zugleich schlägt es an bei funktionellen Störungen der Leber und Gallenwege.

CONTREX / Contrexéville (Vogesen)

Contrex GmbH & Co.
Postfach 305588
2000 Hamburg 36

MINERALWASSER

Zusammensetzung entsprechend den Ergebnissen der Analyse vom 16. 9. 1986 der *Laboratorien des französischen Gesundheitsministeriums:*

Kationen		*Anionen*	
Natrium (Na^+)	7.500	Chlorid (Cl^-)	7.200
Calcium (Ca^{2+})	471.000	Sulfat (SO_3^{4-})	1202.000
Magnesium (Mg^{2+})	85.000	Hydrogencarbonat (HCO_3^-)	373.300
Kalium (K^+)	3.100	Fluorid (F^-)	0.260

Summe der Hauptbestandteile ca. 2.14 Gramm

CONTREX tritt nach ca. 2 Jahren Sickerzeit unter natürlichem Druck in den Quellanlagen von Contrexéville (Vogesen) aus dem Erdinneren. Die Quelle wurde im 18. Jahrhundert vom Medizin betreibenden Stiefvater Ludwigs XV. entdeckt. Im 19. Jahrhundert kurte hier der Hochadel Europas.
Das Wasser enthält vorwiegend Calciumsulfat, zusätzlich etwas Magnesiumsulfat. Diese Inhaltstoffe treiben den Harn und wirken auch milde auf den Darm – beides erwünschte Effekte bei Schlankheits- oder Fastenkuren, denn durch erhöhte Ausspülung wird der abnehmende Körper von unerwünschten Rückständen entschlackt.
Contrexéville hat sich aufgrund der abführenden Wirkung seines Wassers vom Nierenstein- und Gicht-Kurort zum ›europäischen Abnehm-Zentrum‹ entwickelt. Die Ortschaft ist von Trimmanlagen und Fitness-Hotels übersät. Wem ein Besuch der Kurgemeinde zu teuer ist, der kann's der figurbewußten Durchschnittsfranzösin gleichtun, die sich hin und wieder im Jahr einige Pfunde mit CONTREX ›runtertrinkt‹.
Die örtlichen Abfüllanlagen verschicken mehr als 800 Millionen Liter Quellwasser jährlich in die restliche Welt. Das ursprüngliche Heilwasser wird bei uns als stilles Mineralwasser verkauft. Sein mächtiger Schwefelanteil drängt die Würze der übrigen Mineralien zurück und verleiht dem dadurch irgendwie ›weich‹ schmeckenden Wasser einen Hauch von Bitterkeit – oder ›Arznei‹, wie die Geschmackstester des ›Sunday Times Magazin‹ fanden.

DIETENBRONNER / Bad Dietenbronn

Brunnenverwaltung
Bad Dietenbronn GmbH
7959 Schwendi 1

MINERALWASSER

Dietenbronner

Zusammensetzung entsprechend den Ergebnissen der Analyse vom 23. 2. 1987 des *Instituts für angewandte Chemie*, Stuttgart (Prof. Ing. Chem. H. Gockel):

Kationen		*Anionen*	
Natrium (Na^{+})	6.600	Chlorid (Cl^{-})	1.200
Calcium (Ca^{2+})	52.100	Sulfat (SO_3^{4-})	8.100
Magnesium (Mg^{2+})	29.100	Hydrogencarbonat	
Kalium (K^{+})	1.200	(HCO_3^{-})	308.000
		Fluorid (F^{-})	0.050

Summe der Hauptbestandteile ca. 0.40 Gramm

Die 105 Meter tiefe Quelle von Bad *Dietenbronn* (= ›Volksbad‹) dringt unter natürlichem Druck an die Oberfläche. Mit gleichbleibenden 11 °C liegt die mittlere Wassertemperatur etwas über der Umgebung.

Das Wasser besitzt eine verhältnismäßig geringe Menge fester gelöster Stoffe, enthält indes eine Anzahl seltener Bestandteile in Form von Spurenelementen.

DIETENBRONNER entspringt einer althistorischen Quelle, die auf urkundliche Erwähnungen bis ins Jahr 1427 zurückblikken kann – und lange vorher schon im Schwange war, wie die Freilegung frühalemannischer Badeanlagen bei Grabarbeiten zum Fundament der neuen Abfüllanlage gezeigt hat.

Seit 1928 wird DIETENBRONNER – zunächst als Heilwasser, später dann als natürliches Mineralwasser – auf Flaschen gezogen.

Mit rund 0,4 Gramm ist es unterhalb des Durchschnitts mineralisiert, mit milden Akzenten im ›Erd‹bereich von Calcium und Magnesium, was eine, allerdings kaum merkliche, ›Härte‹ des Geschmacks zufolge hat.

ELISABETHENQUELLE
Waiblingen-Beinstein (Remstal)

Mineralbrunnen Überkingen-Teinach AG
Postfach 80
7347 Bad Überkingen

HEILWASSER

Zusammensetzung entsprechend den Ergebnissen der Analyse vom 15. 10. 1969 des *Instituts für angewandte Chemie*, Stuttgart (Prof. Ing. Chem. H. Gockel):

Kationen		*Anionen*	
Natrium (Na^+)	496.740	Chlorid (Cl^-)	709.800
Calcium (Ca^{2+})	465.160	Sulfat (SO_3^{4-})	1085.000
Magnesium (Mg^{2+})	102.140	Hydrogencarbonat (HCO_3^-)	752.300
Kalium (K^+)	28.010		
Lithium (Li^+)	7.000		

Kohlensäure (CO_2) 2700.000

Summe der Hauptbestandteile ca. 3.64 Gramm

Die besondere Wirkung der ELISABETHENQUELLE ergibt sich aus dem überwiegenden Schwefelanteil.
Durch seine milde Abführwirkung hilft er bei chronischen Verstopfungen.
Auch ist er galletreibend.
ELISABETHENQUELLE wird gewonnen und verarbeitet durch das Remstaler Abfüllwerk der *Mineralbrunnen Überkingen-Teinach AG,* Deutschlands größtem Mineralwasserunternehmen.

EMSER KRÄNCHEN / Bad Ems

Staatl. Mineralbrunnen Siemens Erben
Kaiserstraße 62
6500 Mainz

HEILWASSER

Zusammensetzung entsprechend den Ergebnissen der Analyse vom 25. 8. 1962 des *Instituts Fresenius* (Taunusstein):

Kationen

Natrium (Na^{+})	955.300
Calcium (Ca^{2+})	56.600
Magnesium (Mg^{2+})	47.200
Kalium (K^{+})	25.200
Lithium (Li^{+})	0.070
Strontium (Sr^{2+})	1.010
Eisen (Fe^{2+})	1.630

Anionen

Chlorid (Cl^{-})	512.600
Sulfat (SO_3^{4-})	50.000
Hydrogencarbonat (HCO_3^{-})	2041.000
Fluorid (F^{-})	0.980
Iodid (I^{-})	0.020

Kohlensäure (CO_2) 2473.000

Summe der Hauptbestandteile ca. 3.69 Gramm

Das Heilwasser EMSER KRÄNCHEN ist eines von mehreren warmen Natrium-Hydrocarbonat-Chlorid-Kohlensäure-Wässern, das – einzigartig in Deutschland – als *Therme* einem 250 Meter breiten Gebiet zu beiden Seiten der Lahn in Bad Ems entspringt.

Das EMSER KRÄNCHEN tritt mit 43,2° C zu Tage. Die Erhitzung, welche sich im Erdinneren unter starkem Druck vollzieht, verleiht dem Wasser eine besondere biologische Wirksamkeit, die auch erhalten bleibt, wenn die Wärme später beim Abfüllen verlorengeht.

Mit seinem reichlichen Gehalt an Mineralien wirkt das EMSER KRÄNCHEN vorbeugend und heilend bei Erkältungen wie Katarrhen der Luftwege, Erkrankungen des Rachens oder der Bronchien. Außerdem ist es angezeigt bei Magen- und Darmkatarrhen, Magensäureüberschuß oder Sodbrennen. Aufgrund seines Fluorid-Gehaltes wirkt es der Bildung von Karies entgegen.

Das völlig naturbelassene EMSER KRÄNCHEN kann sowohl zum Trinken als auch zum Gurgeln oder Inhalieren verwendet werden. Das aus dem eingekochten Heilwasser gewonnene *Emser Salz* ist Hauptbestandteil der *Emser Quellenprodukte* (Pastillen, Balsam, Nasensalbe), die als Hausmittel gegen Erkältungskrankheiten angewendet werden.

EMSTALER BRUNNEN / Oberselters

OberSelters Mineral- und Heilquellen GmbH
Brunnenstraße 1
6277 Bad Camberg

MINERALWASSER

Zusammensetzung entsprechend den Ergebnissen der Analyse vom 21. 5. 1985 des *Instituts Fresenius* (Taunusstein):

Kationen		*Anionen*	
Natrium (Na^+)	194.000	Chlorid (Cl^-)	188.000
Calcium (Ca^{2+})	68.900	Sulfat (SO_3^{4-})	32.000
Magnesium (Mg^{2+})	19.700	Hydrogencarbonat (HCO_3^-)	470.000
Kalium (K^+)	8.200	Fluorid (F^-)	0.370
Lithium (Li^+)	0.210		
Strontium (Sr^{2+})	0.600		
Eisen (Fe^{2+})	0.570		

Summe der Hauptbestandteile ca. 0.98 Gramm

Die lieblichere Variante aus dem → OBERSELTERS-Vorkommen ist mit knapp 1 Gramm Mineralien pro Liter der EMSTALER BRUNNEN. Er ist benannt nach dem Bachtal, in welchem sich die Mineralwasseraustritte der berühmten Selters-Provinz reihen.
Das Wasser wird aus 80 Metern Tiefe abgepumpt und über eine kurze Leitung in den Füllbetrieb transportiert.
Dem Wassertyp nach handelt es sich um einen Natrium-Calcium-Hydrocarbonat-Chlorid-Säuerling.
Ein insgesamt ausgewogener Tropfen mit angenehm salziger Spitze.

ÉVIAN / Evian-les-Bains (Hoch-Savoyen)

Acco
Neuer Wall 54
2000 Hamburg 36

MINERALWASSER

Zusammensetzung entsprechend Etikett:

Kationen		*Anionen*	
Natrium (Na^+)	5.600	Chlorid (Cl^-)	3.600
Calcium (Ca^{2+})	79.900	Sulfat (SO_3^{4-})	11.000
Magnesium (Mg^{2+})	25.700	Hydrogencarbonat	
Kalium (K^+)	1.000	(HCO_3^-)	365.000

Summe der Hauptbestandteile ca. 0.49 Gramm

Mit um die eine Milliarde Litern Jahresabsatz ist ÉVIAN das populärste Mineralwasser Frankreichs.
Entdeckt wurde seine Heilwirkung 1789 (im Jahr der Französischen Revolution) vom Grafen de Lesser, der sich nach dem Genuß des Wassers von einem Nierensteinleiden kuriert wähnte. Im Gefolge kamen Kurgäste – Hotels entstanden, Casinos wurden gebaut. Die Stadt am Genfer See war im 19. Jahrhundert der Ort, um zu sehen und gesehen zu werden... Die Stadt Évian liegt im Schatten des Montblanc. Schmelzwasser aus Schnee und Eis des Vinzier-Plateaus sickert während 15 bis 20 Jahren durch filternde Sandschichten zwischen zwei undurchlässige Lehmlagen. Oberhalb der Ortschaft ist ein 70 Meter langer Tunnel in den Berg getrieben worden, an dessen Ende das Wasser in Edelstahlrohren eingefangen und über eine Strecke von 8 Kilometern zur Abfüllanlage geleitet wird. Dort herrschen Hygiene-Bedingungen fast wie bei der Computer-Chip-Herstellung. Ein künstlich erzeugter Überdruck im Gebäude soll Krankheitserreger draußen halten. Mitarbeiter, die einen Schnupfen o.ä. haben, dürfen die Abfüllhallen nicht betreten, sondern müssen ihr Soll irgendwo im Freien abarbeiten.
ÉVIAN war in Deutschland lange als Heilwasser unterwegs. Um demnächst nicht den Bedingungen des Arzneimittelrechts unterliegen zu müssen (Warnhinweis vor Kindergebrauch/Gegenanzeigen auf dem Etikett), hat es auf ›natürliches Mineralwasser‹ umgestellt. Als solches will es endlich mehr Geschäft als bisher machen.
Merkwürdigkeit: In Frankreich gibt's ÉVIAN auch als Kosmetikum in Spraydosen, um die Haut zu befeuchten.

FERRARELLE / Riardo (Kampanien)

Agritalia GmbH
Wessobrunner Straße 2
8035 Gauting

MINERALWASSER

Zusammensetzung entsprechend den Ergebnissen der Analyse des *Istituto d'Igiene* der Universität Neapel

Kationen		*Anionen*	
Natrium (Na^{+})	50.600	Chlorid (Cl^{-})	21.200
Calcium (Ca^{2+})	428.800	Sulfat (SO_3^{4-})	3.800
Magnesium (Mg^{2+})	14.600	Hydrogencarbonat (HCO_3^{-})	1549.400
Kalium (K^{+})	43.000	Fluorid (F^{-})	0.400
Lithium (Li^{+})	0.100		
Strontium (Sr^{2+})	0.500		

Summe der Hauptbestandteile ca. 2.11 Gramm

FERRARELLE entspringt einer lieblich offenen Parklandschaft beim Flüßchen Assano nordöstlich von Neapel im Schatten des erloschenen Feuerbergs Rocca Monfina. In vulkanzerklüfteter Untererde empfängt einsickerndes Tiefenwasser die CO_2-Gaben erkaltender Lava und dringt solcherart gesättigt ans Licht.

FERRARELLE war selbstverständlich bereits den Römern bekannt, die es unter anderem dazu benützten, ihre schweren Weine zu verdünnen. Darüber hinaus schätzten sie die verdauungsfördernde Wirkung sowie die Abhilfe gegen Nierensteine. »Es gibt in der Natur kein größeres Wunder als das Wasser des Assanotals«, schreibt Plinius der Ältere. Auch Hannibal – nachdem er vorher schon →PERRIER gekostet hatte – schlug seine Zelte beim FERRARELLE-Born auf.

Belebt wurde der eingeschlafene Ruf des Wassers in der Renaissance, als gelehrte Gutachten seine Heilwirkung priesen. Anfang des Jahrhunderts heimste FERRARELLE eine Reihe Goldmedaillen (für Geschmack) ein und behauptet sich seitdem auf den Essenstischen des südlichen Italien besonders im Großraum Rom – Neapel.

Die überwiegenden Bicarbonate und das Calcium verleihen FERRARELLE einen ›warmen‹ Mineralgeschmack, der sich gut mit Wein verträgt, solang nicht zuviel Kohlensäure mitmischt. *Die* allerdings fügen die Italiener ihrem Wasser, das sie zu Hause ›unbearbeitet‹ trinken, für den Export leider hinzu. Die Geschmackstester von ›Alles über Wein‹ *(Woschek Verlag)* urteilen: »Mittlere Mineralisation, gering salzig, kaum sauer, etwas hart, schwache CO_2-Entfaltung.«

FRANKEN BRUNNEN / Neustadt

Hufnagel GmbH & Co. KG
Bamberger Straße 27
8530 Neustadt / Aisch

MINERALWASSER

Zusammensetzung entsprechend den Ergebnissen der Analyse vom Mai 1982 des *Instituts für Wasserchemie und chemische Balneologie der TU München* (Prof. Dr. K.-E. Quentin):

Kationen		*Anionen*	
Natrium (Na^+)	53.500	Chlorid (Cl^-)	27.600
Calcium (Ca^{2+})	193.700	Sulfat (SO_3^{4-})	401.300
Magnesium (Mg^{2+})	37.500	Hydrogencarbonat	
Kalium (K^+)	4.560	(HCO_3^-)	380.700

Summe der Hauptbestandteile ca. 1.09 Gramm

Die FRANKEN BRUNNEN-Quellen sind auf dem Betriebsgelände seiner Abfüllgesellschaft in der Bamberger Straße, Neustadt (Mittelfranken), erschlossen.
Erste Nachrichten über das Vorkommen und seine Nutzung rühren aus früheren Jahrhunderten, wo Adel und Gesinde das im örtlichen Hofgärtchen des benachbarten Duodezfürsten (›Marquis‹ von Ansbach) sprudelnde Naß zur Anwendung brachten. Gegen Ende des 19. Jahrhunderts interessierte sich dann eine Brauerei für das Wasser und ließ die Quellen richtig fassen. Im Jahr 1932 erwarb die heutige Besitzerfamilie das Grundstück.
Die Quellen wurden in 48 Meter Schlagbohrtiefe neu erschlossen und bis 15 Meter fest verrohrt. 1951–1955 wurden weitere Brunnen niedergebracht, die alten nachgefaßt. Heute wird das Wasser aus einem rund 70 Meter tiefen Schacht im Ortszentrum durch Rohre zu der 1973 an den Gemeinderand ausquartierten Abfüllanlage gepumpt.
FRANKEN BRUNNEN ist mit seinen guten 1 Gramm Mineralanteil verhältnismäßig mild, aufgrund seiner Herkunft aus unterirdischen Gipslagen bitter ›veredelt‹.
Die gängige Marke (blaues Etikett) wird mit dazugekaufter Kohlensäure gepeppt. Für ›stille‹ Genießer gibt es aber auch die grüne FRANKEN QUELLE, die mit 3,5 Gramm zugeführtem Kohlendioxid pro Liter nur schwach sprudelt.

FREYERSBACHER ALEXANDERQUELLE

Bad Peterstal-Griesbach

BrunnenUnion St. Christophorus GmbH
Postfach 1120
7605 Bad Peterstal 1

HEILWASSER

Zusammensetzung entsprechend den Ergebnissen der Analyse vom 3. 10. 1977 des *Instituts Fresenius* (Taunusstein):

Kationen		*Anionen*	
Natrium (Na^+)	178.100	Chlorid (Cl^-)	31.300
Calcium (Ca^{2+})	133.300	Sulfat (SO_3^{4-})	163.000
Magnesium (Mg^{2+})	27.100	Hydrogencarbonat (HCO_3^-)	772.500
Kalium (K^+)	13.800	Fluorid (F^-)	2.690
Strontium (Sr^{2+})	0.990		
Eisen (Fe^{2+})	0.020		

Kohlensäure (CO_2) 2220.000

Summe der Hauptbestandteile ca. 1.32 Gramm

Bereits im 16. Jahrhundert ist ›Petersthal‹ als Badeort bekannt geworden. Richtig erschlossen wurden die Heilquellen in Freyersbach aber erst viel später, nämlich im Jahre 1810.

Da überbaute der Hofbauer Johannes Brösing die Freyersbacher Heil-Quellen in Bad Peterstal mit einer verschließbaren ›Hütte‹. Zwei Jahre später erhielt er dann von der Regierung auch die Erlaubnis, die Quellen zu fassen und ein ›Badhaus‹ mit Bade- und Gastzimmern anzulegen. In einer Chronik aus dem Jahr 1869 steht über die Freyersbacher-Heilquellen zu lesen:

»Aber die Quellen Freiersbach's verbreiten ihre Heilwirkung vorzüglich auf eine Reihe bestimmter Krankheitsfamilien: sie wenden sich hauptsächlich dreien derselben zu: 1. den Krankheiten der äußeren Haut, 2. den Stockungen in den parenchymatösen Organen des Unterleibs, primärer und secundärer Art, 3. den Anomalien der Reizempfänglichkeit der Nervengeflechte und Nervenknoten des Unterleibs.«

In dem Sinne wirkt die FREYERSBACHER ALEXANDERQUELLE noch heute, nämlich hilfreich bei chronischen Magen- und Darmerkrankungen und funktionellen Störungen der ableitenden Harnwege.

FREYERSBACHER ALEXANDERQUELLE gehört zur *Brunnen-Union St. Christophorus GmbH* (→ GÖPPINGER CHRISTOPHSQUELLE).

FREYERSBACHER SCHWARZWÄLDER MINERALWASSER / Bad Peterstal-Griesbach

MINERALWASSER

Brunnen-Union St. Christophorus GmbH
Postfach 1120
7605 Bad Peterstal 1

Zusammensetzung entsprechend den Ergebnissen der Analyse vom 11. 11. 1985 des *Chemischen Untersuchungsinstituts Dr. Gerhard Wiegleb* (Leonberg):

Kationen		*Anionen*	
Natrium (Na^{+})	260.000	Chlorid (Cl^{-})	28.100
Calcium (Ca^{2+})	305.000	Sulfat (SO_3^{4-})	444.000
Magnesium (Mg^{2+})	70.000	Hydrogencarbonat (HCO_3^{-})	1516.300
Kalium (K^{+})	31.500		

Summe der Hauptbestandteile ca. 2.65 Gramm

FREYERSBACHER SCHWARZWÄLDER MINERALWASSER ist die Mineralwasser-Varietät der → FREYERSBACHER ALEXANDERQUELLE.
Die Quellen sprudeln im heutigen Bad Peterstal, mittlerer Schwarzwald. Die kleine Ortschaft (3300 Einwohner) liegt zwischen Straßburg und Freudenstadt am Fuße des Kniebis in einem waldreichen, windgeschützten Tal.
Die Chronik berichtet von *»4, ein wohlgegliedertes Ganzes bildende Quellen, sämtlich Säuerlinge...«*
Im Jahr 1917 übernahm Lorenz Kimmig, Großvater des heutigen Mitgeschäftsführers der *Brunnen-Union St. Christophorus*, die Quellen von der Gemeinde Bad Peterstal und gründete die Firma Freyersbacher Mineralquellen.
Das FREYERSBACHER SCHWARZWÄLDER MINERALWASSER ist mit rund 2,7 Gramm überdurchschnittlich mineralisiert, was ihm einen ausgeprägten Ton mit lind bitterer Spitze verleiht.
Es gibt die übliche sprudelnde und stille Varietät.
FREYERSBACHER SCHWARZWÄLDER MINERALWASSER gehört zur *Brunnen-Union St. Christophorus GmbH* (→ GÖPPINGER CHRISTOPHSQUELLE).

FRIEDRICH CHRISTIAN HEILQUELLE
Löhnberg

HEILWASSER

Blaue Quellen Mineral- und
Heilbrunnen AG
Postfach 40
5401 Rhens

Zusammensetzung entsprechend den Ergebnissen der Analyse vom 7. 7. 1981 des *Instituts Fresenius* (Taunusstein):

Kationen		*Anionen*	
Natrium (Na^+)	471.000	Chlorid (Cl^-)	553.500
Calcium (Ca^{2+})	175.000	Sulfat (SO_3^{4-})	29.800
Magnesium (Mg^{2+})	63.500	Hydrogencarbonat	
Kalium (K^+)	17.300	(HCO_3^-)	1161.000
Lithium (Li^+)	0.880	Fluorid (F^-)	0.320
Strontium (Sr^{2+})	0.540	Iodid (I^-)	0.060

Kohlensäure (CO_2)3540.000

Summe der Hauptbestandteile ca. 2.47 Gramm

Die FRIEDRICH CHRISTIAN HEILQUELLE hat ihren Ursprung in Selters an der Lahn.

Das Wasser hilft bei Magen-Darm-Störungen wie chronischer Magenschleimhautentzündung, Zuständen nach Magen- und Darmoperationen, Darmverkrampfung, Völlegefühl und Blähungen.

FRIEDRICH CHRISTIAN HEILQUELLE gleicht funktionelle Gallenwegstörungen und Zustände nach Gallenblase- und Gallenwegoperationen aus, ferner chronische Entzündungen der Harnwege, Steinleiden, Zustände nach Steinentfernung und Operationen der Harnwege sowie Prostataoperationen.

FRIEDRICH CHRISTIAN HEILQUELLE ist neben der → KAISER RUPRECHT HEILQUELLE das zweite Heilwasser der *Blauen Quellen* (→ RHENSER MINERALBRUNNEN).

FÜRST BISMARCK QUELLE
Aumühle (Sachsenwald)

Blaue Quellen Mineral- und
Heilbrunnen AG
Postfach 40
5401 Rhens

MINERALWASSER

Zusammensetzung entsprechend den Ergebnissen der Analyse vom 24. 9. 1984 des *Instituts Fresenius* (Taunusstein):

Kationen		*Anionen*	
Natrium (Na^+)	11.800	Chlorid (Cl^-)	18.300
Calcium (Ca^{2+})	82.000	Sulfat (SO_3^{4-})	50.300
Magnesium (Mg^{2+})	5.500	Hydrogencarbonat (HCO_3^-)	212.000

Summe der Hauptbestandteile ca. 0.37 Gramm

Die große Quelle des Sachsenwaldes.
Einst wurde der Sachsenwald vom preußischen König dem Reichskanzler Bismarck geschenkt. Heute gehört er zu den bedeutenden Naherholungsgebieten des Großraums Hamburg.
In solch ›reiner Natur‹ entspringt die FÜRST BISMARCK QUELLE. Altreichskanzler Fürst Otto von Bismarck hat sie Ende des vergangenen Jahrhunderts entdeckt. Somit wurde sie natürlich auch auf seinen Namen getauft. Das Grundstück mit der Quelle gehört übrigens heute noch der Familie Bismarck.
Die FÜRST BISMARCK QUELLE liefert mit knapp 0.4 Gramm festen gelösten Stoffen pro Liter ein ausgesprochen lindes Wasser von zurückhaltender Mineralität und im Endeffekt neutralem Charakter, das hauptsächlich im Großraum Hamburg getrunken wird.
FÜRST BISMARCK QUELLE gehört zur Gruppe der *Blauen Quellen* (→ RHENSER MINERALBRUNNEN).

GASTEINER / Badgastein

Österreichische
Brau-Aktiengesellschaft
Landstraße 70
A-4021 Linz

MINERAL-HEILTAFELWASSER
TAFELQUELLWASSER

Zusammensetzung entsprechend den Ergebnissen der großen Heilwasseranalyse von *Univ.-Prof. Dr. F. Scheminzky und Ing. E. Komma* vom 16. 9. 1953 (überprüft am 7. 10. 1960):

Kationen

Natrium (Na^+)	78.900
Calcium (Ca^{2+})	20.000
Magnesium (Mg^{2+})	0.970
Kalium (K^+)	3.010
Lithium (Li^+)	0.200
Strontium (Sr^{2+})	0.500
Eisen (Fe^{2+})	0.060

Anionen

Chlorid (Cl^-)	26.150
Sulfat (SO_3^{4-})	130.200
Hydrogencarbonat (HCO_3^-)	57.360
Fluorid (F^-)	4.800

Kohlensäure (CO_2) 4000.000

Summe der Hauptbestandteile ca. 0.32 Gramm

Sonderbar, aber die badeversessenen Römer scheinen die Gasteiner Thermen, welche sich bei kalter Witterung immerhin durch hochaufsteigende Dampfwolken bemerkbar machen, nicht gekannt zu haben. Die erste Nutzung fällt daher mit der ersten Besiedlung des Gasteiner Kessels (weit früher als andere Tauerntäler) wahrscheinlich schon im 9. Jh. zusammen. Primitive Badeeinrichtungen sind ab ca. 1350 nachzuweisen und wurden damals von den Herzögen Österreichs und Bayerns aufgesucht. Die Unterkunftsverhältnisse für etwaige Kurgäste blieben jedoch stets beschränkt. 1794 errichtete Erzbischof Hieronymus mit seinem privaten Badeschloß das erste Steingebäude in Badgastein. Nach der Übernahme des Landes Salzburg durch Österreich erkannte Kaiser Franz I. die mögliche Bedeutung der verwahrlosten Badeanlagen und ließ die Thermen neu fassen. Die Regierung erwarb Baugründe auf dem linken Achenufer, das zu der Zeit noch waldbestanden war, und gab so Anstoß zu weitreichenden Veränderungen. Badeordnungen wurden erlassen, eine Badedirektion errichtet.
Fürsten und Könige kamen, unter den Kurgästen waren Grillparzer, Schubert, Schopenhauer und Wilhelm von Humboldt. 1836 zählte man 297 Kurgäste.
Mit Erbauung der Tauernbahn (1901–1909) wurde das bis dahin nur über Pferdefuhrwerke zu erreichende alte Wildbad endgültig zum Weltbad.
DAS GASTEINER MINERAL-HEILTAFELWASSER ist mit rund ⅓ Gramm gelösten Feststoffen nur schwach mineralisiert, jedoch enthält es eine Reihe seltener Stoffe wie Lithium, Strontium, Fluor und Bor in verhältnismäßig hohen Anteilen. Hinzu kommt, daß die Gasteiner Thermen die wahrscheinlich radioaktivsten Warmquellen (40° C) der Erde sind. Ein Liter enthält im Schnitt 1480 Becquerel Radon und 5 Becquerel Radium.
Radioaktivität in *Heil*wasser?

Nach dem Paracelus-Wahlspruch »Alle Dinge sind Gift und nichts ohne Gift, allein die Dosis macht, daß ein Ding kein Gift ist« werden in der Tat radioaktive Stoffe zu therapeutischen Zwecken eingesetzt. Hier spielt das Radon-Gas eine besondere Rolle, das mit einer Halbwertzeit von 3,82 Tagen unter Aussendung von α-Strahlen zerfällt. Die Reichweite solcher α-Strahlen im Gewebe geht nicht über 0,1 Millimeter hinaus. In diesem Umfeld aber geraten die Dinge in Bewegung: Moleküle werden ›aufgestört‹, chemische Verbindungen aktiviert (und die Zellkerne pervertiert, wie Kritiker glauben).

Da Radon ein Gas ist, gelangt es – wie Sauerstoff – schnell in alle Winkel des Körpers, wird aber ebenso schnell auch wieder abgeatmet. So beträgt seine effektive Verweildauer im Organismus (seine ›biologische‹ Halbwertzeit) nur wenige Stunden; der radioaktive Einfluß wird also begrenzt und wirkt nur über einen absehbaren Zeitraum.

Wie aber hat man sich diese Wirkung vorzustellen?

Die Verfechter der Therapie erklären, daß Radon mit dem Blut- und Säftestrom bis in die entlegensten Winkel des Körpers vordringt. Dort setzt es überall winzige Umwandlungen und lebenswichtige Austauschprozesse in Gang – und zwar selbst in Zellgefügen, wo sonst nichts mehr oder nur wenig geschieht. Gemeint sind damit die infolge alterungsbedingter Stoffwechselablagerungen und sonstiger Bindegewebsbildungen lebensarm gewordene Bezirke: Gerade sie würden durch eine radonveranlaßte Belebung des Gewebestoffwechsels in den biologischen Prozeß wieder mit einbezogen.

Die Gegner solcher Therapie halten Radioaktivität für grundsätzlich lebensfeindlich und glauben nicht, daß es eine ungefährliche Minimaldosis gibt, lassen aber bekömmliche Kurzzeitwirkungen durchaus gelten. So ist zum Beispiel unbestritten, daß bestimmte Wunden unter radioaktivem Einfluß schneller heilen.

Zurück zum GASTEINER MINERAL-HEILTAFELWASSER. Als Heilanzeigen werden u.a. Dünndarmkatarrhe, chronische Gallenblasenerkrankungen, Blutarmut, Gicht, Rheumatismus, Nervenschmerzen oder -entzündungen, Arteriosklerose, Hochdruck, Nierenversagen, Harnwegserkrankungen und Fettsucht erwähnt. Darüber hinaus soll GASTEINER MINERAL-HEILTAFELWASSER Harnabsonderung, Magensaftsekretion und Geschlechtstrieb fördern.

Diese Vielfalt von Indikationsbereichen und Wirkungsmechanismen stimmt, vor allem wenn man die Mineralarmut der Thermen in Betracht zieht, eher mißtrauisch. Ein plausibler Grund wären höchstens die angenommene Universalauffrischung der Lebensprozesse und Beschleunigung des Stoffwechsels durch radioaktive Schwachbestrahlung, die zu einer Umstimmung des Gesamtorganismus führen. Laut Prof. Fellinger von der 2. med. Univ. Klinik Wien haben alle durch das GASTEINER MINERAL-HEILTAFELWASSER günstig beeinflußbaren Leiden ihren Grund in einer Fehlleistung der Nebenniere. Und diese Nebenniere würde durch die radioaktiven Strahlen, die Alkalizufuhr und die Einverleibung seltener Metalle per GASTEINER gewissermaßen aus ihrer krankheitsverursachenden Schieflage hochgescheucht, um anschließend ins rechte Lot zurückzufallen.

GASTEINER MINERAL-HEILTAFELWASSER, auf Flaschen gezogen für den Heimgebrauch, hat nur noch einen Bruchteil des Radongehalts vom Quellaustritt in sich; Radon ist, wie gesagt, ein Gas und verfliegt schnell. Bestimmend für die Radioaktivität des *abgefüllten* GASTEINER MINERAL-HEILTAFELWASSERS sind seine $142{,}10^{-12}$ Gramm Radium pro Liter. Radium ist die Vorstufe zu Radon, ein Feststoff – und bleibt entsprechend länger im Körper. Ein Liter GASTEINER MINERAL-HEILTAFELWASSER fördert oder belastet (das ist Einstellungssache) den Körper demnach mit 0.15 Millirem.

Dieser Wert besagt an sich nicht viel; man muß ihn ins Verhältnis setzen. Dazu folgende Bezugsgrößen: Jahresgesamtkörperbelastung durch natürliche Radioaktivität: 200 Millirem – zusätzliche Körperdosis nach Tschernobyl während der nächsten 50 Jahre: 80 bis 250 Millirem (insgesamt) – jährlich erlaubte Höchstdosis für deutschen Atomkraftwerksarbeiter: 5000 Millirem – jährliche Bronchialzellendosis der Badgasteiner Stollenärzte und Inspektoren: 9000 bis 58000 Millirem. Wer somit jeden Tag ½ Liter GASTEINER MINERAL-HEILTAFELWASSER trinkt, erhöht seine Jahresdosis um rund 27 Millirem oder 5 Tausendstel dessen, was die Bewohner vom Zentrum Badgasteins im gleichen Zeitraum empfangen (rund 5000 Millirem).*

Das sehr viel geläufigere GASTEINER TAFELQUELLWASSER ist die Quellwasser-Version des GASTEINER MINERAL-HEILTAFELWASSERS. Sie muß die Grenzwerte des *österreichischen Lebensmittelbuches* – kurz *Codex* genannt – einhalten.

In Praxis also darf der Fluorid-Gehalt 1,5 Milligramm pro Liter nicht mehr überschreiten und die radioaktive α-Aktivität hat »die Grenzwerte der Strahlenvorschriften« einzuhalten (*Codex* Absatz 33 und 20).

Vom GASTEINER TAFELQUELLWASSER werden jährlich rund 20 Millionen Liter abgefüllt. Das ist nicht einmal die Hälfte des *Tages*ausstosses der Quellen von 50 Millionen Litern!

---

* GASTEINER MINERAL-HEILTAFELWASSER ist nicht das einzige radioaktive Mineralwasser. Weitere Informationen zu dem Thema im RADIOAKTIVITÄT-Kapitel/Teil III dieses Buches.

GEROLSTEINER SPRUDEL
Gerolstein (Vulkaneifel)

Gerolsteiner Sprudel GmbH
5530 Gerolstein

MINERALWASSER

Zusammensetzung entsprechend den Ergebnissen der Analyse vom 15. 9. 1981 des *Instituts Fresenius* (Taunusstein):

Kationen		*Anionen*	
Natrium (Na^+)	128.200	Chlorid (Cl^-)	38.900
Calcium (Ca^{2+})	363.700	Sulfat (SO_3^{4-})	33.700
Magnesium (Mg^{2+})	112.500	Hydrogencarbonat (HCO_3^-)	1917.000
Kalium (K^+)	11.900		

Summe der Hauptbestandteile ca. 2.60 Gramm

Als Calcium-Magnesium-Hydrocarbonat-Säuerling hat GEROLSTEINER SPRUDEL den typisch ›neutralen‹ Geschmack der Eifelwässer, der sich aus der verhältnismäßigen Abwesenheit von starken Aromaträgern wie Schwefel oder Salz ergibt.
Seine Eigenschaften verdankt dieses Wasser, das aus Tiefen von 120 bis 180 Meter stammt und ein hohes Alter hat, den besonderen unterirdischen Gegebenheiten der Vulkaneifel. Vor ca. 370 Millionen Jahren abgelagerte Kalke und Mergel, die unter dem Einfluß von Meerwasser zu löslichem Dolomitgestein wurden, bilden die Schatzkammer, aus der das Tiefennaß sich heute mit der eifeltypischen Calcium-Magnesium-Kombination vollsaugt. Kohlensäure liefert der in späterer Erdzeit hinzugekommene Eifelvulkanismus, dessen heute noch erstarrendes Magma das Bitzelgas in die wasserführenden Etagen jagt.
Wo die kleine Tal-Ortschaft Gerolstein im Schatten überhängender Klippen liegt, kreuzen sich mehrere Bruchlinien der Erdkruste. Mineralsatte Tiefenvorkommen sind daher gut zu erschließen. In diesem Raum erbohrte Adern schießen typischerweise steil in die Luft und sind mit rund 8 Gramm pro Liter von Natur aus hoch kohlensäurehaltig (andere Wässer muß man auf solches Niveau erst peppen). Deswegen müssen die Bohrungen auch alle 20 Jahre erneuert werden: weil die Kohlensäure die Fassungen auswäscht.
Der ›Sidinger Dreis‹, von den Römern geschätzt, dann aber in Vergessenheit geraten, gewann erst Ende des 18. Jahrhunderts wieder an Bedeutung. 1778 bis 1786 ließ der Graf von Manderscheid-Blankenheim die Quelle neu fassen. Mediziner hatten nämlich das Gerolsteiner Wasser als Heilmittel gegen Gallen- und Blasenleiden wiederentdeckt. GEROLSTEINER SPRUDEL bringt diese Heilwirkung über seine staatlich anerkannte Heilquelle → ST. GERO unter die Leute.
Ende des 18. Jahrhunderts ließ dann der rührige Graf das Wasser in Tonkrüge (mit gräflichem Siegel) abfüllen und nach Köln verbringen, wo er in seinem Haus eine Verkaufsniederlassung errichtet hatte. Von dort vertrieb er den

Sprudel bis nach Holland. Aus heutiger Sicht war das eine Versandquelle. Der Graf nutzte die Marktchancen in den gegenüber der Eifel sehr viel dichter besiedelten Gebieten im Norden – in erstaunlicher Parallelität zu den rund 100 Jahre später entstehenden ersten industriellen Abfüllern, darunter auch GEROLSTEINER SPRUDEL, der seinen Verwaltungssitz bis 1938 in Köln hatte und vor allem die damals stark wachsende Bevölkerung des Ruhrgebiets mit Mineralwasser aus der Vulkaneifel versorgte.
Die Erschließung und Nutzung weiterer Quellen, etwa in der Talebene des Eifelflüßchens Kyll, und eine Ausweitung der Mineralwasserlieferungen in die Ballungszentren wurden jedoch erst möglich, als gegen 1870 die Bahnlinie Köln – Trier gebaut wurde, die das Transportproblem löste. Billigere Glasflaschen lösten die aufwendigen Tonkrüge ab – neue Maschinen vereinfachten die Erbohrung und Fassung tiefergelegener Quellen. 1876 wurde der *Schloßbrunnen Gerolstein* gegründet; sein Vorkommen war am Fuß der Kasselburg in Pelm erschlossen. 1883 kamen der *Gerolsteiner Flora Brunnen* und das *Kohlensäurewerk Rud. Buse KG,* 1888 die *Gerolsteiner Sprudel KG,* kurz darauf die *Hansa- und Charlotten-Quelle* sowie 1907 der *Gerolsteiner Brunnen* hinzu.
Heute, rund 100 Jahre später, gibt es in Gerolstein nur noch ein Mineralbrunnen-Unternehmen, die *Gerolsteiner Sprudel GmbH & Co.,* die mit einem jährlichen Absatz von über 300 Millionen Liter eine Spitzenposition unter den deutschen Mineralbrunnen einnimmt und zu den nationalen Markenherstellern mit bundesweitem Vertrieb gehört.
Als schweigsame Variante gilt die GEROLSTEINER STILLE QUELLE. GEROLSTEINER SPRUDEL verkauft hauptsächlich in den Rhein-Ruhr-Raum. Für die Verbreitung darüber hinaus wurde eine eigene Flasche entwickelt, die nicht mehr zurückgegeben werden kann. Ihr Anteil am Gesamtausstoß hält sich jedoch in Grenzen. Den wirklich bundesweiten Absatz macht *Gerolsteiner* mit den 0,25 Liter Kronkork-Flaschen über die gehobene Gastronomie.

GRANUS SPRUDEL / Aachen

Kaiserbrunnen A.-G.
Postfach 9
5100 Bad Aachen

MINERALWASSER

Zusammensetzung entsprechend den Ergebnissen der Analyse vom 26. 1. 1983 des *Instituts Fresenius* (Taunusstein):

Kationen

Natrium (Na^+)	135.800
Calcium (Ca^{2+})	125.100
Magnesium (Mg^{2+})	16.100
Kalium (K^+)	15.600

Anionen

Chlorid (Cl^-)	137.400
Sulfat (SO_3^{4-})	145.000
Hydrogencarbonat (HCO_3^-)	420.400
Fluorid (F^-)	0.700

Summe der Hauptbestandteile ca. 0.99 Gramm

Die *Aachener Kaiserbrunnen A.-G.* bietet mit dem 1982 in 125 Meter Tiefe erbohrten GRANUS SPRUDEL ein im Temperament fast entgegengesetztes Wasser zu ihrer Hauptmarke → AACHENER KAISERBRUNNEN an.

Benannt nach dem Heilgott der Kelten, weist GRANUS SPRUDEL nur gut ¼ der Mineralität des ›großen Bruders‹ auf. Die Mischung ist dabei so einheitlich geraten, daß sie mild-genau das rechte Feinaroma zwischen salzig und sauer trifft. Auf dem *55. Salon de l'alimentation van Voedingsmiddelen en Houshoud-Artikelen* in Brüssel wurde GRANUS SPRUDEL 1984 die Goldmedaille verliehen.

Das Wasser tritt eisenhaltig ans Licht, so daß vor der Abfüllung eine Enteisenung stattfindet. Ebenso wird natürliche Kohlensäure zugesetzt.

Die Produktionskapazität über zwei Hochleistungsstraßen beträgt täglich bis zu 500000 Füllungen. Das Verbreitungsgebiet liegt im Kreis von 200 Kilometern um Aachen, also auch im benachbarten Ausland Belgien und Niederlande. Jüngst zeigen sich auch Exporterfolge in die USA.

Es gibt als Variante die GRANUS MINERALQUELLE, welche ›kohlensäurearm‹ ist.

GÖPPINGER CHRISTOPHSQUELLE / Göppingen

Brunnen-Union St. Christophorus GmbH
Postfach 1120
7605 Bad Peterstal 1

HEILWASSER

Göppinger
Christophsquelle®

Zusammensetzung entsprechend den Ergebnissen der Analyse vom 18. 3. 1976 des *Instituts Fresenius* (Taunusstein):

Kationen		*Anionen*	
Natrium (Na^{+})	331.900	Chlorid (Cl^{-})	32.500
Calcium (Ca^{2+})	323.000	Sulfat (SO_3^{4-})	71.100
Magnesium (Mg^{2+})	59.900	Hydrogencarbonat (HCO_3^{-})	2006.000
Kalium (K^{+})	26.600	Fluorid (F^{-})	0.570
Strontium (Sr^{2+})	1.150		
Eisen (Fe^{2+})	0.030		

Kohlensäure (CO_2) 2682.000

Summe der Hauptbestandteile ca. 2.85 Gramm

In früheren Jahrhunderten war das Göppinger Bad weit über die Grenzen hinaus von Bedeutung. Damals beherbergte Göppingen vorwiegend erlauchte Badegäste. Benannt wurde das Bad nach seinem besonderen Gönner, Herzog Christoph von Württemberg, ›Christophsbad‹.
Das Heilwasser der GÖPPINGER CHRISTOPHSQUELLE ist ein Calcium-Natrium-Hydrogencarbonat-Säuerling. Es hilft bei Magen- und Darmleiden sowie Stoffwechselerkrankungen und lindert Katarrhe der oberen Luftwege.
Die GÖPPINGER CHRISTOPHSQUELLE gehört mit der → BAD NIEDERNAUER RÖMERQUELLE, den → FREYERSBACHER MINERALQUELLEN und dem → GÖPPINGER MINERALBRUNNEN zur *Brunnen-Union St. Christophorus*, die im April 1981 als schwäbische Antwort auf Marktverschiebungen und Konzentrationsbestrebungen der Anbieter- und Abnehmerseite aus der Taufe gehoben wurde.

GÖPPINGER MINERALWASSER / Göppingen

Brunnen-Union St. Christophorus GmbH
Postfach 1120
7605 Bad Peterstal 1

MINERALWASSER

Zusammensetzung entsprechend den Ergebnissen der Analyse vom 25. 11. 1985 des *Chemischen Untersuchungsinstituts Dr. Gerhard Wiegleb* (Leonberg):

Kationen		*Anionen*	
Natrium (Na^+)	438.000	Chlorid (Cl^-)	70.100
Calcium (Ca^{2+})	313.000	Sulfat (SO_3^{4-})	63.000
Magnesium (Mg^{2+})	65.000	Hydrogencarbonat	
Kalium (K^+)	32.000	(HCO_3^-)	2284.500

Summe der Hauptbestandteile ca. 3.26 Gramm

GÖPPINGER MINERALWASSER ist die Mineralwasser-Variante des Heilwassers → GÖPPINGER CHRISTOPHSQUELLE.

In einer Beschreibung berühmter Sauerbrunnen und Bäder aus dem Jahre 1736 durch den »Hoch-Fürstl. Württembergischen Medico Georg Friderich Gmehlin« steht über den Göppinger Sauerbrunnen:

»Er ist dieses Wasser gleich dem Deinacher (→ TEINACHER*) auch ein uraltes Wasser, und von undenklichen Jahren schon berühmt gewesen... hat einen durchdringenden, scharfen und räsen Geschmack...«*

Seit seiner Gründung 1839 ist der GÖPPINGER MINERALBRUNNEN ein Familienbetrieb. Nach dem II. Weltkrieg wurden die Abfüllanlagen aus der Enge des Zentrums an den Stadtrand von Göppingen verlegt. 1961 erfolgte dann die Eingliederung der → NIEDERNAUER RÖMERQUELLE in den GÖPPINGER MINERALBRUNNEN.

Es gibt GÖPPINGER MINERALWASSER in den üblichen Varietäten ›sprudelnd‹ und ›still‹.

Der GÖPPINGER MINERALBRUNNEN gehört zur *Brunnen-Union St. Christophorus GmbH* (→ GÖPPINGER CHRISTOPHSQUELLE).

GÜSSINGER MINERALWASSER

Güssing (Burgenland)

MINERALWASSER

Österreichische Brau-Aktiengesellschaft
Landstraße 70
A-4021 Linz

Zusammensetzung entsprechend den Ergebnissen der Analyse vom 22. 12. 1983 der *Bundesversuchs- und Forschungsanstalt Arsenal:*

Kationen		*Anionen*	
Natrium (Na^+)	533.000	Chlorid (Cl^-)	309.500
Calcium (Ca^{2+})	146.700	Sulfat (SO_3^{4-})	13.800
Magnesium (Mg^{2+})	39.900	Hydrogencarbonat (HCO_3^-)	1557.000
Kalium (K^+)	29.000	Fluorid (F^-)	0.560
Lithium (Li^+)	0.240	Iodid (I^-)	0.030
Eisen (Fe^{2+})	0.030		

Summe der Hauptbestandteile ca. 2.62 Gramm

GÜSSINGER wird im Burgenland gewonnen und ist mit rund 2,7 Gramm charakteristischen Hauptbestandteilen gut durchmineralisiert. Die Akzente im geschmacksentscheidenden Bereich stehen gleichstark gegeneinander, so daß ein rundes Gaumenbild entsteht.
Wie überall, taten sich auch hier bereits die Römer an dem Wasser gütlich. Ab 1469 liegen erste urkundliche Erwähnungen vor – 1815 eröffnet die Gräfin Festetis einen Badebetrieb. In den 40er Jahren des vorigen Jahrhunderts waren Kastell und Bad zu Güssing ein Rendezvouz-Platz der vornehmen ungarischen Welt. Die geschäftsmäßige Abfüllung des Mineralwassers begann 1956.
Die Entstehung des Wasservorkommens ist auf restvulkanische Tätigkeit in Nähe der Erdoberfläche zurückzuführen. Unter der Hitze feuerflüssiger Magmamassen zerfällt kristallogenes Gestein in ›jungfräuliches‹ Wasser und Kohlensäure. Unter enormem Druck und hohen Temperaturen wird dieses Wasser, das noch nie an der Erdoberfläche war, durch Mikrokanäle, die sich im stark zerklüfteten, überlagernden Graphitschiefer immer wieder neu bilden, in höhere Gesteinsschichten getrieben, wo es sich mit einsikkerndem Oberflächenwasser vermischt.
Im Becken von Sulz drängt sich dann unter himmelblauem Ton ein gespannter Mineralwasserhorizont. Durchsticht man die Barriere, quillt das Wasser ans Licht. Die GÜSSINGER-Quellen, wären sie nicht in Brunnenfassungen gezähmt, würden 8 Meter hoch in die Abfüllhalle schießen.
GÜSSINGER hält sich neben → VÖSLAUER vor allem auf dem österreichischen Gastronomiemarkt.
Es ist umstritten, ob sein erhöhter Mineralgehalt dem Spritzer nun mehr Körper gibt oder aber das Weinaroma verdirbt. Letzten Endes wird es wohl Geschmackssache sein. Mineralstarkes Wasser beeinflußt den Wein in der Tat anders als Schwach-Sorten.
Es gibt GÜSSINGER ›perlfrisch‹, also mit Kohlensäure angereichert, sowie eine ›stille Variante‹ (blaues Etikett).

HAANER FELSENQUELLE / Haan

Haaner Felsenquelle
Hochdahler Straße 114
5657 Haan 1

MINERALWASSER

HAANER
FELSENQUELLE

Zusammensetzung entsprechend den Ergebnissen der Analyse vom 21. 7. 1983 des *Instituts Fresenius* (Taunusstein):

Kationen		*Anionen*	
Natrium (Na^+)	31.800	Chlorid (Cl^-)	75.900
Calcium (Ca^{2+})	69.200	Sulfat (SO_3^{4-})	41.700
Magnesium (Mg^{2+})	16.600	Hydrogencarbonat	
Kalium (K^+)	4.130	(HCO_3^-)	202.600
Strontium (Sr^{2+})	0.360	Fluorid (F^-)	0.100
Eisen (Fe^{2+})	0.020		
Kohlensäure (CO_2)	8.200		

Summe der Hauptbestandteile ca. 0.44 Gramm

Obwohl im Bergischen Land mit seinen frischgrünen Wäldern zahlreiche Bäche entspringen, gibt es nur *einen* Mineralbrunnen: die HAANER FELSENQUELLE.
Der lokale Volksmund hat die Quelle schon früh als Gesundbrunnen geschätzt: »Gank no dr Pöttdell on hol en Kruk Water!« hieß es im Krankheitsfall. Die planmäßige Abfüllung in Flaschen kam jedoch erst ab 1909 in Gang. Der heutige Betrieb versorgt vor allem den Großraum Köln-Düsseldorf.
Neben dem seit jeher artesisch überlaufenden ursprünglich bekannten Quellaustritt ist das Mineralwasservorkommen durch zusätzliche, tief gefaßte Brunnenbohrungen erschlossen worden. Das Wasser quillt selbsttätig durch die Bohrlöcher aus 150 Meter Tiefe ans Licht.
Die Brunnenbetreiber haben ihr Mineralwasser vom Bundesgesundheitsamt zusätzlich als Heilwasser genehmigen lassen. Als solches hilft es wegen seiner Milde vor allem bei katarrhischen Darmleiden.
Die HAANER FELSENQUELLE ist wegen ihres kaum ½-Gramm-Gehalts ein ausgesprochen sanftes Wasser – lind und klar im Geschmack. Da es sich wenig aufdrängt, kann es gut zum Essen getrunken werden.
Der Hersteller vertreibt die üblichen Varianten: ›mit Kohlensäure versetzt‹ und ›kohlensäurearm‹.

HARZER GRAUHOF BRUNNEN / Grauhof (Harz)

MINERALWASSER

Blaue Quellen Mineral- und
Heilbrunnen AG
Postfach 40
5401 Rhens

Zusammensetzung entsprechend den Ergebnissen der Analyse vom 25. 9. 1984 des *Instituts Fresenius* (Taunusstein):

Kationen		*Anionen*	
Natrium (Na^+)	18.400	Chlorid (Cl^-)	28.900
Calcium (Ca^{2+})	113.000	Sulfat (SO_3^{4-})	73.900
Magnesium (Mg^{2+})	7.800	Hydrogencarbonat (HCO_3^-)	274.000

Summe der Hauptbestandteile ca. 0.51 Gramm

Die Quelle wurde im 19. Jahrhundert im Harz entdeckt.
Damals erfrischten sich Mönche am HARZER GRAUHOF BRUNNEN, denn der Quellort liegt im Bereich der ehemaligen Abtei Grauhof.
Heute heißt das Gebiet der Quell-Gemarkung vom Kloster her ›Grauhöfer Holz‹. Und von den Mönchen, die graue Kutten trugen, kam der Name schließlich auch auf das Wasser.
Mit ½ Gramm ist das HARZER GRAUHOF BRUNNEN relativ schwach auf der Brust, jedoch erzielt seine ausgewogene Zartheit mit den fein sauren und salzigen Untertönen – zumindest in der kohlensäurearmen Variante – einen gefällig mineralischen Gesamteindruck.
HARZER GRAUHOF BRUNNEN gehört zu den *Blauen Quellen* (→ RHENSER MINERALBRUNNEN) und verfügt über die modernste Abfüllanlage dieser Gruppe.

HASSIA SPRUDEL / Bad Vilbel

Hassia & Luisen Mineralquellen
Bad Vilbel GmbH & Co.
Postfach 1160
6368 Bad Vilbel

MINERALWASSER

Zusammensetzung entsprechend chem. Analyse vom 19. 7. 1984 (laut Etikett):

Kationen		*Anionen*	
Natrium (Na^+)	226.900	Chlorid (Cl^-)	132.400
Calcium (Ca^{2+})	209.000	Sulfat ($SO_3{}^{4-}$)	27.800
Magnesium (Mg^{2+})	38.100	Hydrogencarbonat	
Kalium (K^+)	21.200	($HCO_3{}^-$)	1192.000

Summe der Hauptbestandteile ca. 1.84 Gramm

Wer in Bad Vilbel, heißt es, im Garten zu tief umgräbt, der stößt auf eine Mineralquelle. Der kleine Kurort in der Wetterau steht nämlich auf einem Boden mit ›bewegter‹ Vergangenheit. Hier, im Einzugsbereich des vulkanischen Vogelsberges, sind die geologischen Schichten bis tief ins Erdinnere zertrümmert worden. Nach 20 Millionen Jahren immer noch erkaltendes Magma jagt Kohlendioxid ins einsickernde Tiefenwasser, welches an geeigneten Stellen wieder ans Licht dringt.

So auch mitten im Kurpark von Bad Vilbel, wo die Quelle des HASSIA SPRUDELS hochkommt. Das Etikett zeigt den kleinen, rosenbewachsenen Brunnentempel.

Entdeckt wurde die Quelle 1864. Damals füllte man das Wasser in die üblichen Steingut- oder Tonkrüge, die, mit Pfropfen gesichert, ins nahe Frankfurt verbracht wurden.

Der HASSIA SPRUDEL wird heute aus 300 Meter Tiefe gefördert. Durch Rohre fließt er zur 1½ Kilometer entfernten Abfüllanlage.

Das Wasser ist mit knapp 2 Gramm Mineralien pro Liter gut durchmineralisiert. Die Geschmackstester von ›Alles über Wein‹ *(Woschek Verlag)* urteilen: »Angenehm leicht mineralisch, zurückhaltend in den Bereichen sauer und salzig, harmonisch, intensive und anhaltende CO_2-Entfaltung.«

HASSIA SPRUDEL ist vor allem in seiner Heimat Hessen bekannt. Darüber hinaus werden symbolische Mengen nach Texas geliefert.

HASSIA LEICHT heißt die Variante mit weniger Kohlensäure.

HENNIEZ / Henniez (Waadtland)

Mineralquellen Henniez S.A.
Kasernstraße 4
8184 Bachenbülach

MINERALWASSER

HENNIEZ

Zusammensetzung entsprechend den Ergebnissen der Analyse vom 10. 4. 1986 des *kantonalen waadtländischen Laboratoriums:*

Kationen		*Anionen*	
Natrium (Na^+)	10.000	Chlorid (Cl^-)	16.000
Calcium (Ca^{2+})	114.000	Sulfat (SO_3^{4-})	18.800
Magnesium (Mg^{2+})	18.200	Hydrogencarbonat (HCO_3^-)	368.400
Kalium (K^+)	1.100	Fluorid (F^-)	0.100
Lithium (Li^+)	0.080	Iodid (I^-)	0.010
Strontium (Sr^{2+})	0.270		

Kohlensäure (CO_2) 24.700

Summe der Hauptbestandteile ca. 0.54 Gramm

Der Mineralwasserabsatz in der Schweiz wird zum Drittel von HENNIEZ bestritten.
Quasi vis-à-vis von → ÉVIAN, auf der anderen Seite des Genfer Sees, liegen die Brunnenstuben von HENNIEZ in einem Berghang des Broyetals, nahe Lausanne. Wie bei der berühmten savoyischen Schwester werden auch die Quellen des HENNIEZ von Alpenschmelzwaser gespeist, das nach filternder Sickerreise durch Sand- und Mergellagen auf undurchlässige Moränenschichten stößt.
Zur Geschichte des Ortes: Natürlich sind die Wasser – wie alle bedeutenden Quellen Europas – zuerst von den Römern entdeckt und genutzt worden. Später soll auch Napoleon auf dem Weg zu irgendeiner Schlacht in Henniez pausiert haben, um sich an der Quelle zu laben.
Ab ca. Mitte 19. Jahrhunderts kurte vor Ort die Schweizer Hautevolee gegen Leber-, Nieren und Rheumaleiden an. Von der verflossenen Herrlichkeit erzählt das alte *hôtel des bains.* 1905, mit Gründung der *Société Bains et Eaux d'Henniez Lithinée,* wurden dann auch die ersten Abfüllungen ins Werk gesetzt.
Den Flaschenbetrieben heute wird das Wasser aus fünf in die Bergflanke gegrabenen Quellkammern über ca. zwei Kilometer Rohrleitung zugeführt. *Henniez* hat das Auffinden von Wasseradern übrigens öfters Rutengängern überlassen.
Es gibt die Varietäten ›Gazeuse‹ (roter Rand), ›Mini Gazeuse‹ (grüner Rand) und ›Non Gazeuse‹ (blauer Rand).

HEPPINGER / Bad Neuenahr

Apollinaris Brunnen AG
Postfach 100151
5483 Bad Neuenahr-Ahrweiler

HEILWASSER

Heppinger

Zusammensetzung entsprechend den Ergebnissen der Analyse vom 22. 2. 1965 des *Instituts Fresenius* (Taunusstein):

Kationen		*Anionen*	
Natrium (Na^+)	856.000	Chlorid (Cl^-)	244.700
Calcium (Ca^{2+})	115.900	Sulfat (SO_3^{4-})	188.000
Magnesium (Mg^{2+})	164.800	Hydrogencarbonat (HCO_3^-)	2891.000
Kalium (K^+)	52.700		
Eisen (Fe^{2+})	2.370		

Kohlensäure (CO_2) 3200.000

Summe der Hauptbestandteile ca. 4.51 Gramm

HEPPINGER HEILWASSER wird rein natürlich, ohne Entzug oder Zusatz irgendwelcher Bestandteile abgefüllt. Es erfolgt also auch keine Enteisenung oder Beeinflussung des natürlichen Kohlensäuregehalts (von 3,2 Gramm pro Liter).
HEPPINGER ist mit über 4½ Gramm stark mineralisiert, hauptsächlich mit Natrium und Hydrocarbonat, dessen 2891 mg/l-Anteil von keinem Mineral- oder Heilwasser der Bundesrepublik übertroffen wird.
1 Liter HEPPINGER deckt 80% des Tagesbedarfs an Magnesium. Wegen dieses wertbestimmenden Minerals wurde HEPPINGER 1984 und auch für 1988 vom Olympischen Komitee zum Gesundheitswasser der Deutschen Olympiamannschaft ausgewählt.
HEPPINGER schlägt an bei Katarrhen des Magens, Sodbrennen, chronischen Katarrhen des Darms und Verstopfung. Außerdem regt es den Stoffwechsel an.

HIRSCHQUELLE / Bad Teinach (Schwarzwald)

Mineralbrunnen Überkingen-Teinach AG
Postfach 80
7347 Bad Überkingen

HEILWASSER

Zusammensetzung entsprechend den Ergebnissen der Analyse vom 18. 2. 1976 des *Instituts für angewandte Chemie, Stuttgart* (Prof. Ing. Chem. H. Gockel):

Kationen		*Anionen*	
Natrium (Na^+)	220.000	Chlorid (Cl^-)	32.000
Calcium (Ca^{2+})	216.500	Sulfat (SO_3^{4-})	80.500
Magnesium (Mg^{2+})	36.480	Hydrogencarbonat (HCO_3^-)	1314.000
Kalium (K^+)	15.500		
Lithium (Li^+)	1.400		
Strontium (Sr^{2+})	3.400		
Eisen (Fe^{2+})	0.150		

Kohlensäure (CO_2) 1460.000

Summe der Hauptbestandteile ca. 1.91 Gramm

Die Legende will, daß dereinst ein waidwund geschossener Hirsch sich zur Quelle dieses Heilwassers schleppte, um seine Wunden zu kühlen, und sie so den Menschen entdeckte.
Wahr daran ist jedenfalls, daß Tiere in der Tat meist gute ›Wasserkenner‹ sind und Qualität bevorzugen. Im Hause Überkingen-Teinach jedenfalls steckt man sich's an den Hut, daß auch schon Hunde, Katzen, sogar Papageien an HIRSCHQUELLE sich wieder gesundgetrunken haben.
HIRSCHQUELLE entspringt in Bad Teinach, einem kleinen Kurort im Nordostschwarzwald. Aus einem Grundgebirge von Granit und Gneis wird das Heilwasser aus ca. 500 Meter Tiefe gefördert und in einem modernen Abfüllbetrieb auf Flaschen gezogen.
Das Wasser der HIRSCHQUELLE erzielt seit 600 Jahren Therapieerfolge im Nieren-Blasen-Bereich. Es fördert die Funktion von Magen und Darm. Darüber hinaus wirkt es harntreibend.
Die *Mineralbrunnen Überkingen-Teinach AG,* Deutschlands größter Mineralwasser-Abfüller, ist bestrebt, es STAATL. FACHINGEN gleichzutun: mit HIRSCHQUELLE den angestammten süddeutschen Raum zu verlassen und das Wasser bundesweit in die Regale zu bringen.
Bisheriger Jahresabsatz: 120 Mio. Flaschen.

HÖLLENSPRUDEL / Naila-Hölle

Brunnenverwaltung Höllensprudel
8674 Naila-Hölle

MINERALWASSER

Zusammensetzung entsprechend den Ergebnissen der Analyse vom 24. 5. 1983 des *Instituts für Wasserchemie und chemische Balneologie der TU München* (Prof. Dr. K.-E. Quentin):

Kationen		*Anionen*	
Natrium (Na^{+})	10.100	Chlorid (Cl^{-})	3.620
Calcium (Ca^{2+})	199.400	Sulfat (SO_3^{4-})	8.050
Magnesium (Mg^{2+})	28.900	Hydrogencarbonat (HCO_3^{-})	780.100
Kalium (K^{+})	0.700	Fluorid (F^{-})	0.290

Summe der Hauptbestandteile ca. 1.03 Gramm

Das Mineralwasser des HÖLLENSPRUDELS entspringt in Hölle (Frankenwald), einem kleinen Luftkurort am Eingang des wildromantischen Höllentales.
Der Wildwasseraustritt ist schon viele Jahrhunderte bekannt gewesen. Als vor etwa 300–400 Jahren in dieser Gegend erstmals die Wirtschaft (Gewinnung und Verarbeitung von Eisenerzen) blühte, konnten sich die »hitzigen Hammerburschen an dem Säuerling erquicken und erlaben«.
Zur Nutzung erschlossen wurde die Ader im Jahr 1902 durch Dr. Fritz Wiede, der eine 262 Meter tiefe Bohrung niederbringen ließ. Wiede war zunächst vorrangig an der Gewinnung und Verflüssigung von natürlicher Kohlensäure interessiert. Das anfallende Mineralwasser aber, welches den einprägsamen Namen HÖLLENSPRUDEL erhielt, fand rasch viele Freunde und Abnehmer.
1929 wurde das Mineralwasser des Höllensprudels durch das Bayerische Staatsministerium des Inneren zur ›Heilquelle‹ erklärt und ein entsprechender Schutzbereich angeordnet. Nach den vorherrschenden Mineralien und wegen seines Kohlensäuregehalts darf der HÖLLENSPRUDEL als eisenhaltiger Calcium-Hydrocarbonat-Säuerling bezeichnet werden. Wie die → PRINZENQUELLE, der er in der Zusammensetzung ähnelt, schmeckt HÖLLENSPRUDEL daher nicht unähnlich dem südfranzösischen → PERRIER-Wasser.
Das Hauptabsatzgebiet von HÖLLENSPRUDEL lag in Thüringen und Sachsen. Die Grenzziehung 1945 bedeutete 85% Kundenverlust und drehte dem Mineralbrunnenbetrieb fast die Luft ab. Aber man rappelte sich wieder... 1981 wurde – zusammen mit → PRINZENQUELLE – eine neue moderne Produktionsstätte in Hölle gebaut, auf der stündlich 32000 Flaschen abgefüllt werden können.
Neben HÖLLENSPRUDEL (rotes Etikett) gibt es noch HÖLLENQUELLE (grünes Etikett), was seine kohlensäurearme Varietät ist.

HUNYADI JÁNOS / Buda (Ungarn)

Pharma-Haupt
Mainzer Straße 40
6000 Frankfurt/Main

HEILWASSER

Zusammensetzung entsprechend den Ergebnissen der Analyse des *Instituts Fresenius* (Taunusstein):

Kationen		*Anionen*	
Natrium (Na^+)	5915.000	Chlorid (Cl^-)	428.900
Calcium (Ca^{2+})	388.200	Sulfat (SO_3^{4-})	21020.000
Magnesium (Mg^{2+})	2242.000	Hydrogencarbonat (HCO_3^-)	728.000
Kalium (K^+)	26.200	Fluorid (F^-)	0.280
Eisen (Fe^{2+})	0.150	Iodid (I^-)	0.800

Summe der Hauptbestandteile ca. 30.74 Gramm

Bei den bittersalzigen Heilwässern überwiegt unter den Anionen das Sulfat, dessen Gegenwart den charakteristisch bitteren Geschmack verursacht. Bitterwässer kommen meist in flachen, lehmigen Gebieten vor, wo sich das Grundwasser nur langsam bewegt. Sie entstehen aus der Zersetzung des im Lehm befindlichen Pyrits (FeS_2), dessen S_2-Anteile zu Schwefelsäure oxidieren.

Am Fuß der Berge von Buda greift diese Schwefelsäure den Dolomit im Gestein an und zerlöst dessen Magnesiumcarbonat. Es bildet sich Bittersalz ($MgSO_4$); HUNYADI JÁNOS enthält eine Menge davon. Man bringt das Wasser nur in winzigen Schlucken runter. Es schmeckt wie Medizin. Und so muß es auch eingenommen werden: nämlich in kleinen Dosen, 1 bis 2 Zehntelliter (von Kindern nur eßlöffelweise).

HUNYADI JÁNOS besitzt eine erprobte Abführwirkung und wird hauptsächlich zu diesem Zweck verordnet.

Auch Verdauungsbeschwerden des Magens und Appetitlosigkeit können durch die Verabreichung verdünnten HUNYADI JÁNOS behoben werden.

Entwöhnende Mütter kriegen ihre Milchsekretion oft nicht gleich unter Kontrolle. 2 bis 3 Deziliter HUNYADI JÁNOS am Morgen beschleunigen das Versiegen und beseitigen die Spannung der Brüste.

Ferner besiegt HUNYADI JÁNOS Blähungen (und dadurch verursachtes Herzdrücken). Darüber hinaus wird die Gallenabsonderung angeregt.

IMNAUER APOLLO / Bad Imnau

Mineralbrunnen Überkingen-Teinach AG
Postfach 80
7347 Bad Überkingen

MINERALWASSER

Zusammensetzung entsprechend den Ergebnissen der Analyse vom 7. 11. 1985 des *Instituts für angewandte Chemie, Stuttgart* (Prof. Ing. Chem. H. Gockel):

Kationen		*Anionen*	
Natrium (Na^+)	29.000	Chlorid (Cl^-)	35.500
Calcium (Ca^{2+})	519.000	Sulfat (SO_3^{4-})	1065.000
Magnesium (Mg^{2+})	44.900	Hydrogencarbonat	
Kalium (K^+)	4.100	(HCO_3^-)	481.000
Lithium (Li^+)	0.400		

Kohlensäure (CO_2) 7910.000

Summe der Hauptbestandteile ca. 2.17 Gramm

Am westlichen Fuß der Schwäbischen Alb nahe der Burg Hohenzollern (wo der Alte Fritz die letzte Ruhe fand) liegt – im romantischen Eyachtal – der verträumte kleine Kurort Bad Imnau.
Hier entspringt der IMNAUER APOLLO SPRUDEL.
Das Wässerchen ist nicht übel durchmineralisiert, mit einem Schwerpunkt allerdings im Schwefelbereich, der für die herbe Geschmacksspitze verantwortlich ist.
IMNAUER APOLLO gehört zum umfassenden Wassersortiment der *Mineralbrunnen Überkingen-Teinach AG*, dem größten bundesdeutschen Unternehmen dieser Art.

JEBENHAUSER SPRUDEL
Göppingen-Jebenhausen

BrunnenUnion St. Christophorus GmbH
Postfach 1120
7605 Bad Peterstal 1

MINERALWASSER

Jebenhauser
Sprudel

Zusammensetzung entsprechend den Ergebnissen der Analyse vom 29. 7. 1985 des *Chemischen Untersuchungsinstituts Dr. Gerhard Wiegleb* (Leonberg):

Kationen		*Anionen*	
Natrium (Na^+)	21.500	Chlorid (Cl^-)	14.800
Calcium (Ca^{2+})	329.000	Sulfat (SO_3^{4-})	40.000
Magnesium (Mg^{2+})	19.000	Hydrogencarbonat (HCO_3^-)	1080.000

Summe der Hauptbestandteile ca. 1.50 Gramm

Die Firma *Mineralbrunnen Jebenhausen* wurde im Jahr 1921 in Jebenhausen bei Göppingen gegründet. Der Betrieb selbst kann zwar auf keine längere Tradition zurückblicken, wohl aber das Jebenhauser Mineralwasser.

Der JEBENHAUSER SPRUDEL (oder ›Sauerbrunn‹) zählt mit zu den berühmten und altbekannten Wässern des Raumes Göppingen. 1736 schreibt der Arzt Georg Friderich Gmehlin: *»Es hat rechter Hand, an der ›Viltz‹ und linckerseits auf der Wiesen gegen Fauern einen schönen Spatzier-Gang, darinnen eine vortrefflich Allee mit geringen Unkosten angelegt werden können, nicht weit darvon aber den gleichfalls berühmten Jebenhauser Sauerbronnen. Das Wasser leidet keine lebendigen Thiere, als Fische, Frösche, und anderes Ungeziefer, sondern sie verrecken gleichbalden darinnen... Von dem 4 Stund von Göppingen, oberhalb in Ulmischer Herrschaft liegenden Ueberkinger, hernach Göppinger, und endlich dem Jebenhäuser Sauerbronnen haben die Alten gegleubt und geschrieben, daß sie zwar alle drey einerley Quellen und Mineralien führen, nur, daß der erstere der Stärckigste, der andere nemlich der Göppinger und der mittlere, und der Jebenhäuser der Schwächiste seye, und haben demnach dem ersteren den ›Bauern‹, den anderen den ›Bürger‹, und den 3. den ›Edelmann‹ genannet.«*

JEBENHAUSER SPRUDEL gibt es auch als JEBENHAUSER SAUERBRUNN in einer kohlensäurearmen Ausgabe.

JEBENHAUSER SPRUDEL gehört zur *Brunnen-Union St. Christophorus GmbH* (→GÖPPINGER CHRSTOPHSQUELLE).

JOHANNIS QUELL / Vulkaneifel

Apollinaris Brunnen AG
Postfach 100151
5483 Bad Neuenahr-Ahrweiler

MINERALWASSER

Zusammensetzung entsprechend den Ergebnissen der Analyse vom 25. 6. 1985 des *Instituts Fresenius* (Taunusstein):

Kationen		*Anionen*	
Natrium (Na^+)	89.600	Chlorid (Cl^-)	71.700
Calcium (Ca^{2+})	59.600	Sulfat (SO_3^{4-})	74.100
Magnesium (Mg^{2+})	50.700	Hydrogencarbonat	
Kalium (K^+)	12.800	(HCO_3^-)	470.000

Summe der Hauptbestandteile ca. 0.82 Gramm

Die APOLLINARIS-Marktforscher haben ermittelt, daß sich immer mehr Mineralwassertrinker ein Produkt wünschen, das weniger Kohlensäure enthält.
Daraufhin wurde im Vulkangestein der Eifel eine feinperlende Variante erbohrt, die sich ›vornehm zurückhält‹ = JOHANNIS QUELL: mit 4 Gramm Kohlensäure pro Liter genau zur Hälfte der üblichen Rate sprudelnd, mit knapp 1 Gramm pro Liter nur mehr ⅓ so mineralienstark wie die große Schwester →APOLLINARIS.
JOHANNIS QUELL ist wegen seiner zurückhaltenden Art gedacht als Begleitung zum feinen Essen (für Leute, die es sich nicht immer leisten können, aufzustoßen). Seine schweigsamen Geschmacksmomente, begründet in der schlichten Mineralisation, hinterlassen, wo passend, einen angenehmen Resteindruck.

KAISER FRIEDRICH HEILQUELLE
Offenbach (Main)

VMH Mineral- und Heilquellen GmbH
Ludwigstraße 44 – 62
6050 Offenbach

HEILWASSER

Kaiser
Friedrich
Heil-Quelle

Zusammensetzung entsprechend den Ergebnissen der Analyse von 1972 des *Instituts Fresenius* (Taunusstein):

Kationen		*Anionen*	
Natrium (Na^{+})	1419.000	Chlorid (Cl^{-})	795.500
Calcium (Ca^{2+})	4.790	Sulfat (SO_3^{4-})	336.100
Magnesium (Mg^{2+})	4.090	Hydrogencarbonat	
Kalium (K^{+})	16.000	(HCO_3^{-})	2026.000

Summe der Hauptbestandteile ca. 4.60 Gramm

Das Heilwasser aus dem KAISER FRIEDRICH-Vorkommen (→KAISER FRIEDRICH QUELLE). Staatlich anerkannte Heilquelle seit 1888.

KAISER FRIEDRICH HEILQUELLE kann getrunken werden zur Vorbeugung und Behandlung von Erkrankungen der Magen- und Darmschleimhäute. Es hilft der kranken Blase, den Nieren, den Gallenwegen. Auch unterstützt es die Behandlung von Diabetes.

Zugleich wirkt es ausgleichend bei Regulationsstörungen des vegetativen Nervensystems, indem – laienhaft gesprochen – sein hoher Mineralanteil die mitunter ermatteten inneren Lenkungsmechanismen des Körpers aufstachelt und so trainiert, daß sie vernachlässigte Aufgaben (etwa Steuerung des Blutdrucks) wieder aufnehmen können. KAISER FRIEDRICH HEILQUELLE war in diesem Zusammenhang Test-Wasser eines interessanten Versuchs, der im NATRIUM-Kapitel (Teil III dieses Buches) besprochen ist.

KAISER FRIEDRICH QUELLE / Offenbach (Main)

VMH Mineral- und Heilquellen GmbH
Ludwigstraße 44 – 62
6050 Offenbach

MINERALWASSER

Zusammensetzung entsprechend den Ergebnissen der Analyse vom 15. 2. 1985 des *Instituts Fresenius* (Taunusstein):

Kationen		*Anionen*	
Natrium (Na^+)	1390.000	Chlorid (Cl^-)	745.800
Calcium (Ca^{2+})	5.000	Sulfat (SO_3^{4-})	336.400
Magnesium (Mg^{2+})	3.700	Hydrogencarbonat	
Kalium (K^+)	17.300	(HCO_3^-)	2044.000

Summe der Hauptbestandteile ca. 4.54 Gramm

Als ein gewisser Adam Neubecker 1888 nach Kühlwasser für seine Brauereimaschinen-Fabrik bohren läßt, wird der Trupp in 249 Metern fündig. Was jedoch hervorsprudelt, ist zu warm, um Geräte zu kühlen. Und zu wertvoll. Prof. Fresenius, bekanntester Chemiker seiner Zeit, analysiert das Wasser: Mit über 4 ½ Gramm pro Liter weist es einen ungewöhnlich hohen Mineraliengehalt auf. Wilhelm II. gibt der Quelle die kaiserliche Taufe – sie erhält den Namen seines Vaters: *Kaiser Friedrich*-Quelle. Und Offenbach wird vorübergehend zur Kurstadt...

Das Quellvorkommen liegt abgesperrt unter einer 110 Meter dicken Rupelton-Schicht, welche Oberflächeneinflüsse abschirmt.

Die KAISER FRIEDRICH QUELLE ist eins der wirklich hochkalibrigen natürlichen Mineralwässer Deutschlands. Sein überwiegendes Natrium zusammen mit den restlichen Anteilen verleiht ihm einen salzig-sauren, geringfügig harten und dadurch ziemlich markanten Geschmack.

KAISER FRIEDRICH QUELLE ist wegen dieser ihrer Eigenschaften in den letzten Jahren zu einem begehrten ›Fitness-Wasser‹ geworden, das verlorene Körpersalze nach Tennis oder Jogging rasch wieder ausgleicht.

Die Vertriebsfirma bietet eine sprudelnde (= ›mit Kohlensäure versetzt‹ / rotes Etikett) und eine stille (= ›mit wenig Kohlensäure versetzt‹ / grünes Etikett) Variante an.

KAISER RUPRECHT HEILQUELLE / Rhens

Blaue Quellen Mineral- und Heilbrunnen AG
Postfach 40
5401 Rhens

HEILWASSER

Zusammensetzung entsprechend den Ergebnissen der Analyse vom 10. 11. 1980 des *Instituts Fresenius* (Taunusstein):

Kationen	
Natrium (Na^{+})	581.000
Calcium (Ca^{2+})	74.800
Magnesium (Mg^{2+})	36.100
Kalium (K^{+})	10.000
Lithium (Li^{+})	0.840
Strontium (Sr^{2+})	0.360
Eisen (Fe^{2+})	0.020

Anionen	
Chlorid (Cl^{-})	398.100
Sulfat (SO_3^{4-})	314.100
Hydrogencarbonat (HCO_3^{-})	884.100
Fluorid (F^{-})	0.910
Iodid (I^{-})	0.042

Kohlensäure (CO_2) 1343.000

Summe der Hauptbestandteile ca. 2.30 Gramm

Die KAISER RUPRECHT HEILQUELLE entspringt dem 300 bis 600 Meter tiefen →RHENSER MINERALBRUNNEN-Vorkommen in Rhens.

KAISER RUPRECHT HEILQUELLE ist ein sog. ›hypotones Wasser‹: Bei ihm kommen die einzelnen Bestandteile nicht kurzfristig zur Wirkung, während eine über längere Zeit durchgeführte Trinkkur die Harmonisierung der Tagesrhythmen und Entfaltung der Körperfunktionen erzielt.

Das Heilwasser hilft bei Magen-Darm-Störungen, chronischen Magenschleimhautentzündungen, funktionellen Gallenwegstörungen sowie Zuständen nach Magen-, Gallenblase- und Gallenwegoperationen. Es gleicht Darmverkrampfungen, Völlegefühl und Blähungen aus.

KAISER RUPRECHT QUELLE lindert Erkrankungen der harnabführenden Wege: chronische Entzündungen, Zustände nach Steinabgang oder Steinentfernung sowie Zustände nach Stein- oder Prostataoperationen.

KAISER RUPRECHT HEILWASSER gehört zur Gruppe der *Blauen Quellen* (→RHENSER MINERALBRUNNEN).

KARLSBADER MÜHLBRUNN
Karlovy Vary (Westböhmen)

Otto Pachmayr Mineralwasser KG
Triebstraße 37
8000 München 50

HEILWASSER

Zusammensetzung entsprechend Etikett:

Kationen		*Anionen*	
Natrium (Na^{+})	1713.000	Chlorid (Cl^{-})	607.700
Calcium (Ca^{2+})	135.900	Sulfat ($SO_3{}^{4-}$)	1639.000
Magnesium (Mg^{2+})	37.330	Hydrogencarbonat	
Kalium (K^{+})	98.040	($HCO_3{}^{-}$)	2163.000
Lithium (Li^{+})	3.280	Fluorid (F^{-})	6.070
Strontium (Sr^{2+})	0.780	Iodid (I^{-})	0.004
Eisen (Fe^{2+})	1.260		

Kohlensäure (CO_2) 630.000

Summe der Hauptbestandteile ca. 6.40 Gramm

Vor mehr als 20 Millionen Jahren (in der Tertiärzeit) entstanden zu Füßen des Böhmischen Erzgebirges in einer Tiefe von 2000 Metern warme Quellen. Seit dieser Zeit sprudelt die mächtigste und wärmste von ihnen im heutigen Karlsbad in Form eines Geysirs 12 Meter hoch in die Luft. Auf kleiner Fläche dringen noch 11 weitere Quellen verschiedener Temperatur und Zusammensetzung aus dem Boden. Die bekannteste von ihnen ist der KARLSBADER MÜHLBRUNN.

Die warmen Quellen dürften schon den Römern bekannt gewesen sein.

Karlsbad erhielt 1370 Stadtrecht, hieß damals allerdings noch Warmbad und kam erst im 16. Jahrhundert zu seinem heutigen Namen. In Slawen erzählt man sich, daß einstmals Kaiser Karl IV. einem angeschossenen Hirsch gefolgt sei und das Tier sich in einen kleinen See mit heißem Wasser gestürzt habe. Dortselbst befahl der Kaiser ein Bad zu errichten, eben ›Karls‹bad.

KARLSBADER MÜHLBRUNN hat einen hohen Gehalt an Schwefelsalzen. Demzufolge stimuliert er vor allem die Gallentätigkeit, was der Verdauung zugute kommt.

Darüber hinaus hilft dieses altbekannte Heilwasser bei Magen- und Darmkatarrhen.

Seine linde Abführwirkung erleichtert Verstopfungen.

KISSLEGGER / Kisslegg (Allgäu)

Mineralbrunnen Überkingen-Teinach AG
Postfach 80
7347 Bad Überkingen

MINERALWASSER

Zusammensetzung entsprechend den Ergebnissen der Analyse vom 9. 8. 1985 des *Instituts für angewandte Chemie*, Stuttgart (Prof. Ing. Chem. H. Gockel):

Kationen		*Anionen*	
Natrium (Na^+)	315.000	Chlorid (Cl^-)	184.400
Calcium (Ca^{2+})	4.000	Sulfat (SO_3^{4-})	50.200
Magnesium (Mg^{2+})	1.200	Hydrogencarbonat (HCO_3^-)	475.900
Kalium (K^+)	2.800	Fluorid (F^-)	3.500

Kohlensäure (CO_2) 7985.000

Summe der Hauptbestandteile ca. 1.03 Gramm

Kisslegg liegt im Allgäu, das im Vergleich zum benachbarten Schwarzwald weit weniger Mineralquellen aufzuweisen hat. Hier fördern die Brunnen der *Überkingen-Teinach AG* das fluoridhaltige KISSLEGGER Mineralwasser ans Licht.
Die *Mineralbrunnen Überkingen-Teinach AG* stellt insgesamt genommen den größten Abfüllbetrieb der Bundesrepublik Deutschland dar. KISSLEGGER bringt nur einen kleineren Teil der enormen Gesamtfördermenge.
Das Wasser hinterläßt einen herberen Gaumeneindruck als seine Geschwister in der *Überkingen-Teinach*-Familie. Vielleicht weil die Calcium-Magnesium-Anteile kaum ausgeprägt sind.
KISSLEGGER gibt es mit viel Kohlensäure.
Für alle, die den stillen, feinperligen Geschmack schätzen, empfiehlt sich die KISSLEGGER QUELLE (blaues Etikett), die nur mehr wenig CO_2 versprüht.

KNETZGAUER STEIGERWALD / Knetzgau

G. + K. Partin
Postfach 20
8729 Knetzgau

MINERALWASSER

Zusammensetzung entsprechend den Ergebnissen der Analyse vom 12. 3. 1986 des *Instituts Dr. E. Nuss* (Bad Kissingen):

Kationen		*Anionen*	
Natrium (Na^{+})	540.000	Chlorid (Cl^{-})	835.000
Calcium (Ca^{2+})	669.300	Sulfat (SO_3^{4-})	1375.000
Magnesium (Mg^{2+})	51.600	Hydrogencarbonat (HCO_3^{-})	430.000

Summe der Hauptbestandteile ca. 3.90 Gramm

Der KNETZGAUER STEIGERWALD Mineralwasserbrunnen liegt zwischen Steigerwald und Haßbergen am Ortsrand von Knetzgau.
1977 von Geologen entdeckt, schüttet er aus 130 Metern Tiefe etwa 50 Kubikmeter Mineralwasser stündlich.
Die Anlagen befinden sich im Besitz einer lokalen *Erfrischungsgetränke GmbH & Co. KG.* Das Verbreitungsgebiet von KNETZGAUER STEIGERWALD bleibt weitgehend auf das nordbayerische oder fränkische Umfeld des Firmensitzes beschränkt.
Die Verkäufe in der Region konnten während 5 Jahren verzehnfacht werden. Gegenwärtiger Tagesausstoß: 150000 Flaschen.
Das Wasser ist mit um die 4 Gramm Mineralien pro Liter weit über dem Durchschnitt mineralisiert und zeichnet sich durch einen entsprechend kräftigen Geschmack aus. Der überwiegende Schwefelanteil setzt dabei einen bitteren Akzent.

KURSELTERS / Oberselters

Oberselters Mineral- und Heilquellen GmbH
Brunnenstraße 1
6277 Bad Camberg

HEILWASSER

Zusammensetzung entsprechend den Ergebnissen der Analyse vom 21. 1. 1981 des *Instituts Fresenius* (Taunusstein):

Kationen		*Anionen*	
Natrium (Na^+)	826.200	Chlorid (Cl^-)	788.300
Calcium (Ca^{2+})	95.300	Sulfat (SO_3^{4-})	20.200
Magnesium (Mg^{2+})	39.800	Hydrogencarbonat (HCO_3^-)	1327.000
Kalium (K^+)	18.400	Fluorid (F^-)	0.530
Strontium (Sr^{2+})	1.670	Iodid (I^-)	0.030
Eisen (Fe^{2+})	0.050		

Kohlensäure (CO_2) 2500.000

Summe der Hauptbestandteile ca. 3.11 Gramm

Das Naßvorkommen von Oberselters gehört zu der größeren Mineralwasserprovinz Niederselters – Oberselters. Da es im mittleren Taunus kein Steinsalz gibt, kann Natrium-Chlorid-Wasser wie KURSELTERS nur aus Gebieten außerhalb des Schiefergebirges – wahrscheinlich dem Oberrheintal – unterirdisch einfließen.
KURSELTERS ist mit rund 3.12 Gramm Mineralien pro Liter das etwas höher kalibrierte Heilwasser aus dem →OBERSELTERS MINERALBRUNNEN.
Es wird empfohlen zur Durchspülungstherapie bei Steinen der ableitenden Harnwege. Ferner beugt es der Neigung zu Nierensteinen und Gicht vor.

LEOPOLDSQUELLE / Bad Rippoldsau

Peterstaler Mineralquellen
Huber GmbH & Co. KG
Postfach 1160
7605 Bad Peterstal-Griesbach 1

HEILWASSER

Zusammensetzung entsprechend den Ergebnissen der Analyse vom 12. 5. 1978 des *Instituts Fresenius* (Taunusstein):

Kationen		*Anionen*	
Natrium (Na^{+})	147.000	Chlorid (Cl^{-})	25.200
Calcium (Ca^{2+})	205.800	Sulfat (SO_3^{4-})	353.600
Magnesium (Mg^{2+})	40.600	Hydrogencarbonat	
Kalium (K^{+})	9.190	(HCO_3^{-})	746.200
Lithium (Li^{+})	0.740	Fluorid (F^{-})	1.900
Strontium (Sr^{2+})	1.630	Iodid (I^{-})	0.009
Eisen (Fe^{2+})	0.030		

Summe der Hauptbestandteile ca. 1.53 Gramm

Das Mineral- und Moorbad Rippoldsau liegt im Wolftal, einem der immergrünsten Einschnitte des Schwarzwaldes, Nähe Freudenstadt.
Hier entdeckten die Benediktinermönche im frühen Mittelalter die heilenden Quellen. Schon für das Jahr 1490 ist ein großes ›badhuß‹ nachzuweisen, und im Mai 1579 wurde das Kurtal durch die Fürstenberger Landesherren zum ›gefreyten Bad‹ erklärt. Rippoldsau als einziges Bad im Fürstenberger Wirkungskreis erfuhr in Folge jedwede landesväterliche Huld und Ordnung.
Die medizinische Wissenschaft merkte auf: In Straßburg, Freiburg, in der Schweiz erschienen gelehrte Bücher über ›krafft und würckung‹ der Rippoldsauer Quellen.
Nach dem Ende des 30jährigen Krieges übernahmen die Fürstenberger das alte Klosterbad in eigenen Besitz. Um die Quellen zu schonen, verzichteten sie sogar auf den einträglichen Bergbau.
Im 19. Jahrhundert wurde der Badeort zur ›Perle der Kniebisbäder‹ gekürt. Es kamen Fürsten und Könige, Demoinselles und Particuliers, Russen, Amerikaner, Franzosen – Victor Hugo, Johannes Brahms, Paul Heyse, Viktor von Scheffel, Rainer Maria Rilke und immer wieder Heinrich Hansjakob (der beliebte Volkserzähler des 19. Jahrhunderts).
Das hier auf Flaschen gezogene Heilwasser heißt LEOPOLDSQUELLE nach Seiner Königlichen Hoheit Großherzog Leopold von Baden (1830–1852). Es hat eine durchschnittliche Mineralisation von gut 1 ½ Gramm pro Liter.
LEOPOLDSQUELLE hilft bei chronischer Verstopfung.
Außerdem stachelt es die Magensaftsekretion an.
Es wirkt chronischen Entzündungen der ableitenden Harnwege entgegen, ebenso der Neigung zur Harnsäure-Steinbildung.
Ferner ist es hilfreich bei chronischen Entzündungen der Gallenwege und Beschwerden nach Gallenwegsoperationen.

LIELER SCHLOSSBRUNNEN / Schliengen-Liel

Schloßbrunnen Sattler KG
Hauptstraße 22
7846 Schliengen-Liel

MINERALWASSER

Zusammensetzung entsprechend den Ergebnissen der Analyse vom 31. 1. 1986 des *Instituts Fresenius* (Taunusstein):

Kationen		*Anionen*	
Natrium (Na^+)	19.000	Chlorid (Cl^-)	29.700
Calcium (Ca^{2+})	131.000	Sulfat (SO_3^{4-})	42.800
Magnesium (Mg^{2+})	10.200	Hydrogencarbonat (HCO_3^-)	402.000

Summe der Hauptbestandteile ca. 0.63 Gramm

Anno 1560 hab ich hanns Balthasar von Baden die Allmächtigkeitdt gnad v. gab Gottes den Badbrunnen zu Liel ersuechen und gründen lassen, soviel Unsser Verstandt unss Gott selbiger Zeit geben hat...

Der LIELER SCHLOSSBRUNNEN hat seinen Ursprung im Schloß-Hof der uralten Ortschaft Liel, welche nah bei Kandern (südl. Schwarzwald) liegt. Hanns Balthasar von Baden berichtet weiter, das Wasser sei bei der Entdeckung durch »Christen gelehrte Doctores« und »Juden Doctores« untersucht worden: »...und bleibe kein Fisch darinnen gar nit lebendig« – ein damals wohl untrügliches Zeichen für die Mineralität einer Quelle (s. auch →JEBENHAUSER SPRUDEL).

Das Wasser wurde zunächst in Krüge, später in Flaschen abgefüllt. Die Herren von Baden betrieben dieses Geschäft bis zum Aussterben ihres Geschlechts 1830. Danach lösten sich die Eigentümer in reger Folge ab – darunter ein veritabler Plantagenbesitzer aus Sumatra –, bis schließlich die unweit residierende Schweizer Chemie-Familie Hoffmann-LaRoche sich einkaufte. Von dem Baseler Clan erstand 1955 der Besitzer der örtlichen ›Lielmühle‹ die Anlagen und investierte kräftig. 1979–1981 erschloß man in 740 Meter Tiefe eine weitere (Thermal-)Mineralquelle.

Der LIELER SCHLOSSBRUNNEN, ein Calcium-Hydrocarbonat-Säuerling (in seiner Zusammensetzung fast gleichartig dem →PERRIER), ist ein mit gut 0.63 Gramm unterdurchschnittlich mineralisierter Tropfen von lindem Temperament.

LUISEN BRUNNEN / Nieder-Erlenbach

MINERALWASSER

Hassia & Luisen Mineralquellen Bad Vilbel
GmbH & Co.
Postfach 1160
6368 Bad Vilbel

Zusammensetzung entsprechend den Ergebnissen der Analyse vom 1. 12. 1983 des *Instituts Fresenius* (Taunusstein):

Kationen		*Anionen*	
Natrium (Na^{+})	265.000	Chlorid (Cl^{-})	379.000
Calcium (Ca^{2+})	369.000	Sulfat (SO_3^{4-})	39.000
Magnesium (Mg^{2+})	53.000	Hydrogencarbonat (HCO_3^{-})	1443.000
Kalium (K^{+})	21.000		

Summe der Hauptbestandteile ca. 2.56 Gramm

Da es in Bad Vilbel Mineralwasser seit mindestens 20 Millionen Jahren gibt, ist's auch nicht weiter verwunderlich, daß sich zu ihrer Zeit auch wieder die badesüchtigen Römer hier niederließen. Reste ihrer Anlagen sind heute noch zu besichtigen. Seitdem hat das Wasser für die Gegend nichts an Bedeutung verloren.

Mitte des letzten Jahrhunderts wird ein Handel ins Vilbeler Gewerbetagebuch eingetragen, aus dem sich eine der großen regionalen Marken entwickeln sollte: LUISEN BRUNNEN.

Der spätere Zusammenschluß mit →HASSIA SPRUDEL hob eine Firma aus der Taufe *(Hassia & Luisen)*, die heute den hessischen Mineralwassermarkt beherrscht; jede dritte Flasche kommt aus ihren Abfüllanlagen.

LUISEN BRUNNEN hat mit über 2 ½ Gramm pro Liter einen deutlicher ausgeprägten Mineralanteil als seine Schwestermarke. Die Geschmackstester von ›Alles über Wein‹ *(Woschek Verlag)* urteilen: »Ziemlich ausgeprägt mineralisch, ausgewogen salzig und sauer, etwas hart, intensive CO_2-Entfaltung, nach 5 Minuten etwas nachlassend.«

MARCO QUELLE HEILWASSER / Aspach

Heil- und Mineralquellen GmbH
Postfach
7152 Aspach 3

HEILWASSER

MARCO QUELLE
HEILWASSER

Zusammensetzung entsprechend den Ergebnissen der Analyse vom August 1984 des *Instituts Fresenius* (Taunusstein):

Kationen		*Anionen*	
Natrium (Na^+)	10.000	Chlorid (Cl^-)	19.300
Calcium (Ca^{2+})	570.000	Sulfat (SO_3^{4-})	1300.000
Magnesium (Mg^{2+})	65.500	Hydrogencarbonat (HCO_3^-)	407.000
Kalium (K^+)	3.800	Fluorid (F^-)	0.290
Strontium (Sr^{2+})	5.700		
Eisen (Fe^{2+})	0.030		

Summe der Hauptbestandteile ca. 2.38 Gramm

Das MARCO QUELLE HEILWASSER entspringt dem Quellpark in Aspach (Schwäbischer Wald). Sein Austrittsgebiet gilt als Heilwasserschutzzone.

MARCO QUELLE HEILWASSER wird naturbelassen abgefüllt und mit wenig Kohlensäure angereichert. Dem Charakter nach ist es ein Calcium-Sulfat-Wasser.

MARCO QUELLE HEILWASSER schlägt an bei Erkrankungen der Niere. Darüber hinaus lindert es Beschwerden der Galle. Es wirkt Magenstörungen entgegen und unterstützt die Genesung des Darms. Darüber hinaus ist MARCO QUELLE HEILWASSER bei Blasenleiden angezeigt.

NEUSELTERS MINERALQUELLE / Löhnberg

Blaue Quellen Mineral- und Heilbrunnen AG
Postfach 40
5401 Rhens

MINERALWASSER

Zusammensetzung entsprechend den Ergebnissen der Analyse vom 28. 2. 1985 des *Instituts Fresenius* (Taunusstein):

Kationen		*Anionen*	
Natrium (Na^+)	148.100	Chlorid (Cl^-)	131.700
Calcium (Ca^{2+})	118.700	Sulfat (SO_3^{4-})	15.100
Magnesium (Mg^{2+})	26.200	Hydrogencarbonat (HCO_3^-)	650.000
Kalium (K^+)	7.060	Fluorid (F^-)	0.520

Summe der Hauptbestandteile ca. 1.09 Gramm

Aus Selters im Taunus, Deutschlands wohl bekanntester Mineralwasser-Provinz, stammt (der Name legt's nahe) NEUSELTERS.

Seinen Namen hat es von Friedrich Wilhelm Neu, weiland Bürgermeister der Gemeinde und, wie's sich für einen echten Selterser gehört, ambitionierter Gewässerkundler. 1887 spürte er eine frische Quelle auf, die seitdem nach ihm *NEU*SELTERS heißt.

Das Naßvorkommen wird heute aus 96 Meter Tiefe ans Licht gepumpt. Mit etwas über 1 Gramm besitzt es einen genügend mächtigen Mineralgehalt, um seine säuerlichen Spitzen harmonisch abzurunden.

NEUSELTERS MINERALQUELLE gehört zur Gruppe der *Blauen Quellen* (→RHENSER MINERALBRUNNEN).

OBERSELTERS MINERALBRUNNEN

Oberselters

Oberselters Mineral- und Heilquellen GmbH
Brunnenstr. 1
6277 Bad Camberg

MINERALWASSER

Zusammensetzung entsprechend den Ergebnissen der Analyse vom 21. 5. 1981 des *Instituts Fresenius* (Taunusstein):

Kationen		*Anionen*	
Natrium (Na^+)	622.000	Chlorid (Cl^-)	658.000
Calcium (Ca^{2+})	94.700	Sulfat (SO_3^{4-})	29.000
Magnesium (Mg^{2+})	36.500	Hydrogencarbonat (HCO_3^-)	991.000
Kalium (K^+)	16.200	Fluorid (F^-)	2.200
Lithium (Li^+)	0.680		
Strontium (Sr^{2+})	1.600		
Eisen (Fe^{2+})	2.200		

Summe der Hauptbestandteile ca. 2.45 Gramm

Der OBERSELTERS-Brunnen blickt auf dramatische Anfänge zurück. Den Bürgern von Nieder-Selters paßte es nämlich überhaupt nicht, als die Ober-Selterser, statt weiter in der Nachbargemeinde zu kaufen, auf eigener Gemarkung (in nächster Nähe der bekannten Nieder-Selterser Brunnen!) Mineralwasservorkommen zu entwickeln begannen. In den Chroniken ist von 800 Mann kurfürstlicher Truppen und sechs Kanonen die Rede, die in diesem Zusammenhang aufgefahren wurden. Die Ober-Selterser Quelle wurde mit Gewalt verschüttet.
Später mußte sie dann aufwendig wieder eruiert werden. Um den freigelegten Hauptquellsitz entstand bald eine mit allen Schikanen (Dampfmaschine!) betriebene Abfüllanlage, deren Tonkrüge bis ins ferne Ausland verschickt wurden.
Heute fördert der Brunnen aus 80 Meter Tiefe. Die Marke hat es in guter Selters-Tradition darauf abgesehen, im ganzen Bundesgebiet bekannt zu werden.
Mit knapp 2.5 Gramm ist OBERSELTERS MINERALBRUNNEN über den Durchschnitt mineralisiert und weist eine entsprechend ausgeprägte Geschmacksnote auf.
Es gibt OBERSELTERS auch als ›Stilles Mineralwasser‹.

PARACELSUS-QUELLE / Bad Liebenzell

Kurverwaltung Bad Liebenzell GmbH,
Abt. Mineralbrunnen
Klein-Wildbad
7263 Bad Liebenzell

HEILWASSER

Zusammensetzung entsprechend den Ergebnissen der Analyse vom 15. 12. 1982 des *Instituts für angewandte Chemie*, Stuttgart (Prof. Ing. Chem. H. Gockel):

Kationen		*Anionen*	
Natrium (Na^+)	298.000	Chlorid (Cl^-)	322.000
Calcium (Ca^{2+})	40.080	Sulfat (SO_3^{4-})	64.200
Magnesium (Mg^{2+})	9.720	Hydrogencarbonat (HCO_3^-)	355.000
Kalium (K^+)	16.600	Fluorid (F^-)	2.080
Lithium (Li^+)	1.100		
Strontium (Sr^{2+})	0.440		
Eisen (Fe^{2+})	0.020		

Kohlensäure (CO_2) 1510.000

Summe der Hauptbestandteile ca. 1.10 Gramm

PARACELSUS-QUELLE ist die Heilwasser-Variante der →BAD LIEBENZELLER MINERAL-THERME.
Der Name führt auf den berühmten mittelalterlichen Naturforscher und Arzt Paracelsus zurück, der der Liebenzeller Heilquelle eingehende Studien widmete.
PARACELSUS-QUELLE drückt als alkalisches Wasser den Harnsäurespiegel, was eine günstige Wirkung auf Gicht zur Folge hat. Auch wird die Bildung von Harnsäuresteinen verhütet.
Darüber hinaus fördert PARACELSUS-QUELLE die Funktion von Magen und Darm und regt die Ausschwemmung an.
PARACELSUS-QUELLE wirkt harntreibend.
Des weiteren hat sich dieses Heilwasser bei chronischen Leberleiden bewährt.

PASSUGGER / Passugg bei Chur (Graubünden)

Passugger Heilquellen AG
CH-7062 Passugg

MINERALWASSER

Zusammensetzung entsprechend Herstellerangaben:

Kationen		*Anionen*	
Natrium (Na^+)	46.000	Chlorid (Cl^-)	19.000
Calcium (Ca^{2+})	286.000	Sulfat (SO_3^{4-})	48.000
Magnesium (Mg^{2+})	24.000	Hydrogencarbonat	
Kalium (K^+)	3.400	(HCO_3^-)	1020.000
Lithium (Li^+)	0.080	Fluorid (F^-)	0.100
Strontium (Sr^{2+})	2.400	Iodid (I^-)	0.040
Eisen (Fe^{2+})	0.570		

Summe der Hauptbestandteile ca. 1.44 Gramm

PASSUGGER entspringt mehreren einander ähnlichen Wasseraustritten aus dem linken Steilufer der Rabiusschlucht, etwa 800 bis 1100 Meter oberhalb der Ortschaft Passugg-Brugg.
Die Quellen sind größtenteils durch Stollen erschlossen und im Fels gefaßt. Ihr Wasser steigt nach rund 40jähriger Wanderschaft im Berg unter Kohlensäuredruck aus tieferen Bereichen durch Risse von Sandkalk und Schiefer.
Die Felsenquelle wird seit dem 16. Jahrhundert genutzt. Um die Jahrhundertwende wurde sie zum Mittelpunkt eines kleinen Badebetriebes, der jedoch nach dem II. Weltkrieg mangels Nachfrage einging.
Seit die Menschen nicht mehr zum Wasser kommen, kommt PASSUGGER zu den Menschen. Meist in Wirtshäusern, wo die kleine grüne Flasche mit dem eingeritzten Etikett ein Begriff ist.
PASSUGGER ist mit ca. 1 ½ Gramm pro Liter gut durchmineralisiert mit deutlichem Akzent im Calcium-Bereich.

PERRIER / Vergèze-Gard (Frankreich)

Peter Eckes KG mit beschränkter Haftung
Ludwig-Eckes-Allee 6
6501 Nieder-Olm

MINERALWASSER

Zusammensetzung entsprechend den Ergebnissen der Analyse vom 23. 11. 1984 des *Institut Bouisson Bertrand* (Montpellier):

Kationen

Natrium (Na^{+})	14.000
Calcium (Ca^{2+})	140.200
Magnesium (Mg^{2+})	3.500
Kalium (K^{+})	1.000

Anionen

Chlorid (Cl^{-})	30.900
Sulfat (SO_3^{4-})	51.400
Hydrogencarbonat (HCO_3^{-})	347.700
Fluorid (F^{-})	0.080

Summe der Hauptbestandteile ca. 0.58 Gramm

An den PERRIER-Quellen soll 218 v. Chr. schon Hannibal seine Elefanten getränkt haben. Später legten dort römische Legionäre ein Bad an; ein Teil der Bauten steht noch heute...
Die gegenwärtigen Abfüllbetriebe (wer hätte es bei diesem urfranzösischen Wasser vermutet?) gehen auf einen *Engländer* zurück. Als nämlich der junge John Harmsworth, Bruder des Londoner ›Daily-Mail‹-Besitzers, um die Jahrhundertwende auf Sprachferien in Südfrankreich weilte, traf er dort einen gewissen Doktor Perrier. Dieser Perrier war ein leidenschaftlicher Sammler: von Mineralquellen! Seit kurzem besaß er ein besonders sprudelndes Exemplar – etwa 12 Kilometer nördlich von Nîmes zwischen den erloschenen Vulkanen der Auvergne bei Vergèze.
Dorthin wanderte Perrier eines Tages mit dem englischen Sprachstudenten. Nachdem Harmsworth seine staubtrokkene Kehle an dem köstlichen Naß geletzt hatte, bot er Perrier unaufgefordert an, ihm diese Quelle abzukaufen. Den Namen des Doktors sollte sie behalten.
Der Doktor willigte ein, und Harmsworth widmete sich für den Rest seines Lebens dem Aufbau des PERRIER-Imperiums. 1933, im Jahr von Harmsworth' Tod, verließen über 10 Millionen Flaschen die Abfüllanlage. Die Gesellschaft ging in französischen Besitz über und residiert mittlerweile als *Société de la Source Perrier* in Paris. Ihr Sprudel gilt weltweit als ›Champagner unter den Tafelwässern‹, ein Titel, der auf Harmsworth zurückgeht und vor dem Hintergrund der übrigen französischen Mineralwässer verstanden werden muß, welche fast ausnahmslos ›still‹ sind.
Für deutsche Verhältnisse ist PERRIER mit seinen rund 0.6 Gramm eher bescheiden mineralisiert. Auch sein Kohlensäureanteil von 6.4 liegt unter den hierzulande favorisierten 8 Gramm. Gemäß der *Mineral- und Tafelwasserverordnung* wäre PERRIER ein Calcium-Hydrocarbonat-Säuerling – was ihm einen prickelnd säuerlichen, geringfügig harten (›kalkigen‹) Ton verleiht.

PETERQUELLE / Deutsch Goritz (Steiermark)

Peterquelle-Mineralwasser-
Gesellschaft m.b.H.
A-8483 Deutsch Goritz

HEIL- und MINERALWASSER

Zusammensetzung entsprechend den Ergebnissen der Analyse vom 27. 3. 1985 des *Instituts für Anorganische Analytische Chemie,* Universität Graz:

Kationen		*Anionen*	
Natrium (Na^+)	566.000	Chlorid (Cl^-)	217.000
Calcium (Ca^{2+})	172.000	Hydrogencarbonat (HCO_3^-)	1943.000
Magnesium (Mg^{2+})	41.000	Fluorid (F^-)	0.100
Kalium (K^+)	16.000		

Kohlensäure (CO_2) 2880.000

Summe der Hauptbestandteile ca. 2.95 Gramm

Als ursprünglicher Waldbronn wurde die PETERQUELLE lange Zeit nur von den örtlichen Bauern genutzt. Ihr Austritt liegt im Gebiet um Deutsch Goritz, Südost-Österreich.
Ab 1960 wurden zwei zusätzliche Brunnen gebohrt, aus denen das Wasser selbsttätig austritt.
Gleichzeitig entstand in ländlicher Bauernhofkulisse eine industrielle Abfüllanlage. Seitdem wird das Wasser im ganzen Land vertrieben. Im Gedächtnis ist noch die Reklame mit Niki Lauda, der sich an PETERQUELLE erfrischt.
PETERQUELLE ist mit einem Gehalt um die drei Gramm über dem Durchschnitt mineralisiert. Akzente liegen im Salzbereich.
Ärztlich erprobt und empfohlen ist das Wasser zur unterstützenden Behandlung bei entzündlichen Erkrankungen des Magens, insbesondere bei Säureüberschuß oder Geschwüren.
Ferner schlägt PETERQUELLE an bei entzündlichen Erkrankungen der Leber und der Gallenblase wie auch bei Gallensteinleiden.
Es unterstützt die Behandlung der Zuckerkrankheit.
PETERQUELLE ist auch hilfreich bei entzündlichen Krankheiten der Nieren. Außerdem lindert das Wasser Zustände nach urologischen Operationen.
Darüber hinaus eignet sich PETERQUELLE zur Spülbehandlung bei Steinleiden und Entzündungen der ableitenden Harnwege.

PETERSTALER MINERALWASSER
Bad Peterstal

MINERALWASSER

Peterstaler Mineralquellen
Huber GmbH & Co. KG
Postfach 1160
7605 Bad Peterstal-Griesbach 1

Zusammensetzung entsprechend den Ergebnissen der Analyse vom 1. 4. 1986 des *Instituts Fresenius* (Taunusstein):

Kationen		*Anionen*	
Natrium (Na^{+})	180.000	Chlorid (Cl^{-})	24.600
Calcium (Ca^{2+})	177.000	Sulfat (SO_3^{4-})	188.000
Magnesium (Mg^{2+})	37.100	Hydrogencarbonat	
Kalium (K^{+})	13.900	(HCO_3^{-})	946.000

Summe der Hauptbestandteile ca. 1.56 Gramm

Unter dem Quellnamen PETERSTALER MINERALWASSER wird das natürliche Mineralwasser der Peterstaler Mineralquellen *(Huber GmbH & Co. KG)* zum Verkauf angeboten.
Der Quellname ist der Ortsbezeichnung ›Bad Peterstal‹ angepaßt. Die Kurgemeinde, seit über 400 Jahren bekannt, liegt unterm Kniebismassiv im oberen Teil des Rechtals, einem der schönsten Schwarzwaldeinschnitte. Wann in Bad Peterstal die ersten Quellen entdeckt worden sind, läßt sich nicht mit Bestimmtheit angeben: vermutlich schon Mitte des 13. Jahrhunderts durch die auf dem Kniebis ansässigen Bergmönche (denen auch die Gründung von Peterstal zugeschrieben wird).
Die Abfüllgesellschaft wurde 1926 gegründet und befindet sich nach wie vor im Privatbesitz der inzwischen dritten Generation.
Der Umsatz beträgt zur Zeit über 65 Millionen Füllungen pro Jahr. Zwei Abfüllanlagen fertigen bei Bedarf über 30000 Flaschen stündlich aus.
Seit 1978 liefert die Firma auch ins Ausland. ›PETERS VAL‹ gibt's in den USA, Kanada, Großbritannien, Malta, Griechenland, Zypern, Jordanien, Saudi-Arabien, Kuwait und Hong Kong zu kaufen.
Mit rund 1 ½ Gramm pro Liter ist PETERSTALER MINERALWASSER knapp durchschnittlich mineralisiert – ansonsten ausgewogen in der Zusammenstellung.
Es gibt eine sprudelnde (blaues Etikett) sowie eine mit Kohlensäure zurückhaltendere Variante (grünes Etikett). PETERSTALER MINERALWASSER ist fluoridhaltig.

PFALZGRAFEN QUELLE / Mosbach-Neckarelz

Mineralbrunnen Erwin Stecher
Carl-Theodor-Straße 5
6950 Mosbach

MINERALWASSER

Zusammensetzung entsprechend den Ergebnissen der Analyse vom 20. 1. 1976 des *Geologischen Landesamts Baden-Württemberg* (Freiburg):

Kationen		*Anionen*	
Natrium (Na^+)	88.970	Chlorid (Cl^-)	123.020
Calcium (Ca^{2+})	184.370	Sulfat (SO_3^{4-})	307.050
Magnesium (Mg^{2+})	38.300	Hydrogencarbonat (HCO_3^-)	402.710
Kalium (K^+)	7.310		

Summe der Hauptbestandteile ca. 1.15 Gramm

Um an das Vorkommen der PFALZGRAFEN QUELLE zu gelangen, mußten mehrere Anläufe unternommen werden. 1969 stieß man in 45 Meter Tiefe auf eine Ader, deren Wasser mit nur 735 Milligramm festen gelösten Stoffen pro Liter nicht den Nachweis besonderer ernährungsphysiologischer Wirkung erbrachte und die Mineralwassermindestanforderungen somit verfehlte. Der zweite Versuch (1974) brachte zwar gutes Wasser, aber die Schüttung war zu gering. 1975 stieß man dann in 120 Meter Tiefe auf hervorragendes Mineralwasser. Der gleiche Vorgang wiederholte sich 1980 in 140 Metern Tiefe.
Das Wasser wurde nach dem einstmaligen Odenwälder Pfalzgrafen Otto benannt. Es wird weder enteisent noch entschwefelt, sondern naturbelassen unter dem Zusatz von Kohlensäure abgefüllt. Sein Verkaufsbereich liegt im Kreis von ca. 50 Kilometer um die Mosbacher Quelle.
Ein typisches deutsches Regionalwasser.

PREBLAUER / Preblau (Kärnten)

Preblauer Brunnenversendung
A-9461 Preblau / Kärnten

HEIL- und MINERALWASSER

Zusammensetzung entsprechend den Ergebnissen der Analyse vom 12. 12. 1980 der *Bundesstaatlichen Anstalt für exp.-pharmakologische und balneologische Untersuchungen*, Wien:

Kationen		*Anionen*	
Natrium (Na^{+})	813.000	Chlorid (Cl^{-})	63.000
Calcium (Ca^{2+})	119.000	Sulfat (SO_3^{4-})	101.000
Magnesium (Mg^{2+})	17.380	Hydrogencarbonat	
Kalium (K^{+})	44.100	(HCO_3^{-})	2468.100
Lithium (Li^{+})	1.660	Fluorid (F^{-})	0.320
Strontium (Sr^{2+})	0.500	Iodid (I^{-})	0.010
Eisen (Fe^{2+})	1.000		

Kohlensäure (CO_2) 2100.000

Summe der Hauptbestandteile ca. 3.62 Gramm

Die Paracelsus-Quelle, aus der PREBLAUER gewonnen wird, entspringt in einem unberührten Waldgebiet jenes Lavanttals, das die Kärntner gerne ihr ›Paradies‹ nennen.
Archäologische Funde erzählen von Kelten und Römern, die sich an der kühlen Frische des Quells erholt haben. Erste urkundliche Erwähnung dann: 1007 n. Chr. 200 Jahre später läßt sich der benachbarte Bischof Wasser von hier in Tonkrügen holen – wie das Gerücht es will, zur Stärkung seiner Manneskraft. Was eine große Beliebtheit des PREBLAUERS auch beim deutschen Adel nach sich gezogen haben soll.
Theophrastus Bombastus von Hohenheim, der berühmte Paracelsus, hat sich der Quelle in seinen *Kärntner Schriften* angenommen. Ihm zu Ehren wurde der eine Punkt, in dem die sieben Quellen Preblaus zusammenfließen, ›Paracelsus-Quelle‹ genannt.
Später dann sagte auch die Hofburg dem PREBLAUER zu. Und die kleine Ortschaft wurde zur Kuranstalt für Adel usw. ausgebaut.
Die Quelle entspringt im Urgebirge. Ihr perlendes Wasser schmeckt frisch, leicht alkalisch (›trocken‹). Die begrenzte Schüttung ermöglicht nur einem eingeschränkten, in der Mehrzahl prophylaktisch motivierten Kundenkreis.
PREBLAUER hilft bei katarrhalischen Erkrankungen der Atemorgane. Es lindert Zustände nach Blasen- und Prostataoperationen und beugt der Nieren- und Blasensteinbildung vor. Außerdem arbeitet es einem übersäuerten Magen und damit der Neigung zu Magen- und Darmgeschwüren entgegen.
Neben der Paracelsus-Quelle wird die der gleichen geologischen Bruchlinie entstammende AUENQUELLE abgefüllt, die eine sehr ähnliche Zusammensetzung und gleiche Heilanzeigen wie das PREBLAUER hat.

PRINZENQUELLE / Naila

Reichelbräu AG
Lichtenfelsstraße 9
8650 Kulmbach

MINERALWASSER

Zusammensetzung entsprechend den Ergebnissen der Analyse vom 24. 5. 1983 des *Instituts für Wasserchemie und chemische Balneologie der TU München* (Prof. Dr. K.-E. Quentin):

Kationen		*Anionen*	
Natrium (Na^+)	11.500	Chlorid (Cl^-)	5.460
Calcium (Ca^{2+})	172.000	Sulfat (SO_3^{4-})	12.900
Magnesium (Mg^{2+})	32.200	Hydrogencarbonat	
Kalium (K^+)	0.700	(HCO_3^-)	738.900

Summe der Hauptbestandteile ca. 0.97 Gramm

Das Mineralwasser der PRINZENQUELLE entspringt im hochgelegenen Höllental, ca. 25 Kilometer westlich von Hof/Saale und unweit des Bayerischen Staatsbades Steben.
Das Höllental ist tief eingeschnitten und bildet eine geologische Bruchzone im örtlichen Diabas-Deckgestein des Frankenwaldes. Magmaentgasende Kohlensäure drängt durch Klüfte empor und imprägniert das Tiefenwasser, welches alsdann vor allem Calcium auslöst.
Als Calcium-Hydrocarbonat-Säuerling schmeckt PRINZENQUELLE nicht unähnlich dem →PERRIER-Sprudel, nur etwas ausgeprägter im Mineralienbereich.
Das PRINZENQUELLE-Vorkommen wird aus 160 Meter Tiefe ans Licht gefördert und in einer neu errichteten Anlage zusammen mit →HÖLLENSPRUDEL auf Flaschen gezogen.
Erschlossen wurde die Ader im Jahr 1907 durch Dr. Fritz Wiede, der zuvor schon den →HÖLLENSPRUDEL eruiert hatte.

RADENSKA / Radenci (Slowenien)

Globtrade GmbH
Clemensstraße 30
8000 München 40

MINERALWASSER

Zusammensetzung entsprechend den Ergebnissen der Analyse vom 11. 11. 1983 der *Abteilung für Chemie der Universität Lublijana* (Prof. Dr. B. Gronec):

Kationen		*Anionen*	
Natrium (Na^+)	706.000	Chlorid (Cl^-)	74.300
Calcium (Ca^{2+})	194.600	Sulfat (SO_3^{4-})	148.700
Magnesium (Mg^{2+})	105.400	Hydrogencarbonat	
Lithium (Li^+)	0.750	(HCO_3^-)	2815.000
Strontium (Sr^{2+})	1.300	Fluorid (F^-)	0.680
		Iodid (I^-)	0.130

Kohlensäure (CO_2) 3690.000

Summe der Hauptbestandteile ca. 4.04 Gramm

Das Mineralwasser der Königsquelle stammt aus zahlreichen unterirdischen Becken. Sie sind in den Ablagerungen des ehemaligen pannonischen Meeres entstanden. Rund um die Ortschaft Radenci kommen sie der Erdoberfläche am nächsten. Das bekannte Naturheilbad liegt am Fluß Mura im obersten nordöstlichen Teil Jugoslawiens. Das ist der kleine Einschnitt zwischen Österreich und Ungarn, wo sich die slowenische Voralpenwelt zwischen niederigen Weinbergen in die pannonische Ebene verliert.
1865 kaufte sich dort der Arzt Dr. Karl Henn ein Grundstück und suchte nach Mineralwasser. Nachdem er ein Eichenholzrohr in monatelanger Arbeit etwas mehr als 17 Meter niedergebracht hatte, sprudelte es endlich daraus hervor: Henn hatte eine der reichhaltigsten Mineralwasseradern Europas angeschlagen. 10 Jahre später wurde in Radenci ein Heilbad eröffnet. Das Wasser erhielt auf der Länderausstellung in Graz seine erste Medaille; viele sollten folgen. Anfang des Jahrhunderts wurden schon fast 2 Millionen Liter RADENSKA exportiert, unter anderem an den kaiserlichen Hof in Wien und – wenig später – in den Vatikan.
Heute gehen 20 Millionen Lilter jährlich ins Ausland. Über 250 Millionen verbraucht Jugoslawien.
RADENSKA hat einen hohen Mineralgehalt – über 4 Gramm pro Liter! Bei aller Ausgewogenheit und mäßigem Kohlensäureanteil verleiht ihm das eine kräftige Note. Mit den starken Wässern ist es so eine Sache: Manche können, nachdem sie einmal davon gekostet haben, nicht mehr die Finger davon lassen – anderen schrumpft der Gaumen. Einige Gläser RADENSKA am Morgen nach durchzechter Nacht wirken Wunder.

REGINARIS / Mending am Laacher See

Mineralbrunnen- und Kohlensäurewerk
Niedermending AG
5442 Mending

MINERALWASSER

Zusammensetzung entsprechend den Ergebnissen der Analyse vom 6. 4. 1984 des *Instituts Fresenius* (Taunusstein):

Kationen		*Anionen*	
Natrium (Na^{+})	291.500	Chlorid (Cl^{-})	32.400
Calcium (Ca^{2+})	198.200	Sulfat (SO_3^{4-})	38.200
Magnesium (Mg^{2+})	120.400	Hydrogencarbonat (HCO_3^{-})	1974.000
Kalium (K^{+})	16.800	Fluorid (F^{-})	0.360
Lithium (Li^{+})	0.320	Iodid (I^{-})	0.020
Strontium (Sr^{2+})	1.080		
Eisen (Fe^{2+})	27.700		

Kohlensäure (CO_2) 2043.000

Summe der Hauptbestandteile ca. 2.70 Gramm

»Dort, wo die Ausläufer der Eifel aus dem gewaltigen vulkanischen Eruptionsgebiet des Laacher Sees ostwärts sanft nach der Rheinebene in das Neuwieder-Becken abstreichen, in unmittelbarer Nähe der sagenumwobenen, auch geschichtlich berühmten Kapelle Frauenkirchen... liegt das Quellgebiet des Reginarisbrunnen...«
So beschreibt im Jahr 1926 die Festschrift zum 25. Jubiläum den Standort der seit Menschengedenken bekannten, 1901 vom eingetragenen Genossenschafts-›Verband-Kohlensäurewerk des Rheinisch-westfälischen Wirte-Verbands‹ gekauften REGINARIS-Quellen. Dieser Genossenschaft gehörten ziemlich bald nach ihrer Gründung über 2000 Gastronomen im westfälischen Raum an. Daher rührt die bis heute erhaltene Bezeichnung ›Reginaris-Wirtebrunnen‹.
Der Wirtsgenossenschaft ging es ursprünglich weniger um das Mineralwasser, sondern um die austretende Kohlensäure (CO_2), die zum Zapfen von Bier benötigt wurde. Jedoch gewann das Getränkegeschäft in der Genossenschaft bald die Oberhand. Neben dem REGINARIS-Mineralwasser wurde im Jahre 1909 eine ›Erfrischungsbrause‹ unter der Bezeichnung ›Regina‹ auf den Markt gebracht, die bis zum II. Weltkrieg in der westdeutschen Gastronomie fast zu einem Gattungsbegriff für Limonade wurde.
Nach der Niederbringung eines Ausweich-Brunnens 1954 in Gelsenkirchen-Buer wurde zwei Jahre später dann der Quell-Austritt auf dem heutigen Betriebsgelände in Niedermending (Vulkaneifel) erbohrt. REGINARIS stammt seitdem aus einem 250 Meter tiefen, stark kohlensäurehaltigen Vorkommen, das sich unter der Schutzschicht eines 30 Meter dicken Tonhorizonts angesammelt hat. Auffallend sind der hohe Magnesium- und Calcium-Gehalt des Wassers.
Obwohl die Genossenschaft inzwischen in eine AG verwandelt wurde, ist das Reginaris-Getränkeprogramm weiter in hohem Maß auf den Bedarf der Gastronomie zugeschnitten, so daß man Sprudel wie stilles Wasser am ehesten in einem nordrhein-westfälischen Wirtshaus antreffen wird.

REMSTAL SPRUDEL
Waiblingen-Beinstein (Remstal)

Mineralbrunnen Überkingen-Teinach AG
Postfach 80
7347 Bad Überkingen

MINERALWASSER

Zusammensetzung entsprechend den Ergebnissen der Analyse vom 7. 11. 1985 des *Instituts für angewandte Chemie*, Stuttgart (Prof. Ing. Chem. H. Gockel):

Kationen		*Anionen*	
Natrium (Na^+)	222.000	Chlorid (Cl^-)	299.600
Calcium (Ca^{2+})	300.600	Sulfat (SO_3^{4-})	572.900
Magnesium (Mg^{2+})	65.600	Hydrogencarbonat	
Kalium (K^+)	25.000	(HCO_3^-)	640.200
Lithium (Li^+)	1.000	Fluorid (F^-)	0.700

Kohlensäure (CO_2) 7980.000

Summe der Hauptbestandteile ca. 2.12 Gramm

REMSTAL SPRUDEL ist eines der vielen Wässer, die von der *Mineralbrunnen Überkingen-Teinach AG* unters Volk gebracht werden, dem größten Betrieb dieser Art in der Bundesrepublik.
Die kleine Ortschaft Beinstein im Tal der Rems beherbergt die Quelle dieses Sprudels.
Das geschmacklich sehr ausgewogene Wasser war schon im 15. Jahrhundert bekannt.
Mit gut 2 Gramm Mineralien pro Liter ist es anständig durchmineralisiert und hinterläßt einen angenehmen Gaumeneindruck.
Wem 8 Gramm Kohlensäure pro Liter zuviel sind, dem wird mit der REMSTALER QUELLE (blaues Etikett) eine ›stille‹ Variante angeboten.
In Beinstein entspringt auch das Heilwasser der →ELISABETHENQUELLE.

RHÄZÜNSER / Rhäzüns (Graubünden)

Passugger Heilquellen AG
CH-7062 Passugg

MINERALWASSER

Zusammensetzung entsprechend Herstellerangaben:

Kationen		*Anionen*	
Natrium (Na^+)	160.000	Chlorid (Cl^-)	23.200
Calcium (Ca^{2+})	227.200	Sulfat (SO_3^{4-})	163.000
Magnesium (Mg^{2+})	41.100	Hydrogencarbonat (HCO_3^-)	1140.000
Kalium (K^+)	9.000	Fluorid (F^-)	0.800
Lithium (Li^+)	0.300	Iodid (I^-)	0.050
Strontium (Sr^{2+})	2.900		
Eisen (Fe^{2+})	4.000		

Summe der Hauptbestandteile ca. 1.77 Gramm

Behauptet →PASSUGGER sich vor allem in der Gastronomie, so ist der Stammplatz des RHÄZÜNSERS (vom gleichen Abfüller) das Supermarktregal.
Seine Quelle tritt etwa 3 Kilometer südöstlich des Dorfes Rhäzüns am Fuße eines Steilhangs des Hinterrheintals an die Oberfläche.
Die Quelle ist in einem 8 Meter tiefen Schacht gefaßt. Von hier wird das Wasser talauswärts zur Abfüllanlage gepumpt.
Mit über 1 ½ Gramm pro Liter ist RHÄZÜNSER anständig durchmineralisiert mit auffallend hohem Eisenanteil, den man auf Anhieb herausschmeckt.

RHEINFELSQUELLE / Duisburg

Mineralquellen H. Hövelmann
GmbH & Co. KG
Römerstraße 109
4100 Duisburg 19

MINERALWASSER

Zusammensetzung entsprechend chem. Analyse vom 11. 3. 1985 (laut Etikett):

Kationen		*Anionen*	
Natrium (Na^+)	76.000	Chlorid (Cl^-)	123.000
Calcium (Ca^{2+})	242.000	Sulfat (SO_3^{4-})	435.000
Magnesium (Mg^{2+})	31.000	Hydrogencarbonat	
Kalium (K^+)	8.000	(HCO_3^-)	345.000

Summe der Hauptbestandteile ca. 1.26 Gramm

Während des Karbons, des zweitjüngsten Erdzeitalters (vor etwa 225 bis 195 Millionen Jahren), entstand das eigentümlich ›Rheinische‹ Faltengebirge. In dessen nordwestlich abfallenden Terrassen, zwischen Kreidelagen, wurde 1971 das Vorkommen der RHEINFELSQUELLE entdeckt. Das Wasser tendiert folglich in den Calcium-Sulfat-Bereich.
Durchaus harmonisch im charakteristischen Feld, zeichnet es sich durch einen typisch säuerlich-›trockenen‹ Mineralgeschmack mit bitterem Einspiel aus.
Mit ihren Geschwistern FELSENSTEINER und RÖMERWALL hat die RHEINFELSQUELLE trotz ihrer ›Jugend‹ den nordrheinwestfälischen Markt (vor allem im Ruhrgebiet) bereits erfolgreich durchdrungen. Die ersten Ausläufer schwappen über die Landesgrenze…

RHENSER MINERALBRUNNEN / Rhens

Blaue Quellen Mineral- und
Heilbrunnen AG
Postfach 40
5401 Rhens

MINERALWASSER

Zusammensetzung entsprechend den Ergebnissen der Analyse vom 10. 12. 1984 des *Instituts Fresenius* (Taunusstein):

Kationen		*Anionen*	
Natrium (Na^+)	530.000	Chlorid (Cl^-)	377.000
Calcium (Ca^{2+})	75.000	Sulfat (SO_3^{4-})	306.000
Magnesium (Mg^{2+})	38.000	Hydrogencarbonat (HCO_3^-)	805.000
Kalium (K^+)	10.900	Fluorid (F^-)	0.750

Summe der Hauptbestandteile ca. 2.14 Gramm

Am 11. Juli 1346 wurde unter den ›Nußbäumen an den Ufern des Rheins‹, am Fuße des Hunsrücks, Karl IV. von den deutschen Kurfürsten zum Kaiser gewählt. Der Rhenser Königstuhl zeugt noch heute von diesem historischen Ereignis.
Am Ort dieses Wahlkonvents entspringt seit urdenklichen Zeiten aus über 300 Metern Tiefe der RHENSER MINERALBRUNNEN. Historisch erwähnt wurde der damalige ›Sauwerbrunnen‹ zu Rhens schon im Jahr 1584: Der Wormser Arzt und Bäderschriftsteller Jakobus Tabernaemontanus (Jakob Theodor von Bergzabern) berichtete darüber in seinem Frankfurter Buch *New Wasserschatz.*
Mit 2.14 Gramm ist der RHENSER MINERALBRUNNEN ein gut mineralisierter Tropfen von mittlerer Geschmacksfarbe mit erkennbaren Akzenten im Salz-Sauer-Bereich.
Der RHENSER MINERALBRUNNEN gehört zur Gruppe der *Blauen Quellen* (→FÜRST BISMARCK QUELLE, →HARZER GRAUHOF BRUNNEN, →NEUSELTERS MINERALQUELLE). Diesen Zusammenschluß von Mineralwässern, die sich im Nahbereich gut verkaufen, gibt es seit 80 Jahren. Während die FÜRST BISMARCK QUELLE den norddeutschen Raum um Hamburg abdeckt, bedient der HARZER GRAUHOF BRUNNEN die Städte Berlin, Hannover und Bremen; RHENSER MINERALBRUNNEN ist im Ruhrgebiet zwischen Dortmund und Düsseldorf präsent, NEUSELTERS beliefert das Rhein-Main-Gebiet um Frankfurt und Mainz. Hinzu kommen die beiden Heilwässer →KAISER RUPRECHT HEILQUELLE und →FRIEDRICH CHRISTIAN HEILQUELLE.
Die *Blauen Quellen* gehören zum Nestlé-Konzern.

RHODIUS FELLBUHR-QUELLE / Burgbrohl

Rhodius Getränke
Postfach 207
5475 Burgbrohl

MINERALWASSER

RHODIUS
Fellbuhr-Quelle

Zusammensetzung entsprechend den Ergebnissen der Analyse vom 25. 7. 1985 des *Instituts Fresenius* (Taunusstein):

Kationen		*Anionen*	
Natrium (Na^+)	230.000	Chlorid (Cl^-)	49.000
Calcium (Ca^{2+})	136.000	Sulfat (SO_3^{4-})	37.700
Magnesium (Mg^{2+})	191.000	Hydrogencarbonat (HCO_3^-)	1904.000

Summe der Hauptbestandteile ca. 2.54 Gramm

Burgbrohl liegt im Herzen der Vulkaneifel, knapp 5 Kilometer entfernt vom Laacher See, dem größten Eifel-Maar. Die Maare, erloschene Krater, sind wuchtige Zeugen des abgeklungenen Erdvulkanismus. Auswurfreste (Bims-Asche) des Laacher Vulkans wurden vom Züricher See bis nach Eberswalde (bei Berlin) gefunden.

Aus dieser ›innerlich‹ immer noch nicht ganz zur Ruhe gekommenen Erde tritt die Fellbuhr-Quelle unter Gasdruck ans Licht. Hierbei fördert sie mehr Kohlensäure, als dem Mineralwasser nach seiner Enteisenung wieder zugeführt wird.

Aus Basalt und Bims, dem in der Eifel vorherrschenden Tiefengestein, hat die RHODIUS FELLBUHR-QUELLE ihre kennzeichnenden Mineralien gelöst. Als Magnesium-Natrium-Calcium-Hydrocarbonat-Säuerling ist sie mit rund 2,5 Gramm pro Liter gut durchmineralisiert und verfügt über ein abgerundetes Geschmacksbild auf ›harter‹ Basis.

Die RHODIUS FELLBUHR-QUELLE wird in Dosen abgefüllt. Sie ist das *magnesiumhaltigste* natürliche Mineralwasser der Bundesrepublik Deutschland.

RHÖN-SPRUDEL / Weyhers

Mineralbrunnen Rhön-Sprudel
E. Schindel
6408 Ebersburg-Weyhers

MINERALWASSER

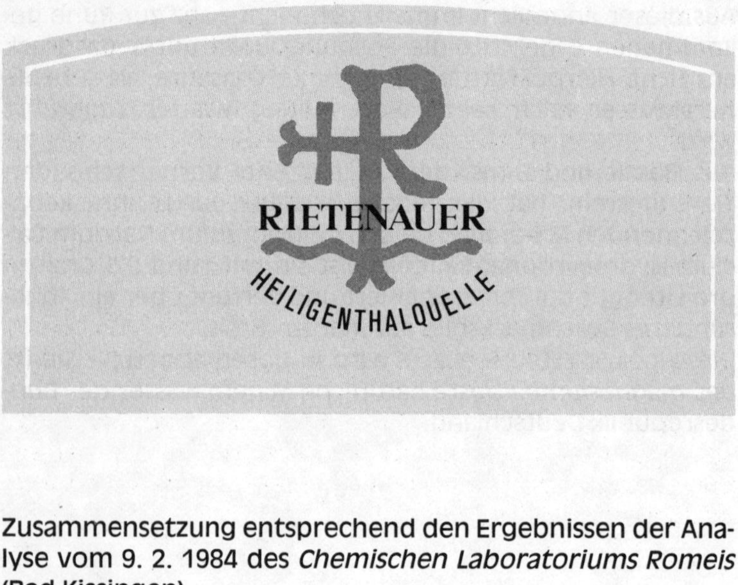

Zusammensetzung entsprechend den Ergebnissen der Analyse vom 9. 2. 1984 des *Chemischen Laboratoriums Romeis* (Bad Kissingen):

Kationen		*Anionen*	
Natrium (Na^+)	3.200	Chlorid (Cl^-)	8.500
Calcium (Ca^{2+})	45.200	Sulfat (SO_3^{4-})	16.700
Magnesium (Mg^{2+})	26.100	Hydrogencarbonat	
Kalium (K^+)	16.600	(HCO_3^-)	301.700
		Fluorid (F^-)	0.620

Kohlensäure (CO_2) 2590.000

Summe der Hauptbestandteile ca. 0.41 Gramm

Im Jahre 1781 ließ der Amtmann Georg Ignazius Weikard die heutige RHÖN-SPRUDEL-Quelle durch fürstliche Bergknappen erstmals fassen. Unterstützung erfuhr er dabei durch seinen Bruder, den ›Russischen Staatsrat‹ Dr. Weikard, Leibarzt des Fuldaer Fürstabts Heinrich von Bibra sowie der Ex-Stettiner Miniaturprinzessin von Anhalt-Zerbst, bekannt auch als Zarin Katharina die Große.
1818 erteilt der König von Bayern dem Antrag Weikards auf Stattung eines Kur- und Badeortes Erlaubnis. Die Verleihungsurkunde ruht noch heute im Archiv des Abfüllers.
Bis etwa 1894 regte sich ein kleines Kurbad. RHÖN-SPRUDEL wird in Tonkrüge gefüllt und verschickt.
1895 errichtet man die erste Flaschenfüllanlage mit einer Kapazität von immerhin 3000 Stück täglich.
1911 erwarb der Vater des gegenwärtigen Besitzers den Brunnen.
Die Quelle (im heutigen Naturpark Röhn) ist bis in 160 Meter Tiefe gefaßt. Ihr Reservoir ruht versiegelt unter einer mächtigen Tonschicht.
Mit rund 0.4 Gramm ist RHÖN-SPRUDEL unterhalb des Durchschnitts mineralisiert, mit milden Akzenten im ›Erd‹bereich von Calcium und Magnesium, was sein weitgehend samtiges Geschmacksbild linde härtet.

RIETENAUER HEILIGENTHALQUELLE
Bad Rietenau

Vorlo Getränke GmbH
Postfach 156
7151 Bad Rietenau

MINERALWASSER

Zusammensetzung entsprechend chem. Analyse vom 2. 8. 1984 (laut Etikett):

Kationen		*Anionen*	
Natrium (Na^{+})	10.000	Chlorid (Cl^{-})	18.500
Calcium (Ca^{2+})	546.000	Sulfat (SO_3^{4-})	1250.000
Magnesium (Mg^{2+})	64.300	Hydrogencarbonat (HCO_3^{-})	397.000
Kalium (K^{+})	4.000	Fluorid (F^{-})	0.290
Lithium (Li^{+})	0.040		
Strontium (Sr^{2+})	5.200		
Eisen (Fe^{2+})	0.010		

Summe der Hauptbestandteile ca. 2.29 Gramm

Wo einstmals Eselskaravanen mit Wasserkrügen aufbrachen, um die Residenz des Herzogs Karl von Württemberg zu versorgen, schwärmen heute die gelben Laster der *Vorlo Getränke GmbH* aus.
Das ›Bad‹ Rietenau, in dem nicht mehr gebadet wird, ruht im Schatten des Schwäbischen Waldes (Dreieck Stuttgart–Heilbronn–Schwäbisch Hall). Angesammelt um die stämmige kleine, 700 Jahre alte Dorfkirche, hat der Ort schon immer etwas abseits vom Schuß gelegen und deswegen auch nie den Ruf eines ›Weltbads‹ erlangen können. Hierher zur Kur kamen vielmehr die Bürgersfrauen der unweiten Kleinstadt Backnang, »die ihr eigenes Kochgeschirr mit ins Bad nehmen und darin selbst sich kochen«, wie der Chronist zu berichten weiß.
Was die Wirkung des Quellwassers betrifft, schildert derselbe Autor die älteste Bewohnerin des Ortes: »Sie hatte das zwei und neunzigste Jahr vor wenigen Monaten zurückgelegt, gieng noch aufrecht und ohne Stab. Nächst dem lieben Gott dankte sie Gesundheit in der Jugend, im reiferen Alter und im hohen diesem Wasser, welches von jeher, wie sie vorgab, ihr einziges und reichlich verbrauchtes Getränke war und vergas den Verlust ihres Gatten durch das Trinken des Rietenauer.«
Direkt neben dem Park, wo sich vier der fünf Bad Rietenauer Quellen befinden, hat der Abfüller seinen Betrieb errichtet. Das Wasser, welches er von hier bundesweit vertreibt, ist mit rund 2.3 Gramm gut mineralisiert, überwiegend im Schwefelbereich, was ihm bei deutlichem Geschmacksumriß eine herbe Spitze gibt.

RIPPOLDSAUER MINERALWASSER
Bad Rippoldsau

MINERALWASSER

Peterstaler Mineralquellen
Huber GmbH & Co. KG
Postfach 1160
7605 Bad Peterstal-Griesbach 1

Zusammensetzung entsprechend den Ergebnissen der Analyse vom 1. 4. 1986 des *Instituts Fresenius* (Taunusstein):

Kationen		*Anionen*	
Natrium (Na^+)	201.000	Chlorid (Cl^-)	30.000
Calcium (Ca^{2+})	321.000	Sulfat (SO_3^{4-})	489.000
Magnesium (Mg^{2+})	48.800	Hydrogencarbonat (HCO_3^-)	1102.000
Kalium (K^+)	11.100	Fluorid (F^-)	2.400

Summe der Hauptbestandteile ca. 2.20 Gramm

Das RIPPOLDSAUER MINERALWASSER speist sich aus ähnlichem Vorkommen wie die →LEOPOLDSQUELLE.
1941 erwarb der damalige Besitzer der →PETERSTALER Mineralquellen den Rippoldsauer Mineralbrunnenbetrieb und baute ihn zu seiner jetzigen Bedeutung und Größe aus. Heute werden in Bad Rippoldsau über 35 Millionen Flaschen jährlich abgefüllt und hauptsächlich im Südwesten der Bundesrepublik Deutschland verkauft.
Die Quellen in Bad Rippoldsau werden aus einer Tiefe von 100 bis 250 Meter gepumpt.
Dem Typ nach handelt es sich beim RIPPOLDSAUER um einen Calcium-Natrium-Hydrocarbonat-Sulfat-Säuerling. Das Wasser ist mit etwas über 2 Gramm noch durchschnittlich mineralisiert, nur wenig salzig und kaum sauer, alles in allem ein abgerundetes Schlückchen.
Blaues Etikett = mit Kohlensäure versetzt – grünes Etikett = mit wenig Kohlensäure versetzt...
Mit 2.4 mg/l F^- ist RIPPOLDSAUER MINERALWASSER ›fluoridhaltig‹.

RÖMERQUELLE / Edelstal (Burgenland)

Römerquelle
Holzmanngasse 3
A-1210 Wien 21

MINERAL- und HEILWASSER

Zusammensetzung entsprechend den Ergebnissen der Kontrollanalyse 1986 der *Bundesanstalt für chemische und pharmazeutische Untersuchungen:*

Kationen		*Anionen*	
Natrium (Na^+)	15.200	Chlorid (Cl^-)	4.500
Calcium (Ca^{2+})	171.100	Sulfat (SO_3^{4-})	397.500
Magnesium (Mg^{2+})	77.900	Hydrogencarbonat (HCO_3^-)	442.700
Kalium (K^+)	2.100		
Strontium (Sr^{2+})	0.490		

Kohlensäure (CO_2) 5000.000

Summe der Hauptbestandteile ca. 1.11 Gramm

Etwas abgesenkt hinter Wien, nahe der tschechischen Grenze, liegt der Kleinort Edelstal, wo die RÖMERQUELLE zutage tritt. Sie entspringt einem über Dolomit-Schollen gespannten Wasserhorizont in 400 Metern Tiefe. Der Name rührt von römischer Erstnutzung; Kaiser Marc Aurel soll hier getrunken haben, als er im 2. Jahrhundert nach Christus seinen Regierungssitz in die Grenzgarnison Carnuntum (nahe bei) verlegte.
1890 war der Ruf der Edelstaler Quelle bereits über Wien hinausgedrungen. Gäste kamen zu Trink- und Badekuren. 1932 – nach Anschluß des Burgenlandes an Österreich – erlebte der Ort die feierliche Eröffnung eines frisch erbauten Heilbades. Gleichzeitig wurde das Wasser erstmals versandt – hauptsächlich Richtung Wien und Umgebung. Man sah damals Mineralwässer meistens als Heilmittel an und nahm sie entsprechend ein.
Nach dem Krieg bildeten die verfallenen Kuranlagen ein beliebtes Wildbad für Ausflügler. Ab 1960 wurde renoviert; 1965 kam der heutige Besitzer ans Ruder. Seitdem wurde RÖMERQUELLE zielstrebig zur heute marktbeherrschendsten Sorte Österreichs ausgebaut. Jede dritte Mineralwasserflasche entstammt den Hochgeschwindigkeitsabfüllanlagen von Edelstal. Dort wird das kostbare Naß aus fünf von elf Bohrlöchern entnommen, aus denen es selbsttätig mit lindem Kohlensäuregehalt (0,5 Gramm pro Liter) hervortritt. Das Wasser selbst ist mit etwas über 1 Gramm Mineralien pro Liter mäßig gesättigt und daher ausgewogen bis neutral im Geschmack ohne belebende Salzspitzen.
Seit 1962 ist RÖMERQUELLE auch als Heilwasser zugelassen.
In dieser Funktion unterstützt es die Behandlung bei entzündlichen Magenerkrankungen, besonders Sodbrennen.
Ferner eignet es sich zu Trinkkuren mit großen Flüssigkeitsmengen (sog. Spülkuren) bei chronisch entzündlichen Erkrankungen der Harnwege. Auch wirkt es der Neigung zu Steinbildung entgegen. Es gibt RÖMERQUELLE ›kohlensäurehaltig‹ und ›still‹.

ROGASKA-QUELL
Rogaska Slatina (Jugoslawien)

Globtrade GmbH
Clemensstraße 30
8000 München 40

HEILWASSER

Zusammensetzung entsprechend den Ergebnissen der Analyse vom 30. 5. 1974 des *Zentrums für die Entwicklung und wissenschaftliche Erforschung von Mineralwässern* (Maribor):

Kationen		*Anionen*	
Natrium (Na^+)	11.700	Chlorid (Cl^-)	50.800
Calcium (Ca^{2+})	398.000	Sulfat (SO_3^{4-})	1574.000
Magnesium (Mg^{2+})	859.000	Hydrogencarbonat	
Kalium (K^+)	22.000	(HCO_3^-)	6605.000
Lithium (Li^+)	1.900	Fluorid (F^-)	0.250
Strontium (Sr^{2+})	7.200	Iodid (I^-)	0.100
Eisen (Fe^{2+})	0.300		

Kohlensäure (CO_2) 2540.000

Summe der Hauptbestandteile ca. 9.53 Gramm

Eines von Europas magnesiumreichsten Heilwässern entstammt mit 859 Milligramm pro Litern zweifellos der Donatquelle in Rogaska Slatina, Jugoslawien.

ROGASKA-QUELL ist mit fast 10 Gramm festen gelösten Stoffen weit über den Durchschnitt mineralisiert.

In kleinen Dosen getrunken hilft es bei Magnesiummangel.

ROGASKA-QUELL schlägt an bei ernährungsbedingtem Übergewicht.

Es stimuliert die Ausscheidung der Gallenblase und beugt so Gallenleiden vor.

ROGASKA-QUELL lindert Magen- und Darmschleimhaut-Entzündungen.

Es hilft bei allgemeiner Arteriosklerose und unterstützt die Leberfunktion.

Das Heilbad Rogaska Slatina gibt einen kleinen Prospekt *Auf Ihre Gesundheit! Mit Rogaska-Quell* heraus, der Heimtrinkkuren für die verschiedenen Beschwerden erläutert, zu beziehen über die deutsche Vertretung.

ROSBACHER UR-QUELLE
Rosbach (vor der Höhe)

VMH Mineral- und Heilquellen GmbH
Ludwigstraße 44 – 62
6050 Offenbach

MINERALWASSER

Zusammensetzung entsprechend den Ergebnissen der Analyse vom26. 1. 1981 des *Instituts Fresenius* (Taunusstein):

Kationen		*Anionen*	
Natrium (Na^+)	39.900	Chlorid (Cl^-)	48.400
Calcium (Ca^{2+})	225.900	Hydrogencarbonat (HCO_3^-)	1442.000
Magnesium (Mg^{2+})	128.300		

Summe der Hauptbestandteile ca. 1.88 Gramm

Die stille Schwester des ROSBACHER MINERALWASSERS ist die ROSBACHER UR-QUELLE. Sie sprudelt aus der ältesten Mineralquelle Rosbachs. Ins Auge sticht ihr besonderer Magnesiumgehalt bei gänzlich fehlendem Schwefelanteil.
Die Rosbacher Mineralwässer waren wahrscheinlich schon den germanischen Chatten und hinterher den Römern bekannt. Zahlreiche archäologische Funde in der Quellgegend – heute ein namhaftes Bäder-Gebiet (Taunus) – lassen jedenfalls darauf schließen. Die erste urkundliche Erwähnung 1584 und eine Abrechnung aus dem Jahr 1656 über ›Brunnenputzen‹ legen nahe, daß die Quelle auch in der Folgezeit im Schwange blieb.
Vor etwas über 100 Jahren begann dann die gewerbliche Nutzung. Mitte 1878 wurden die Quellen von dem schottischen Whiskey-Fabrikanten Lord Deware gekauft. ›ROSBACHER‹ wird bald weltweit vertrieben, erhält Medaillen in Antwerpen, St. Louis und Amsterdam. Der Zarenhof bestellt. Und der Rosbacher Brunnen darf sich als Hoflieferant des Königs von England ausweisen.
Heute gehört die Anlage der *VMH Mineral- und Heilquellen GmbH*, Offenbach, die ansonsten →KAISER FRIEDRICH QUELLE und →KAISER FRIEDRICH HEIL-QUELLE vertreibt.

S. PELLEGRINO / San Pellegrino Terme (Italien)

San Pellegrino Deutschland GmbH
Im Euler 9
6500 Mainz 42

MINERALWASSER

Zusammensetzung entsprechend den Ergebnissen der Analyse vom 17. 9. 1985 des *Instituts Fresenius* (Taunusstein):

Kationen		*Anionen*	
Natrium (Na^+)	41.500	Chlorid (Cl^-)	70.900
Calcium (Ca^{2+})	207.000	Sulfat (SO_3^{4-})	547.000
Magnesium (Mg^{2+})	59.300	Hydrogencarbonat	
Kalium (K^+)	2.700	(HCO_3^-)	227.000
Eisen (Fe^{2+})	0.040	Fluorid (F^-)	0.660

Kohlensäure (CO_2) 4000.000

Summe der Hauptbestandteile ca. 1.15 Gramm

SAN PELLEGRINO, *das* italienische Mineralwasser, findet man mittlerweile in über fünfzig Ländern rund um den Globus, meist im Umfeld italienischer Restaurants oder Spezialitäten-Läden.
Sein Quell entspringt im Vorfeld der italienischen Alpen nahe Bergamo (ca. 70 Kilometer nordöstlich von Mailand). Das Wasser dringt mit 27° aus 400 Meter Tiefe empor, wo es sich nach langer Reise durch Kalkstein und Basalte angesammelt hat. Es dominiert der Schwefelanteil, gefolgt von Calcium und Hydrocarbonaten.
SAN PELLEGRINO ist ab dem 12. Jahrhundert beurkundet. Leonardo da Vinci soll sich an dem Quell gelabt haben, Dichter und Denker der Renaissance priesen seine Wirkung.
Berühmt dann wurde das Wasser, als Guiseppe Pasta eine Trinkkur entwickelte. 1899 entstand die erste Abfüllanlage, dazu eine marmorne Trinkhalle mit Fresken und Mosaikböden. Es folgten ein Grandhotel – ein Casino...
Vorbei, vorbei. Heute versucht die Stätte den fitnessbewußten Otto Normalverbraucher anzulocken, daß er vor Ort ›Gesundheitsferien‹ verbringt (nicht unähnlich Contrexéville →CONTREX). Wer hinfährt, kann in der ehrwürdigen Trinkhalle SAN PELLEGRINO quellrein kosten. Es ist dann noch nicht mit Kohlensäure versetzt – man rühmt ihm in solchem Zustand eine anhaltend erdige Gaumenwirkung nach.
Kohlensäureversetzt, ist SAN PELLEGRINO mit guten 1.2 Gramm Mineralien pro Liter ausreichend durchwürzt, um einen schmeckbar balancierten, ›unherben‹ Eindruck zu hinterlassen.

SANKT MARTIN / Wattenscheid

Staatl. Mineralbrunnen Siemens Erben
Kaiserstraße 62
6500 Mainz

HEILWASSER

Zusammensetzung entsprechend den Ergebnissen der Analyse vom Jahr 1975 des *Instituts Fresenius* (Taunusstein):

Kationen		*Anionen*	
Natrium (Na^{+})	164.700	Chlorid (Cl^{-})	127.400
Calcium (Ca^{2+})	197.500	Sulfat (SO_3^{4-})	335.400
Magnesium (Mg^{2+})	25.400	Hydrogencarbonat (HCO_3^{-})	534.500
Kalium (K^{+})	7.010	Fluorid (F^{-})	0.280

Summe der Hauptbestandteile ca. 1.39 Gramm

Das Heilwasser SANKT MARTIN entstammt einem Naßvorkommen an der Südgrenze des Emscher-Mergels in der Nähe der Ruhrgebietsstadt Wattenscheid (bei Bochum).

SANKT MARTIN gehört zum Heilwassertyp der Calcium-Natrium-Chlorid-Hydrocarbonat-Sulfat-Wässer. Die mineralischen Hauptbestandteile sind in einem solchen Mengenverhältnis gemischt, daß sich ihre Wirkungsweise im Organismus gegenseitig unterstützt.

Das Sulfat begünstigt eine mäßige Stuhlentleerung und hemmt vereint mit Calcium entzündliche Prozesse der Darmschleimhaut.

Weitere Heilanzeigen von SANKT MARTIN sind chronische Entzündungen der Magenschleimhaut, der Niere und der harnabführenden Wege. Darüber hinaus eignet sich das Wasser zur Behandlung von Steinleiden und beugt ihnen vor.

SANKT MARTIN ist leicht mit Kohlensäure angereichert. Sein regelmäßig verteilter, gut durchschnittlicher (ca. 1.4g/l) Mineralgehalt erzielt einen abgerundet aromatischen Gesamteindruck.

SCHWÄBISCH HALLER ST. ULRICH-QUELLE
Schwäbisch Hall

HEILWASSER

Wildbadquelle Mineralbrunnen
GmbH & Co. KG
Ritterstraße 9
7170 Schwäbisch Hall

Zusammensetzung entsprechend Etikett:

Kationen

Natrium (Na^{+})	40.900
Calcium (Ca^{2+})	228.400
Magnesium (Mg^{2+})	50.400
Kalium (K^{+})	2.000
Lithium (Li^{+})	0.010
Strontium (Sr^{2+})	1.040
Eisen (Fe^{2+})	0.030

Anionen

Chlorid (Cl^{-})	139.000
Sulfat (SO_3^{4-})	304.100
Hydrogencarbonat (HCO_3^{-})	421.600
Fluorid (F^{-})	0.100
Iodid (I^{-})	0.036

Kohlensäure (CO_2) 1795.000

Summe der Hauptbestandteile ca. 1.18 Gramm

1986 brachte die Haller Löwenbrauerei eine weitere Bohrung auf dem Austrittsgebiet der →SCHWÄBISCH HALLER WILDBAD QUELLE nieder. Die Ausbeute des neuerzielten Vorkommens wurde vom Bundesgesundheitsamt als ›natürliches Heilwasser‹ anerkannt.

Die SCHWÄBISCH HALLER ST. ULRICH-QUELLE enthält nur wenig Kohlensäure. Sie schlägt besonders bei chronischen Magenerkrankungen mit Säure- und Saftmangel an.

Mit einem Gehalt an gelösten festen Stoffen von knapp über einem Gramm ist sie normal bis milde mineralisiert.

SCHWÄBISCH HALLER WILDBADQUELLE
Schwäbisch Hall

Wildbadquelle Mineralbrunnen
GmbH & Co. KG
Ritterstraße 9
7170 Schwäbisch Hall

MINERALWASSER

SCHWÄBISCH HALLER
Wildbadquelle

Zusammensetzung entsprechend den Ergebnissen der Analyse vom 19. 2. 1987 des *Instituts Fresenius* (Taunusstein):

Kationen		*Anionen*	
Natrium (Na^{+})	93.500	Chlorid (Cl^{-})	246.000
Calcium (Ca^{2+})	242.000	Sulfat (SO_3^{4-})	314.000
Magnesium (Mg^{2+})	52.700	Hydrogencarbonat (HCO_3^{-})	418.000

Summe der Hauptbestandteile ca. 1.36 Gramm

Wie man heute zur Badekur fährt, suchte man früher ein ›Wildbad‹ auf, z.B. in Hall (Hohenloher Land). Das dort zutage tretende Mineralwasser war schon im 13.–14. Jahrhundert wegen seiner heilenden Wirkung bekannt. Ab dem 16. Jahrhundert machten die Bürger das bekömmliche Wildbad zum festen Bestandteil ihrer Stadt. In dem Quellwasser wurde jedoch hauptsächlich gebadet. Erst um die Jahrhundertwende, mit dem Verfall der Badeanlagen, begann man das köstliche Naß planmäßig zu trinken und auf Flaschen zu ziehen.
1968 nahm sich die Haller Löwenbrauerei des Quellgebiets an und erbohrte in 60 Meter Tiefe ein Naßvorkommen in der für Mineralwässer vorgeschriebenen Zusammensetzung.
Das ›natürliche Mineralwasser‹ der WILDBADQUELLE wird aus mehreren beieinanderliegenden Mineralbrunnen gefördert und an Ort und Stelle ohne weitere Behandlung (mit Ausnahme der Zugabe von Kohlensäure) abgefüllt. Chemisch überwiegt neben dem Hydrogencarbonat der Sulfat-Anteil, was dem Wasser einen stimulierend bitteren Ton verleiht.
Mit einem jährlichen Ausstoß von 180000 Hektolitern (2 Mio. Kästen) ist die Wildbadquelle der führende Mineralbrunnenbetrieb im Hohenloher Land.

SELTERS / Selters (Taunus)

Brauerei Herrnhausen KG
Herrenhäuser Straße 83
3000 Hannover 21

MINERALWASSER

Zusammensetzung entsprechend den Ergebnissen der Analyse vom 2. 6. 1986 des *Laboratoriums für Wasseruntersuchung Prof. Höll/Griesing* (Hannover):

Kationen		*Anionen*	
Natrium (Na^{+})	1060.000	Chlorid (Cl^{-})	1124.000
Calcium (Ca^{2+})	106.000	Sulfat (SO_3^{4-})	28.600
Magnesium (Mg^{2+})	42.000	Hydrogencarbonat (HCO_3^{-})	1428.000
Kalium (K^{+})	23.700		

Summe der Hauptbestandteile ca. 3.81 Gramm

SELTERS ist der heutige Abkömmling des berühmten ›Selterswassers‹ (aus Niederselters im Taunus). Um dies herauszustreichen, hatte der Brunnenbesitzer es eine Weile *UR*SELTERS genannt, ab April 1987 jedoch gilt wieder der Original-Name.

SELTERS ist eines der am frühesten bekannt gewordenen deutschen Mineralwässer. Erste Urkunden erwähnen es bereits zu Zeiten Karls des Großen. Im 18. Jahrhundert belieferte die Quelle die großen Fürstenhäuser Deutschlands und benachbarter europäischer Länder. ›Selterswasser‹ war infolge gleichbedeutend mit Mineralwasser überhaupt.

Wirft man einen Blick auf die Zusammensetzung, fällt der starke Gehalt von nahezu 4 Gramm pro Liter auf. Dies macht das Wasser zu einem vorrangigen Mineralienspender nach Flüssigkeitsverlusten (Sport, Sauna, Erbrechen usw.). Der überwiegende Natriumanteil ergibt zusammen mit dem Chlorid einen einprägsamen salzigen Geschmack, dem das Hydrogencarbonat geringfügig hart gegensteuert. Alles in allem ein stimulierendes Wasser von durchaus eigenwilligem Charakter.

SELTERS / Selters (Lahn)

Selters Mineralquelle Augusta Victoria GmbH
Postfach
6293 Löhnberg-Selters

MINERALWASSER

Zusammensetzung entsprechend den Ergebnissen der Analyse vom 7. 4. 1986 des *Instituts Fresenius* (Taunusstein):

Kationen		*Anionen*	
Natrium (Na^{+})	368.000	Chlorid (Cl^{-})	359.000
Calcium (Ca^{2+})	156.000	Sulfat (SO_3^{4-})	15.600
Magnesium (Mg^{2+})	51.700	Hydrogencarbonat	
Kalium (K^{+})	15.600	(HCO_3^{-})	1098.000

Summe der Hauptbestandteile ca. 2.06 Gramm

Das Vorkommen wurde Ende des letzten Jahrhunderts auf der Selterser Flur ›In den Sennen‹ erbohrt. Aus 38 Meter Tiefe schoß das kohlensäurehaltige Wasser mit 600 Litern pro Minute in die Luft. Die Fontäne war damals so eindrucksvoll, daß die kleine Gemeinde eine Zeitlang zum regelrechten Wallfahrtsort für Schaulustige wurde.
Zu Ehren der deutschen Kaiserin erhielt das Wasser den Namen SELTERS-SPRUDEL AUGUSTA VICTORIA. Die Großherzogliche Chemische Prüfungs- und Auskunftsstation anerkannte einen »sehr angenehmen, außerordentlich prickelnden Geschmack, der sich auch bei längerem Stehen im Glase nicht verliert, da die in ihm enthaltene Kohlensäure zum größten Teil chemisch in Form von Bicarbonaten gebunden ist«.
Das Wasser erreichte ziemlich bald internationale Berühmtheit, wurde während des Boxeraufstands in China in den Lazaretten des Roten Kreuzes verabreicht oder im Burenkrieg als Mittel gegen Cholera, Malaria, Ruhr und Typhus eingesetzt.
Seit 1966 gehört SELTERS der *Binding Brauerei AG* in Frankfurt und ist folglich am meisten im Gastronomiebereich präsent. Häufig sieht man auch, wie sich ZDF-Talkmaster aus der Flasche einschenken. In den Speise-, Schlaf- und Liegewagen der Bundesbahn heißt die exklusive Mineralwasser-Marke SELTERS.
Die Geschmackstester von ›Alles über Wein‹ *(Woschek Verlag)* urteilen: »Mäßig salzig, kaum wahrnehmbar sauer, harmonisch mineralisch, insgesamt relativ leicht und neutral, intensive und beständige CO_2-Entfaltung.«

SEVERIN QUELLE / Güssing (Burgenland)

Österreichische
Brau-Aktiengesellschaft
Landstraße 70
A-4021 Linz

HEIL- und MINERALWASSER

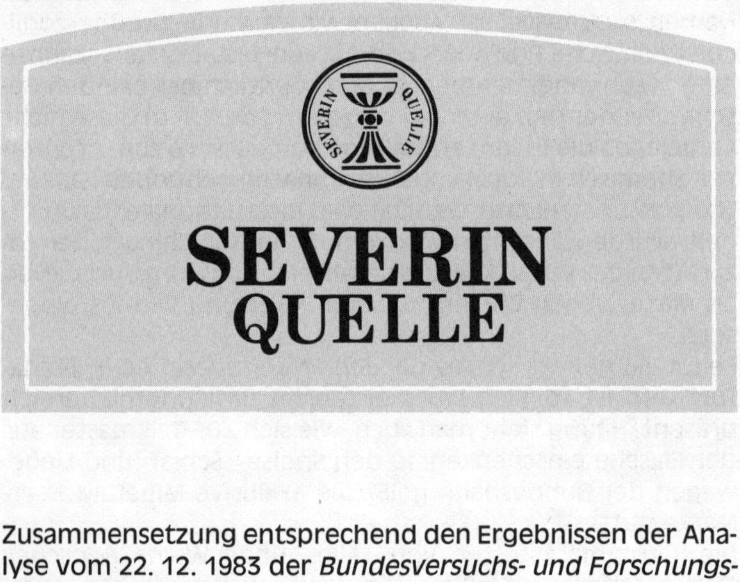

Zusammensetzung entsprechend den Ergebnissen der Analyse vom 22. 12. 1983 der *Bundesversuchs- und Forschungsanstalt Arsenal:*

Kationen		*Anionen*	
Natrium (Na^+)	221.000	Chlorid (Cl^-)	115.200
Calcium (Ca^{2+})	118.600	Sulfat (SO_3^{4-})	10.200
Magnesium (Mg^{2+})	33.600	Hydrogencarbonat (HCO_3^-)	932.200
Kalium (K^+)	17.000	Fluorid (F^-)	0.200

Summe der Hauptbestandteile ca. 1.44 Gramm

SEVERIN QUELLE wurde 1974 durch eine Zufallsbohrung am Rande des Vorkommens der Vitaquellen (→GÜSSINGER) entdeckt.
Die Heilquellenerklärung wurde im Jahre 1979 erreicht. Seit dem Frühjahr 1980 gelangt SEVERIN QUELLE als Heil- und Mineralwasser in den Versand.
Als SEVERIN SPRINGWATER kann es in alle Staaten der Welt exportiert werden.
SEVERIN QUELLE Heil- und Mineralwasser kann zu Trinkkuren bei entzündlichen Erkrankungen der ableitenden Harnwege verwendet werden.
Das Wasser hilft auch bei Nieren- und Blasensteinen.
Es unterstützt eine Behandlung gegen übersauren Magen und schlägt an bei entzündlichen Darmerkrankungen.

SINZIGER / Sinzig

MINERALWASSER

Sinziger Mineralbrunnen Gebr. Baum
GmbH & Co. KG
Postfach 1288
5485 Sinzig

Zusammensetzung entsprechend den Ergebnissen der Analyse vom März 1984 des *Instituts Fresenius* (Taunusstein):

Kationen		*Anionen*	
Natrium (Na^+)	76.200	Chlorid (Cl^-)	56.600
Calcium (Ca^{2+})	58.700	Sulfat (SO_3^{4-})	60.800
Magnesium (Mg^{2+})	30.100	Hydrogencarbonat	
Kalium (K^+)	6.780	(HCO_3^-)	339.200

Summe der Hauptbestandteile ca. 0.62 Gramm

SINZIGER NATÜRLICHES MINERALWASSER (mit Kohlensäure versetzt) und SINZIGER KOHLENSÄUREARM sind die Hauptmarken der *Sinziger Mineralbrunnen GmbH.* Das Wasser entsprudelt den Barbarossa-Quellen am Auslauf des Ahrgebirges, wo die Ahr in den Rhein mündet.

Der Chronist erwähnt bereits Ende des 16. Jahrhunderts einen Sauerbrunnen in Sinzig. 1850 wurde die Quelle dann bei Straßenbauarbeiten ›neu‹entdeckt. Man begann alsbald mit der Erschließung für die Öffentlichkeit. Ein reger Bade- und Kurbetrieb entstand mit Linderungserfolgen bei Rheuma, Gicht und Nierenleiden.

1921 gingen die Anlagen in den Besitz der heutigen Eigner über, welche den Betrieb ausbauten und die Marke zu ihrem gegenwärtigen Bekanntheitsgrad in weiten Teilen Nordrhein-Westfalens und der nördlichen Rheinland-Pfalz führten.

SINZIGER ist mit rund 0.62 Gramm ein unterdurchschnittlich mineralisierter Tropfen von ausgewogener Zusammensetzung, was ein alles in allem mild abgerundetes Geschmacksbild ergibt.

SINZIGER HEILQUELLE / Sinzig

Sinziger Mineralbrunnen Gebr. Baum
GmbH & Co. KG
Postfach 1288
5485 Sinzig

HEILWASSER

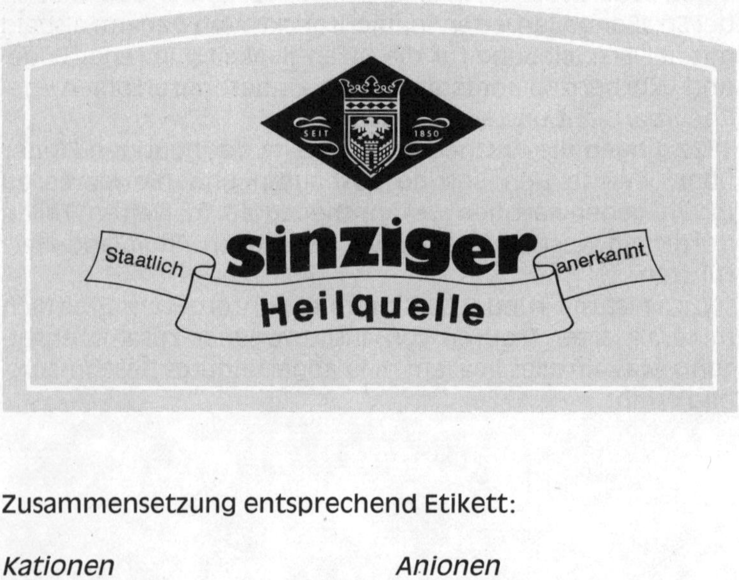

Zusammensetzung entsprechend Etikett:

Kationen		*Anionen*	
Natrium (Na^+)	890.000	Chlorid (Cl^-)	505.200
Calcium (Ca^{2+})	160.800	Sulfat (SO_3^{4-})	124.900
Magnesium (Mg^{2+})	214.000	Hydrogencarbonat (HCO_3^-)	3002.000
Kalium (K^+)	73.400	Fluorid (F^-)	0.050
Lithium (Li^+)	1.000		
Eisen (Fe^{2+})	0.020		

Kohlensäure (CO_2) 1645.000

Summe der Hauptbestandteile ca. 3.2 Gramm

Die SINZIGER HEILQUELLE ist das natürliche Heilwasser aus dem Hohenstauffenbrunnen der *Sinziger Mineralbrunnen GmbH* (→SINZIGER).
Ins Auge springt ihr außerordentlich hoher Magnesiumgehalt; in dieser Hinsicht tut es kein inländisches Wasser der SINZIGER HEILQUELLE gleich (auch →HEPPINGER nicht, das wegen seines Magnesiumgehalts immerhin zum ›Gesundheitswasser‹ der deutschen Olympiamannschaft erkoren wurde).
Das sonst enthaltene Natriumsulfat regelt die Darmtätigkeit, und das Natriumhydrogencarbonat wirkt erfolgreich gegen Sodbrennen.
Anwendungsgebiet der SINZIGER HEILQUELLE darüber hinaus ist chronische Magenschleimhautentzündung.

SPA REINE / Spa (Belgien)

Spa Monopole
Richard Seiffert Straße 14
5060 Bergisch-Gladbach

MINERALWASSER

Zusammensetzung entsprechend Etikett:

Kationen		*Anionen*	
Natrium (Na^+)	2.500	Chlorid (Cl^-)	2.700
Calcium (Ca^{2+})	3.300	Sulfat (SO_3^{4-})	5.000
Magnesium (Mg^{2+})	1.300	Hydrogencarbonat	
Kalium (K^+)	0.500	(HCO_3^-)	10.600

Summe der Hauptbestandteile ca. 0.03 Gramm

Aber ist SPA überhaupt ein ›Mineral‹wasser? Mit seinem Mineralanteil von weniger als 1/30 Gramm kommt es nahe an jene Frankreich-Marke CHARRIER, mit der die gallischen ›Ente‹-Fahrer zuweilen ihre Batterien auffüllen.
Da es kaum Mineralien vorweisen kann, hat SPA den Spieß einfach umgedreht und mit seiner ›Reinheit‹ geworben: Mehrere Gläser Mineralwasser – eines davon SPA – wurden eingedampft und dem Reklameleser die ›Rückstände‹ gezeigt; SPA hatte natürlich am wenigsten und war folglich das ›reinste‹ Mineralwasser. Es wurde also für ein Mineralwasser mit der Abwesenheit von Mineralien geworben. So jedenfalls sah es der *Verband Deutscher Mineralbrunnen* und klagte wegen unlauteren Wettbewerbs.
Durch die Presse geistert seitdem die böse Mär von den »Tricks der Genossenschaft Deutscher Brunnen« (›Der Spiegel‹ 40/1986, S. 297), die SPA vom einheimischen Markt halten wolle. Damit ist unter anderm auch gemeint, daß SPA (wie andern Ausländern) der Zugang zur deutschen Einheitsflasche verwehrt bleibt…
Die deutsche SPA-Vertretung hält sich auf Anfragen bedeckt und sah auch keine Veranlassung, Produktinformationen für dieses Buch zur Verfügung zu stellen.
SPA REINE wird als ›natürliches salzarmes Mineralwasser ohne Kohlensäure‹ in 1,5-Liter-Plastikflaschen per Supermarkt verkauft. Geschmacksliebling der ›Sunday Times Magazine‹-Tester (3. Feb. 1980) war eine kohlensäureangereicherte SPA-Variante.

ST. ANNA / Bad Windsheim

Hufnagel GmbH & Co. KG
Bamberger Straße 27
8530 Neustadt / Aisch

HEILWASSER

Zusammensetzung entsprechend den Ergebnissen der Analyse vom 22. 4. 1980 des *Instituts für Wasserchemie und chemische Balneologie der TU München* (Prof. Dr. K.-E. Quentin):

Kationen

Natrium (Na^+)	159.000
Calcium (Ca^{2+})	279.600
Magnesium (Mg^{2+})	84.800
Kalium (K^+)	18.100
Lithium (Li^+)	0.150
Strontium (Sr^{2+})	0.510
Eisen (Fe^{2+})	0.130

Anionen

Chlorid (Cl^-)	332.200
Sulfat (SO_3^{4-})	525.200
Hydrogencarbonat (HCO_3^-)	476.000
Fluorid (F^-)	0.400

Kohlensäure (CO_2) 2015.000

Summe der Hauptbestandteile ca. 1.87 Gramm

Bereits im 18. Jahrhundert war ein Gesundbrunnen bei Windsheim (Mittelfranken) bekannt. Zigeuner sollen ihn im Jahr 1736 auf dem Kehrenberg entdeckt haben. 16 Jahre später erschien über dieses Wasser, das sich durch einen bitteren Geschmack auszeichnete, die erste ›gelahrte‹ Schrift.
Die eigentliche Historie der Windsheimer Mineralquellen beginnt aber erst Ende der 90er Jahre des vorigen Jahrhunderts, als der Gerber Max Stellwag auf seinem Anwesen am Hafenmarkt nach Betriebswasser sucht. Nach Ausgrabungen im Fels fließt ihm zwar ein würziges Naß zu, zum Gerben aber taugt es wenig. Ein pfiffiger Gärtnereibesitzer kauft zusammen mit einem verwandten Würzburger Gasmeister dem Max Stellwag sein Anwesen ab, um das Wasser als Heilquelle zu nutzen. Für den Namen hält die Gattin her: ST. ANNA heißt der Quell hinfort. 1910 wurde er an einen Weinhändler verkauft, der ihn 1925 an den Windsheimer Quellvertrieb weiterreichte. 1952 erwarb der heutige Besitzer das Grundstück.
Die Bohrungen zur ST. ANNA-Quelle enden im oberen Muschelkalk. Die Mineralisation des Ausflusses dürfte somit auf die in mittleren Lagen auftretenden salz- bzw. gipsführenden Kalke und Dolomite zurückzuführen sein, was dem Wasser eine mineralisch-bittere Färbung verleiht.
ST. ANNA schlägt an bei chronischer Magenschleimhautentzündung und -Katarrhen, auch bei mangelnder Säurebildung – Darmverkrampfungen (aufgrund funktioneller Darmstörungen) – Zuständen nach Magenoperationen mit Stumpfgastritis.
Das Wasser gleicht Gallenwegserkrankungen – funktionelle Gallenwegsstörungen oder Zustände nach Gallenblasen- und Gallengangsoperationen – aus.
ST. ANNA hilft ferner bei Erkrankungen der harnabführenden Wege: chronischen Entzündungen, Zuständen nach Steinabgang oder Steinentfernung – Zuständen nach Stein- oder Prostataoperationen.

ST. GERO / Gerolstein (Vulkaneifel)

Gerolsteiner Sprudel GmbH
5530 Gerolstein

HEILWASSER

Zusammensetzung entsprechend den Ergebnissen der Analyse vom 15. 9. 1981 des *Instituts Fresenius* (Taunusstein):

Kationen		*Anionen*	
Natrium (Na^+)	174.700	Chlorid (Cl^-)	72.300
Calcium (Ca^{2+})	407.300	Sulfat (SO_3^{4-})	37.900
Magnesium (Mg^{2+})	120.500	Hydrogencarbonat (HCO_3^-)	2161.000
Kalium (K^+)	14.100		
Eisen (Fe^{2+})	0.060	Fluorid (F^-)	0.180

Kohlensäure (CO_2) 1900.000

Summe der Hauptbestandteile ca. 2.98 Gramm

ST. GERO ist das Heilwasser aus der staatlich anerkannten Heilquelle des →GEROLSTEINER SPRUDELS.
Im wesentlichen trägt es zur Regelung von Verdauungsstörungen und zur Harmonisierung der Magensäure bei. Es verträgt sich gut mit der Galle. Die Zusammensetzung wirkt sich günstig zur Ausschwemmung von Schadstoffen und Schlacke aus. Die Nierenfunktion wird unterstützt, die Funktion der Gelenkpartien bei rheumatischen Beschwerden erleichtert.
Anwendungsgebiete: Magenkatarrh, zur Anregung des Stoffwechsels, bei Mineralstoffmangel, bei funktionellen Störungen der die Galle ableitenden Wege.
Die *Gerolsteiner Sprudel GmbH* hat für ST. GERO den bundesweiten Absatz im Auge. Wenn →STAATL. FACHINGEN sich schon nicht vom Thron stoßen läßt, soll ST. GERO wenigstens Nummer 2 werden.

ST. LAMBERTUS ALTMÜHLTALER HEILQUELLE

Naturpark Altmühltal

Altmühltaler Heilquellen GmbH
Postfach 48
8830 Treuchtlingen

HEILWASSER

Zusammensetzung entsprechend den Ergebnissen der Analyse vom 4. 2. 1982 des *Instituts Fresenius* (Taunusstein):

Kationen

Natrium (Na^+)	186.000
Calcium (Ca^{2+})	18.700
Magnesium (Mg^{2+})	3.300
Kalium (K^+)	16.900
Lithium (Li^+)	0.300
Strontium (Sr^{2+})	0.100
Eisen (Fe^{2+})	0.080

Anionen

Chlorid (Cl^-)	54.000
Sulfat (SO_3^{4-})	69.000
Hydrogencarbonat (HCO_3^-)	402.000
Fluorid (F^-)	5.100
Iodid (I^-)	0.020

Kohlensäure (CO_2) 1600.000

Summe der Hauptbestandteile ca. 0.75 Gramm

ST. LAMBERTUS heißt das Heilwasser, bei dessen Erbohrung man auf halbem Weg auf die →ALTMÜHLTALER QUELLE stieß. Man machte weiter und stach in mehr als doppelter Tiefe (615 Meter) in ein riesiges Vorkommen, eingebettet im mehrere Millionen Jahre alten Juragestein des Naturparks Altmühltal.
Das aufgebrachte Wasser zeichnete sich durch seinen außerordentlich hohen Fluoridgehalt aus. Es führt deswegen als einziges deutsches Heilwasser die Indikation: »Zur Kariesprophylaxe ab 4. Lebensjahr«.
Benannt wurde es nach der neben dem Quellort liegenden Lambertuskirche. St. Lambertus ist der Schutzheilige der Bandagisten und Dentisten, somit wohl auch Förderer von allem, was gut für Knochenbau und Zähne ist.

ST. LINUS / Pechbrunn

Hufnagel GmbH & Co. KG
Bamberger Straße 27
8530 Neustadt/Aisch

HEILWASSER

STAATL. ANERKANNTE HEILQUELLE
ST. LINUS
HEILWASSER

Zusammensetzung entsprechend den Ergebnissen der Analyse vom 14. 4. 1977 des *Instituts für Wasserchemie und chemische Balneologie der TU München* (Prof. Dr. K.-E. Quentin):

Kationen		*Anionen*	
Natrium (Na^+)	11.700	Chlorid (Cl^-)	2.530
Calcium (Ca^{2+})	16.200	Sulfat (SO_3^{4-})	6.800
Magnesium (Mg^{2+})	6.800	Hydrogencarbonat	
Kalium (K^+)	1.400	(HCO_3^-)	115.900
Strontium (Sr^{2+})	0.010	Fluorid (F^-)	0.080

Kohlensäure (CO_2) 1843.000

Summe der Hauptbestandteile ca. 0.16 Gramm

Im Fichtelgebirge, am Nordabhang des Teichelbergmassivs zwischen Pechbrunn und Groschlattengrün, ca. 75 Meter nördlich der Bahnlinie Hof – Marktredwitz – Regensburg (nahe der tschechischen Grenze) entspringt im Talgrund die Silvana-Quelle, aus deren Vorkommen das ST. LINUS HEILWASSER gewonnen wird.

Der Austritt soll schon im 30jährigen Krieg bekannt gewesen sein; ›richtig‹ entdeckt aber wurde er erst 1760. Einige Jahrzehnte später fand ein Reisender in Sachen Wasser die Quelle bereits durch einen ausgehöhlten Baumstamm gefaßt.

Die gewerbliche Nutzung setzt zu Beginn des 20. Jahrhunderts ein. 1908 wurde der Austritt neu gefaßt; gleichzeitig erfolgte der Aufbau des ›Silvana-Heilquellen‹-Betriebes. 1909 gab Kronprinz Ruprecht von Bayern sein Einverständnis, das Wasser nach ihm zu benennen. Jedoch bürgerte sich bald wegen der von dort kommenden ›Silvana‹-Erfrischungsgetränke der Name Silvana-Quelle ein.

1981 erwarb der heutige Besitzer das Vorkommen und vertreibt es seither in grünen Flaschen als ST. LINUS-Heilwasser.

Ins Auge sticht der außerordentlich niedrige Mineraliengehalt von nicht mal ⅕ Gramm pro Liter. ST. LINUS schmeckt deswegen unaufdringlich-neutral bis unsichtbar.

Seine Heilanzeige ist die perorale Nierendurchspülung zur Vorbeugung gegen Nieren- und Blasenleiden.

STAATL. FACHINGEN / Fachingen (Lahn)

Staatl. Mineralbrunnen Siemens Erben
Kaiserstraße 62
6500 Mainz

HEILWASSER

Zusammensetzung entsprechend den Ergebnissen der Analyse vom Jahr 1975 des *Instituts Fresenius* (Taunusstein):

Kationen		*Anionen*	
Natrium (Na^+)	602.000	Chlorid (Cl^-)	150.700
Calcium (Ca^{2+})	122.000	Sulfat (SO_3^{4-})	65.500
Magnesium (Mg^{2+})	53.200	Hydrogencarbonat (HCO_3^-)	1950.000
Kalium (K^+)	28.100		
Eisen (Fe^{2+})	1.950		

Kohlensäure (CO_2) 1472.000

Summe der Hauptbestandteile ca. 2.97 Gramm

Die FACHINGER-Quelle liegt im bewaldeten Tal der Lahn nahe der Ortschaft Fachingen bei Limburg. Sie war schon den Römern bekannt, geriet dann aber in Vergessenheit und versandete sogar. 1746 wurde sie von Schiffern wiederentdeckt, als diese ihre Boote an Land zogen.

STAATL. FACHINGEN wird völlig naturbelassen, nicht enteisent und ohne Zusatz von Kohlensäure abgefüllt. Als für deutsche Verhältnisse eher untypischer ›stiller‹ Tropfen hat es sich trotz seines Heilwasser-Charakters zeitig einen Platz dort sichern können, wo solche zurückhaltenden Qualitäten gefragt sind: im Gastronomiebereich, wo FACHINGER oft und gern z.B. als Begleiter zum Wein genommen wird. Im 18. Jahrhundert bereits in Steinkrügen unterwegs, gelangt FACHINGER nach wie vor als eines der ganz wenigen Wässer in jeden Winkel der Bundesrepublik – zum Teil heute sogar noch per Zug, was für ein bundesdeutsches Mineralwasser äußerst ungewöhnlich ist. Billig ist FACHINGER allerdings nicht; es hat gewissermaßen Mercedes-Status unter den Mineralwässern. Als stille Marke ist STAATL. FACHINGEN führend.

STAATL. FACHINGEN hat den Charakter eines Natrium-Hydrocarbonat-Säuerlings. Seine Heilwirkung, Gegenstand zahlloser medizinischer Untersuchungen, beruht auf der eigentümlichen Mineralstoffzusammensetzung. Insgesamt enthält STAATI. FACHINGEN 42 Mineralstoffe und Spurenelemente. Dabei überwiegt der Hydrocarbonatanteil, was eine neutralisierende Wirkung bei vermchrter Magensäurebildung (Sodbrennen) zur Folge hat. Neben der physiologisch günstigen Wirkung auf den Magen-Darm-Trakt, einschließlich Leber, Galle und Bauchspeicheldrüse, ist STAATL. FACHINGEN angezeigt bei Stoffwechselkrankheiten (Zuckerbehandlung unterstützend), Mineralstoffmangel und Erkrankung der ableitenden Harnwege sowie bei Nierenleiden.

STAATL. FACHINGEN kann auch als unterstützende Therapie bei Zivilisationskrankheiten wie Diabetes, Gicht und Arteriosklerose eingenommen werden.

STILLES SELTERS / Selters (Taunus)

Brauerei Herrnhausen KG
Herrenhäuser Straße 83
3000 Hannover 21

HEILWASSER

Zusammensetzung entsprechend den Ergebnissen der Analyse vom 7. 3. 1977 des *Instituts Fresenius* (Taunusstein):

Kationen		*Anionen*	
Natrium (Na^{+})	1031.000	Chlorid (Cl^{-})	1091.000
Calcium (Ca^{2+})	89.200	Sulfat (SO_3^{4-})	22.500
Magnesium (Mg^{2+})	43.4000	Hydrogencarbonat	
Kalium (K^{+})	24.500	(HCO_3^{-})	1381.000
Eisen (Fe^{2+})	3.970		

Kohlensäure (CO_2) 1782.000

Summe der Hauptbestandteile ca. 3.68 Gramm

STILLES SELTERS ist das Heilwasser aus dem →SELTERS-Vorkommen.
Es wird original an der Quelle gewonnen und im natürlichen Zustand abgefüllt. Da das enthaltene Eisen nicht entfernt wird, kann es sich am Flaschenboden absetzen, was jedoch keinen Wirkungs- oder Geschmacksverlust bedeutet.
STILLES SELTERS ist von heilwirkendem Einfluß bei fieberhaften Erkrankungen, hilft dem Stoffwechsel und gleicht Gallenwegserkrankungen aus. Seit Jahrhunderten wird es als Mittel gegen Magen- und Darmstörungen, Katarrhe der Schleimhäute und Atmungsorgane sowie Halsentzündungen verabreicht.

TEINACHER / Bad Teinach (Schwarzwald)

Mineralbrunnen Überkingen-Teinach AG
Postfach 80
7347 Bad Überkingen

MINERALWASSER

Zusammensetzung entsprechend den Ergebnissen der Analyse vom 7. 11. 1985 des *Instituts für angewandte Chemie, Stuttgart* (Prof. Ing. Chem. H. Gockel):

Kationen		*Anionen*	
Natrium (Na^{+})	143.000	Chlorid (Cl^{-})	20.600
Calcium (Ca^{2+})	144.300	Sulfat (SO_3^{4-})	50.600
Magnesium (Mg^{2+})	34.000	Hydrogencarbonat (HCO_3^{-})	908.400
Kalium (K^{+})	10.800	Fluorid (F^{-})	0.900
Lithium (Li^{+})	1.100		

Kohlensäure (CO_2) 7900.000

Summe der Hauptbestandteile ca. 1.31 Gramm

Die Quellen des TEINACHER-Mineralwassers liegen im eingeschmiegten Tal des Flüßchens Teinach, nordöstl. Schwarzwald.
Das Wasser ist seit dem 14. Jahrhundert bekannt.
Die Abfüllbetriebe gehören zum ›Imperium‹ der *Mineralbrunnen Überkingen-Teinach AG,* Deutschlands größtem Mineralwasser-Abfüller.
Da die Quellen der Hauptmarke →ÜBERKINGER bei weiterer Absatzsteigerung trotz ihrer Vielheit irgendwann einmal in Lieferschwierigkeiten kommen könnten, soll TEINACHER demnächst vielleicht mehr in den Vordergrund gespielt werden. Mit nicht einmal 1½ Gramm Mineralien pro Liter wäre es dann allerdings weniger als halb so stark wie der ›große Bruder‹.
Für den ›stillen‹ Genießer gibt es die kohlensäurearme Variante TEINACHER QUELLE SAUERBRUNN (blaues Etikett).
Der Schwarzwald-Kurort Bad Teinach ist nicht nur Heimat des TEINACHER-Mineralwassers, sondern auch der →HIRSCHQUELLE, die hier aus dem Grundgebirge des Schwarzwaldes entspringt.

TÖNISSTEINER RÖMERFÜLLUNG / Brohl

Tönissteiner Sprudel Dr. C. Kerstiens
Postfach 82
5474 Brohl-Lützing 1

MINERALWASSER

Zusammensetzung entsprechend den Ergebnissen der Analyse vom 30. 6. 1980 des *Instituts Fresenius* (Taunusstein):

Kationen		*Anionen*	
Natrium (Na^+)	98.600	Chlorid (Cl^-)	15.700
Calcium (Ca^{2+})	174.100	Sulfat (SO_3^{4-})	22.200
Magnesium (Mg^{2+})	137.200	Hydrogencarbonat (HCO_3^-)	1457.000
Kalium (K^+)	16.800	Fluorid (F^-)	0.260

Summe der Hauptbestandteile ca. 1.92 Gramm

TÖNISSTEINER wirbt mit der Parole *über 2000 Jahre – Deutschlands älteste Römerquelle!*
Tatsächlich sind im Quellgebiet typische Münzen gefunden worden, einige aus dem Jahr 48 v. Chr. – etwa gleichalterig mit einer antiken Quellfassung sowie mehreren Altarbausteinen. In der Nähe werden somit wohl römische Legionen gehaust haben.
Vor Ort ergötzt man sich an der Vorstellung, daß am Ende Julius Cäsar persönlich aus dem Bronn getrunken hat. Ausgeschlossen ist es jedenfalls nicht...
Landschaftlich liegen die Quellanlagen einmalig: umgeben von dichtem Wald, fern jeder Ansiedlung, inmitten unbeschädigter Natur.
Das Unternehmen fertigt über 100 Millionen Füllungen pro Jahr aus – mit deutlich steigendem Exportanteil nach Benelux, USA und Japan (in Süddeutschland allerdings wird man nach TÖNISSTEINER vergeblich fragen).
Der Betrieb befindet sich 100% in Familienbesitz; Anlehnung an Brauereien oder Banken besteht nicht.
TÖNISSTEINER RÖMERFÜLLUNG ist mit knapp 2 Gramm gut durchmineralisiert. Die akzentsetzenden Magnesium-Calcium-Anteile verleihen Härte, nicht unähnlich der Trockenheit bei Wein.
Es gibt eine sprudelnde Variante, mit 8 Gramm eigener Quellkohlensäure versetzt, die einfach TÖNISSTEINER heißt.

ÜBERKINGER / Bad Überkingen

Mineralbrunnen Überkingen-Teinach AG
Postfach 80
7347 Bad Überkingen

MINERALWASSER

Zusammensetzung entsprechend den Ergebnissen der Analyse vom 27. 11. 1985 des *Instituts für angewandte Chemie*, Stuttgart (Prof. Ing. Chem. H. Gockel):

Kationen		*Anionen*	
Natrium (Na^+)	1015.000	Chlorid (Cl^-)	88.600
Calcium (Ca^{2+})	56.100	Sulfat (SO_3^{4-})	1111.000
Magnesium (Mg^{2+})	21.900	Hydrogencarbonat (HCO_3^-)	1446.000
Kalium (K^+)	17.800	Fluorid (F^-)	2.300
Lithium (Li^+)	1.200		

Kohlensäure (CO_2) 7450.000

Summe der Hauptbestandteile ca. 3.75 Gramm

ÜBERKINGER ist die Hauptmarke der *Mineralbrunnen Überkingen-Teinach AG,* Deutschlands größtem Mineralwasser-Abfüller.
Die ÜBERKINGER-Quelle blickt auf eine lange Geschichte zurück. Schon im Mittelalter wurden die warmen Wasserstellen aufgesucht. Während des 30jährigen Krieges begann man, das begehrte Naß in Steinkrüge abzufüllen, ab Mitte des vorigen Jahrhunderts dann auch in Flaschen.
Nach dem II. Weltkrieg dann blühte der Abfüllbetrieb auf. ÜBERKINGER-Flaschen mit dem roten Diamanten sind seitdem im ganzen süddeutschen Raum ein Begriff.
Das Wasser wird aus nur 50 Metern Tiefe ans Licht gefördert und ist mit fast 4 Gramm über dem Durchschnitt mineralisiert mit starken Akzenten im Natrium- und Sulfatbereich, womit es einen kernigen Gaumenkitzel erzeugt. Die Geschmackstester der Fachzeitschrift ›Alles über Wein‹ *(Woschek Verlag)* fanden: »Das prononciert salzig-saure Geschmacksbild wird durch den ausgeprägten mineralischen Grundton harmonisch ausgeglichen. Insgesamt etwas kräftig und markant und damit reizvoll.«
Wer Feinperliges vorzieht, dem bietet sich die ÜBERKINGER QUELLE (blaues Etikett) als schweigsame Variante an.
Ebenfalls aus Bad Überkingen, jedoch aus anderen geologischen Schichten, stammt →ADELHEIDQUELLE, das Heilwasser.

URBACHER / Urbach

Getränke Lachmaier KG
Robert-Bosch-Straße 1
7068 Urbach

MINERALWASSER

Zusammensetzung entsprechend den Ergebnissen der Analyse vom 7. 6. 1985 des *Instituts Fresenius* (Taunusstein):

Kationen

Natrium (Na^{+})	11.800
Calcium (Ca^{2+})	435.000
Magnesium (Mg^{2+})	82.900

Anionen

Chlorid (Cl^{-})	13.500
Sulfat (SO_3^{4-})	1095.000
Hydrogencarbonat (HCO_3^{-})	377.000

Summe der Hauptbestandteile ca. 2.01 Gramm

Das URBACHER Mineralwasser entspringt der Herminenquelle in Urbach (Schwaben). Diese Quelle ist noch verhältnismäßig jung. Sie wurde für den Abfüller nach Angaben des Rutengängers Stängle erbohrt.
In der von Stängle vorausgesagten Tiefe von 80 Metern stieß der Bohrtrupp in der Tat auf ein Naßvorkommen, dessen Zusammensetzung und Güte den gesetzlichen Mineralwasser-Anforderungen genügte.
URBACHER ist ein Calcium-Sulfat-Säuerling, mit 2 Gramm gut durchschnittlich mineralisiert. In der Gegend seiner Herkunft wird er häufig mit Wein vermischt getrunken.
Der Hersteller bietet eine sprudelnde und eine kohlensäurearme, ›zart perlende‹ Variante (URBACHER STILL) an.

VALSER ST. PETERSQUELLE

Bad Vals (Graubünden)

Steinhölzli
CH-3097 Liebefeld-Bern

KUR- und MINERALTAFELWASSER

Walter St. Petersquelle GmbH
7988 Wangen

HEILWASSER

VALSER
St. Petersquelle

Zusammensetzung entsprechend chem. Analyse vom 5. 6. 1973 (laut Etikett):

Kationen

Natrium (Na^+)	8.300
Calcium (Ca^{2+})	386.000
Magnesium (Mg^{2+})	50.000
Kalium (K^+)	1.600
Strontium (Sr^{2+})	7.200

Anionen

Chlorid (Cl^-)	4.000
Sulfat (SO_3^{4-})	880.000
Hydrogencarbonat (HCO_3^-)	345.000
Fluorid (F^-)	0.450
Iodid (I^-)	0.014

Summe der Hauptbestandteile ca. 1.68 Gramm

Vals liegt 20 km südlich von Ilanz im Talboden des Valserrheins am Ostfuß des Piz Aul auf 1250 Meter Höhe im Kanton Graubünden.
Das Wasser der ST. PETERSQUELLE tritt selbsttätig aus 1000 Meter Tiefe mit ca. 500 Litern pro Minute ans Licht. Es weist dabei eine Temperatur von 30° auf.
Medizinische Untersuchungen in der Schweiz haben ergeben, daß sich ein calcium-, aber gleichzeitig auch magnesium- und sulfatreiches Wasser vom Typ VALSER besonders günstig zur Behandlung von Harnsteinleiden eignet. In Deutschland ist die VALSER ST. PETERSQUELLE als Heilwasser registriert. Als solches wirkt sie harntreibend, hilft bei Verdauungs- und Darmbeschwerden, Magenbrennen.
Die Schweizer empfinden das Wasser als ›hochmineralisiert‹; für deutsche Verhältnisse sind die gut 1.7 Gramm knapp oberer Durchschnitt. Angesammelt haben sie sich auf einer über 20jährigen Reise des Wassers durch den Berg.
In der Schweiz ist VALSER ST. PETERSQUELLE äußerst beliebt. Über ihre allgäuische Außenstation versuchen die Eidgenossen auch in der Bundesrepublik Fuß zu fassen.

VICHY CÉLESTINS / Vichy (Südfrankreich)

Compagnie Fermiere de Vichy
18 rue de Courcelles
F-75008 Paris

MINERALWASSER

Zusammensetzung entsprechend Herstellerangaben:

Kationen		*Anionen*	
Natrium (Na^+)	1200.000	Chlorid (Cl^-)	220.000
Calcium (Ca^{2+})	100.000	Sulfat (SO_3^{4-})	130.000
Magnesium (Mg^{2+})	9.000	Hydrogencarbonat	
Kalium (K^+)	60.000	(HCO_3^-)	3000.000
Eisen (Fe^{2+})	0.100		

Summe der Hauptbestandteile ca. 4.71 Gramm

Die Célestins-Quelle soll in Urzeiten unvermittelt wuchtig durch die Erdkruste gebrochen und als Riesengeysir in den Himmel geschossen sein. Das niederprasselnde und in alle Richtungen davonfließende Wasser hinterließ mit der Zeit eigentümliche Kalkablagerungen, die sich über Jahrtausende aufbauten, wieder verwitterten und heute als bizarre Felsbrocken das Auge erstaunen.

Célestins ist nur eine von fünf Quellen, die in Vichy ans Licht treten, darunter Puits Carré, die heißeste – mit 42,5° C sprudelt sie im nostalgischen *palais des sources* in Badebecken.

Der Staat erhält mit viel Liebe das historische *fin de siècle*-Flair der Kuranlagen im Herzen Frankreichs: Glasdächer – Schmiedekunst – Miniaturausgabe der Pariser Oper im Theater des Casinos...

Kurgäste kommen weiterhin, wenn auch zusehends weniger zur Linderung von Rheuma, Nierensteinen oder Muskelschmerzen, sondern um sich für den Überlebenskampf zu stählen – Stichwort: Fitness-Center; jüngst hat eins im Seitenflügel des alten Thermalbades aufgemacht.

Nachdem die Célestins-Quelle zum Schrecken aller um die Jahrhundertwende plötzlich versiegte, ergaben rasche Neubohrungen eine noch üppigere Schüttung (diesmal mit Hilfe einer Pumpe).

Die Abfüllanlage arbeitet in einer alten Grotte. Mit seinen fast 5 Gramm Mineralien pro Liter ist VICHY CÉLESTINS ein für gallische Verhältnisse unüblich stark mineralisiertes Wasser. Es ist deswegen in Frankreich auch nicht besonders beliebt; 40% der jährlichen 26 Millionen abgefüllten Liter gehen in den Export.

Die Geschmackstester von ›Alles über Wein‹ *(Woschek Verlag)* urteilen: »Dezent salzig, schwach sauer, kaum schmeckbare Härte, gering mineralisch, mittlere beständige CO_2-Entfaltung.«

VICTORIA LAHNSTEINER HEILQUELLE
Oberlahnstein

Victoria Heil- und Mineralbrunnen GmbH
Postfach 2177
5420 Lahnstein

HEILWASSER

Zusammensetzung entsprechend den Ergebnissen der Analyse vom 25. 2. 1980 des *Instituts Fresenius* (Taunusstein):

Kationen		*Anionen*	
Natrium (Na^+)	909.600	Chlorid (Cl^-)	459.800
Calcium (Ca^{2+})	71.700	Sulfat (SO_3^{4-})	367.600
Magnesium (Mg^{2+})	49.200	Hydrogencarbonat (HCO_3^-)	1654.000
Kalium (K^+)	19.000	Fluorid (F^-)	0.870
Lithium (Li^+)	1.550	Iodid (I^-)	0.043
Strontium (Sr^{2+})	0.320		
Eisen (Fe^{2+})	0.030		

Kohlensäure (CO_2) 2870.000

Summe der Hauptbestandteile ca. 3.53 Gramm

Die VICTORIA LAHNSTEINER HEILQUELLE entspringt dem 399 Meter tief gelegenen Thermalvorkommen der →VICTORIA LAHNSTEINER MINERALQUELLE.

Mit VICTORIA LAHNSTEINER HEILQUELLE-Trinkkuren können innere Krankheiten, Leiden oder Beschwerden ausgeglichen werden.

Das Wasser hilft bei chronischer Magenschleimhautentzündung, Magenkatarrhen, vor allem bei Übersäuerung. Auch bei Magen-Darm-Verkrampfungen, funktionellen Magen-Darm-Störungen sowie Zuständen nach Magenoperationen mit Stumpfgastritis.

Es wirkt lindernd bei funktionellen Gallenwegstörungen sowie Zuständen nach Gallenblasen- und Gallenwegsoperationen.

Darüber hinaus bessert es chronische Entzündungen der harnabführenden Wege, Zustände nach Steinabgang oder Steinentfernung sowie Zustände nach Prostataoperationen.

VICTORIA LAHNSTEINER MINERALQUELLE
Oberlahnstein

Victoria Heil- und Mineralbrunnen GmbH
Postfach 2177
5420 Lahnstein

MINERALWASSER

Zusammensetzung entsprechend den Ergebnissen der Analyse vom Juni 1986 des *Instituts Fresenius* (Taunusstein):

Kationen		*Anionen*	
Natrium (Na^+)	867.000	Chlorid (Cl^-)	417.000
Calcium (Ca^{2+})	64.500	Sulfat (SO_3^{4-})	345.000
Magnesium (Mg^{2+})	45.900	Hydrogencarbonat	
Kalium (K^+)	18.500	(HCO_3^-)	1611.000
		Fluorid (F^-)	0.870

Summe der Hauptbestandteile ca. 3.36 Gramm

Die VICTORIA LAHNSTEINER MINERALQUELLE liegt in Oberlahnstein (Rheinisches Schiefergebirge), wo die Lahn in den Rhein mündet. Das idyllische, stark besuchte Rheinstädtchen setzt sich aus Ober- und Niederlahnstein zusammen. Zusätzliche Bedeutung verleiht Lahnstein der Ortsteil Lahnstein auf der Höhe mit seinen ›Dorimare Kurthermen‹. Die Thermen werden gespeist vom VICTORIA HEIL- UND MINERALBRUNNEN.
Die älteste Nachricht von diesem Brunnen geht auf das Jahr 1366 zurück. In der Folgezeit taucht er immer wieder in der einschlägigen ›Bäder-Literatur‹ des Mittelalters bis ins 16. Jahrhundert auf.
Der eigentliche VICTORIA-Sprudel (benannt nach der Gattin Kaiser Friedrichs III. und Tochter der Königin Victoria) wurde im Jahre 1879 erbohrt. 2 Jahre später trinkt man VICTORIA bereits in Holland und England. Eine holländische Companie übernimmt die Anlage, deren Wasser inzwischen in versiegelten Tonkrügen bis Amerika und Indien exportiert wird. Vor der Jahrhundertwende erreicht die wirtschaftliche Entwicklung des VICTORIA-Brunnens ihren ersten Höhepunkt mit einem Absatz von bis zu 5 Millionen Gefäßen jährlich. Anschließend fällt das Geschäft; erst die Heereslieferungen des I. Weltkriegs sorgen wieder für Ausgleich.
Der VICTORIA-Brunnen hat lange Zeit zu den bedeutendsten Wirtschaftsunternehmen des Kreises St. Goarshausen gehört. Nach dem II. Weltkrieg konzentrierte sich die Firma auf die Belieferung des holländischen Marktes. Darüber hinaus wurde vorrangig die aus den Quellen reichlich gewonnene Kohlensäure verkauft. Seit 1986 bemüht man sich um den ›Neustart einer alten Marke‹, deren Kernabsatzgebiet bislang auf Rheinland-Pfalz beschränkt blieb und nun bundesweit ausgedehnt werden soll.
Das Wasser dringt aus einem 399 Meter tief erbohrten Vorkommen selbsttätig und erhitzt (30°) ans Tageslicht. Mit rund 3.4 Gramm pro Liter ist es überdurchschnittlich mineralisiert, was ihm einen ausgeprägten Geschmack verleiht.

VITTEL / Vittel (Vogesen)

Vittel Mineralwasser GmbH
Postfach 71 08 19
6000 Frankfurt 71

MINERALWASSER

Zusammensetzung entsprechend Etikett:

Kationen		*Anionen*	
Natrium (Na^+)	3.000	Sulfat (SO_3^{4-})	306.000
Calcium (Ca^{2+})	202.000	Hydrogencarbonat	
Magnesium (Mg^{2+})	36.000	(HCO_3^-)	402.000

Summe der Hauptbestandteile ca. 0.94 Gramm

Die eckigen Plastikflaschen, die sich in unseren Supermarktregalen drängen, kommen aus den französischen Vogesen; dort wird das örtliche Heilwasser einige Kilometer von seiner Quelle entfernt in einer hochmodernen Fabrik abgefüllt.
An den VITTEL-Quellen haben sich (wie üblich) vor 2000 Jahren bereits die Römer zwischen ihren Feldzügen gelabt. 1853 trank der Kolonial-Rechtsanwalt Louis Bouloumié wiederholt von dem Wasser und fühlte bald, wie sich sein Nierenleiden besserte. Er kaufte die Quelle und baute sie zu einer Heilwasser-Anlage aus, damit auch andere daran genesen konnten. 1857 war VITTEL bereits berühmt über die Grenzen von Frankreich hinaus. Parkanlagen entstanden, Wandelgänge – schließlich ein Grandhotel.
1903 erklärte der französische Staat die Quelle zum *intérêt public,* nachdem dem Gesundheitsminister ein Gutachten über die medizinische Wirksamkeit der Quelle vorgelegen hatte.
Heute befinden sich die Anlagen im Besitz des Club Méditerranée, der auf jedem Flaschenetikett in seine ›moderne Dorfgemeinschaft‹ zu Kuren gegen Gicht, Fettleibigkeit und Zellulitis einlädt.
Die *Société Générale des Eaux Minérales de Vittel* ist weltweit aktiv. Nicht so sehr durch Verkaufen ihres Wassers, sondern mehr noch durch Erschließen neuer Abnahmequellen – von Arabien bis Amerika: ein regelrechter Wasser-›Multi‹, der auf diesem Gebiet französische Standards in der ganzen Welt verbreitet.

VÖSLAUER / Bad Vöslau

Vöslauer Heilquellen-
Verwertungsgesellschaft m.b.H.
Erste Haidequerstraße 7
A-1110 Wien

TAFELQUELLWASSER

Zusammensetzung entsprechend den Ergebnissen der 1986er Kontrollanalyse der *Bundesanstalt für chemische und pharmazeutische Untersuchungen* (Dir. Dr. E. Schlederer):

Kationen		*Anionen*	
Natrium (Na^+)	10.150	Chlorid (Cl^-)	15.600
Calcium (Ca^{2+})	97.000	Sulfat (SO_3^{4-})	151.000
Magnesium (Mg^{2+})	40.400	Hydrogencarbonat (HCO_3^-)	304.800
Kalium (K^+)	1.740	Fluorid (F^-)	0.500

Summe der Hauptbestandteile ca. 0.62 Gramm

VÖSLAUER rangiert in Österreich nach →RÖMERQUELLE an zweiter Stelle. Die Abfüllgesellschaft befindet sich im Besitz der Sparkasse von Wien.
Die warmen Quellen (24° C) in den Harzbergen südlich von Wien stoßen mit rund 3,7 Millionen Liter täglich eine unglaubliche Menge Wasser aus. Nur der geringste Teil wird in die Flaschenfüllanlage ½ Kilometer weiter geleitet – der Rest strömt in die Thermalbäder.
Hier kurte schon im 18. Jahrhundert die österreichische Aristokratie. Auch heute noch kommen jährlich über 10000 Österreicher nach Vöslau, hauptsächlich um Unfallverletzungen zu kurieren.
VÖSLAUER ist mit etwas über ½ Gramm festen gelösten Stoffen pro Liter eher unterdurchschnittlich mineralisiert. Nach österreichischem Codex heißt es deswegen auch nicht *Mineral-*, sondern Tafel*quell*wasser.
Der minderkarbonisierten Quellausbeute wird verschieden stark Kohlensäure zugesetzt (bis 5.5 Gramm).
VÖSLAUER verzeichnet Exporterfolge nach USA und – man höre und staune – nach Saudi-Arabien, wofür es sogar Extra-Etiketten gibt.

VOLVIC / Puy-de-Dome (Auvergne)

Volvic
Bahnstraße 22
4156 Willich 1

MINERALWASSER

Zusammensetzung entsprechend den Ergebnissen der Analyse des *Hydrologischen Instituts der Universität Clermont-Ferrand:*

Kationen		*Anionen*	
Natrium (Na^+)	8.000	Chlorid (Cl^-)	7.500
Calcium (Ca^{2+})	10.400	Sulfat (SO_3^{4-})	6.700
Magnesium (Mg^{2+})	6.000	Hydrogencarbonat	
Kalium (K^+)	5.400	(HCO_3^-)	64.000

Summe der Hauptbestandteile ca. 0.10 Gramm

Im französischen Zentralmassiv liegt eine Kette von Vulkanen. Die Landschaft ist zum Naturschutzgebiet erklärt worden. Pinien und Buchenwälder bestimmen das Bild.
Hier tritt VOLVIC zutage. Die Quelle ist eine der ergiebigsten unter allen französischen Mineralquellen. Auch gegenwärtig wird nur eine geringe Menge auf Flaschen gezogen.
Das Volvic-Tal wirkt wie ein riesiger Naturfilter. Einregnendes Wasser durchsickert vulkanische Sände und Basalte, auf diesem Wege höchste natürliche Reinheit erreichend. Mineralien löst es auf seinem Weg allerdings nur wenig aus. VOLVIC wird in dieser Hinsicht (Mineralgehalt) von manchem Leitungswasser übertroffen.
Die unterirdisch rauschende Goulotquelle wurde 1927 von Pierre Moity, dem Bürgermeister der Gemeinde Volvic, entdeckt und erschlossen. Nachdem man die Ausbeute lange nur regional verkauft hatte, gelang in den 70er Jahren der Sprung ins nationale, dann internationale Geschäft.
Aufgrund seiner fast nicht vorhandenen Mineralisation leistet die Quelle vor allem dort verschwiegene Dienste, wo früher Leitungswasser gebraucht wurde.
Auch in der Hautpflege findet das Wasser – ähnlich →ÉVIAN – Verwendung, indem man es aufsprayt und zu schonender Reinigung benutzt.

WITTENSEER QUELLE / Groß Wittensee

Wittenseer Quelle Hans Blunck & Sohn
Mühlenstraße 29
2333 Groß Wittensee

MINERALWASSER

Zusammensetzung entsprechend den Ergebnissen der Analyse vom 15. 11. 1984 des *Instituts Fresenius* (Taunusstein):

Kationen

Natrium (Na^+)	9.200
Calcium (Ca^{2+})	78.800
Magnesium (Mg^{2+})	5.100
Kalium (K^+)	1.450

Anionen

Chlorid (Cl^-)	15.700
Sulfat (SO_3^{4-})	31.100
Hydrogencarbonat (HCO_3^-)	232.000
Fluorid (F^-)	0.170

Summe der Hauptbestandteile ca. 0.37 Gramm

Die WITTENSEER QUELLE liegt im Herzen Schleswig-Holsteins in der Nähe von Eckernförde, südlich des Naturparks *Hütte-ner-Berge* am Wittensee.
Erschlossen im Jahr 1896, befindet sie sich seit 1908 im Besitz der mittlerweile dritten Generation der heutigen Eigentümer-Familie.
Anläßlich einer Neubohrung im Jahr 1983 stieß man zwischen 70 und 130 Metern unter eiszeitlichen Tonablagerungen auf ein außerordentlich ergiebiges Mineralwasservorkommen.
Die WITTENSEER QUELLE weist eine schonende Mischung von knapp 0.4 Gramm Mineralien auf und ist von höchster ursprünglicher Reinheit: denn das, was auf Flaschen gezogen wird, gelangte in der späten Nacheiszeit (vor einigen 10000 Jahren!) in das angestochene Reservoir und ist seitdem weder mittel- noch unmittelbar mit der Erdoberfläche in Berührung gekommen.

ZURZACHER / Bad Zurzach

Mineralquellen Zurzach
Baseler Straße 101
CH-8437 Bad Zurzach

MINERALWASSER

Zusammensetzung entsprechend den Ergebnissen der Analyse vom 2. 5. 1980 des *Laboratoriums für Wasseruntersuchung Prof. Höll/Griesing* (Hannover):

Kationen		*Anionen*	
Natrium (Na^+)	303.000	Chlorid (Cl^-)	138.200
Calcium (Ca^{2+})	30.200	Sulfat (SO_3^{4-})	251.600
Magnesium (Mg^{2+})	1.880	Hydrogencarbonat (HCO_3^-)	372.200

Summe der Hauptbestandteile ca. 1.09 Gramm

An der Nordgrenze der Schweiz, im Hochrheintal, nahe des Jura und des Schwarzwaldes, liegt Bad Zurzach. Besiedelt schon von den Kelten, hernach den Römern, sowie Wirkungsstätte der heiligen Verena und anschließend frequentierter Wallfahrtsort, blickt die 3000-Seelen-Gemeinde auf eine lange Geschichte zurück.

Als man 1914 ca. 350 Meter vom Ortszentrum nach Salz bohrte, sprudelte unversehens warmes Wasser aus dem Loch. Die Öffnung wurde aber verschüttet – das Vorkommen erst 1955 wieder vermittels Neubohrung erschlossen. 1965 wurde dann ein weiteres Loch niedergebracht, um die Schüttung zu erhöhen.

Das Wasser tritt mit ca. 40° C aus, muß also aus größten Tiefen rühren. Man hat gemessen, daß es rund 50 Jahre im Erdreich unterwegs ist, bevor es wieder an die Atmosphäre gelangt.

Mit etwas über 1 Gramm ist ZURZACHER zwar nicht besonders hoch mineralisiert, doch hat es dafür vielfältige Hauptbestandteile. Chlorid, Sulfat und Hydrocarbonat sind in vergleichbar mächtigen Anteilen vertreten. Ihnen steht fast ausschließlich Natrium gegenüber. Was dem Wasser einen deutlich alkalischen Geschmack verleiht.

ZURZACHER wird in einem nahegelegenen Betrieb (28 Beschäftigte) abgefüllt, der durch Kunststoffleitung mit den Thermalquellen verbunden ist.

ZWESTENER LÖWENQUELLE HEILWASSER
Zwesten

Zwestener Löwensprudel GmbH u. Co. KG
Heil- und Mineralbrunnen
Postfach 104106
3500 Kassel

HEILWASSER

Zusammensetzung entsprechend den Ergebnissen der Analyse vom 6. 2. 1979 des *Instituts Fresenius* (Taunusstein):

Kationen		*Anionen*	
Natrium (Na^+)	606.000	Chlorid (Cl^-)	880.000
Calcium (Ca^{2+})	202.000	Sulfat (SO_3^{4-})	401.900
Magnesium (Mg^{2+})	92.5000	Hydrogencarbonat (HCO_3^-)	732.000
Kalium (K^+)	10.500	Fluorid (F^-)	1.660
Strontium (Sr^{2+})	4.850	Iodid (I^-)	0.310
Eisen (Fe^{2+})	0.100		

Summe der Hauptbestandteile ca. 2.93 Gramm

Das ZWESTENER LÖWENQUELLE HEILWASSER ist das Heilwasser aus dem →ZWESTENER LÖWENSPRUDEL-Vorkommen.
»Der Sauerbrunnen, umgeben von einer Reihe Süßwasserquellen, erhält seinen Zufluß von ca. 110–120 Kubikmeter pro 24 Std. Mächtigkeit aus einer rd. 12 Meter unter der Erdoberfläche hinziehenden Wasserader, deren Ursprung an den Abhängen des Kellerwaldes (Bergland zw. Eder und Schwalm, Teil des Rheinischen Schiefergebirges) zu suchen ist. Die Beschaffenheit vieler zu Tage tretender Quellen lassen dort einen guten Vorrat an Salz, Kalk, Eisen, Schwefel und anderen wertvollen Mineralien vermuten.
Trotz der aus der Geschichte mannigfach überlieferten Heilwirkungen wurde es (das Wasser) in der Folgezeit zum Genusse weniger beachtet. Erst die mannigfachen schönen Erfolge ähnlicher Heilquellen ließen in der Gegend den allseitigen Wunsch wieder aufkommen, das Heilwasser, das früheren Generationen so vorzügliche Erfolge gebracht hatte, auch den Nachkommen wieder zugänglich zu machen. Die Arbeit an der neuen Fassung hat ein glänzendes Resultat gezeigt; die alte Quelle, deren Zufluß durch eine völlige Durchbohrung der deckenden Tonschicht verbessert wurde, tritt heute nach guter Fassung als kräftiger Sprudel zu Tage.«
Soweit der Chronist von 1914.
ZWESTENER LÖWENQUELLE HEILWASSER gleicht Funktionsstörungen des Magens aus; dies besonders bei vermindertem Gehalt an Salzsäure des Magensaftes.
Das Wasser hilft bei Entzündungen des Magens; es lindert auch Zustände nach Magenoperationen.
Des weiteren arbeitet ZWESTENER LÖWENQUELLE HEILWASSSER Funktionsstörungen der Gallenblase entgegen, in gleichem Maße auch den Erkrankungen des Gallenwegsystems. Heilwirksam ist es auch bei Zuständen nach Gallenoperationen.
ZWESTENER LÖWENQUELLE HEILWASSER unterstützt darüber hinaus Maßnahmen zur Behandlung von chronisch entzündlichen Erkrankungen der Harnwege. Zudem verbessert es Zustände nach Harnwegsoperationen.

ZWESTENER LÖWENSPRUDEL / Zwesten

Zwestener Löwensprudel GmbH u. Co. KG
Heil- und Mineralbrunnen
Postfach 104106
3500 Kassel

MINERALWASSER

Zusammensetzung entsprechend den Ergebnissen der Analyse vom 20. 12. 1977 des *Instituts Fresenius* (Taunusstein):

Kationen		*Anionen*	
Natrium (Na^{+})	461.100	Chlorid (Cl^{-})	641.800
Calcium (Ca^{2+})	184.100	Sulfat (SO_3^{4-})	351.600
Magnesium (Mg^{2+})	78.800	Hydrogencarbonat	
Kalium (K^{+})	8.0500	(HCO_3^{-})	645.600
Strontium (Sr^{2+})	4.130	Fluorid (F^{-})	1.670
Eisen (Fe^{2+})	0.230		

Summe der Hauptbestandteile ca. 2.37 Gramm

»An der Straße nach Niederurff – am ›Immegang‹, am Umgang – befindet sich eine Mineralquelle – der ›Sürborn‹, Sauerbrunnen genannt –, aus der Einwohner von Zwesten und Umgegend früher täglich Wasser zum Trinken holten und noch heute holen wegen des guten Einflusses auf die Verdauungsorgane, vor allem auch im Sommer bei heißem Erntewetter.« Weiter berichtet der Chronist, wie die Zwestener Gemeindeväter 1910/12 »den Angeboten und Versuchungen der Wildunger Finanzleute, die die Quellen kaufen bzw. auf lange Jahre pachten und stillegen wollten, aus Liebe zum Dorfe und aus Weitblick für die Entwicklungsfähigkeit des Sprudels widerstanden haben«.

Anstatt sich also vom nahen Konkurrenten Bad Wildungen auskaufen zu lassen, baute man in Zwesten den eigenen Sprudel aus. Und erfolgreich. »Durch Reklame hatte sich in den Sommern der 30er Jahre ein schöner Kurbetrieb entwickelt, der leider durch den Zweiten Weltkrieg völlig zum Stillstand kam. Die Gäste kamen viel aus Rheinland-Westfalen; die meisten waren mit den Kurerfolgen sehr zufrieden... Bald wurden pro Jahr über 2 u. 3 Mio. Flaschen abgefüllt und versandt, teils per Bahn, teils per Lastwagen. Diese Leistungen waren nur durch Beschaffung von Maschinen möglich, an denen alles am laufenden Band ging... Abgesetzt wird das Wasser in den Gaststätten in der Nähe und Umgebung, auch der weiteren. Die Hauptabnehmer sind allerdings die Industrie und Geschäfte in Kassel und Umgegend.«

Und: »Wenn ich so im stillen nachdenke, welche Gelder durch den LÖWENSPRUDEL in die Gemeinde fließen – durch die Gewerbesteuer, durch die Pacht, durch den Verdienst der Arbeiter, den der Handwerker, durch die Kurgäste und die Fremden –, so müssen wir dem Schöpfer dankbar sein, daß er uns den Brunnen gegeben hat.«

TEIL III

Was Mineralien überhaupt sowie im einzelnen für den Menschen bedeuten und in welcher Menge oder Verteilung sie in den geläufigsten Wässern vorhanden sind

Hauptliste: Alphabetische Erfassung von über 250 in Deutschland, Österreich und der Schweiz verkehrenden Mineral- und Heilwässern mit ihren kennzeichnenden Inhaltsstoffen

Was man wissen muß, um die folgenden Listen zu verstehen:

Um die folgenden Werte zu ermitteln, wurden alle in Deutschland, Österreich und der Schweiz vertreibenden Mineralwasserabfüller, die die nationalen Dachverbände benennen konnten, angeschrieben.

Verschiedene Quellen

Einige sandten das offizielle Analyseergebnis der Zusammensetzung ihrer Wässer, andere schickten Etiketten, die in der Mehrzahl nur die ›charakteristischen Bestandteile‹ des einzelnen Wassers aufführten. Wieder andere schwiegen sich völlig aus, und ihre Werte mußten – soweit möglich – von den im Handel erhältlichen Flaschen abgelesen werden.

Testergebnisse von Umweltmagazinen

Um das Bild abzurunden, wurden auch die beiden großangelegten Nachmessungen der deutschen Umweltmagazine ›natur‹ und ›Öko-Test‹ (Untersuchungszeitraum Ende '86 – Anfang '87 / Veröffentlichung Feb. – März '87) im Natrium- und Nitratbereich berücksichtigt sowie die Angaben einiger anderer verstreuter Druckerzeugnisse (deren Erwähnung ggf. gekennzeichnet ist).

Mehrfachnennungen

Die daher manchmal doppelten Natrium- oder bis zu dreifachen Nitrat-Nennungen ergeben aufgrund der unterschiedlichen Zeitpunkte ihrer Probenentnahme und Analyse (Etikettendatum/›natur‹: Ende '86 / ›Öko-Test‹: Jan. – Feb. '87) bei ein und derselben Sorte mitunter abweichende Werte. Sollten aber die Werte im Ausnahmefall einmal wirklich kraß (etwa bei Nitrat) voneinander abweichen, so stellt der Wert des jüngeren Datums wahrscheinlich die Reaktion auf das ältere dar.

Trinkwasserwerte

Absichtlich wurden die *Trinkwasser*werte einiger deutscher Großkommunen mit in die Aufstellung genommen, um weitergehende Bezüge und Schlußfolgerungen zu ermöglichen.

›–‹

Im Rahmen der folgenden Tabelle steht überall ein Strich (›–‹), wo der Wert, der an diese Stelle gehörte, nicht ermittelt werden konnte. Der Strich hat nicht zu bedeuten, daß es diesen Wert nicht gibt. Markiert er die Rubrik der Umweltmagazine, so ist das erwähnte Wasser in dieser Hinsicht lediglich nicht getestet worden. Wo er darüber hinaus auftaucht, liegt die entsprechende Information beim Brunnenbesitzer.

›n.n.‹

Dagegen bedeutet die Buchstabenkombination ›n.n.‹, daß die angesprochene Meßgröße nicht existiert bzw. ihr Wert eine bestimmte Grenze unterschreitet und deswegen als ›nicht nachgewiesen‹ gelten kann.

HAUPTLISTE

Alphabetische Erfassung von über 250
in Deutschland,
Österreich und der Schweiz
verkehrender Mineral- und Heilwässern
mit ihren kennzeichnenden
Inhaltsstoffen

	Marke	Postleitzahl/Quellort	Abfüller-analyse: Datum	Labor***	Kationen		
					Natrium		Kalium
					Abf.-angabe	›natur‹*	
○	Aachener Kaiserbrunnen	5100 Aachen	12.12.79	1	1315.0	1051.0	63.1
○	Adelbodner	CH-Adelboden	–	2	6.0	–	2.1
■	Adelheidquelle	7347 B. Überkingen	21.12.70	7	973.2	–	31.0
■	Adelholzener Primus-Heilquelle	8227 Bad Adelholzen	22.12.86	8	3.01	–	0.87
○	Aegidius Brunnen	5340 Bad Honnef	6.6.83	11	431.0	330.0	21.5
○	Alstertaler	2000 Norderstedt	26.6.84	1	327.6	330.0	5.5
○	Alt-Bürgerbrunn	4300 Essen	2.10.85	11	45.0	41.6	20.1
○	Altmühltaler Quelle	8830 Naturpark Altm.	2.2.84	1	47.0	–	28.9
○	Alwa	7500 Karlsruhe 41	10.12.85	1	66.1	60.0	7.5
○	Apollinaris	5483 Bad Neuenahr	19.3.85	1	504.0	431.0	29.4
○	Aproz	CH-Sitten (Wallis)	–	25	8.2	–	2.1
○	Aqui	CH-Zürich	–	2	318.0	–	1.75
○	Ardey	4600 Dortmund	12.3.85	1	88.4	72.2	6.0
○	Arienheller Brunnen	5462 Bad Hönningen	–	29	619.6	–	29.6
○	Arkia	6368 Bad Vilbel	5.82	1	146.4	127.1	15.0
○	Assindia	4300 Essen	8.82	1	19.6	21.4	7.82
○	Atlantis Quelle	4290 Bocholt	10.2.83	1	452.1	343.0	22.4
■	B. Brücken. Wernarzer Wasser	8788 Bad Brückenau	–	8	2.4	–	3.0
○	Bad Driburger	3490 Bad Driburg	10.12.84	1	7.92	6.5	–
■	Bad Driburger Bitterwasser	3490 Bad Driburg	16.3.77	1	135.1	–	5.39
○	Bad Godesberger	5300 Bad Godesberg	30.11.82	20	458.2	339.0	25.9
○	Bad Harzburger	3388 Bad Harzburg	3.3.86	3	395.0	396.0	10.0
■	Bad Hersfelder Lullusbrunnen	6430 Bad Hersfeld	31.1.84	27	229.4	–	11.0
■	Bad Hersfelder Vitalisbrunnen	6430 Bad Hersfeld	26.7.84	27	2642.0	–	70.4
○	Bad Honnefer	5340 Bad Honnef	6.3.75	19	1055.0	1326.0	34.8
○	B. Liebenzeller Mineral-Therme	7263 Bad Liebenzell	31.1.86	7	278.0	–	17.0
■	B. Mergentheimer Albertquelle	6990 B. Mergentheim	21.12.77	7	13033	–	321.5
■	B. Mergentheimer Karlsquelle	6990 B. Mergentheim	21.12.77	7	3886.0	–	102.7
■	Bad Neuenahrer Heilwasser	5483 Bad Neuenahr	1962	1	300.0	–	24.0
■	Bad Niedernauer Römerquelle	7407 Rottenburg a.N.	7.11.77	1	8.05	–	1.80
○	Bad Pyrmonter	3280 Bad Pyrmont	11.10.84	3	216.0	214.0	4.8
■	Bad Tönissteiner Heilbrunnen	5474 Brohl	1.8.83	3	96.0	–	15.8

* Heft 3, 1987 (Probeneinnahme: Nov. 1986)
** März 1987 (Probeneinnahme: Jan. – Feb. 1987)

			Anionen								Hauptbestandteile (Gramm pro Liter)	besprochen
							Nitrat					
Calcium	Magnesium	Eisen	Chlorid	Sulfat	Hydrogen-carbonat	Fluorid	Abf.-angabe	* ›natur‹	›Öko** Test	Iodid		
57,6	8.16	–	1501.0	279.7	857.9	–	–	1.8	0.5	–	3.95	×
540.0	39.0	0.05	11.0	1230.0	290.0	0.094	0.14	–	–	0.021	2.11	×
136.3	107.0	0.02	117.0	318.5	3001.0	0.300	0.58	–	0.5	–	4.68	×
87.9	29.7	0.05	2.5	11.3	407.3	0.082	5.26	–	5.9	–	0.54	×
47.5	57.1	–	224.0	139.0	1045.0	0.100	–	5.4	5.1	–	1.92	
7.0	4.4	–	310.4	–	383.9	0.200	0.8	2.2	–	–	1.04	
234.0	30.0	–	62.1	297.2	504.5	–	–	8.8	–	–	1.20	
47.8	11.4	0.26	1.3	64.0	292.0	0.500	0.1	–	–	–	0.49	×
256.0	25.4	–	6.9	68.1	998.0	1.000	0.9	2.6	1.3	–	1.42	
94.3	115.3	–	168.2	128.0	1806.0	–	–	7.6	7.2	–	2.81	×
454.0	67.0	–	8.3	1118.0	229.0	0.130	3.6	–	–	–	1.89	×
2.45	0.84	0.01	144.0	129.0	395.0	3.200	–	–	–	0.2	0.99	×
161.0	24.3	–	89.7	223.0	425.0	0.410	–	1.9	–	–	1.01	
66.5	91.0	–	294.7	107.1	1701.0	0.380	–	–	–	–	2.90	
147.1	26.6	–	170.9	33.2	650.4	0.340	–	21.7	3.8	–	1.19	
217.8	36.8	–	45.2	217.5	558.9	0.170	–	1.5	–	–	1.10	
25.1	20.0	–	567.6	36.6	391.7	0.570	–	6.4	–	–	1.46	
15.0	6.37	–	4.16	12.84	63.22	0.080	6.46	–	–	–	0.11	
123.9	34.8	–	21.0	45.5	466.0	–	–	14.9	–	–	0.71	
671.4	184.5	6.24	145.0	1602.0	1080.0	–	0.55	–	–	–	3.82	
37.8	47.2	–	247.0	139.7	1009.0	1.490	0.4	4.1	3.5	–	1.90	
50.0	11.0	–	530.0	152.0	161.0	–	–	6.1	–	–	1.31	
157.6	12.0	0.65	129.7	483.5	377.1	1.400	0.85	–	1.9	–	1.40	
695.4	172.8	3.22	3656.0	2797.0	340.0	1.830	0.8	–	–	–	10.37	
83.6	143.3	–	539.3	171.2	2671.0	–	7.1	8.1	–	–	4.84	
44.1	7.3	–	312.0	–	336.5	2.200	–	–	1.1	–	0.99	×
811.6	711.8	12.67	16545	7956.0	3020.0	0.800	–	–	–	0.18	42.40	
711.4	370.7	3.5	4927.0	3877.0	1159.0	0.490	0.12	–	–	0.03	15.03	
78.4	87.9	7.77	61.5	65.3	1342.0	0.800	0.5	–	1.9	0.04	1.96	×
309.5	82.6	0.03	11.5	139.0	1180.0	–	0.44	–	2.9	–	1.73	×
128.0	40.0	–	181.0	340.0	420.0	0.170	11.5	11.2	12.2	–	1.34	
175.3	136.6	0.22	17.0	22.7	1461.4	0.050	0.05	–	–	0.38	1.92	×

** Die Zahlen in dieser Spalte verweisen auf das Labor, welches die Analyse vorgenommen hat. Welche Zahl zu welchem Labor gehört, steht in der Liste ›Quellen, nach denen die Werte der Schließungslisten von Teil III zitiert wurden‹ im Anhang.

	Marke	Postleitzahl/Quellort	Abfülleranalyse: Datum	Labor***	Kationen: Natrium Abf.-angabe	Natrium ›natur‹*	Kalium
○	Bad Vilbeler UrQuelle	6368 Bad Vilbel	15.5.84	1	97.0	72.9	17.5
○	B. Weilbacher Herzog-A.-Quelle	6093 Bad Weilbach	1.86	1	150.0	703.0	12.4
■	B. Wildunger Georg-V.-Quelle	3590 Bad Wildungen	14.4.67	1	41.7	–	4.18
■	B. Wildunger Helenenquelle	3590 Bad Wildungen	6.9.77	27	724.4	–	15.07
■	B. Wildunger Reinhardsquelle	3590 Reinhardsh.	30.7.82	1	16.4	–	2.49
○	B. Windsh. Residenz-Quelle	8532 Bad Windsheim	27.5.83	1	107.7	103.0	11.5
○	B. Windsh. Schönthal Quelle	8532 Bad Windsheim	–	2	105.1	100.0	12.0
■	B. Windsh. St. Kiliani-Heilquelle	8532 Bad Windsheim	–	2	1055.0	–	40.8
○	Beinsteiner	7050 Beinstein	–	29	496.7	–	28.0
■	Birresborner Adonis-Quelle	5535 Birresborn	21.6.78	1	597.9	–	31.9
○	Birresborner Phönix	5535 Birresborn	10.85	1	532.0	501.0	28.0
○	Breisgauer	7844 Neuenburg	12.12.85	1	63.0	58.0	–
○	Brohler Stille Quelle	5474 Brohl	2.85	1	592.0	607.0	20.1
○	Burg-Quelle	5472 Plaid	3.82	1	418.0	451.0	34.2
○	Burgwallbronn	4300 Essen	4.77	1	53.7	54.7	14.0
○	Carolinen-Quelle	4800 Bielefeld	13.11.85	1	18.4	9.3	–
■	Caspar-Heinrich-Quelle	3490 Bad Driburg	22.12.82	1	24.0	–	2.83
○	Christinen-Brunnen	4800 Bielefeld	17.2.86	1	505.0	355.0	–
○	Contrex	F-Contrexville (Vog.)	16.9.86	4	7.5	5.0	3.1
○	Dauner	5568 Daun	24.5.74	1	729.9	673.0	–
○	Diana	6365 Rosbach 1	31.7.85	1	29.9	35.1	2.26
○	Diemeltaler Quelle	3530 Warburg	4.12.81	1	14.3	13.8	3.23
○	Dietenbronner	7951 B. Dietenbronn	23.2.87	7	6.6	2.5	1.2
■	Dunarisbrunnen	5568 Daun	9.1.78	1	588.5	–	23.1
○	Durstina	4270 Dorsten	4.85	1	256.0	251.0	8.1
○	Dürrheimer Johannisquelle	7737 Bad Dürrheim	11.10.85	14	5.3	4.0	–
○	ETA Eyachtal-Quelle	7240 Horb	10.7.86	22	30.6	30.3	5.2
○	Elisabethen-Quelle	6368 Bad Vilbel	29.11.84	1	90.0	95.6	38.0
■	Elisabethenquelle	7050 Waibl.-Beinst.	15.10.69	7	496.74	–	28.01
■	Emser Kränchen	5427 Bad Ems	25.8.62	1	955.3	–	25.2
○	Emsland-Quelle	4473 Haselünne	27.2.81	1	410.0	370.0	11.4
○	Emstaler Brunnen	6277 Oberselters	21.5.85	1	194.0	–	8.2

* Heft 3, 1987 (Probeneinnahme: Nov. 1986)
** März 1987 (Probeneinnahme: Jan. – Feb. 1987)

			Anionen									
							Nitrat					
Calcium	Magnesium	Eisen	Chlorid	Sulfat	Hydrogen-carbonat	Fluorid	Abf.-angabe	* ›natur‹	›Öko** Test	Iodid	Hauptbestandteile (Gramm pro Liter)	besprochen
126,1	8.16	20,7	–	69.3	31.9	613,2	–	–	n.n.	1,300	0.86	×
134.0	30.5	–	137.0	154.0	522.0	–	–	2.0	–	–	1.41	
202.3	103.3	10.78	7.85	55.9	1189.0	0.–	–	–	0.015	–	1.60	
312.0	244.5	6.21	608.4	22.06	3068.0	0.220	0.002	–	0.1	0.95	4.99	
155.4	62.7	3.51	17.7	34.4	771.3	0.230	2.3	–	–	0.016	1.06	
577.2	83.7	–	172.9	1419.0	392.9	0.250	–	1.0	0.300	–	2.76	×
592.1	75.2	–	180.4	1462.0	376.1	0.290	–	n.n.	–	–	2.80	
574.5	129.1	–	1144.0	1515.0	421.6	0.340	1.13	–	–	–	4.88	×
465.2	102.1	–	790.8	1085.0	752.0	–	–	–	–	–	3.72	
112.2	80.7	4.8	46.42	26.7	2239.0	0.490	3.9	–	–	0.028	3.13	
107.0	80.0	–	44.0	21.0	2075.0	–	–	8.4	7.0	–	2.87	
507.0	73.8	–	54.3	1374.0	275.0	–	–	9.3	5.4	–	2.35	
87.3	106.0	–	298.0	103.0	1763.0	–	–	2.3	2.1	–	2.97	
141.4	86.9	–	41.1	90.8	1847.0	–	–	9.3	11.0	–	2.68	
215.3	35.9	–	120.0	372.3	321.6	–	–	6.0	–	–	1.13	
244.8	62.3	–	7.5	645.0	317.0	–	n.n.	7.8	0.8	–	1.29	
281.3	82.5	0.04	37.9	104.0	1125.0	0.220	11.3	–	1.4	00.25	1.67	
4.8	–	–	44.3	73.7	494.0	–	–	4.5	0.7	–	1.04	
471.0	85.0	–	7.2	1202.0	373.3	0.260	–	2.7	2.8	–	2.15	×
118.9	173.7	–	60.8	42.5	3061.0	0.470	–	1.8	n.n.	–	4.16	
139.4	57.3	–	49.6	15.0	689.0	–	–	6.5	–	–	0.99	
243.7	52.2	–	26.9	504.6	338.6	–	–	17.5	12.7	–	1.19	
52.1	29.1	–	1.2	8.1	308.0	0.050	0.1	37.8	30.3	–	0.42	×
77.7	101.4	5.52	69.7	62.5	2165.0	0.420	1.52	–	n.n.	0.030	3.09	
76.1	13.6	–	431.3	18.2	240.0	0.300	0.05	1.8	n.n.	–	1.04	
348.0	45.9	–	–	730.0	372.2	–	–	n.n.	n.n.	–	1.50	
272.5	52.5	–	42.0	488.0	536.5	0.400	9.1	20.1	–	–	1.44	
113.0	22.0	–	69.0	52.0	551.0	–	–	8.0	8.1	–	0.94	
465.16	102.14	–	709.8	1085.0	752.3	–	0.76	–	4.8	–	3.64	×
56.6	47.2	1.63	512.6	50.0	2041.0	0.98	–	–	n.n.	0.020	3.68	×
18.1	6.68	–	519.6	19.9	253.8	–	–	3.4	–	–	1.21	
68.9	19.7	0.57	188.0	32.0	470.0	0.370	6.6	–	–	–	0.98	×

** Die Zahlen in dieser Spalte verweisen auf das Labor, welches die Analyse vorgenommen hat. Welche Zahl zu welchem abor gehört, steht in der Liste ›Quellen, nach denen die Werte der Schließungslisten von Teil III zitiert wurden‹ im Anhang.

	Marke	Postleitzahl/Quellort	Abfüller-analyse: Datum	Labor***	Kationen		
					Natrium		Kalium
					Abf.-angabe	›natur‹*	
○	Evian	F-Evian-les-Bains	–	2	5.6	–	1.0
○	Ewinaris	4516 Wersche	3.4.73	1	600.2	618.0	–
○	Extaler	3260 Rinteln	20.2.84	3	11.4	3.9	–
○	Ferrarelle	I-Riardo (Süditalien)	–	12	50.6	–	43.0
○	Filippo	7452 Bad Imnau	3.7.86	1	48.3	38.0	–
○	Flora-Brunnen	5539 Gerolstein	–	29	126.0	–	10.0
○	Fontanis	7123 Spielberg	30.10.85	1	43.1	40.7	8.5
○	Fortis	4630 Wattenscheid	23.9.85	1	104.0	98.2	9.1
○	Franken Brunnen	8530 Neustadt	5.82	8	53.5	41.1	4.56
■	Freyersbacher Alexanderquelle	7605 Bad Peterstal	3.10.77	1	178.1	–	13.8
○	Freyersb. Schwarzwäld. Min.-W.	7605 Bad Peterstal	11.11.85	9	260.0	278.0	31.5
■	Friedrich Christian Heilquelle	6293 Löhnberg	7.7.81	1	471.0	–	17.3
○	Frische Brise	5401 Rhens	15.1.86	1	560.0	656.0	9.8
○	Fuldaer Rhön-Quelle	6400 Fulda	17.8.81	11	346.0	322.0	–
○	Förstina	6405 Eichenzell	4.6.85	11	31.4	41.8	19.0
○	Fürst Bismarck Quelle	2055 Aumühle	24.9.84	1	11.8	5.0	–
○	Fürstenbrunn	1000 Berlin	–	2	351.0	256.0	–
♦	Gasteiner Tafelwasser	A-Badgastein	7.10.60	13	78.9	60.0	3.01
○	Germeta Quelle	3530 Warburg	3.1.85	1	14.2	12.1	3.3
○	Gerolsteiner Sprudel	5530 Gerolstein	15.9.81	1	128.2	123.0	11.9
○	Graf Bernhard Quelle	6293 Löhnberg	22.11.84	1	215.0	238.0	–
○	Graf Hallermunt	3257 Springe	17.3.86	3	18.0	7.2	–
○	Graf Meinhard Quelle	6300 Gießen	10.9.74	1	634.4	456.0	10.8
○	Graf Metternich Brunnen	4939 Vinsbeck	12.8.85	1	278.0	272.0	5.4
○	Granus Sprudel	5100 Aachen	26.1.83	1	135.8	–	15.6
○	Griesbacher	7605 Griesbach	8.2.85	1	69.2	58.4	7.6
■	Göppinger Christophquelle	7320 Göppingen	18.3.76	1	331.9	–	26.6
○	Göppinger Mineralwasser	7320 Göppingen	25.11.85	9	438.0	463.0	32.0
○	Güssinger Mineralwasser	A-Güssing (Burgenl.)	22.12.83	13	533.0	–	29.0
○	Haaner Felsenquelle	5657 Haan	21.7.83	1	31.8	31.5	4.13
○	Hahndorfer Georgsquelle	3380 Goslar	–	29	352.0	–	0.9
○	Harzer Grauhof Brunnen	3380 Grauhof (Harz)	25.9.84	1	18.4	25.7	–

* Heft 3, 1987 (Probeneinnahme: Nov. 1986)
** März 1987 (Probeneinnahme: Jan. – Feb. 1987)

			Anionen										
							Nitrat						
Calcium	Magnesium	Eisen	Chlorid	Sulfat	Hydrogen-carbonat	Fluorid	Abf.-angabe	* ›natur‹	›Öko** Test	Iodid	Hauptbestandteile (Gramm pro Liter)	besprochen
79.9	25.7	–	3.6	11.0	365.0	–	3.8	11.0	5.0	–	0.49	×
146.8	37.0	–	818.8	340.4	382.6	–	–	19.0	–	–	2.35	
357.0	57.15	–	16.4	880.0	292.5	1.250	4.0	6.5	5.1	–	1.61	
428.8	14.6	–	21.2	3.8	1549.4	0.400	0.9	–	–	–	2.11	×
604.0	51.3	–	51.3	1406.0	362.0	–	–	0.5	–	–	2.51	
325.0	98.0	–	51.0	31.0	1697.0	–	–	–	–	–	2.33	×
574.0	101.0	–	41.8	1561.0	344.0	0.220	0.05	3.6	5.0	–	2.67	
205.0	33.1	–	55.5	295.0	611.0	–	–	6.8	–	–	1.31	
193.7	37.5	–	27.6	401.3	380.7	–	–	1.8	0.9	–	1.09	×
133.3	27.1	0.02	31.3	163.0	772.5	2.690	0.94	–	–	–	1.32	×
305.0	70.0	–	28.1	444.0	1516.3	–	–	1.0	2.4	–	2.66	×
175.0	63.5	–	553.5	29.8	1161.0	0.32	0.11	–	–	0.60	2.47	×
90.3	39.6	–	380.0	323.0	912.0	0.980	–	3.3	–	–	2.36	
323.2	–	–	425.5	820.0	549.2	–	–	2.7	–	–	2.45	
510.5	67.2	–	32.8	712.8	1043.8	1.42	–	n.n.	2.6	–	2.42	
82.0	5.5	–	18.3	50.3	212.0	0.120	–	n.n.	3.2	–	0.37	×
108.4	18.7	–	480.6	104.0	405.8	–	–	n.n.	1.1	–	1.42	
20.0	0.97	0.06	26.15	130.2	57.36	4.800	–	n.n.	–	–	0.31	×
502.3	78.4	–	16.6	1273.0	326.0	0.310	–	12.5	15.0	–	2.22	
363.7	112.5	–	38.9	33.7	1917.0	–	–	3.6	3.8	–	2.60	
108.0	37.0	–	259.0	–	610.0	0.290	–	4.5	–	–	1.24	
264.4	22.0	–	37.5	450.0	342.0	–	–	5.8	0.5	–	1.13	
95.3	40.0	–	1018.0	101.9	311.8	–	–	4.1	–	–	2.12	
456.0	81.2	–	236.0	951.0	932.0	0.480	4.1	7.1	5.8	–	2.94	
125.1	16.1	–	137.4	145.0	420.4	0.700	–	–	–	–	0.99	×
254.0	27.0	–	6.6	66.5	1008.8	1.080	0.39	0.5	0.6	–	1.43	
323.0	59.9	0.03	32.5	71.1	2006.0	0.570	1.5	–	2.4	–	2.85	×
313.0	65.0	–	70.1	63.0	2284.5	–	–	3.2	2.4	–	3.28	×
146.76	39.9	0.03	309.5	13.8	1557.0	0.560	1.0	–	–	0.030	2.63	×
69.2	16.6	0.02	75.9	41.7	202.6	0.100	0.110	3.2	–	–	0.44	×
6.7	2.0	–	261.1	28.8	481.0	0.910	–	–	–	–	1.13	
113.0	7.8	–	28.9	73.9	274.0	0.140	–	11.2	6.8	–	0.52	×

*** Die Zahlen in dieser Spalte verweisen auf das Labor, welches die Analyse vorgenommen hat. Welche Zahl zu welchem Labor gehört, steht in der Liste ›Quellen, nach denen die Werte der Schließungslisten von Teil III zitiert wurden‹ im Anhang.

	Marke	Postleitzahl/Quellort	Abfüller-analyse: Datum	Labor***	Kationen		
					Natrium		Kalium
					Abf.-angabe	›natur‹*	
○	Harzer Kristallbrunnen	3394 Langelsheim	15.10.85	23	53.0	50.3	–
○	Hassia Sprudel	6368 Bad Vilbel	19.7.84	2	226.9	190.0	21.2
○	Hella	2000 Hamburg	–	2	255.2	303.0	–
○	Henniez	CH-Henniez (Waadtl.)	10.4.86	20	10.0	–	1.1
■	Heppinger	5483 Bad Neuenahr	22.2.65	1	856.0	–	52.7
○	Hermanns Quelle	6368 Bad Vilbel	9.4.86	1	276.0	267.0	36.3
○	Herzog-Quelle	4630 Bochum	29.7.83	18	399.0	406.0	9.1
○	Hessen-Quelle	6368 Bad Vilbel	1.8.85	1	347.0	269.0	34.8
○	Hetali	4690 Herne	7.2.79	1	274.6	226.0	8.84
■	Hirschquelle	7264 Bad Teinach	18.2.76	7	220.0	–	15.5
○	Hochwald Sprudel	6589 Schwollen	30.8.85	2	55.0	77.2	6.0
○	Hubertus Sprudel	5462 Bad Hönningen	9.7.80	1	756.2	634.0	36.2
■	Hunyadi Jandos	H-Ungarn	–	1	5915.0	–	26.2
○	Höllensprudel	8674 Hölle	24.5.83	8	10.1	–	0.7
○	Imnauer Apollo	7452 Bad Imnau	7.11.85	7	29.0	25.6	4.1
○	Imnauer Fürstenquelle	7452 Bad Imnau	–	1	22.1	19.4	7.4
○	Jakobus	2000 Hamburg	–	2	11.9	7.2	–
○	Jebenhauser Sprudel	7320 Jebenhausen	29.7.85	9	21.5	–	–
○	Johannis Quell	5480 Vulkaneifel	25.6.85	1	89.6	78.6	12.8
○	Johanniter Quelle	3527 Calden	6.83	1	93.5	98.4	12.3
○	Josefsquelle	7605 Bad Peterstal	14.12.84	17	136.1	121.1	7.7
○	Juliushaller	3388 Bad Harzburg	–	29	417.0	–	10.0
○	Juwel	4800 Bielefeld	9.10.85	1	131.0	244.0	6.3
■	Kaiser Friedrich Heilquelle	6050 Offenbach (M.)	–	1	1419.0	–	16.0
○	Kaiser Friedrich Quelle	6050 Offenbach (M.)	15.2.85	1	1390.0	1450.0	17.3
■	Kaiser Ruprecht Heilquelle	5401 Rhens	10.11.80	1	581.0	–	10.0
■	Karlsbader Mühlbrunn	CSSR-Karlovy Vary	–	2	1713.0	–	98.04
○	Katlenburger	3411 Katlenberg	15.12.81	1	412.8	342.0	4.71
○	Kellerwald	3584 Zwesten	4.84	1	169.0	323.0	6.02
○	Kimi	7100 Heilbronn	11.5.86	11	–	153.0	–
○	Kisslegger	7964 Kisslegg (Allg.)	9.8.85	7	315.0	394.0	2.8
○	Kloster-Quelle	7152 Aspach	2.8.84	2	9.8	8.0	3.7

* Heft 3, 1987 (Probeneinnahme: Nov. 1986)
** März 1987 (Probeneinnahme: Jan. – Feb. 1987)

Calcium	Magnesium	Eisen	Anionen: Chlorid	Sulfat	Hydrogen-carbonat	Fluorid	Nitrat: Abf.-angabe	* ›natur‹	›Öko** Test	Iodid	Hauptbestandteile (Gramm pro Liter)	besprochen
39.0	10.3	–	112.0	65.9	122.0	–	–	12.9	–	–	0.41	
209.0	38.1	–	132.4	27.8	1192.0	–	–	3.5	–	–	1.83	×
138.0	12.0	–	421.3	222.1	180.1	–	–	n.n.	–	–	1.25	
114.0	18.2	–	16.0	18.8	368.4	0.100	22.0	–	–	0.010	0.56	×
115.9	164.8	2.37	244.7	188.0	2891.0	–	1.13	–	1.1	–	4.51	×
244.0	62.6	–	201.0	37.5	1471.0	–	–	3.7	–	–	2.32	
9.3	2.8	–	344.0	3.0	500.0	–	–	7.2	–	–	1.27	
263.0	46.9	–	314.0	49.0	1416.0	–	1.2	1.2	2.0	–	2.43	
42.0	10.3	–	243.2	78.1	426.0	0.300	0.11	2.1	–	–	1.06	
216.5	36.48	0.15	32.0	80.5	1314.0	–	0.39	–	3.0	–	1.91	×
52.0	24.8	–	18.0	12.0	–	–	0.1	1.5	–	–	0.18	
72.1	114.6	–	396.6	173.2	1954.0	0.490	2.2	5.0	–	–	3.44	
388.2	2242.0	0.15	428.9	21020	728.0	0.280	8.23	–	–	0.800	30.75	×
199.4	28.9	–	3.62	8.05	780.1	0.290	0.61	–	–	–	1.03	
519.0	44.9	–	35.5	1065.0	481.0	–	1.6	n.n.	0.7	–	2.17	×
410.0	55.6	–	44.2	710.0	625.0	0.500	–	0.8	–	–	1.87	
79.4	6.4	–	21.3	100.0	158.0	–	–	n.n.	n.n.	–	0.37	
329.0	19.0	–	14.8	40.0	1080.0	–	–	–	6.0	–	1.51	×
59.6	50.7	–	71.7	74.1	470.0	–	–	6.5	15.3	–	0.83	×
275.1	92.5	–	76.7	199.4	1216.0	0.190	–	2.2	–	–	1.97	
262.0	18.0	0.05	17.0	380.0	750.9	–	0.4	n.n.	–	–	1.56	
40.0	10.0	–	542.0	148.0	142.0	–	–	–	–	–	1.30	
43.0	12.0	–	99.0	42.0	523.0	1.600	0.3	2.6	3.3	–	0.71	
4.79	4.09	–	795.5	336.1	2026.0	–	–	–	0.8	–	4.60	×
5.0	3.7	–	745.8	336.4	2044.0	–	–	2.1	0.7	–	4.57	×
74.8	36.1	0.02	398.1	314.1	884.1	0.910	4.0	–	n.n.	0.042	2.30	×
135.9	37.33	1.26	607.7	1639.0	2163.0	6.070	n.n.	–	–	0.004	6.40	×
14.7	5.8	–	321.2	296.6	248.3	0.200	–	2.3	–	–	1.27	
132.06	66.0	–	249.1	191.6	524.7	1.360	–	2.3	2.3	–	1.41	
201.0	61.0	–	–	611.0	402.5	1.830	–	1.2	–	–	1.43	
4.0	1.2	–	184.4	50.2	475.9	3.500	0.1	3.2	–	–	1.03	×
599.0	64.0	–	21.0	1350.0	409.0	0.250	24.5	27.5	19.7	–	2.48	

** Die Zahlen in dieser Spalte verweisen auf das Labor, welches die Analyse vorgenommen hat. Welche Zahl zu welchem abor gehört, steht in der Liste ›Quellen, nach denen die Werte der Schließungslisten von Teil III zitiert wurden‹ im Anhang.

	Marke	Postleitzahl/Quellort	Abfüller-analyse: Datum	Labor***	Kationen		
					Natrium		Kalium
					Abf.-angabe	›natur‹*	
○	Knetzgauer Steigerwald	8729 Knetzgau	12.3.86	12	540.0	497.0	–
○	Kronia	6368 Bad Vilbel	1.86	2	140.0	149.0	20.0
○	Kurparkquelle	7605 Bad Peterstal	1.4.86	2	115.0	109.0	10.1
■	Kurselters	6277 Oberselters	21.1.81	1	826.2	–	18.4
■	Lamscheider Stahlbrunnen	7140 Ludwigsburg	16.4.70	1	28.6	–	1.61
■	Leopoldsquelle	7624 Bad Rippoldsau	12.5.78	1	147.0	–	9.19
○	Lieler Quelle	7846 Schliengen-Liel	31.1.86	1	121.0	–	–
○	Lieler Schlossbrunnen	7846 Schliengen-Liel	31.1.86	1	19.0	20.5	–
○	Lohberg	4630 Bochum	29.7.83	18	69.0	69.4	4.2
○	Luisen Brunnen	6000 Nied.-Erlenbach	1.12.83	1	265.0	268.0	21.0
○	Löhnberger	6293 Löhnberg	–	29	335.0	–	13.7
○	Marco Mineralquelle	7152 Aspach	2.8.84	2	10.0	8.8	–
■	Marco Quelle Heilwasser	7152 Aspach	8.84	1	10.0	–	3.8
○	Marien-Brunnen	4807 Borgholzhausen	29.3.85	1	622.0	642.0	8.8
○	Markusbrunnen	5303 Bornheim	17.5.85	1	487.0	530.0	18.3
○	Meister-Perle	8532 Külsheim	–	25	164.9	–	12.3
○	Mühringer	7240 Mühringen	28.1.86	22	48.9	50.1	5.6
○	Nereus-Quelle	5472 Plaidt	11.3.82	1	301.4	270.0	25.7
○	Neuselters Mineralquelle	6293 Löhnberg	28.2.85	1	148.1	136.0	7.06
○	Nord-Quelle	2000 Hamburg	–	2	13.2	9.3	–
○	Nürburg-Quelle	5569 Dreis	20.3.76	1	346.2	319.0	46.1
■	Nürtinger Heinrichsquelle	7440 Nürtingen	27.5.75	1	3382.0	–	42.6
○	Obernauer Löwensprudel	7407 Obernau	14.4.86	7	30.3	28.8	7.6
○	Oberselters Mineralbrunnen	6277 Oberselters	21.1.81	1	622.0	619.0	16.2
○	Odenwald Quelle	6148 Heppenheim	29.1.85	1	372.0	477.0	21.0
○	Okertaler	3380 Goslar	11.79	24	314.4	301.0	3.8
○	Osning-Brunnen	4800 Bielefeld	25.10.77	1	378.5	375.0	1.04
■	Paracelsus-Quelle	7263 Bad Liebenzell	15.12.82	7	298.0	–	16.6
○	Passugger	CH-Passugg bei Chur	7.73	25	46.0	–	3.4
○	Perling	5401 Rhens	7.5.85	1	220.0	558.0	–
○	Perrier	F-Vergeze-Gard	30.11.84	6	14.0	8.6	1.0
□	Peterquelle	A-Deutsch Goritz	27.3.85	13	566.0	–	16.0

* Heft 3, 1987 (Probeneinnahme: Nov. 1986)
** März 1987 (Probeneinnahme: Jan. – Feb. 1987)

			Anionen									
							Nitrat					
Calcium	Magnesium	Eisen	Chlorid	Sulfat	Hydrogen-carbonat	Fluorid	Abf.-angabe	* ›natur‹	›Öko** Test	Iodid	Hauptbestandteile (Gramm pro Liter)	besprochen
669.3	51.6	–	835.0	1375.0	430.0	–	–	2.7	–	–	3.88	×
148.0	32.0	–	–	40.0	727.0	–	–	4.9	3.3	–	1.11	
93.9	19.8	–	16.2	86.7	556.0	–	–	n.n.	–	–	0.89	×
95.3	39.8	0.05	788.3	20.2	1327.0	0.530	4.0	–	–	0.030	3.12	×
154.5	59.3	24.80	6.27	8.6	890.9	–	0.66	–	–	–	1.15	
205.8	40.6	0.03	25.2	353.6	746.2	1.900	0.220	–	–	0.009	1.53	×
155.0	39.6	–	33.2	627.0	153.0	–	–	–	–	–	1.12	×
131.0	10.2	–	29.7	42.8	402.0	–	–	–	–	–	0.63	×
383.0	51.9	–	79.0	919.0	331.0	–	–	7.3	–	–	1.84	
369.0	53.0	–	379.0	39.0	1443.0	–	–	4.2	3.0	–	2.57	×
186.0	54.0	–	438.0	22.0	965.0	0.570	–	–	–	–	2.01	
570.0	65.5	–	–	1300.0	407.0	–	–	25.9	22.5	–	2.37	
570.0	65.5	0.03	19.3	1300.0	407.0	0.290	–	–	22.4	–	2.39	×
123.4	7.6	–	781.0	135.1	544.0	–	–	26.7	25.2	–	2.25	
163.0	61.1	–	455.2	315.6	943.0	0.380	–	4.9	4.8	–	2.47	
618.0	78.7	–	264.2	1495.0	381.5	0.340	–	–	–	–	3.01	
307.0	52.7	–	69.7	445.0	708.0	0.260	0.43	0.7	–	–	1.63	
86.2	55.7	–	28.1	80.1	1249.0	0.290	0.39	7.2	–	–	1.81	
118.7	26.2	–	131.7	15.1	650.0	0.520	–	4.0	1.6	–	1.09	×
78.2	6.2	–	19.2	107.5	146.4	–	–	1.8	1.3	–	0.37	
280.8	387.7	–	22.5	1990.0	3734.0	0.670	3.3	2.3	1.3	–	6.79	
75.8	62.3	0.05	446.1	4388.0	3260.0	0.860	–	–	0.7	0.300	11.65	
651.3	79.0	–	39.0	940.0	1215.0	0.500	0.7	n.n.	0.4	–	2.96	
94.7	36.5	2.2	658.0	29.0	991.0	2.200	2.8	8.5	5.7	–	2.45	×
170.0	19.0	–	764.0	31.3	305.0	0.690	–	5.3	–	–	1.74	
87.1	16.0	–	513.8	162.9	85.4	2.100	5.2	7.9	1.7	–	1.18	
6.0	2.5	–	307.3	25.8	465.6	2.000	–	1.9	1.1	–	1.18	
40.08	9.72	0.02	322.0	64.2	355.0	2.080	0.45	–	–	–	1.10	×
286.0	24.0	0.57	19.0	48.0	1020.0	0.100	0.9	–	–	0.040	1.44	×
223.0	99.5	0.59	133.0	–	1428.0	0.590	–	2.6	n.n.	–	2.27	
140.2	3.5	–	30.9	51.4	347.7	0.080	15.9	19.5	17.8	–	0.60	×
172.0	41.0	–	217.0	–	1943.0	0.100	–	–	–	–	2.95	×

*** Die Zahlen in dieser Spalte verweisen auf das Labor, welches die Analyse vorgenommen hat. Welche Zahl zu welchem Labor gehört, steht in der Liste ›Quellen, nach denen die Werte der Schließungslisten von Teil III zitiert wurden‹ im Anhang.

	Marke	Postleitzahl/Quellort	Abfüller-analyse: Datum	Labor***	Kationen		
					Natrium		Kalium
					Abf.-angabe	›natur‹*	
○	Peterstaler Mineralwasser	7605 Bad Peterstal	1.4.86	1	180.0	181.0	13.9
○	Pfalzgrafen Quelle	6950 Mosb.-Neckarelz	20.1.76	10	88.97	–	7.31
□	Preblauer	A-Preblau (Kärnten)	12.12.80	30	813.0	–	44.1
○	Prinzenquelle	8674 Naila	24.5.83	8	11.5	–	0.7
○	Radenska	YU-Radenci (Slow.)	11.11.83	5	706.0	501.0	–
○	Randegger Ottilienquelle	7702 G.-Randegg	11.2.81	1	4.6	3.6	–
○	Rangau-Quelle	8532 Külsheim		25	164.2	246.0	12.3
○	Ravenna Brunnen	4807 Borgholzhausen	29.3.85	1	488.0	413.0	6.0
○	Redinger	8398 Pocking	20.2.86	8	385.0	349.0	13.2
○	Reginaris	5442 Mending	6.4.84	1	291.5	291.0	16.8
○	Reinbeker Schloßquelle	2057 Reinbek	24.9.84	1	347.0	375.0	3.0
○	Reinoldus-Brunnen	4600 Dortmund	12.3.85	1	68.5	73.0	–
○	Remstal Sprudel	7050 Waibl.-Beinstein	7.11.85	7	222.0	230.0	25.0
○	Rheinfels Quelle	4100 Duisburg	11.3.85	2	76.0	75.8	8.0
○	Rhenser Mineralbrunnen	5401 Rhens	10.12.84	1	530.0	541.0	10.9
○	Rhodius Fellbuhr-Quelle	5475 Burgbrohl	25.7.85	1	230.0	222.0	–
○	Rhäzünser	CH-Rhäzüns (Graub.)	2.73	25	160.0	–	9.0
○	Rhön-Sprudel	6408 Weyhers	9.2.84	11	3.2	–	16.6
○	Rietenauer Heiligenthalquelle	7152 Bad Rietenau	2.8.84	2	10.0	10.6	4.0
○	Rippoldsauer Mineralwasser	7624 Bad Rippoldsau	1.4.86	1	201.0	195.0	11.1
■	Rogaska-Quell	YU-Rogaska Slatina	30.5.74	31	11.7	–	22.0
○	Rohrauer-Sprudel	7031 Gärt.-Rohrau	14.12.72	1	15.4	14.9	–
○	Roisdorfer	5303 Roisdorf	22.4.80	1	85.3	1038.0	30.4
○	Rommelsbacher Silberbrunnen	7410 Reutlingen	29.4.86	1	112.0	117.2	–
○	Rosbacher Ur-Quelle	6365 Rosbach	26.1.81	1	39.9	–	–
□	Römerquelle	A-Edelstal (Burgenl.)		32	15.2	12.3	2.1
○	S. Pellegrino	I-S. Pellegrino Terme	17.9.85	1	41.5	37.5	2.7
○	Salustra	6368 Bad Vilbel	5.82	1	661.1	638.0	60.6
○	Salzschlirfer	6427 Bad Salzschlirf		2	381.4	430.0	14.0
■	Sankt Martin	4630 Wattenscheid	75	1	164.7	–	7.01
○	Schattia Mineralsprudel	6368 Bad Vilbel		29	214.0	–	28.0
○	Schurwald-Sprudel	7068 Urbach	7.6.84	1	6.6	6.3	–

* Heft 3, 1987 (Probeneinnahme: Nov. 1986)
** März 1987 (Probeneinnahme: Jan. – Feb. 1987)

			Anionen										
							Nitrat						
Calcium	Magnesium	Eisen	Chlorid	Sulfat	Hydrogen-carbonat	Fluorid	Abf.-angabe	* ›natur‹	›Öko** Test	Iodid	Hauptbestandteile (Gramm pro Liter)	besprochen
177.0	37.1	–	24.6	188.0	946.0	–	–	2.6	0.6	–	1.56	×
184.37	38.3	–	123.02	307.05	402.71	–	2.79	–	–	–	1.15	×
119.0	17.38	1.0	63.0	101.0	2468.1	0.320	0.14	–	–	0.010	3.62	×
172.0	32.2	–	5.46	12.9	738.9	–	–	–	–	–	0.97	×
194.6	105.4	–	74.3	148.7	2815.0	0.680	1.6	6.7	6.7	0.130	3.94	×
84.2	33.4	–	–	26.6	400.9	0.080	0.4	0.5	–	–	0.55	
618.0	78.7	–	264.2	1495.0	381.5	0.340	–	n.n.	3.600	–	3.05	
107.6	6.0	–	573.3	116.9	506.0	–	–	22.7	24.0	–	1.79	
25.09	4.57	–	259.7	2.2	664.2	3.900	0.8	1.9	9.0	–	1.34	
198.2	120.4	–	32.4	38.2	1974.0	0.360	0.3	3.4	2.4	0.020	2.67	×
83.0	14.5	–	609.9	11.1	188.5	0.200	–	1.4	–	–	1.27	
191.0	28.0	–	110.0	255.0	433.0	–	–	1.1	–	–	1.08	
300.6	65.6	–	299.6	572.9	640.2	0.700	0.3	3.5	0.7	–	2.13	×
242.0	31.0	–	123.0	435.0	345.0	–	1.0	1.5	2.4	–	1.26	×
75.0	38.0	–	377.0	306.0	805.0	0.750	–	1.2	n.n.	–	2.14	×
136.0	191.0	–	49.0	37.7	1904.0	–	–	1.7	1.9	–	2.54	×
227.2	41.1	4.0	23.2	163.0	1140.0	0.800	0.16	–	–	0.050	1.76	×
45.2	26.1	–	8.5	16.7	301.7	0.620	0.1	–	n.n.	–	0.41	×
546.0	64.3	0.01	18.5	1250.0	397.0	0.290	19.0	27.6	19.7	–	2.31	×
321.0	48.8	–	30.0	489.0	1102.0	2.400	–	0.7	–	–	2.20	×
398.0	859.0	0.3	50.8	1574.0	6605.0	0.250	0.5	–	2.3	0.100	9.52	×
577.8	77.9	–	14.9	1435.0	365.5	0.240	–	7.0	–	–	2.49	
129.2	89.1	–	916.0	342.8	1504.0	–	–	6.7	6.4	–	3.58	
133.0	43.1	–	81.9	178.0	567.0	–	–	0.8	–	–	1.11	
225.9	128.3	–	48.4	–	1442.0	0.040	–	–	n.n.	–	1.88	×
171.1	77.9	–	4.5	397.5	442.7	–	0.35	3.6	–	–	1.12	×
207.0	59.3	0.04	70.9	547.0	227.0	0.660	0.72	6.1	–	–	1.15	×
251.1	130.6	–	536.4	38.7	2324.0	0.190	–	3.9	n.n.	–	3.99	
29.9	9.9	–	478.0	145.2	148.9	0.280	20.6	17.0	–	–	1.25	
197.5	25.4	–	127.4	335.4	534.5	0.280	0.6	–	–	–	1.39	×
298.0	58.0	–	208.0	80.0	1333.0	–	–	–	–	–	2.21	
384.0	63.7	–	10.5	866.0	398.0	–	–	11.5	–	–	1.74	

*** Die Zahlen in dieser Spalte verweisen auf das Labor, welches die Analyse vorgenommen hat. Welche Zahl zu welchem Labor gehört, steht in der Liste ›Quellen, nach denen die Werte der Schließungslisten von Teil III zitiert wurden‹ im Anhang.

	Marke	Postleitzahl/Quellort	Abfüller-analyse: Datum	Labor***	Kationen		
					Natrium		Kalium
					Abf.-angabe	›natur‹*	
○	Schwalbacher Schöffengrund	6231 Schwalbach		29	19.0	–	2.0
○	Schwollener Sprudel	6589 Schwollen	6.4.84	26	52.4	37.4	3.2
□	Schwäb. Haller St. Ulrich-Quelle	7170 Schwäbisch Hall		2	40.9	–	2.0
○	Schwäb. Haller Wildbadquelle	7170 Schwäbisch Hall	19.2.87	1	93.5	282.0	–
○	Selters	6251 Selters (Taunus)	2.6.86	3	1060.0	913.0	23.7
○	Selters	6293 Selters (Lahn)	7.4.86	1	368.6	325.0	15.6
○	Selzer	6367 Karben	3.2.86	1	485.0	421.0	33.3
□	Severinquelle	A-Güssing (Burgenl.)	22.12.83	33	221.0	–	17.0
○	Shop	4630 Wattenscheid	13.5.85	1	82.0	76.0	8.8
○	Sinziger	5485 Sinzig	3.84	1	76.2	58.5	6.78
■	Sinziger Heilquelle	5485 Sinzig		2	890.0	–	73.4
○	Sophien-Quelle	7605 Bad Peterstal	1.4.86	2	180.0	193.0	–
○	Spa Reine	B-Spa (Belgien)		2	2.5	1.6	0.5
○	Spessart-Quelle	6465 Biebergemünd-R.	30.9.85	1	163.0	103.0	9.2
○	Spreetaler	1000 Berlin		2	18.7	15.9	–
■	St. Anna	8532 Bad Windsheim	22.4.80	8	159.0	–	18.1
■	St. Gero	5530 Gerolstein	15.9.81	1	174.7	–	14.1
■	St.Lambertus Altmühlt. Heilqu.	8830 N.-Park Altmühlt.	4.2.82	1	186.0	–	16.9
■	St. Linus	8591 Pechbrunn	14.4.77	8	11.7	–	1.4
○	St. Michaelis	2351 Trappenkamp	5.12.85	1	325.0	328.0	5.4
■	Staatl. B. Kissinger Luitpoldspr.	8730 Bad Kissingen	26.4.78	8	857.5	–	48.9
■	Staatl. B. Kissinger Maxbrunnen	8730 Bad Kissingen	7.4.76	8	2333.0	–	95.1
■	Staatl. Bad Kissinger Rakoczy	8730 Bad Kissingen	15.4.76	8	2529.0	–	95.0
■	Staatl. Fachingen	6251 Fachingen	75	1	602.0	–	28.1
○	Staatl. Hess. Fortuna Quelle	6360 Friedberg		1	129.3	197.0	10.2
○	Staatlich Bad Meinberger	4934 Bad Meinberg	9.85	1	33.7	21.4	2.9
○	Stadion	4630 Wattenscheid	6.2.85	1	339.5	309.0	8.6
○	Starzacher	7245 Starzach	28.1.86	22	84.0	73.0	13.8
○	Steinsieker	4972 Löhne	20.7.84	16	19.6	15.6	2.5
○	Stephensbrunnen	3320 Salzgitter		29	93.0	–	2.0
○	Stiftsquelle	4300 Essen	4.85	1	11.4	13.7	6.6
■	Stilles Selters	6251 Selters (Taunus)	7.3.77	1	1031.0	–	24.5

* Heft 3, 1987 (Probeneinnahme: Nov. 1986)
** März 1987 (Probeneinnahme: Jan. – Feb. 1987)

			Anionen									
							Nitrat					
Calcium	Magnesium	Eisen	Chlorid	Sulfat	Hydrogen-carbonat	Fluorid	Abf.-angabe	* ›natur‹	›Öko** Test	Iodid	Hauptbestandteile (Gramm pro Liter)	besprochen
156.0	56.0	–	16.0	29.0	750.0	–	–	–	–	–	1.02	
44.1	14.6	5.22	18.0	23.0	305.0	4.200	0.1	2.5	–	–	0.45	
228.4	50.4	0.03	139.0	304.1	421.6	0.100	8.7	–	–	0.036	1.19	×
242.0	52.7	–	246.0	314.0	418.0	–	–	13.7	12.2	–	1.47	×
106.0	42.0	–	1124.0	28.6	1428.0	–	–	7.1	2.9	–	3.74	×
156.0	51.7	–	359.0	15.6	1098.0	–	–	2.2	0.5	–	2.04	×
512.0	74.6	–	755.0	66.0	1900.0	–	–	2.8	n.n.	–	3.79	
118.6	33.6	–	115.2	10.2	932.2	0.200	–	–	–	–	1.44	×
208.0	29.1	–	75.2	296.0	506.0	–	–	2.4	–	–	1.20	
58.7	30.1	–	56.6	60.8	339.2	–	–	26.1	–	–	0.64	×
160.8	214.0	0.02	505.2	124.9	3002.0	0.050	–	–	–	–	4.97	×
186.0	37.5	–	18.9	208.0	958.0	–	–	0.5	–	–	1.59	
3.3	1.3	–	2.7	5.0	10.6	–	1.9	3.7	0.6	–	0.02	×
136.0	60.8	–	454.0	63.7	304.0	0.530	–	0.9	–	–	1.16	
83.2	7.82	–	18.0	–	305.4	–	–	0.5	–	–	0.43	
279.6	84.8	0.13	332.2	525.2	476.0	0.400	6.57	–	1.3	–	1.87	×
407.3	120.5	0.06	72.3	37.9	2161.0	0.180	3.9	–	4.1	–	2.99	×
18.7	3.3	0.08	54.0	69.0	402.0	5.100	n.n.	–	–	0.020	0.75	×
16.2	6.8	–	2.53	6.8	115.9	0.080	0.2	–	0.6	–	0.16	×
44.4	5.8	–	472.5	12.6	209.0	–	–	1.4	–	–	1.07	
478.6	151.3	15.1	1146.0	806.7	1643.0	–	8.54	–	–	–	5.14	
541.2	183.8	1.46	3832.0	887.7	1211.0	0.160	8.54	–	–	0.200	9.09	
550.4	198.0	10.9	4093.0	876.7	1380.0	0.250	2.22	–	n.n.	0.100	9.72	
122.0	53.2	1.95	150.7	65.5	1950.0	–	0.2	–	0.5	–	2.97	×
121.2	33.3	–	205.4	44.6	481.4	–	7.7	8.9	8.8	–	1.06	
405.0	79.1	–	14.5	1144.0	278.0	0.290	1.7	1.0	2.1	–	1.95	
120.8	22.8	–	93.9	361.6	776.0	–	–	2.8	–	–	1.71	
357.0	65.3	–	123.0	575.0	750.0	0.130	0.6	n.n.	–	–	1.96	
579.0	40.7	–	42.0	1320.0	274.0	0.290	n.n.	1.3	–	–	2.27	
596.0	62.0	–	93.0	1483.0	329.0	–	–	–	–	–	2.65	
280.0	30.8	–	55.1	459.0	373.0	–	–	1.2	–	–	1.21	
89.2	43.4	3.97	1091.0	22.5	1381.0	1.240	–	–	–	–	3.68	×

*** Die Zahlen in dieser Spalte verweisen auf das Labor, welches die Analyse vorgenommen hat. Welche Zahl zu welchem Labor gehört, steht in der Liste ›Quellen, nach denen die Werte der Schließungslisten von Teil III zitiert wurden‹ im Anhang.

	Marke	Postleitzahl/Quellort	Abfüller-analyse: Datum	Labor***	Kationen: Natrium Abf.-angabe	Natrium ›natur‹*	Kalium
○	Tann Quell	6293 Löhnberg		29	187.0	–	7.7
○	Teinacher	7264 Bad Teinach	7.11.85	7	143.0	149.0	10.8
○	Teusser	7101 Teusserbad	22.11.85	22	46.0	48.2	–
■	Thauma-Eisen-Heilquelle	7140 Ludwigsburg	29.6.67	1	25.9	–	1.34
○	Tönissteiner Römerfüllung	5474 Brohl	30.6.80	1	98.6	83.9	16.8
○	Überkinger	7347 Bad Überkingen	27.11.85	7	1015.0	941.0	17.8
○	Ulmtal-Quelle	6293 Löhnberg	22.11.84	1	335.0	284.0	–
○	Urbacher	7068 Urbach	7.6.85	1	11.8	6.6	–
■	Valser St. Petersquelle	CH-Bad Vals	5.6.73	2	8.3	–	1.6
○	Vesalia-Quelle	4230 Wesel	5.85	1	326.0	301.0	9.2
○	Vichy Celestins	F-Vichy (Südfr.)		25	1200.0	1046.0	60.0
■	Victoria Lahnsteiner Heilquelle	5420 Oberlahnstein	25.2.80	1	909.6	–	19.0
○	Victoria Lahnsteiner Mineralqu.	5420 Oberlahnstein	6.86	1	867.0	777.0	18.5
○	Vilsa	2814 Bruchh.-Vilsen	9.83	1	14.1	18.6	–
○	Vittel	F-Vittel (Vogesen)		2	3.0	2.9	–
○	Volvic	F-Puy-de-Dome		34	8.0	8.2	5.4
◇	Vöslauer	A-Bad Vöslau		32	10.15	–	1.74
○	Werretaler	4972 Löhne	5.3.80	21	330.0	321.0	10.0
○	Westerwald-Quelle	6337 Leun		29	133.0	–	7.0
○	Weyher Mineralbrunnen	2803 Weyhe	19.8.85	1	454.0	394.0	21.5
○	Weyherser Mineralbrunnen	6408 Weyhers	19.4.85	15	6.7	2.2	16.8
○	Wildsberg-Quelle	3509 Beiseförth	27.5.85	1	156.3	161.0	19.3
○	Wilhelmstaler	3527 Calden	2.79	1	82.3	86.4	14.8
○	Wittenseer Quelle	2333 Groß Wittensee	15.11.84	1	9.2	8.4	1.45
○	Wittmannsthal-Quelle	7737 Bad Dürrheim	24.2.81	14	4.3	3.2	2.31
○	Wüteria-Schloßbrunnen	7519 Gemmingen	28.4.86	1	83.5	41.5	–
○	Zurzacher	CH-Bad Zurzach	2.5.80	3	303.0	–	–
■	Zwestener Löwenquelle Heilw.	3584 Zwesten	6.2.79	1	606.0	–	10.5
○	Zwestener Löwensprudel	3584 Zwesten	20.12.77	1	461.1	–	8.05

* Heft 3, 1987 (Probeneinnahme: Nov. 1986)
** März 1987 (Probeneinnahme: Jan. – Feb. 1987)

			Anionen									
							Nitrat					
Calcium	Magnesium	Eisen	Chlorid	Sulfat	Hydrogen-carbonat	Fluorid	Abf.-angabe	* ›natur‹	›Öko** Test	Iodid	Hauptbestandteile (Gramm pro Liter)	besprochen
131.7	33.4	–	173.0	18.6	758.0	–	–	–	–	–	1.30	
144.3	34.0	–	20.6	50.6	908.4	0.900	6.3	8.1	6.6	–	1.32	×
559.0	85.0	–	–	1565.0	325.0	–	n.n.	0.5	–	–	2.58	
143.8	52.3	24.2	8.3	9.1	813.3	–	–	–	–	–	1.05	
174.1	137.2	–	15.7	22.2	1457.0	0.260	–	2.6	1.9	–	1.91	×
56.1	21.9	–	88.6	1111.0	1446.0	2.300	0.1	n.n.	1.5	–	3.72	×
186.0	54.0	–	438.0	–	965.0	0.570	–	3.2	0.9	–	1.95	
435.0	82.9	–	13.5	1095.0	377.0	–	1.0	7.1	1.1	–	2.01	×
386.0	50.0	–	4.0	880.0	345.0	0.450	0.1	–	–	0.014	1.67	×
47.9	16.7	–	428.0	92.2	259.0	0.180	–	2.6	–	–	1.16	
100.0	9.0	0.1	220.0	130.0	3000.0	–	–	2.8	6.6	–	4.64	×
71.7	49.2	0.03	459.8	367.6	1654.0	0.870	7.4	–	–	0.043	3.53	×
64.5	45.9	–	417.0	345.0	1611.0	0.870	–	2.5	1.6	–	3.32	×
61.0	5.2	–	45.1	–	–	0.160	0.45	0.8	–	–	0.12	
202.0	36.0	–	–	306.0	402.0	–	–	7.6	8.3	–	0.95	×
10.4	6.0	–	7.5	6.7	64.0	–	4.0	5.9	6.0	–	0.11	×
97.0	40.4	–	15.6	151.0	304.8	0.500	4.96	–	–	–	0.62	×
403.0	–	–	452.0	994.0	329.0	–	–	6.7	2.8	–	2.51	
143.0	–	–	193.0	21.0	665.0	–	–	–	–	–	1.16	
145.0	48.8	–	898.0	149.0	262.0	–	–	1.7	–	–	1.95	
50.0	30.0	–	8.9	9.4	347.7	0.600	n.n.	n.n.	–	–	0.46	
370.9	113.7	–	89.0	469.8	1399.0	–	–	n.n.	0.9	–	2.62	
373.3	128.2	–	95.3	271.0	1519.0	0.160	1.1	1.8	–	–	2.48	
78.8	5.1	–	15.7	31.1	232.0	0.170	0.05	n.n.	n.n.	–	0.37	×
324.25	54.95	–	5.1	737.2	341.7	–	n.n.	0.7	0.5	–	1.47	
414.0	77.2	–	17.5	1154.0	387.0	–	–	2.6	–	–	2.11	
30.2	1.88	–	138.2	251.6	372.2	–	–	–	1.3	–	1.09	×
202.0	92.5	0.1	880.0	401.9	732.0	1.660	0.22	–	–	0.310	2.92	×
184.1	78.8	0.23	641.8	351.6	654.6	1.670	0.64	–	2.8	–	2.37	×

*** Die Zahlen in dieser Spalte verweisen auf das Labor, welches die Analyse vorgenommen hat. Welche Zahl zu welchem Labor gehört, steht in der Liste ›Quellen, nach denen die Werte der Schließungslisten von Teil III zitiert wurden‹ im Anhang.

Was Mineralien überhaupt für den Menschen bedeuten

Schon zur Frühzeit waren die Menschen dem geheimnisvollen ›Quellgeist‹ auf der Spur, der ihrer Meinung nach durchs Wasser wirkte. Plinius der Ältere vermutete seinen Sitz im Schwefel, und der medizinbewanderte Araber Ibn Sind empfahl, die in seinen Augen mitunter ›böse‹ Wirkkraft abzukochen. Später vermutete man geheimnisvolle Salze oder Metalle am Werk. Erst mit Hereinbrechen der Neuzeit und ihrer Wissenschaften wurde erkannt, daß die Substanzen des Wassers nicht als beständige Stoffe, sondern in ihrer Zerlöstheit wirken.

Substanzen des Wassers wirken in ihrer Zerlöstheit

Durch Aufspaltung von stabiler Masse erreicht Nässe nämlich eine Art Gärungsprozeß der Materie. Im Wasser tanzen die Bestandteile ursprünglich einheitlicher Verbindungen unabhängig voneinander, würden aber wieder zusammenfinden, wenn das feuchte Medium verschwände. Ein ›Bewußtsein‹ der ursprünglichen Einheit ist gleichsam noch vorhanden und bildet – im weitesten Sinne – die Grundlage der elektrischen Beweglichkeit in Wasser, dem Geheimnis von Leben überhaupt: denn nur wo Fluß ist, kann Austausch (die Voraussetzung für höhere Organisation) stattfinden.

Körpersäfte

Das Leben ist darum im Wasser entstanden, und als der Mensch sich von seiner ursprünglichen Heimat, dem Meer, trennte, nahm er einen ›Körper voll‹ mineralhaltiges Wasser mit. Diese Leibesflüssigkeit macht noch heute 60% des menschlichen Gewichtes aus und verursacht unsere Lebendigkeit, indem sie im weitesten Sinne die Energievermittlung (Stoffwechsel) besorgt.

Der ›Geist‹ des Körperwassers aber sind die in ihm gelösten Mineralien. Ohne Mineralien wären die Körpersäfte zu nichts fähig, und der Mensch würde zugrunde gehen.

Wasserverlust

In manchen Western oder Krimis kann man sehen, wie einer Leiche ein Spiegel unter die Nase gehalten wird, um rauszufinden, ob sie auch wirklich tot ist. Andernfalls würde der Spiegel beschlagen. Lebendige Menschen verlieren ständig Wasser – wie das Beispiel zeigt, selbst über die Lunge. So auch durch unmerkliche Hautatmung, hauptsächlich aber als Urin. Unter normalen Umständen sind es täglich 2,5 Liter, die einschließlich der darin enthaltenen Mineralien verschüttgehen. Etwas mehr als ⅓ davon wird durch feste Nahrung (hauptsächlich Obst und Gemüse) wieder zugeführt, die restlichen 1½ Liter müssen getrunken werden. Diese Menge kann sich bei Krankheiten mit Flüssigkeitsverlusten, Sport oder auch nur bei längerem Aufenthalt in trocken klimatisierten Räumen erhöhen. Bei Hitzeberufen – z.B. am Hochofen oder bei Glasbläsern – steht eigentlich immer kistenweise Mineralwasser (oft spendiert vom noblen Abfüller) bereit.

Frauen müssen viel mehr trinken!

Vor allem junge Frauen haben die (statistisch nachgewiesene) Neigung, viel zuwenig zu trinken. Manche aus Angst vor Zellulitis oder Gewichtszunahme. In Wirklichkeit verlangsamen sie ihren Stoffwechsel (Konzentrationsschwäche), trocknen die Haut aus (Falten!) und beschädigen auf lange Sicht ihre Nieren, in denen sich die giftige Urinfracht mangels Träger staut und schließlich ablagert (Steine).

Jeder braucht Verschiedenprozentiges

Der Körper braucht Mineralien nicht auf, sondern er verliert sie. Ein Liter Schweiß z.B. enthält 1,2 – 1,4 Gramm Natrium, und eine Stunde ausdauernder Körperbetätigung kann den Verlust mehrerer Liter bedeuten: Der Sportler wird infolge einem anderen Wasser zusprechen als etwa der Restaurantbesucher, der über die Speisen ohnehin schon reichlich Salz zu sich nehmen wird und deswegen gut mit einem mineralstoffarmen Wasser bedient ist.

Wie Mineralien im Körper schnellstens ihr Ziel erreichen

Mineralien gelangen um so schneller an ihr Ziel, je angeglichener sie in Mischungsverhältnis und Zustand den Körpersäften sind. Wasser reicht seine Gaben daher am hurtigsten weiter; denn seine Beschaffenheit kommt der von Körperflüssigkeit am nächsten. Und je mineralhaltiger es ist, desto effektiver passiert seine Lösung. Denn Blut enthält einen bestimmten Salzanteil: Erst, was ihm darin gleichkommt, dringt ungehindert ein und wird zum Ziel befördert. Das bedeutet, Lösungen von Schwachgehalt müssen aus körpereigenen Mineralvorräten auf Eintrittsniveau gepäppelt werden – ihre ›Verdauung‹ macht schlapp, denn sie entzieht dem Körper erst mal Stoffe, die sie ihm hinterher vielleicht wieder zuführt. Je weniger daher der Körper einer Einfuhr hinzufügen muß, desto eher erreichen ihre Gaben das Ziel. Umgekehrt gilt, daß in fester Form (Nahrung) eingenommene Mineralien in ihrer Konzentration den Blutsalzspiegel u.U. übertreffen und erst mit Körperwasser verdünnt werden müssen – so lange, bis sie verkehrsfähige Lösung erreicht haben. Genau aus diesem Grund macht Salz so durstig: Der Körper verlangt nach Flüssigkeit, um es zu verdünnen. In solchen Fällen (beispielsweise beim Essen) ein stark mineralhaltiges Wasser zu trinken, kann den Anpassungsverlauf noch verlängern, während eine mineralschwache Sorte, ungehindert durch eigene Befrachtung mit zuviel Mineralien, die optimale Lösung erzielen hilft.

Mineralien sind unersetzlich

Man kann eine Zeitlang fester Nahrung entsagen. Versäumt man jedoch, dem Körper die verlorenen Mineralien wieder zuzuführen, so beraubt man ihn seiner Steuersubstanzen, und der Stoffwechsel bricht zusammen. Denn der Körper kann Mineralstoffe nicht selbst herstellen. Ausreichende Zufuhr muß zu ausnahmslos jedem Zeitpunkt gesichert sein, wenn die menschliche Leistungsfähigkeit erhalten bleiben soll.

Welches Wasser leistet Mineralien-versorgung am besten?

Die Frage, welches Wasser sie am besten leistet, ist nur im Zusammenhang mit der Lage, in der sich der einzelne Körper befindet, zu beantworten. Eine Fastenkur z.B. entzieht dem Körper die übliche Mineralien- und Flüssigkeitszufuhr über feste Nahrung. Es muß infolge mehr und mineralkräftigeres Wasser getrunken werden. Genauso bei starken Flüssigkeitsverlusten durch Sport, Hitzearbeit und Fieberschweiß. Bei Erbrechen gehen bis zu 3 Liter Verdauungssäfte verloren, zu deren Neuherstellung rasch und reichlich Mineralien zugeführt werden sollen; und bei Durchfall entrinnen in 3 Litern flüssigem Stuhl bis zu 20 Gramm Mineralien, die mit entsprechend hohen Gaben wieder zu ersetzen sind. Dagegen kann für einen normalen Schreibtischarbeiter mit üblich üppigem Kantinenessen täglich (was unter Umständen bis zu 30 Gramm Salzzufuhr bedeutet) durchaus eine mittel- bis mindermineralisierte Sorte angebracht sein. Es sei denn, der Mann hat einen über den Durst getrunken und einen Kater: den verscheucht ›hochprozentiges‹ Mineralwasser am flinksten.

Überhaupt empfiehlt es sich für den, der einige Gläschen getrunken hat und weitermachen will, ab und zu eine Ladung kräftiges Mineralwasser einzuschieben, damit der gestreßte Stoffwechsel nicht schlapp macht. Und wo wir schon dabei sind, Tips zu geben: Ein Glas Wasser zum Kaffee stört keinesfalls die erwünschte

Aufmunterungswirkung des Coffeins, wohl aber wird die Magenschleimhaut geschont.

Alte Menschen brauchen mehr

Im Alter verwertet der Mensch die eingenommenen Mineralien nicht nur schlechter und braucht deswegen mehr davon, obendrein läßt sein natürliches Durstgefühl auch noch nach, so daß ältere Menschen sich stets zu einem ›Schluck mehr‹ nötigen sollten.

Bei Spülkuren hat mineralarmes Wasser auch Nachteile

Wer seinen Körper entschlacken will, indem er die Nieren mit reichlich Wasser durchspült, sollte darauf achten, daß er keine allzu mineralarme Sorte wählt. Die Vorstellung, daß mindermineralisierte Wässer bessere Schwemmdienste leisten, konnte durch vergleichende Untersuchungen allerdings nicht bewiesen werden: Die vermehrte Ausscheidung harnpflichtiger Substanzen war bei starken wie schwachen Mineralwässern gleich hoch.

Jedoch zeigte sich, daß die Minderwässer im Hui wieder ausgeschieden wurden, während die stärker mineralisierten Sorten (vor allem durch ihr Natrium) die Nierenabsonderung über längeren Zeitraum – bis weit nach Sonnenuntergang – rhythmisierten.

Solch verzögerte Sekretion ist nach Medizinermeinung besonders erwünscht, weil die länger im Ausscheidungstrakt anwesende Flüssigkeit der vor allem nachts unterlaufenden Harnanreicherung und damit Gefahr von Steinbildung entgegenwirkt.

Wünschenswerte Tagesgaben einzelner Mineralien

Die wünschenswerten Tagesgaben der einzelnen Mineralien werden bei deren Extra-Besprechung auf den nächsten Seiten angegeben. Es sind selbstredend Durchschnittswerte, die davon ausgehen, daß untertags kein übermäßiger Verlust (Schwitzen usf.) eintritt.

Zuviel Mineralien...

Wie der Körper sich aber im *umgekehrten* Fall verhält: wenn ihm nämlich überschüssig Mineralien zugeführt werden, bespricht u. a. das nachstehende NATRIUM-Kapitel.

Liste: Mineral-, Heil- und Trinkwässer nach ihrem Mineralgehalt

Erläuterung der ›Summe der Hauptbestandteile‹

Die nun folgende Zusammenstellung listet die wichtigsten in Deutschland, Österreich und der Schweiz verkehrenden Mineral- und Heilwässer sowie die Trinkwässer einiger deutscher Großkommunen entsprechend ihrer *Mineralhaltigkeit* auf. Diese wurde anhand eines Behelfswertes: der ›Summe der Hauptbestandteile‹ festgestellt.

Rein rechnerischer Wert...

Sie stimmt *nicht* mit der geläufigen ›Summe der gelösten festen Stoffe‹ überein. Diese (›Summe der gelösten festen Stoffe‹) benennt den Mineralgehalt eines Wassers laut offizieller Analyse. Auf manchen Etiketten gibt sie der Abfüller an, auf anderen nicht; jedenfalls war sie nicht in jedem Fall zu beschaffen.

...für alle Wässer gleich in Geltung

Um aber den Mineralgehalt möglichst vieler Wässer auf einen ausnahmslos vergleichbaren Nenner zu bringen, wurden für die folgende Aufstellung nur die bei wirklich *jeder* Sorte identisch zu ermittelnden *kennzeichnenden Inhaltsstoffe* zusammengezählt – zur ›Summe der Hauptbestandteile‹ (wo mehrere Nennungen vorlagen – etwa beim Natrium oder Nitrat – wurde deren Mittelwert addiert). Diese ›Summe der Hauptbestandteile‹ unterbietet erklärtermaßen die tatsächliche ›Summe der gelösten festen Stoffe‹, in Wirklichkeit aber nur so geringfügig, daß sie einen zuverlässigen und im Endergebnis ungefälschten Sortierschlüssel zur Mineralhaltigkeit der folgenden Wässer abgibt.

Mineral-, Heil- und Trinkwässer – aufgelistet nach ihrem Gehalt

○ = Mineralwasser
■ = Heilwasser
□ = Heil- und Mineralwasser
● = Trinkwasser
♦ = Mineral-Heiltafelwasser
◊ = Quellwasser
× = in diesem Buch besprochen

	PLZ	Wasser	Herkunft	Gramm/Liter = Summe der Hauptbestandteile	
○	B-	Spa Reine	Spa (Belgien)	0.03	×
●	3000	*Trinkwasser aus dem Harz*	Hannover	0.08	
●	7000	*Trinkwasser aus dem Bodensee* (Jahresmittel)	Stuttgart	0.10	
●	3500	*Trinkwasserbehälter Lindenberg*	Kassel	0.10	
■	8788	Bad Brückenauer Wernarzer Wasser	Bad Brückenau	0.11	
●	8500	*Trinkwasseranlage Ranna* (Jahresmittel)	Nürnberg	0.11	
○	F-	Volvic	Puy-de-Dome (Auvergne)	0.11	×
○	2814	Vilsa	Bruchhausen-Vilsen	0.12	
●	3500	*Trinkwasserbehälter Osterberg*	Kassel	0.13	
●	4770	*Trinkwassermittelwerte*	Soest	0.13	
●	8000	*Trinkwasserbereich West-Südwest* (Jahresmittelwert)	München	0.14	
●	8000	*Trinkwasserbereich Zentrum + Ost* (Jahresmittelwert)	München	0.14	
■	8591	St. Linus	Pechbrunn	0.16	×
●	8500	*Trinkwasseranlage Erlenstegen* (Jahresmittel)	Nürnberg	0.16	
○	6589	Hochwald Sprudel	Schwollen	0.18	
●	7000	*Trinkwasser aus Landbrunnen* (= nicht vom Bodensee)	Stuttgart	0.21	
●	4300	*Trinkwasserwerte* (Jahresdurchschnitt)	Essen	0.21	
♦	A-	Gasteiner	Badgastein	0.31	×
●	1000	*Trinkwasserwerte* (Jahresdurchschnitt)	Berlin	0.31	

	PLZ	Wasser	Herkunft	Gramm/Liter = Summe der Hauptbestandteile
●	2000	*Trinkwasserbehälter Curslack N.* (Jahresmittelwert)	Hamburg	0.33
●	2000	*Trinkwasserbehälter Baursberg 2* (Jahresmittelwert)	Hamburg	0.35
○	2055	Fürst Bismarck Quelle	Aumühle (Sachsenwald)	0.37 ×
○	2000	Jakobus	Hamburg	0.37
○	2000	Nord-Quelle	Hamburg	0.37
○	2333	Wittenseer Quelle	Groß Wittensee	0.37 ×
○	3394	Harzer Kristallbrunnen	Langelsheim	0.41
○	6408	Rhön-Sprudel	Weyhers	0.41 ×
○	7951	Dietenbronner	Bad Dietenbronn	0.42 ×
○	1000	Spreetaler	Berlin	0.43
○	5657	Haaner Felsenquelle	Haan	0.44 ×
○	6589	Schwollener Sprudel	Schwollen	0.45
○	6408	Weyherser Mineralbrunnen	Weyhers	0.46
○	8830	Altmühltaler Quelle	Naturpark Atlmühltal	0.49 ×
○	F-	Evian	Evian-les-Bains (Hoch-Savoyen)	0.49 ×
○	3380	Harzer Grauhof Brunnen	Grauhof (Harz)	0.52 ×
■	8227	Adelholzener Primus-Heilquelle	Bad Adelholzen	0.54 ×
○	7702	Randegger Ottilienquelle	Gottm.-Randegg	0.55
○	CH-	Henniez (Waadtland)	Henniez	0.56 ×
●	3000	*Trinkwasser-Werk Grasdorf*	Hannover	0.56
○	F-	Perrier	Vergeze-Gard (Auvergne)	0.60 ×
◇	A-	Vöslauer	Bad Vöslau (Niederöstereich)	0.62 ×
○	7846	Lieler Schlossbrunnen	Schliengen-Liel	0.63 ×
○	5485	Sinziger	Sinzig	0.64 ×
○	3490	Bad Driburger	Bad Driburg	0.71
○	4800	Juwel	Bielefeld	0.71
■	8830	St. Lambertus Altmühltaler Heilquelle	Naturpark Altmühltal	0.75 ×
○	5480	Johannis Quell	Vulkaneifel	0.83 ×
○	7605	Kurparkquelle	Bad Peterstal	0.89 ×
○	6368	Elisabethen-Quelle	Bad Vilbel	0.94
○	F-	Vittel	Vittel (Vogesen)	0.95 ×
○	6368	Bad Vilbeler UrQuelle	Bad Vilbel	0.96 ×
○	8674	Prinzenquelle	Naila	0.97 ×
○	6277	Emstaler Brunnen	Oberselters	0.98 ×

	PLZ	Wasser	Herkunft	Gramm/Liter = Summe der Hauptbestandteile	
○	CH-	Aqui	Zürich	0.99	×
○	7263	Bad Liebenzeller Mineral-Therme	Bad Liebenzell	0.99	×
○	6365	Diana	Rosbach 1	0.99	
○	5100	Granus Sprudel	Aachen	0.99	×
○	4600	Ardey	Dortmund	1.01	
○	6231	Schwalbacher Schöffengrund	Schwalbach	1.02	
○	8674	Höllensprudel	Hölle	1.03	×
○	7964	Kisslegger	Kisslegg (Allgäu)	1.03	×
○	2000	Alstertaler	Norderstedt	1.04	
○	4800	Christinen-Brunnen	Bielefeld	1.04	
○	4270	Durstina	Dorsten	1.04	
■	7140	Thauma-Eisen-Heilquelle	Ludwigsburg	1.05	
■	3590	Bad Wildunger Reinhardsquelle	Reinhardshausen	1.06	
○	4690	Hetali	Herne	1.06	
○	6360	Staatl. Hess. Fortuna Quelle	Friedberg	1.06	
○	2351	St. Michaelis	Trappenkamp	1.07	
○	4600	Reinoldus-Brunnen	Dortmund	1.08	
○	8530	Franken Brunnen	Neustadt	1.09	×
○	6293	Neuselters Mineralquelle	Löhnberg	1.09	×
○	CH-	Zurzacher	Bad Zurzach	1.09	×
○	4300	Assindia	Essen	1.10	
■	7263	Paracelsus-Quelle	Bad Liebenzell	1.10	×
○	6368	Kronia	Bad Vilbel	1.11	
○	7410	Rommelsbacher Silberbrunnen	Reutlingen	1.11	
○	7846	Lieler Quelle	Schliengen-Liel	1.12	×
□	A-	Römerquelle	Edelstal (Burgenland)	1.12	×
○	4300	Burgwallbronn	Essen	1.13	
○	3257	Graf Hallermunt	Springe	1.13	
○	3380	Hahndorfer Georgsquelle	Goslar	1.13	
■	7140	Lamscheider Stahlbrunnen	Ludwigsburg	1.15	
○	6950	Pfalzgrafen Quelle	Mosbach-Neckarelz	1.15	×
○	I-	S. Pellegrino	San Pellegrino Terme (Italien)	1.15	×
○	6465	Spessart-Quelle	Biebergemünd-Rossbach	1.16	
○	4230	Vesalia-Quelle	Wesel	1.16	
○	6337	Westerwald-Quelle	Leun	1.16	
○	3380	Okertaler	Goslar	1.18	
○	4800	Osning-Brunnen	Bielefeld	1.18	
○	6368	Arkia	Bad Vilbel	1.19	
○	3530	Diemeltaler Quelle	Warburg	1.19	
■	7170	Schwäbisch Haller St.Ulrich-Quelle	Schwäbisch Hall	1.19	×

	PLZ	Wasser	Herkunft	Gramm/Liter = Summe der Hauptbestandteile	
○	4300	Alt-Bürgerbrunn	Essen	1.20	
○	4630	Shop	Wattenscheid	1.20	
○	4473	Emsland-Quelle	Haselünne	1.21	
○	4300	Stiftsquelle	Essen	1.21	
○	6293	Graf Bernhard Quelle	Löhnberg	1.24	
○	2000	Hella	Hamburg	1.25	
○	6427	Salzschlirfer	Bad Salzschlirf	1.25	
○	4100	Rheinfels Quelle	Duisburg	1.26	×
○	4630	Herzog-Quelle	Bochum	1.27	
○	3411	Katlenburger	Katlenburg	1.27	
○	2057	Reinbeker Schloßquelle	Reinbek	1.27	
○	4800	Carolinen-Quelle	Bielefeld	1.29	
○	3388	Juliushaller	Bad Harzburg	1.30	
○	6293	Tann-Quell	Löhnberg	1.30	
○	3388	Bad Harzburger	Bad Harzburg	1.31	
○	4630	Fortis	Wattenscheid	1.31	
■	7605	Freyersbacher Alexanderquelle	Bad Peterstal	1.32	×
○	7264	Teinacher	Bad Teinach (Schwarzwald)	1.32	×
○	3280	Bad Pyrmonter	Bad Pyrmont	1.34	
○	8398	Redinger	Pocking	1.34	
■	4630	Sankt Martin	Wattenscheid	1.39	×
■	6430	Bad Hersfelder Lullusbrunnen	Bad Hersfeld	1.40	
○	6093	Bad Weilbacher Herzog-Adolf-Quelle	Bad Weilbach	1.41	
○	3584	Kellerwald	Zwesten	1.41	
○	7500	Alwa	Karlsruhe 41	1.42	
○	1000	Fürstenbrunn	Berlin	1.42	
○	7605	Griesbacher	Griesbach	1.43	
○	7100	Kimi	Heilbronn	1.43	
○	7240	ETA Eyachtal-Quelle	Horb	1.44	
○	CH-	Passugger	Passugg bei Chur (Graubünden)	1.44	×
□	A-	Severinquelle	Güssing (Burgenland)	1.44	×
○	4290	Atlantis Quelle	Bocholt	1.46	
○	7170	Schwäbisch Haller Wildbadquelle	Schwäbisch Hall	1.47	×
○	7737	Wittmannsthal-Quelle	Bad Dürrheim	1.47	
○	7737	Dürrheimer Johannisquelle	Bad Dürrheim	1.50	
○	7320	Jebenhauser Sprudel	Jebenhausen	1.51	×
■	7624	Leopoldsquelle	Bad Rippoldsau	1.53	×
○	7605	Josefsquelle	Bad Peterstal	1.56	
○	7605	Peterstaler Mineralwasser	Bad Peterstal	1.56	×

	PLZ	Wasser	Herkunft	Gramm/Liter = Summe der Hauptbestandteile	
○	7605	Sophien-Quelle	Bad Peterstal	1.59	
■	3590	Bad Wildunger Georg-Viktor-Quelle	Bad Wildungen	1.60	
○	3260	Extaler	Rinteln	1.61	
○	7240	Mühringer	Mühringen	1.63	
■	3490	Caspar-Heinrich-Quelle	Bad Driburg	1.67	
■	CH-	Valser St. Petersquelle	Bad Vals (Graubünden)	1.67	×
○	4630	Stadion	Wattenscheid	1.71	
■	7407	Bad Niedernauer Römerquelle	Rottenburg a.N.	1.73	×
○	6148	Odenwald Quelle	Heppenheim	1.74	
○	7068	Schurwald-Sprudel	Urbach	1.74	
○	CH-	Rhäzünser	Rhäzüns (Graubünden)	1.76	×
○	4807	Ravenna Brunnen	Borgholzhausen	1.79	
○	5472	Nereus-Quelle	Plaidt	1.81	
○	6368	Hassia Sprudel	Bad Vilbel	1.83	×
○	4630	Lohberg	Bochum	1.84	
○	7452	Imnauer Fürstenquelle	Bad Imnau	1.87	
■	8532	St. Anna	Bad Windsheim	1.87	×
○	6365	Rosbacher Ur-Quelle	Rosbach (vor der Höhe)	1.88	×
○	CH-	Aproz	Sitten (Wallis)	1.89	×
○	5300	Bad Godesberger	Bad Godesberg	1.90	
■	7264	Hirschquelle	Bad Teinach (Schwarzwald)	1.91	×
○	5474	Tönissteiner Römerfüllung	Brohl	1.91	×
○	5340	Aegidius Brunnen	Bad Honnef	1.92	
■	5474	Bad Tönissteiner Heilbrunnen	Brohl	1.92	×
○	4934	Staatlich Bad Meinberger	Bad Meinberg	1.95	
○	6293	Ulmtal-Quelle	Löhnberg	1.95	
○	2803	Weyher Mineralbrunnen	Weyhe	1.95	
■	5483	Bad Neuenahrer Heilwasser	Bad Neuenahr	1.96	×
○	7245	Starzacher	Starzach	1.96	
○	3527	Johanniter Quelle	Calden	1.97	
○	6293	Löhnberger	Löhnberg	2.01	
○	7068	Urbacher	Urbach	2.01	×
○	6293	Selters	Selters (Lahn)	2.04	×
○	CH-	Adelbodner	Adelboden	2.11	×
○	I-	Ferrarelle	Riardo (Süditalien)	2.11	×
○	7519	Wüteria-Schloßbrunnen	Gemmingen	2.11	
○	6300	Graf Meinhard Quelle	Gießen	2.12	
○	7050	Remstal Sprudel	Waiblingen-Beinstein (Remstal)	2.13	×

	PLZ	Wasser	Herkunft	Gramm / Liter = Summe der Hauptbestandteile
○	5401	Rhenser Mineralbrunnen	Rhens	2.14 ×
○	F-	Contrex	Contrexeville (Vogesen)	2.15 ×
○	7452	Imnauer Apollo	Bad Imnau	2.17 ×
○	7624	Rippoldsauer Mineralwasser	Bad Rippoldsau	2.20 ×
○	6368	Schattia Mineralsprudel	Bad Vilbel	2.21
○	3530	Germeta Quelle	Warburg	2.22
○	4807	Marien-Brunnen	Borgholzhausen	2.25
○	5401	Perling	Rhens	2.27
○	4972	Steinsieker	Löhne	2.27
■	5401	Kaiser Ruprecht Heilquelle	Rhens	2.30 ×
○	7152	Rietenauer Heiligenthalquelle	Bad Rietenau	2.31 ×
○	6368	Hermanns Quelle	Bad Vilbel	2.32
○	5530	Flora-Brunnen	Gerolstein (Vulkaneifel)	2.33
○	7844	Breisgauer	Neuenburg	2.35
○	4516	Ewinaris	Wersche	2.35
○	5401	Frische Brise	Rhens	2.36
○	7152	Marco Mineralquelle	Aspach	2.37
○	3584	Zwestener Löwensprudel	Zwesten	2.37 ×
■	7152	Marco Quelle Heilwasser	Aspach	2.39 ×
○	6405	Förstina	Eichenzell	2.42
○	6368	Hessen-Quelle	Bad Vilbel	2.43
○	6400	Fuldaer Rhön-Quelle	Fulda	2.45
○	6277	Oberselters Mineralbrunnen	Oberselters	2.45 ×
■	6293	Friedrich Christian Heilquelle	Löhnberg	2.47 ×
○	5303	Markusbrunnen	Bornheim	2.47
○	7152	Kloster-Quelle	Aspach	2.48
○	3527	Wilhelmstaler	Calden	2.48
○	7031	Rohrauer-Sprudel	Gärtingen-Rohrau	2.49
○	7452	Filippo	Bad Imnau	2.51
○	4972	Werretaler	Löhne	2.51
○	5475	Rhodius Fellbuhr-Quelle	Burgbrohl	2.54 ×
○	6000	Luisen Brunnen	Nieder-Erlenbach	2.57 ×
○	7101	Teusser	Teusserbad	2.58
○	5530	Gerolsteiner Sprudel	Gerolstein (Vulkaneifel)	2.60 ×
○	3509	Wildsberg-Quelle	Beiseförth	2.62
○	A-	Güssinger Mineralwasser	Güssing (Burgenland)	2.63 ×
○	3320	Stephensbrunnen	Salzgitter	2.65
○	7605	Freyersbacher Schwarzwälder Mineralwasser	Bad Peterstal	2.66 ×

	PLZ	Wasser	Herkunft	Gramm/Liter = Summe der Hauptbestandteile	
○	7123	Fontanis	Spielberg	2.67	
○	5442	Reginaris	Mending am Laacher See	2.67	×
○	5472	Burg-Quelle	Plaidt	2.68	
○	8532	Bad Windsheimer Residenz-Quelle	Bad Windsheim	2.76	×
○	8532	Bad Windsheimer Schönthal Quelle	Bad Windsheim	2.80	
○	5483	Apollinaris	Bad Neuenahr	2.81	×
■	7320	Göppinger Christophsquelle	Göppingen	2.85	×
○	5535	Birresborner Phönix	Birresborn	2.87	
○	5462	Arienheller Brunnen	Bad Hönningen	2.90	
■	3584	Zwestener Löwenquelle Heilwasser	Zwesten	2.92	×
○	4939	Graf Metternich Brunnen	Vinsbeck	2.94	
□	A-	Peterquelle	Deutsch Goritz (Steiermark)	2.95	×
○	7407	Obernauer Löwensprudel	Obernau	2.96	
○	5474	Brohler Stille Quelle	Brohl	2.97	
■	6251	Staatl. Fachingen	Fachingen (Lahn)	2.97	×
■	5530	St. Gero	Gerolstein (Vulkaneifel)	2.99	×
○	8532	Meister-Perle	Külsheim	3.01	
○	8532	Rangau-Quelle	Külsheim	3.05	
■	5568	Dunarisbrunnen	Daun	3.09	
■	6277	Kurselters	Oberselters	3.12	×
■	5535	Birresborner Adonis-Quelle	Birresborn	3.13	
○	7320	Göppinger Mineralwasser	Göppingen	3.28	×
○	5420	Victoria Lahnsteiner Mineralquelle	Oberlahnstein	3.32	×
○	5462	Hubertus Sprudel	Bad Hönningen	3.44	
■	5420	Victoria Lahnsteiner Heilquelle	Oberlahnstein	3.53	×
○	5303	Roisdorfer	Roisdorf	3.58	
□	A-	Preblauer	Perblau (Kärnten)	3.62	×
■	7050	Elisabethenquelle	Waiblingen-Beinstein (Remstal)	3.64	×
■	5427	Emser Kränchen	Bad Ems	3.68	×
■	6251	Stilles Selters	Selters (Taunus)	3.68	×
○	7050	Beinsteiner	Beinstein	3.72	
○	7347	Überkinger	Bad Überkingen	3.72	×
○	6251	Selters	Selters (Taunus)	3.74	×
○	6367	Selzer	Karben	3.79	
■	3490	Bad Driburger Bitterwasser	Bad Driburg	3.82	
○	8729	Knetzgauer Steigerwald	Knetzgau	3.88	×
○	YU-	Radenska	Radenci (Slowenien)	3.94	×

	PLZ	Wasser	Herkunft	Gramm/Liter = Summe der Hauptbestandteile
○	5100	Aachener Kaiserbrunnen	Aachen	3.95 ×
○	6368	Salustra	Bad Vilbel	3.99
○	5568	Dauner	Daun	4.16
■	5483	Heppinger	Bad Neuenahr	4.51 ×
○	6050	Kaiser Friedrich Quelle	Offenbach (Main)	4.57 ×
■	6050	Kaiser Friedrich Heilquelle	Offenbach (Main)	4.60 ×
○	F-	Vichy Celestins	Vichy (Südfrankreich)	4.64 ×
■	7347	Adelheidquelle	Bad Überkingen	4.68 ×
○	5340	Bad Honnefer	Bad Honnef	4.84
■	8532	Bad Windsheimer St. Kiliani-Heilquelle	Bad Windsheim	4.88 ×
■	5485	Sinziger Heilquelle	Sinzig	4.97 ×
■	3590	Bad Wildunger Helenenquelle	Bad Wildungen	4.99
■	8730	Staatl. Bad Kissinger Luitpoldsprudel	Bad Kissingen	5.14
■	CSSR	Karlsbader Mühlbrunn	Karlovy Vary (Westböhmen)	6.40 ×
○	5569	Nürburg-Quelle	Dreis	6.79
■	8730	Staatl. Bad Kissinger Maxbrunnen	Bad Kissingen	9.09
■	YU-	Rogaska-Quell	Rogaska Slatina (Slowenien)	9.52 ×
■	8730	Staatl. Bad Kissinger Rakoczy	Bad Kissingen	9.72
■	6430	Bad Hersfelder Vitalisbrunnen	Bad Hersfeld	10.37
■	7440	Nürtinger Heinrichsquelle	Nürtingen	11.65
■	6990	Bad Mergentheimer Karlsquelle	Bad Mergentheim	15.03
■	H-	Hunyadi Janos	Ungarn	30.75 ×
■	6990	Bad Mergentheimer Albertquelle	Bad Mergentheim	42.40

Natrium (Na^+)

Natrium ist das Kation von gelöstem Kochsalz. Es bindet vor allen Dingen die Flüssigkeit im Körper und aktiviert Nerven und Muskeln.

Der Mensch ist auf Salzmangel eingestellt

Blickt man auf den Werdegang der Menschheit, so war Salz bis vor kurzem noch Mangelware; die Menschen kamen mit wenigen Zehntelgramm pro Tag aus. Eine Reihe Wissenschaftler leitet daraus ab, daß der menschliche Organismus in seiner Entwicklung durch drei Millionen Jahre auf Kochsalzmangel eingestellt worden ist und deswegen besonders schwierig mit dem heutigen Überangebot – ca. 15 Gramm täglich – in der Nahrung fertig wird.

Zuviel Natrium schädlich?

Dahinter verbirgt sich die Befürchtung, daß übermäßig eingefahrenes Natrium auf die Dauer Hochdruck erzeugt, weil es die winzigen Muskelzellen in den Blutgefäßwänden verkrampft, solcherart den Durchfluß hemmend. Auch kann Natrium sich im Körper nur ablagern, indem es Wasser bindet; zuviel bedeutet daher auch zuviel Körperwasser, das vom sich daran verschleißenden Herz mitbewegt werden muß.

Bluthochdruck

Betroffen sind in etwa 20 bis 30% der Bevölkerung, während der Rest trotz täglichem Salzkonsum von 15 Gramm und mehr in dieser Hinsicht beschwerdenfrei lebt. Den Hochdruck-Kandidaten oder -Patienten ist ein innerer Steuerungsfehler angeboren: Ihre Nieren behalten überschüssiges Natrium ein, statt es wie bei Gesunden auszuscheiden. Die Natriumzufuhr ist deswegen bei ihnen zu vermindern, bei strengen Diäten sogar bis auf 0,6 Gramm (1,5 Gramm Kochsalz) pro Tag. Selbst dann schlägt diese Behandlung allerdings nicht immer an, und zusätzlich blutdrucksenkende Mittel, u.a. Saluretica (›Salzausscheider‹), müssen genommen werden.

Alle Mineralwässer ›salzarm‹...?

Laut *Diät-Verordnung* (§ 13) dürfen solche Lebensmittel auf ihre Salzleerheit hinweisen, die entweder 1,2 Gramm Natrium pro Kilo (›natriumarm‹) oder 0,4 Gramm Natrium pro Kilo (›streng natriumarm‹) unterbieten. Nun entspricht ein Kilo einem Liter und 1 Gramm sind 1000 Milligramm: Nach Meinung einiger Brunnen-Vertreter halten damit fast alle deutschen Mineralwässer die Richtlinien von § 13 der *Diät-Verordnung* ein = sind ›streng natriumarm‹ bzw. ›natriumarm‹: denn *über* 1200 Milligramm (1,2 Gramm) Natrium pro Liter ragen nur zwei oder drei. Jedoch hat die *Mineral- und Tafelwasser-Verordnung* ihren Natrium-Grenzwert 60mal tiefer angesetzt, bei 20 Milligramm pro Liter: ab dann erst darf sich ein Wasser ›geeignet für natriumarme Ernährung‹ nennen. Der Schlüssel zur auffallenden Unterbietung der *Diät*-Richtlinien liegt wahrscheinlich in den unterschiedlich veranschlagten Verzehrmengen: Ein Liter Mineralwasser wird eher getrunken als etwa ein Kilo Brot gegessen...

Mineralwasser hat den geringeren Salzgehalt

Natürliche Mineralwässer haben Natrium je nach unterirdischer Herkunft in verschiedener Menge gelöst, von wenigen Milligramm bis zu über einem Gramm pro Liter. Ein durchschnittliches Chloridwasser weist etwa 500–700 Milligramm Natrium pro Liter auf. Zum Vergleich: Ein normales Brötchen von 50 Gramm enthält 0,24 Gramm (240 Milligramm) Natrium. Dem käme ein Mineralwasseranteil von 4,8 Gramm (4800 Milligramm) pro Liter gleich. 100 Gramm Rohschinken entsprächen danach bereits einem Mineralwasser-Natrium-Gehalt von 14 Gramm (14000 Milligramm) pro Liter. Andererseits: Ein Kilo Rohschinken wird nicht – wie der mengenmäßig entsprechende Liter Mineralwasser – meist an einem Tag vertilgt.

Die Mineralwasser-Natrium-Kontroverse

Diese ganzen rechnerischen Beweise und Widerlegungen muß man auf dem Hintergrund einer hitzigen Mineralwasser-Natrium-Diskussion verstehen. Es geht darum, ab wann Mineralwasser-Natriumanteile ›schädlich‹ für den Menschen sind. Die Abfüller natriumhaltiger Wässer weisen auf den im Grunde kargen Gehalt ihrer Sorten hin, verglichen etwa mit Natrium›bomben‹ wie Dauerwurst, Räucherwaren, bestimmte Käse-, Fleisch- und Fischsorten sowie an vorderster Stelle dem überstrapazierten Salzfäßchen. Die Gegenmeinung empfindet gerade *wegen* dieser sowieso schon schädlichen Verzehrgewohnheiten eine quasi ›Extra‹-Natriumzufuhr nun auch noch per Mineralwasser als besonders überflüssig, schädlich und obendrein vermeidbar, weil man ja auf natriumarme Sorten ausweichen könne. Die Abfüller solcher Wässer reiben sich seitdem die Hände, denn ihre Geschäfte ziehen an. Jeder will nur noch natriumarm trinken und versagt sich die oft besser schmeckenden Chloridsorten.

Kann man Hochdruck vorbeugen?

Dahinter steckt die Überzeugung, durch das Trinken natriumarmer Wässer dem Bluthochdruck vorbeugen zu können. Nun sind die Natriumgaben (wie wir oben gesehen haben) selbst höchstkalibrierter Wässer ein Witz, verglichen mit dem, was man sich etwa in Form einer Scheibe Mortadella oder Schmelzkäse zufügt: *Hier* also sollten echte Diätmaßnahmen ansetzen. Jedoch auch nur bei solchen Patienten, die wirklich gefährdet sind – mindestens 70% aller Menschen sind es *nicht*!

Gewichtskontrolle schlägt Salzreduktion

Mit dem Bluthochdruck ist es nämlich so: am Ende kriegt ihn, wer die Veranlagung dazu hat. Er *muß* ihn nicht bekommen – wenn er sich nur vorsieht: kein Übergewicht ansetzt, ausgewogen ißt, Streß vermeidet usf. Es ist z.B. bekannt, daß nach den Weltkriegen in Deutschland trotz höchstem Salzkonsum (bis zu 34 Gramm täglich – andere Würzmittel gab es nicht) Bluthochdruck so gut wie ausgestorben war. Dies, weil die 20 bis 30% Gefährdeten im Durchschnitt Untergewicht hatten und durch vermehrte Körperarbeit Natrium wohl auch häufiger über

Schweiß ausschieden. Beides also – leichtes Untergewicht und Bewegung – beugt dem Hochdruck vor, offensichtlich wirkungsvoller als Entzug von Salz (vgl. dazu G. Zürcher, J. Bengel, R. Kluthe: ›Blutdruckverhalten und Gewichtsabnahme bei interdisziplinärer Gruppentherapie‹ in ›Akt. Ernähr.‹ Stuttgart – New York 1986, Heft 1, S. 14 ff.).

Wer nicht dazu veranlagt ist, kriegt auch keinen Hochdruck

Dies gilt jedoch nur für Bluthochdruckgefährdete. Wer die Veranlagung dazu nicht hat, wird Bluthochdruck auch nicht bekommen, egal wieviel Salz oder Natrium er täglich zu sich nimmt. Genausowenig wie ein Gesunder etwa Zuckerkrankheit kriegt, weil er mit Vorliebe Süßigkeiten ißt.

Natriumgrenzwert für Trinkwasser

Die *Verordnung über Trinkwasser und über Wasser für Lebensmittelbetriebe (Trinkwasserverordnung – TrinkwV)* nennt in ihrer Anlage 4 einen Natrium-Grenzwert von 150 Milligramm pro Liter für Trinkwasser. Es gibt eine Meinung, die diesen Wert gesundheitlich versteht und auch auf Mineralwässer, deren Verordnung keine solche Obergrenze kennt, angewendet wissen möchte. Sie bezeichnet daher alle Chloridwässer mit über 150 Milligramm Natrium pro Liter wenn schon nicht als gesundheitsschädlich, so doch die Grenzwerte der Trinkwasserverordnung überschreitend: Sie dürften demnach ›nicht aus dem Wasserhahn‹ kommen (das dürfte Milch mit 500 Milligramm Natrium pro Liter übrigens auch nicht).

Manches Mineralwasser dürfte nicht aus der Leitung kommen (Milch aber auch nicht)

Der Chef des Bundeskanzleramtes dagegen begründet diesen Trinkwasser-Grenzwert in der Bundesratsdrucksache 589 (vom 9. 12. 1985) als »Teil der EG-Richtlinien für die allgemeine, einwandfreie Beschaffenheit des Trinkwassers« und »von geringer gesundheitlicher Bedeutung«. Eine Untersuchung auf Kenngröße soll deswegen nur bei bestimmten Gelegenheiten erfolgen.

Natrium zeigt Umweltverschmutzung an

Das hat unter anderem zu der Auslegung geführt, daß der Trinkwasser-Natriumgrenzwert ganz bestimmt nicht aus gesundheitlichen Gründen in die Verordnung aufgenommen worden ist, sondern wahrscheinlich deswegen auf nur 150 Milligramm pro Liter begrenzt wurde, weil darüber hinausgehendes Natrium, z.B. in Oberflächengewässern, aus denen Trinkwasser gewonnen wird, auf Nebenbelastungen – etwa des Rheins durch Salzabfluß der französischen Kali-Industrie – hinweisen kann.

Trinkwasser wird geschmacks›komponiert‹, Mineralwasser nicht

Wieder andere verfechten die 150 Milligramm als rein geschmacklichen ›Süßwasser‹-Grenzwert, den Mineralwässer nicht immer einhalten können oder müssen, weil sie (und nicht nur in diesem Punkt!) von den Forderungen der Trinkwasserverordnung sowieso abweichen: Ihr Mineralgehalt ist nämlich erklärtermaßen nach oben offen, d.h. findet seine Grenzen letztendlich im Geschmacksurteil des einzelnen Trinkers: Was diesem noch mundet, geht. So kann natürlich nicht die Grundlage zur aromatischen

Komposition von Leitungswasser beschaffen sein. Die *Trinkwasser-Verordnung* schreibt daher bestimmte Mineral-Grenzwerte fest, die einen ausgewogenen bis neutralen Geschmack garantieren sollen.

Gesundheitliche Bedeutung nur für Bluthochdruckpatienten oder -kandidaten

Ob diese Schwellen *auch* – wie die anfänglich zitierte Meinung beansprucht – gesundheitliche Bedeutung haben, bleibt dahingestellt.* Für den salzempfindlichen Teil der Bevölkerung (etwa 20 bis 30 Prozent) trifft es unter Umständen sogar zu. Für den Rest hat das jedoch nicht zu bedeuten, daß er sich 150 Milligramm Natrium pro Liter übertreffende Mineralwässer (und das ist die Mehrheit) hinfort versagen muß.

Natrium senkt Hochdruck?

Eher vielleicht sogar im Gegenteil. 1980–1981 nämlich führte Prof. Hildebrandt vom Institut für Arbeitsphysiologie und Rehabilitationsforschung der Universität Marburg eine Versuchsreihe durch, bei der gesunde Männer zwischen 19 und 28 Jahren 4 Wochen lang nach einem Standardfrühstück um die gleiche Tageszeit eine Flasche Heilwasser innerhalb von 15 Minuten trinken mußten. Das eine Wasser, FACHINGER, enthielt 602, das andere, KAISER FRIEDRICH-QUELLE, 1142 Milligramm Natrium/Liter (also ein ziemlicher ›Hammer‹). Eine Kontrollgruppe trank Leitungswasser in gleicher Menge. Das Ergebnis, veröffentlicht in ›Der Kranken-

* Siehe hierzu auch *Stellungnahme des Bundesgesundheitsamtes zu Natrium-Grenzwerten in Trink- und Mineralwasser* im Anhang

hausarzt‹ (Sonderdruck Heft 9 September 1982), weist eine verhältnismäßige Blutdruck*senkung* bei den Mineralwasserkandidaten gegenüber den Trinkern von Leitungswasser nach. Hildebrandt folgert daraus nicht, »daß die Zufuhr natriumhaltiger Heilwässer generell keinen Blutdruckanstieg herbeiführen könne. Wichtiger ist es, daß hier im Gegenteil nur bei den mit natriumhaltigen Mineralwässern behandelten Probanden Drucksenkungen auftreten, die zumindest anzeigen, daß solche Trinkkuren im Gegensatz zu einfachem Leitungswasser in die regulatorischen Mechanismen des Kreislaufes eher entspannend eingreifen können«.

Ansporn innerkörperlicher Regulationsmechanismen

In einfachen Worten: Das Natrium-Zusammenspiel mit anderen Mineralien hat die inneren Lenkungsmechanismen des Körpers angestachelt und dadurch trainiert, eventuell vernachlässigte Aufgaben (etwa Stabilisierung des Blutdrucks) wieder besser zu bewältigen.

Patienten kontrollieren ihren Hochdruck besser

Die gleiche Wirkung konnte auch nach Trink-Kuren sogar wirklich Hochdruck*kranker* mit natriumhaltigem Wasser beobachtet werden. Zwar sanken die Werte von der Kontrollgruppe (kein Natrium) und den Heilwassertrinkern (724 Milligramm) gleich stark, demnach bei beiden also wohl hauptsächlich infolge allgemein anschlagender Kurwirkung, *hinterher* aber blieb der günstige Blutdruck den Heilwassertrinkern erhalten, während die Kontrollgruppe wieder einen Anstieg zu verzeichnen hatte. Natrium *senkt* also nicht den Blutdruck – aber in quasi homöopathischen Reizgaben und wohl auch zusammenspielend mit anderen Mineralwasserstoffen spornt es offenbar eine stabilisierende Selbststeuerung des Organismus an, der Heilerfolge danach besser zu erhalten weiß.*

Gesunde Nierenausscheidung durch ›Training‹

Der *gesunde* Mensch scheidet überschüssig aufgenommene Mineralien, also auch Natrium oder Chlorid, in der Regel wieder aus. Durch zuviel Natrium wird somit dem Körper weder besonders geschadet noch wird ihm besonders genutzt, abgesehen vielleicht vom Training der Ausscheidungsfähigkeit, welche bei geringerer Inanspruchnahme – es gibt Anzeichen – entsprechend verkümmern könnte.

Wo Natrium wohltut

Viel Natrium wird eigentlich nur gebraucht, wenn starke Flüssigkeitseinbußen (Erbrechen, Durchfall, Schweißverluste…) auszugleichen sind: Das ›salzige‹ Chloridwasser schmeckt dann nicht nur besonders erfrischend, sondern leistet auch hervorragenden Ersatz. Deswegen ist Chloridsprudel auch ein bevorzugtes ›Sportler‹wasser: Nach schweißtreibendem Tennis oder Jogging löscht es den Durst und bringt den Salzhaushalt wieder ins Gleichgewicht.

---

* Neueste Forschungsergebnisse deuten darauf hin, daß Natrium, wenn überhaupt, nur in Verbindung mit *Chlorid* eine blutdrucksteigernde Wirkung haben kann. Natrium*bi*(-Hydro)*carbonat*, das in vielen Mineralwässern vorkommt, kann Blutdruck sogar senken (vgl. ›ÄrzteZeitung‹ Nr. 102, 3. 6. 87, S. 20).

Wieviel Salz erlaubt der Fachmann dem Gesunden...?

In ›Der Kassenarzt‹ (8/'87) schließt Holtmeier seinen Artikel ›Ist es eine sinnvolle Bluthochdruck-Prophylaxe, wenn man gesunden Menschen eine kochsalzarme Kost empfiehlt?‹ mit dem Resümee: »Wenn man davon ausgeht, daß der Eigengehalt der Nahrungsmittel an NaCl (Kochsalz) ca. 4 bis 5 Gramm täglich beträgt und an gestreutem Kochsalz zusätzlich 8 Gramm pro Kopf in der Bundesrepublik hinzukommen..., so kann man mit einer Gesamtzufuhr von 12 bis 13 Gramm NaCl (= ca. 5 Gramm Natrium) täglich pro Person rechnen. Das ist eine gut tolerierbare und für den Organismus des Gesunden völlig unschädliche Menge.« Professor Dr. med. Hans-Jürgen Holtmeier ist Vorstand der Abteilung für Ernährungsphysiologie der Universität Hohenheim und Professor (für Innere Medizin) der Universität Freiburg i. Br.

...und dem Kranken?

Professor Dr. med. Detlev Ganten vom Deutschen Institut zur Bekämpfung des hohen Blutdrucks der Universität Heidelberg bespricht in seinem Artikel ›Entsalzen oder pökeln – das ist hier die Frage!‹ (mit F. Luft in ›Akt. Ernähr.‹ 10/1985) eine Reihe von wissenschaftlichen Studien und Veröffentlichungen, die den Zusammenhang zwischen Kochsalz und hohem Blutdruck überhaupt bezweifeln. Abschließend stellt er fest, daß es für die Praxis der Hochdruckbehandlung nicht mehr darum gehe, extreme Salzreduktionen durchzusetzen, »sondern darum, die derzeit unnatürlich hohe Kochsalzaufnahme auf ein vernünftiges Maß von 2–6 Gramm (= 1–2,5 Gramm Natrium) täglich zurückzubringen. Die Mehrzahl der gut abgesicherten Daten und die medizinische Vernunft unterstützen nach wie vor diese Empfehlung.« Zum gleichen Schluß kommen Bock/Schrey, die in *Natrium und Hypertonie* (München 1981) feststellen, daß sog. ›milder‹ Hochdruck bereits auf eine Verminderung der üblichen 12–13 Gramm Kochsalz auf 6–9 Gramm täglich gut reagiert.

Extra-Mineralwässer für Salzempfindliche

Die manchmal aufgestellte Behauptung, Natrium-Chlorid-Wässer seien im Grunde bessere ›Kochsalzlösungen‹, unterschlägt zwar den Wert der immer auch mit anwesenden anderen Mineralien und Spurenelemente; allerdings hat ein kennzeichnender Natriumanteil auf wirklich kochsalzempfindliche Hochdruckpatienten oder -kandidaten, die mit starken Chlorid-Wässern etwa eine Fasten-Trinkkur machen oder ihre Anti-Hochdrucktabletten runterspülen, in der Tat die ggf. schädliche Wirkung von überhöhtem Salzkonsum und ist darüber hinaus völlig unnötig; denn es gibt genügend Ausweichmöglichkeiten. Wer deswegen sein Herz in dieser Hinsicht schonen muß, kann sich aus dem folgenden Verzeichnis entsprechende Sorten heraussuchen, deren Natriumanteil unter 20 Milligramm pro Liter liegt: Nur solche Wässer – laut *Mineral- und Tafelwasser-Verordnung* – dürfen den Titel ›Geeignet für natriumarme Ernährung‹ führen.

Wässer nach ihrem Natriumgehalt

○ = Mineralwasser
■ = Heilwasser
□ = Heil- und Mineralwasser
● = Trinkwasser
♦ = Mineral-Heiltafelwasser
◊ = Quellwasser
× = in diesem Buch besprochen

	PLZ	Wasser	Quellort	Natrium	Nachmessung ›natur‹	Chlorid	
■	8788	Bad Brückenauer Wernarzer Wasser	B. Brückenau	2.40	–	4.16	
○	B-	Spa Reine	Spa (Belgien)	2.50	1.60	2.70	×
●	8500	*Trinkwasseranlage Ranna* (Jahresmittel)	Nürnberg	2.60	–	10.00	
○	F-	Vittel	Vittel (Vogesen)	3.00	2.90	–	×
■	8227	Adelholzener Primus-Heilquelle	Bad Adelholzen	3.01	–	2.50	×
○	6408	Rhön-Sprudel	Weyhers	3.20	–	8.50	×
●	8000	*Trinkwasserbereich West-Südwest* (Jahresmittelwert)	München	3.30	–	6.40	
●	8000	*Trinkwasserbereich Zentrum + Ost* (Jahresmittelwert)	München	4.30	–	9.30	
○	7737	Wittmannsthal Quelle	B. Dürrheim	4.30	3.20	5.10	
●	7000	*Trinkwasser aus dem Bodensee* (Jahresmittel)	Stuttgart	4.50	–	7.00	
○	7702	Randegger Ottilienquelle	Gottm.-Randegg	4.60	3.60	–	
●	3000	*Trinkwasser aus dem Harz*	Hannover	4.60	–	7.00	
●	7000	*Trinkwasser aus Landbrunnen* (= nicht vom Bodensee)	Stuttgart	5.20	–	25.00	

	PLZ	Wasser	Quellort	Natrium	Nachmessung ›natur‹	Chlorid
○	7737	Dürrheimer Johannisquelle	B. Dürrheim	5.30	4.00	–
○	F-	Evian	Evian-les-Bains (Hoch-Savoyen)	5.60	–	3.60 ×
○	CH-	Adelbodner	Adelboden	6.00	–	11.00 ×
○	7951	Dietenbronner	Bad Dietenbronn	6.60	2.50	1.20 ×
○	7068	Schurwald-Sprudel	Urbach	6.60	6.30	10.50
○	6408	Weyherser Mineralbrunnen	Weyhers	6.70	2.20	8.90
○	F-	Contrex	Contrexeville (Vogesen)	7.50	5.00	7.20 ×
○	3490	Bad Driburger	Bad Driburg	7.92	6.50	21.00
○	F-	Volvic	Puy-de-Dome (Auvergne)	8.00	8.20	7.50 ×
■	7407	Bad Niedernauer Römerquelle	Rottenburg a.N.	8.05	–	11.50 ×
○	CH-	Aproz	Sitten (Wallis)	8.20	–	8.30 ×
■	CH-	Valser St. Petersquelle	Bad Vals (Graubünd.)	8.30	–	4.00 ×
○	2333	Wittenseer Quelle	Groß Wittensee	9.20	8.40	15.70 ×
○	7152	Kloster-Quelle	Aspach	9.80	8.00	21.00
○	CH-	Henniez	Henniez (Waadtland)	10.00	–	16.00 ×
○	7152	Marco Mineralquelle	Aspach	10.00	8.80	–
■	7152	Marco Quelle Heilwasser	Aspach	10.00	–	19.30 ×
○	7152	Rietenauer Heiligenthalquelle	Bad Rietenau	10.00	10.60	18.50 ×
○	8674	Höllensprudel	Hölle	10.10	–	3.62 ×
●	8500	*Trinkwasseranlage Erlenstegen* (Jahresmittel)	Nürnberg	10.10	–	25.00
◊	A-	Vöslauer	Bad Vöslau (Nieder-österreich)	10.15	–	15.60 ×
○	3260	Extaler	Rinteln	11.40	3.90	16.40
○	4300	Stiftsquelle	Essen	11.40	13.70	55.10
○	8674	Prinzenquelle	Naila	11.50	–	5.46 ×

	PLZ	Wasser	Quellort	Natrium	Nach-messung ›natur‹	Chlorid	
■	YU-	Rogaska-Quell	Rogaska Slatina (Slowenien)	11.70	–	50.80	×
■	8591	St. Linus	Pechbrunn	11.70	–	2.53	×
○	2055	Fürst Bismarck Quelle	Aumühle (Sachsenwald)	11.80	5.00	18.30	
○	7068	Urbacher	Urbach	11.80	6.60	13.50	×
○	2000	Jakobus	Hamburg	11.90	7.20	21.30	
○	2000	Nord-Quelle	Hamburg	13.20	9.30	19.20	
○	F-	Perrier	Vergeze-Gard (Auvergne)	14.00	8.60	30.90	×
○	2814	Vilsa	Bruchhausen Vilsen	14.10	18.60	45.10	
○	3530	Germeta Quelle	Warburg	14.20	12.10	16.60	
○	3530	Diemeltaler Quelle	Warburg	14.30	13.80	26.90	
□	A-	Römerquelle	Edelstal (Burgenland)	15.20	12.30	4.50	×
○	7031	Rohrauer-Sprudel	Gärtingen-Rohrau	15.40	14.90	14.90	
■	3590	Bad Wildunger Reinhardsquelle	Reinhards-hausen	16.40	–	17.70	
○	3257	Graf Hallermunt	Springe	18.00	7.20	37.50	
○	4800	Carolinen-Quelle	Bielefeld	18.40	9.30	7.50	
○	3380	Harzer Grauhof Brunnen	Grauhof (Harz)	18.40	25.70	28.90	×
○	1000	Spreetaler	Berlin	18.70	15.90	18.00	
○	7846	Lieler Schlossbrunnen	Schliengen Liel	19.00	20.50	29.70	×
○	6231	Schwalbacher Schöffengrund	Schwalbach	19.00	–	16.00	
○	4300	Assindia	Essen	19.60	21.40	45.20	
○	4972	Steinsieker	Löhne	19.60	15.60	42.00	
○	7320	Jebenhauser Sprudel	Jebenhausen	21.50	–	14.80	×
○	7452	Imnauer Fürstenquelle	Bad Imnau	22.10	19.40	44.20	
■	3490	Caspar-Heinrich-Quelle	Bad Driburg	24.00	–	37.90	
■	7140	Thauma-Eisen-Heilquelle	Ludwigsburg	25.90	–	8.30	

	PLZ	Wasser	Quellort	Natrium	Nachmessung ›natur‹	Chlorid	
■	7140	Lamscheider Stahlbrunnen	Ludwigsburg	28.60	–	6.27	
○	7452	Imnauer Apollo	Bad Imnau	29.00	25.60	35.50	×
○	6365	Diana	Rosbach 1	29.90	35.10	49.60	
○	7407	Obernauer Löwensprudel	Obernau	30.30	28.80	39.00	
○	7240	ETA Eyachtal-Quelle	Horb	30.60	30.30	42.00	
○	6405	Förstina	Eichenzell	31.40	41.80	32.80	
○	5657	Haaner Felsenquelle	Haan	31.80	31.50	75.90	×
○	4934	Staatlich Bad Meinberger	B. Meinberg	33.70	21.40	14.50	
●	4300	*Trinkwasserwerte* (Jahresdurchschnitt)	Essen	34.40	–	37.40	
●	2000	*Trinkwasserbehälter Curslack Nord* (Jahresmittelwert)	Hamburg	36.00	–	68.00	
○	6365	Rosbacher Ur-Quelle	Rosbach (v. d. Höhe)	39.90	–	48.40	×
■	7170	Schwäbisch Haller St.Ulrich-Quelle	Schwäb. Hall	40.90	–	139.00	×
○	I-	S. Pellegrino	San Pellegrino Terme (Italien)	41.50	37.50	70.90	×
■	3590	Bad Wildunger Georg-Viktor-Quelle	B. Wildungen	41.70	–	7.85	
○	7123	Fontanis	Spielberg	43.10	40.70	41.80	
○	4300	Alt-Bürgerbrunn	Essen	45.00	41.60	62.10	
○	CH-	Passugger	Passugg bei Chur (Graubünd.)	46.00	–	19.00	×
○	7101	Teusser	Teusserbad	46.00	48.20	–	
●	3000	*Trinkwasser-Werk Grasdorf*	Hannover	46.00	–	121.00	
○	8830	Altmühltaler Quelle	Naturpark Altmühltal	47.00	–	1.30	×
○	7452	Filippo	Bad Imnau	48.30	38.00	51.30	
○	7240	Mühringer	Mühringen	48.90	50.10	69.70	
○	I-	Ferrarelle	Riardo (Süditalien)	50.60	–	21.20	×
○	6589	Schwollener Sprudel	Schwollen	52.40	37.40	18.00	
○	3394	Harzer Kristallbrunnen	Langelsheim	53.00	50.30	112.00	

	PLZ	Wasser	Quellort	Natrium	Nach-messung ›natur‹	Chlorid
○	8530	Franken Brunnen	Neustadt	53.50	41.10	27.60 ×
○	4300	Burgwallbronn	Essen	53.70	54.70	120.00
○	6589	Hochwald Sprudel	Schwollen	55.00	77.20	18.00
○	7844	Breisgauer	Neuenburg	63.00	58.00	54.30
○	7500	Alwa	Karlsruhe 41	66.10	60.00	6.90
○	4600	Reinoldus-Brunnen	Dortmund	68.50	73.00	110.00
○	4630	Lohberg	Bochum	69.00	69.40	79.00
●	2000	*Trinkwasserbehälter Baursberg 2* (Jahresmittelwert)	Hamburg	69.00	–	90.00
○	7605	Griesbacher	Griesbach	69.20	58.40	6.60
○	4100	Rheinfels Quelle	Duisburg	76.00	75.80	123.00 ×
○	5485	Sinziger	Sinzig	76.20	58.50	56.60 ×
♦	A-	Gasteiner	Badgastein	78.90	60.00	26.15
○	4630	Shop	Watten-scheid	82.00	76.00	75.20
○	3527	Wilhelmstaler	Calden	82.30	86.40	95.30
○	7519	Wüteria-Schloßbrunnen	Gemmingen	83.50	41.50	17.50
○	7245	Starzacher	Starzach	84.00	73.00	123.00
○	5303	Roisdorfer	Roisdorf	85.30	10.38	916.00
○	4600	Ardey	Dortmund	88.40	72.20	89.70
○	6950	Pfalzgrafen Quelle	Mosbach-Neckarelz	88.97	–	123.02 ×
○	5480	Johannis Quell	Vulkaneifel	89.60	78.60	71.70 ×
○	6368	Elisabethen-Quelle	Bad Vilbel	90.00	95.60	69.00
○	3320	Stephensbrunnen	Salzgitter	93.00	–	93.00
○	3527	Johanniter Quelle	Calden	93.50	98.40	76.70
○	7170	Schwäbisch Haller Wildbadquelle	Schwäbisch Hall	93.50	282.00	246.00 ×
■	5474	Bad Tönissteiner Heilbrunnen	Brohl	96.00	–	17.00 ×
○	6368	Bad Vilbeler UrQuelle	Bad Vilbel	97.00	72.90	69.30 ×
○	5474	Tönissteiner Römerfüllung	Brohl	98.60	83.90	15.70 ×
○	4630	Fortis	Watten-scheid	104.00	98.20	55.50
○	8532	Bad Windsheimer Schönthal Quelle	Bad Windsheim	105.10	100.00	180.40
○	8532	Bad Windsheimer Residenz-Quelle	Bad Windsheim	107.70	103.00	172.90 ×

	PLZ	Wasser	Quellort	Natrium	Nachmessung ›natur‹	Chlorid	
○	7410	Rommelsbacher Silberbrunnen	Reutlingen	112.00	117.20	81.90	
○	7605	Kurparkquelle	Bad Peterstal	115.00	109.00	16.20	
○	7846	Lieler Quelle	Schliengen-Liel	121.00	–	33.20	×
○	5530	Flora-Brunnen (Vulkaneifel)	Gerolstein	126.00	–	51.00	
○	5530	Gerolsteiner Sprudel	Gerolstein (Vulkaneifel)	128.20	123.00	38.90	×
○	6360	Staatl. Hess. Fortuna Quelle	Friedberg	129.30	197.00	205.40	
○	4800	Juwel	Bielefeld	131.00	244.00	99.00	
○	6337	Westerwald-Quelle	Leun	133.00	–	193.00	
■	3490	Bad Driburger Bitterwasser	Bad Driburg	135.10	–	145.00	
○	5100	Granus Sprudel	Aachen	135.80	–	137.40	×
○	7605	Josefsquelle	B. Peterstal	136.10	121.20	17.00	
○	6368	Kronia	Bad Vilbel	140.00	149.00	–	
○	7264	Teinacher	B. Teinach	143.00	149.00	20.60	×
○	6368	Arkia	Bad Vilbel	146.40	127.10	170.90	
■	7624	Leopoldsquelle	Bad Rippoldsau	147.00	–	25.20	×
○	6293	Neuselters Mineralquelle	Löhnberg	148.10	136.00	131.70	×
○	6093	Bad Weilbacher Herzog-Adolf-Quelle	B. Weilbach	150.00	703.00	137.00	
○	3509	Wildsberg-Quelle	Beiseförth	156.30	161.00	89.00	
■	8532	St. Anna	Bad Windsheim	159.00	–	332.20	×
○	CH-	Rhäzünser	Rhäzüns (Graubünd.)	160.00	–	23.20	×
○	6465	Spessart-Quelle	Bieber-gemünd-Rossbach	163.00	103.00	454.00	
■	4630	Sankt Martin	Watten-scheid	164.70	–	127.40	×
○	8532	Meister-Perle	Külsheim	164.90	–	264.20	
○	8532	Rangau-Quelle	Külsheim	164.90	246.00	264.20	
○	3584	Kellerwald	Zwesten	169.00	323.00	249.10	
■	5530	St. Gero	Gerolstein (Vulkaneifel)	174.70	–	72.30	×

	PLZ	Wasser	Quellort	Natrium	Nachmessung ›natur‹	Chlorid
■	7605	Freyersbacher Alexanderquelle	B. Peterstal	178.10	–	31.30 ×
○	7605	Peterstaler Mineralwasser	B. Peterstal	180.00	181.00	24.60 ×
○	7605	Sophien-Quelle	B. Peterstal	180.00	193.00	18.90
■	8830	St. Lambertus Altmühltaler Heilquelle	Naturpark Atlmühltal	186.00	–	54.00 ×
○	6293	Tann-Quell	Löhnberg	187.00	–	173.00
○	6277	Emstaler Brunnen	Oberselters	194.00	–	188.00 ×
○	7624	Rippoldsauer Mineralwasser	Bad Rippoldsau	201.00	195.00	30.00 ×
○	6368	Schattia Mineralsprudel	Bad Vilbel	214.00	–	208.00
○	6293	Graf Bernhard Quelle	Löhnberg	215.00	238.00	259.00
○	3280	Bad Pyrmonter	B. Pyrmont	216.00	214.00	181.00
■	7264	Hirschquelle	B. Teinach	220.00	–	2.00 ×
○	5401	Perling	Rhens	220.00	558.00	133.00
	A-	Severinquelle	Güssing (Burgenl.)	221.00	–	115.20 ×
○	7050	Remstal Sprudel	Waiblingen-Beinstein (Remstal)	222.00	230.00	299.60 ×
○	6368	Hassia Sprudel	Bad Vilbel	226.90	190.00	132.40 ×
■	6430	Bad Hersfelder Lullusbrunnen	B. Hersfeld	229.40	–	129.70
○	5475	Rhodius Fellbuhr-Quelle	Burgbrohl	230.00	222.00	49.00 ×
○	2000	Hella	Hamburg	255.20	303.00	421.30
○	4270	Durstina	Dorsten	256.00	251.00	431.30
○	7605	Freyersbacher Schwarzwälder Mineralwasser	B. Peterstal	260.00	278.00	28.10 ×
○	6000	Luisen Brunnen	Nieder-Erlenbach	265.00	268.00	379.00 ×
○	4690	Hetali	Herne	274.60	226.00	243.10
○	6368	Hermanns Quelle	Bad Vilbel	276.00	267.00	201.00
○	7263	Bad Liebenzeller Mineral-Therme	Bad Liebenzell	278.00	–	312.00 ×
○	4939	Graf Metternich Brunnen	Vinsbeck	278.00	272.00	236.00

	PLZ	Wasser	Quellort	Natrium	Nachmessung ›natur‹	Chlorid	
○	5442	Reginaris	Mending a. Laacher See	291.50	291.00	32.40	×
■	7263	Paracelsus-Quelle	Bad Liebenzell	298.00	–	322.00	×
■	5483	Bad Neuenahrer Heilwasser	Bad Neuenahr	300.00	–	61.50	×
○	5472	Nereus-Quelle	Plaidt	301.40	270.00	28.10	
○	CH-	Zurzacher	B. Zurzach	303.00	–	138.20	×
○	3380	Okertaler	Goslar	314.40	301.00	513.80	
○	7964	Kisslegger	Kisslegg (Allgäu)	315.00	304.00	184.40	×
○	CH-	Aqui	Zürich	318.00	–	144.00	×
○	2351	St. Michaelis	Trappenkamp	325.00	328.00	472.50	
○	4230	Vesalia-Quelle	Wesel	326.00	301.00	428.00	
○	2000	Alstertaler	Norderstedt	327.60	330.00	310.40	
○	4972	Werretaler	Löhne	330.00	321.00	452.00	
■	7320	Göppinger Christophsquelle	Göppingen	331.90	–	32.50	×
○	6293	Löhnberger	Löhnberg	335.00	–	438.00	
○	6293	Ulmtal-Quelle	Löhnberg	335.00	284.00	438.00	
○	4630	Stadion	Wattenscheid	339.50	309.00	93.90	
○	6400	Fuldaer Rhön-Quelle	Fulda	346.00	322.00	425.50	
○	5569	Nürburg-Quelle	Dreis	346.20	319.00	22.50	
○	6368	Hessen-Quelle	Bad Vilbel	347.00	269.00	314.00	
○	2057	Reinbeker Schloßquelle	Reinbek	347.00	375.00	609.90	
○	1000	Fürstenbrunn	Berlin	351.00	256.00	480.60	
○	3380	Hahndorfer Georgsquelle	Goslar	352.00	–	261.10	
○	6293	Selters	Selters (Lahn)	368.00	325.00	359.00	×
○	6148	Odenwald Quelle	Heppenheim	372.00	477.00	764.00	
○	4800	Osning-Brunnen	Bielefeld	378.50	375.00	307.30	
○	6427	Salzschlirfer	Bad Salzschlirf	381.40	430.00	478.00	
○	8398	Redinger	Pocking	385.00	349.00	259.70	
○	3388	Bad Harzburger	B. Harzburg	395.00	396.00	530.00	
○	4630	Herzog-Quelle	Bochum	399.00	406.00	344.00	
○	4473	Emsland-Quelle	Haselünne	401.00	370.00	519.60	

	PLZ	Wasser	Quellort	Natrium	Nachmessung ›natur‹	Chlorid	
○	3411	Katlenburger	Katlenburg	412.80	342.00	321.20	
○	3388	Juliushaller	B. Harzburg	417.00	–	542.00	
○	5472	Burg-Quelle	Plaidt	418.00	451.00	41.10	
○	5340	Aegidius Brunnen	B. Honnef	431.00	330.00	224.00	
○	7320	Göppinger Mineralwasser	Göppingen	438.00	463.00	70.10	×
○	4290	Atlantis Quelle	Bocholt	452.10	343.00	567.60	
○	2803	Weyher Mineralbrunnen	Weyhe	454.00	394.00	898.00	
○	5300	Bad Godesberger	Bad Godesberg	458.20	339.00	247.00	
○	3584	Zwestener Löwensprudel	Zwesten	461.10	–	641.80	×
■	6293	Friedrich Christian Heilquelle	Löhnberg	471.00	–	553.50	×
○	6367	Selzer	Karben	485.00	421.00	755.00	
○	5303	Markusbrunnen	Bornheim	487.00	530.00	455.20	
○	4807	Ravenna Brunnen	Borgholz-hausen	488.00	413.00	573.30	
○	7050	Beinsteiner	Beinstein	496.70	–	790.80	
■	7050	Elisabethenquelle	Waiblingen-Beinstein (Remstal)	496.74	–	709.80	×
○	5483	Apollinaris	Bad Neuenahr	504.00	431.00	168.20	×
○	4800	Christinen-Brunnen	Bielefeld	505.00	355.00	44.30	
○	5401	Rhenser Mineralbrunnen	Rhens	530.00	541.00	377.00	
○	5535	Birresborner Phönix	Birresborn	532.00	501.00	44.00	
○	A-	Güssinger Mineralwasser	Güssing (Burgenland)	533.00	–	309.50	×
○	8729	Knetzgauer Steigerwald	Knetzgau	540.00	497.00	835.00	
○	5401	Frische Brise	Rhens	560.00	656.00	380.00	
□	A-	Peterquelle	Deutsch Goritz (Stmk.)	566.00	–	217.00	×
■	5401	Kaiser Ruprecht Heilquelle	Rhens	581.00	–	398.10	×
■	5568	Dunarisbrunnen	Daun	588.50	–	69.70	
○	5474	Brohler Stille Quelle	Brohl	592.00	607.00	298.00	
■	5535	Birresborner Adonis-Quelle	Birresborn	597.90	–	46.40	

	PLZ	Wasser	Quellort	Natrium	Nachmessung ›natur‹	Chlorid
○	4516	Ewinaris	Wersche	600.20	618.00	818.80
■	6251	Staatl. Fachingen	Fachingen (Lahn)	602.00	–	150.70 ×
■	3584	Zwestener Löwenquelle Heilwasser	Zwesten	606.00	–	880.00 ×
○	5462	Arienheller Brunnen	Bad Hönningen	619.60	–	294.70
○	4807	Marien-Brunnen	Borgholzhausen	622.00	642.00	781.00
○	6277	Oberselters Mineralbrunnen	Oberselters	622.00	619.00	658.00 ×
○	6300	Graf Meinhard Quelle	Gießen	634.40	456.00	1018.00
○	6368	Salustra	Bad Vilbel	661.10	638.00	536.40
○	YU-	Radenska (Slowenien)	Radenci	706.00	501.00	74.30 ×
■	3590	Bad Wildunger Helenenquelle	Bad Wildungen	724.40	–	608.40
○	5568	Dauner	Daun	729.90	673.00	60.80
○	5462	Hubertus Sprudel	Bad Hönningen	756.20	634.00	396.60
□	A-	Preblauer	Perblau (Kärnten)	813.00	–	63.00 ×
■	6277	Kurselters	Oberselters	826.20	–	788.30
■	5483	Heppinger	Bad Neuenahr	856.00	–	244.70 ×
■	8730	Staatl. Bad Kissinger Luitpoldsprudel	Bad Kissingen	857.50	–	1146.00
○	5420	Victoria Lahnsteiner Mineralquelle	Oberlahnstein	867.00	777.00	417.00 ×
■	5485	Sinziger Heilquelle	Sinzig	890.00	–	505.20 ×
■	5420	Victoria Lahnsteiner Heilquelle	Oberlahnstein	909.60	–	459.80 ×
■	5427	Emser Kränchen	Bad Ems	955.30	–	512.60 ×
■	7347	Adelheidquelle	Bad Überkingen	973.20	–	117.00 ×
○	7347	Überkinger	Bad Überkingen	1015.00	941.00	88.60 ×
■	6251	Stilles Selters	Selters (Taunus)	1031.00	–	1091.00 ×
○	5340	Bad Honnefer	B. Honnef	1055.00	1326.00	539.30

	PLZ	Wasser	Quellort	Natrium	Nachmessung ›natur‹	Chlorid
■	8532	Bad Windsheimer St. Kiliani-Heilquelle	Bad Windsheim	1055.00	–	1144.00 ×
○	6251	Selters	Selters (Taunus)	1060.00	913.00	1124.00 ×
○	F-	Vichy Celestins	Vichy (Südfrankreich)	1200.00	1046.00	220.00 ×
○	5100	Aachener Kaiserbrunnen	Aachen	1315.00	1051.00	1501.00 ×
○	6050	Kaiser Friedrich Quelle	Offenbach (Main)	1390.00	1450.00	745.80 ×
■	6050	Kaiser Friedrich Heilquelle	Offenbach (Main)	1419.00	–	795.50 ×
■	CSSR	Karlsbader Mühlbrunn	Karlovy Vary (Westböhmen)	1713.00	–	607.70 ×
■	8730	Staatl. Bad Kissinger Maxbrunnen	Bad Kissingen	2333.00	–	3832.00
■	8730	Staatl. Bad Kissinger Rakoczy	Bad Kissingen	2529.00	–	4093.00
■	6430	Bad Hersfelder Vitalisbrunnen	Bad Hersfeld	2642.00	–	3656.00
■	7440	Nürtinger Heinrichsquelle	Nürtingen	3382.00	–	446.10
■	6990	Bad Mergentheimer Karlsquelle	Bad Mergentheim	3886.00	–	4927.00
■	H-	Hunyadi Janos	Ungarn	5915.00	–	428.90 ×
■	6990	Bad Mergentheimer Albertquelle	Bad Mergentheim	13033.00	–	16545.00

Nitrate

Nitrat hat für den Menschen keinerlei ernährungsphysiologische Bedeutung, im Gegenteil: es kann schädlich wirken. Daher besteht immer wieder Sorge, daß zu viele Nitrate ins Trink- oder Mineralwasser gelangen könnten.

Was sind Nitrate?

›Nitrate‹ heißen die Salze der Salpetersäure. Sie sind wasserlöslich und kommen hauptsächlich in Natur- und Kunstdünger vor, denn es sind wichtigste Pflanzennährstoffe.

Was ist so gefährlich an Nitraten?

Nitrate können im menschlichen Organismus, vor allem im Mund, durch gewisse Bakterien, die allerdings nicht immer anwesend sein müssen (z.B. Rhodanid im Raucherspeichel), zu Nitrit reduziert werden.

Nitrit, der eigentliche Bösewicht

Nitrit wiederum führt u.a. zur Bildung von Methämoglobin, das den Sauerstofftransport im Körper behindert. Hiervon sind besonders Säuglinge während der ersten drei Lebensmonate bedroht. Sie laufen blau an und sterben schlimmstenfalls den Erstickungstod. Der letzte Todesfall dieser Art in der Bundesrepublik ist während der sechziger Jahre bekannt geworden. Dabei waren Nitratmengen von über 100 Milligramm pro Liter Trinkwasser im Spiel.

Nitrosamine und Krebs

Nitrite können sich darüber hinaus unter bestimmten unregelmäßigen Bedingungen im sauren Milieu (z. B. des Magens) mit sog. Aminen zu ›Nitrosaminen‹ verbinden, die zu den stärksten krebserzeugenden Stoffen gehören, die wir heute kennen. Das alarmiert – muß aber auch im Zusammenhang gesehen werden.

Nitrathaltige Gemüsesorten

Frischer Spinat z.B., der von Natur aus mehr Dünger braucht, aber auch hortet als etwa Roggen oder Weizen, speichert mitunter bis zu 2,5 Gramm Nitrat pro Pfund, bei roten Beten und Rettich (oder Radieschen) verhält es sich ähnlich; auch Sojabohnen, Gurken, Rüben, Möhren und Mangold reichern Nitrat an. Trotzdem ist noch niemand auf kurze oder lange Sicht am Verzehr dieser Gemüsesorten gestorben. Alles ist nämlich eine Frage der Menge: Wer täglich zwei Kilo Spinat vertilgen würde, brächte seine Gesundheit allerdings in Gefahr.

Grenzwerte für Babynahrung

Die vorgeschriebene Nitratbeschränkung bei Gemüsen für Kindernahrung beträgt deswegen 125 Milligramm pro Pfund; eine Zumutbarkeitsgrenze für Säuglinge wird bei 6,5 Milligramm Nitrat pro Kilo Körpergewicht gesetzt.

Nitrithaltiges Fleisch

Aber nicht nur Gemüse enthält Nitrat. 95% aller in Deutschland verkehrenden Fleischwaren werden zur Hemmung von sporenbildenden Bakterien konserviert, wobei Hauptwirkstoff das aus dem Nitratpökelsalz entstehende Nitrit ist. Ein kurzer Blick auf irgendeine Wurstverpakkung (egal welche) verrät dem interessierten Verbraucher jedesmal ›Nitrit‹ im Zusammenhang mit der Haltbarmachung. Als nachgewiesener Krebserreger dürfte Nitrit eigentlich gar nicht im Lebensmittelbereich vorkommen, jedoch gibt es keinen anderen Stoff, der den sonst tödlichen ›Wurstvergifter‹ Botulinus unter Kontrolle halten kann. Darüber hinaus gibt Nitrit dem Fleisch eine schöne Farbe. Natürlicherweise läuft nämlich Tierblut nach der Schlachtung durch eine Veränderung im Hämoglobin-Molekül braun an. Je röter folglich das Steak den Verbraucher durchs Auslageglas des Fleischers anlacht, desto mehr kündet es von unzuträglichem Nitrit.

Nitratgrenzwerte für Fleisch

500 bis 600 Milligramm Nitrat pro Kilo erlaubt die Fleischverordnung vom 6. Juni 1973. Diese Menge wird zugefügt, um sich auf ihren eigentlichen Zielstoff, das konservierende Nitrit, zu reduzieren. Die Umwandlung erfolgt bakteriell und ist deswegen nicht immer haargenau zu steuern, so daß in Einzelfällen bis zu 300 Milligramm Nitrit entstehen können. 150 Gramm Steak davon enthielten dann rund 25 Milligramm Nitrit. Die tolerierbare Menge aber für einen Erwachsenen beträgt nach den Richtlinien der Weltgesundheitsorganisation 0,2 Milligramm pro Kilo Körpergewicht…

Zulässige Höchstbelastung von Trinkwasser

Auf solchem Hintergrund ist der Grenzwert der Gesetzgeber der Europäischen Gemeinschaft für die Nitrathöchstbelastung von Trinkwasser zu verstehen: *50 Milligramm pro Liter.* Das entspricht 0,05 Gramm – 2% der mitunter in einem Pfund Spinat vorkommenden Menge oder 9% des üblichen Kilo-Fleisch-Zusatzes bzw. 20% der erlaubten Höchstmenge für Babynahrung pro 1000 Gramm.

Gleichzeitig hat man sich noch mal auf die Hälfte, einen Richtwert von *25 Milligramm,* geeinigt, bei dessen Überschreiten zwar noch keine Gesundheitsgefährdung, doch Grund zum Augenmerk auf die Ursache des Anstiegs besteht. Diese kleine gemeinsame Formel wurde unter der Voraussetzung festgelegt, daß ein Mensch sein Leben lang 2 Liter Trinkwasser täglich in der Nahrung sowie unmittelbar zu sich nehmen können muß, ohne durch Methämoglobin gefährdet zu werden. Dies bedeutet aber auch, daß die Unbedenklichkeit von Trinkwasser auf lebenslangen Gebrauch abgestellt ist, so daß in den meisten Fällen kurzfristige Überschreitungen solcher Werte keine unmittelbare Gefahr für die menschliche Gesundheit bedeuten.

Unberechenbares Krebsrisiko?

Das von Nitrosaminen ausgehende Krebsrisiko bezieht dieser Grenzwert allerdings nicht mit ein, da es weltweit niemand zuverlässig benennen kann. Krebs schleicht und entwickelt sich vermutlich über einen langen Zeitraum. Deswegen mißfällt grundsätzlich jeder, auch der verstreuteste Umstand, der diese Krankheit möglicherweise fördert. Die Nitratfrage bleibt insofern zwiespältig, eigentlich unlösbar. Man könnte zwar aufhören, Fleisch zu essen, oder anfangen, den Kunstdüngerverbrauch unter Kontrolle zu kriegen: ein Restposten Nitrat und damit Krebsgefährdung wird immer übrigbleiben – weil die Pflanzen, von denen wir leben, auf diesen Nährstoff nicht verzichten können. Dies verhält sich seit Beginn der Menschheit so, mit anderen Worten: Die meisten von uns können wohl damit rechnen, in dieser Hinsicht davonzukommen. Es gilt eben, das Risiko, wenn man es schon nicht ausschalten kann, möglichst gering zu halten. Rauchen oder Alkohol jedenfalls wirken in solchem Zusammenhang um ein Vielhundertfaches schädlicher...

Vitamin C verhindert Nitrosamin-entstehung

Eins jedoch kann und sollte man tun, um der wirklichen Gefahr, nämlich der Nitrosaminbildung, vorzubeugen. Tierexperimente am Krebsforschungszentrum Heidelberg haben ergeben, daß eine Vergleichsgruppe, der mit Aminen und Nitrit Vitamin C zugefüttert wurde, *nicht* die zu erwartenden Tumore entwickelte. Vitamin C neutralisiert also die schädlichen Nitrite, bevor sie sich mit anderen Stoffen zu den noch schädlicheren Nitrosaminen vereinigen können. Es gibt deswegen Leute, die ihr Butterbrot leicht mit Vitamin C bepulvern, ehe sie eine Scheibe Wurst o.ä. darauflegen. Sicherlich keine schlechte Idee. Aber zurück zum Wasser...

Nitrate im Mineralwasser

Toxikologen gehen also davon aus, daß Trinkwasser erst dann gefährlich wird, wenn sein Nitratanteil 50 Milligramm pro Liter deutlich überschreitet. Die *Mineral- und Tafelwasser-Verordnung* legt daher einen Grenzwert für Nitrate in Mineralwässern von 50 Milligramm pro Liter fest. Diesen Wert erreicht allerdings keines der zugelassenen Mineralwässer. Die meisten bleiben unter 10 Milligramm. Auf dem Analyseauszug des Flaschenetiketts kann man den Nitratgehalt aus der Ziffer hinter der Formel NO^{3-} erfahren. Taucht diese Formel nicht auf, so hat das nicht zu bedeuten, daß das Wasser etwa kein Nitrat enthält. Es steht den Abfüllern nämlich frei, welche Bestandteile sie auf dem Etikett anführen, in der Regel sind es nur die charakteristischen. Nitrat ist niemals charakteristisch für ein Mineralwasser, sondern ein geringer Nebenanfall; deswegen wird es oft weggelassen, vielleicht auch, um den Verbraucher nicht zu beunruhigen.

Natürliche Nitrate im Mineralwasser

Nitrate in Mineralwässern dürfen nur auf natürliche Art zustande gekommen sein: indem Ammoniak, das durch vulkanische Ausgasung in die wasserführende Gesteinsetagen geraten ist, erst zu Ammonium wird und dann – bei Berührung mit der Oberflächenluft im Brunnen oder infolge eingeblasenen Sauerstoffs bei der Enteisenung – zu Nitrat oxidiert. Wandelt sich dieser ständig überprüfte natürliche Nitratanteil eines Mineralbrunnens, so zeigt das unter Umständen landwirtschaftliche oder industrielle Einspülungen an; denn vulkanische Ausgasungen verändern sich in der Regel kaum, während von oben einsickernde Verunreinigungen (beispielsweise Kunstdüngerreste) durch Niederschlagsmengen und andere wetterwendische Faktoren beeinflußt werden, also nicht regelmäßig auftreten.

Ab wann ein Mineralbrunnen geschlossen werden muß

In solchem Fall muß ein Brunnen sofort geschlossen werden, denn sein Wasser genügt nicht mehr den Anforderungen der *Mineral- und Tafelwasser-Verordnung,* deren § 2 verlangt, daß natürliches Mineralwasser seinen Ursprung in einem »vor Verunreinigungen geschützten Wasservorkommen« haben muß. 1984 etwa wurde ein Stuttgarter Mineralbrunnen geschlossen, weil anläßlich einer Routineuntersuchung seines Wassers 9 Mikrogramm Chlorkohlenwasserstoffe pro Liter gefunden wurden. Diese Menge ist ungiftig; die *Trinkwasserverordnung* z.B. läßt an Chlorkohlenwasserstoffe mehr als das Doppelte (25 Mikrogramm) zu. Ausschlaggebend für die Schließung des Mineralbrunnens war, daß Chlorkohlenwasserstoffe in der Natur nicht vorkommen und somit von außen eingedrungen sein mußten: damit war das Mineralwasservorkommen nicht mehr »vor Verunreinigungen geschützt«.

Pendelnde Nitratwerte

Wer allerdings ein paar Seiten vorblättert zur Hauptliste *(Alphabetische Erfassung von über 250 in Deutschland, Österreich und der Schweiz verkehrenden Mineral- und Heilwässern sowie ihrer kennzeichnenden Inhaltsstoffe),* dem werden bei mancher Sorte die ungereimten Nitratwerte ins Auge springen: Bis zu drei deutliche Abweichungen ergeben sich da mitunter aus den verschiedenzeitlichen Probenentnahmen und Analysen von Prüfungsstelle (Labordatum), ›natur‹ (Ende '86) oder ›Öko-Test‹ (Jan. – Feb. '87).

Natürliche Schwankungen

Solche Schwankungen fallen in der Regel nicht aus dem Rahmen, denn Mineralwasser wird als Naturprodukt ja nicht ›hergestellt‹, sondern ›fertig‹ abgefüllt. Seine Zusammensetzung, wenn auch im wesentlichen stabil, ist deswegen nicht zu jedem Zeitpunkt haargenau die gleiche. Eine Flasche beispielsweise, die morgens nach Anschalten der Förderpumpe aufs Band geht, wird mit über Nacht gesättigtem Wasser gefüllt, das verhältnismäßig ammoniumhaltiger sein wird als etwa die irgendeines Mittags zur Sommerzeit durchfließende Hauptfördermenge.

Schwankung infolge Bearbeitung

*Ammonium*haltig? Sicher, denn Nitrat als solches ist ja – wie weiter oben erklärt – in natürlichem Mineralwasservorkommen nicht vorhanden. Immer erst entsteht es beim Oberflächenkontakt durch Oxidierung von Ammonium (NH^{4+}). Besonders ist dies auch bei der Enteisenung gegeben. Je länger ein Wasser nämlich im Einzelfall mit Sauerstoff durchmischt wird, um Eisen auszufällen, desto mehr eventuell anwesendes Ammonium wird zeitgleich zu Nitrat oxidiert. Schwankende Nitratanteile hängen also auch von der jeweils vorgenommenen Enteisenung ab. Naturbelassene Abfüllungen sind darum in der Regel nitratärmer. Bei ›bearbeiteten‹ Wässern hingegen (weitaus der Mehrheit) hat es in – allerdings seltenen – Einzelfällen auch schon mal Rückrufaktionen wegen außer Kontrolle geratener Nitrat-/Nitritentwicklung geben müssen.

Auffallende Schwankungen

Sollten aber die Werte im Ausnahmefall einmal wirklich kraß voneinander abweichen, drängt sich trotzdem die Frage auf, ob solch schwankender Nitratanteil noch natürlichen Ursprungs sein kann oder vielleicht nicht doch landwirtschaftliche oder industrielle Einspülungen anzeigt; denn vulkanische Ausgasungen verändern sich – wie gesagt – kaum, während von oben einsickernde Verunreinigungen (an erster Stelle Kunstdüngerreste) durch Niederschlagsmengen und andere wetterwendische Faktoren beeinflußt werden, also unregelmäßig auftreten.

›Reinlichkeitsgebot‹ für manche Mineralwasser uneinhaltbar?

Das wurde früher weniger genau genommen und galt, solange es sich in Grenzen hielt, auch als kein Grund, einer Brunnenausbeute etwa den Titel ›Natürliches Mineralwasser‹ abzuerkennen. Hauptsache der 1-Gramm-Mineralien-pro-Liter-Anteil stimmte: was ihn erreichte, galt als Mineralwasser, unabhängig von der Abgeriegeltheit seines Vorkommens. Im Rahmen von EG-Vereinheitlichungen rückte dann das ursprünglich romanische ›Reinheitsgebot‹ für Mineralwässer – die Ausschließung aller Substanzen, die nicht natürlichen Ursprungs sind – in den Vordergrund. Nach einer Eingewöhnungszeit (die *Mineral- und Tafelwasser-Verordnung* trat 1984 in Kraft) werden alle deutschen Brunnen diese für sie neue ›ursprüngliche Reinheit‹ ihres Mineralwassers nachgewiesen haben müssen. Mag sein, daß einige früher unbeanstandete

Vorkommen, die etwa zu nahe an der Erdoberfläche liegen, nach Ende der Übergangsregelung dann geschlossen werden müssen. Dies wohlgemerkt nicht, weil ihr Wasser schlecht oder giftig wäre, sondern weil Umwelteinflüsse *möglich sind* – egal in welchem Ausmaß sie wirklich vorkommen – und der Brunnen folglich so, wie er immer war, das neue ›Reinheitsgebot‹ nicht einhalten kann. Und Nitrat (Kunstdüngerrest) kann in diesem Zusammenhang der Beweis für denkbare Einspülungen sein.

Erst stärkere Schwankungen deuten auf Leck

Allerdings niemals mit der Eindeutigkeit von Chlorkohlenwasserstoffen, weil Nitrat immer auch natürlichen Ursprungs sein kann. Insofern ist es eigentlich nicht Nitrat an sich, sondern sein *schwankender Anteil,* der eventuellen Aufschluß gibt. Und schwankend nicht nur im etwa 10- bis 20%-Rahmen natürlicher Zusammensetzungs- und Bearbeitungsunterschiede, sondern darüber hinaus – als markante Auswirkung unregelmäßiger (= regenwetter-, also oberflächenbegründeter) Einspülungen.

Nachbesserungen

Bei abweichenden Nitrat-Nennungen empfiehlt es sich auch, aufs jeweilige Datum von Probenentnahme/Analyse zu achten. Denn häufig stellt sich das jüngere Ergebnis als die Antwort auf das ältere heraus. Als im Jahre 1984 beispielsweise das Umweltmagazin ›natur‹ einigen Wässern erhöhte Nitratwerte nachwies, waren diese schon bald darauf nach unten korrigiert.

Darf man das denn?

Das macht beim zweiten Hinsehen stutzig. Denn Mineralwasser darf ja nicht hergestellt, sondern nur gewonnen werden – und zwar aus einem »unterirdischen, vor Verunreinigungen geschützten Wasservorkommen«. Ergibt dieses Vorkommen zuviel Nitrat wegen Einspülungen, muß es geschlossen werden; ist das zu viele Nitrat natürlichen Ursprungs, wird der Abfüller vielleicht eine neue und in diesem Sinne weniger ergiebige Ader anbohren. Deren Ausbeute müßte dann allerdings neu zugelassen werden und dafür – laut *Mineral- und Tafelwasser-Verordnung* – einem eigenen Brunnen entstammen, einen zugehörigen Namen tragen und unter diesem Namen ein individuelles Billigungsverfahren durchlaufen. Daß aber ein Mineralwasser nach anrüchigen Werten irgendwie wieder ›hingebogen‹ wird und unter gleichem Namen mit, sagen wir, 30 Milligramm Nitrat weniger weiterverkehrt, reimt sich nicht auf die Ansprüche der *Mineral- und Tafelwasser-Verordnung*.

Keine Schwarze Liste

Die Nitratwerte der einzelnen Wässer stehen in ein- bis dreifacher Ausfertigung, soweit sie ermittelt werden konnten, in der Hauptliste *(Alphabetische Erfassung von über 250 in Deutschland, Österreich und der Schweiz verkehrenden Mineral- und Heilwässern mit ihren kennzeichnenden Inhaltsstoffen)* ein paar Seiten weiter vorne. Sie werden hier nicht nochmals, etwa in der Reihenfolge ihres Kalibers, aufgereiht, weil nicht alle ermittelt werden konnten und dadurch der Platz von Unbekannten in solcher Hitliste nicht sicher wäre.

Trinkwasser-Nitratwerte zum Vergleich

Aufgeführt sind jedoch im folgenden nochmals die Nitratanteile im Trinkwasser einiger deutscher Großstädte, um weitergehende Bezüge oder Schlußfolgerungen zu ermöglichen.

Nitratanteile im Trinkwasser einiger deutscher Großstädte

PLZ	Wasser	Quellort	mg/l
2000	*Trinkwasserbehälter Baursberg 2* (Jahresmittelwert 1986)	Hamburg	2.20
1000	*Trinkwasserwerte* (Jahresdurchschnitt 1986)	Berlin	3.20
7000	*Trinkwasser aus dem Bodensee* (Jahresmittel 1986)	Stuttgart	4.00
2000	*Trinkwasserbehälter Curslack N.* (Jahresmittelwert 1986)	Hamburg	4.80
8000	*Trinkwasserbereich West-Südwest* (Jahresmittelwert 1986)	München	6.00
3000	*Trinkwasser aus dem Harz* (15. 4. 87)	Hannover	7.80
8000	*Trinkwasserbereich Zentrum + Ost* (Jahresmittelwert 1986)	München	8.50
8500	*Trinkwasseranlage Ranna* (Jahresmittel 1984 – 1986)	Nürnberg	11.00
8500	*Trinkwasseranlage Erlenstegen* (Jahresmittelwert 1984 – 1986)	Nürnberg	12.00
3000	*Trinkwasser-Werk Grasdorf* (15. 4. 87)	Hannover	12.30
3500	*Trinkwasserbehälter Lindenberg* (9. 3. 87)	Kassel	12.60
3500	*Trinkwasserbehälter Osterberg* (21. 4. 87)	Kassel	15.90
4770	*Trinkwassermittelwerte (1986)*	Soest	18.59
4300	*Trinkwasserwerte* (Jahresdurchschnitt 1985)	Essen	24.80
7000	*Trinkwasser aus Landbrunnen* (= nicht vom Bodensee) (Jahresdurchschnitt)	Stuttgart	25.00

Kalium (K^+)

Kalium wirkt hauptsächlich im Inneren der Körperzellen des Muskelgewebes, deren Zusammenarbeit es regelt.

Zellwachstum Die Zellen brauchen Kalium zum Wachsen.

Kalium – Natrium Zusammen mit Natrium sorgt es dafür, daß die einzelne Zelle mit Nahrung versorgt wird. Kalium und Natrium wirken auf eine Art entgegengesetzt. Bindet Natrium das Wasser im Körper, so schwemmt Kalium es wieder aus. Die Spannung zwischen beiden bewirkt die lebenswichtige Leistung, die jedes für sich nicht erbringen würde.

Tagesbedarf und hauptsächliche Lieferanten Den Tagesbedarf zwischen 3 und 6 Gramm deckt hauptsächlich die feste Nahrung. Kaliumlieferanten sind Trokkenobst, Nüsse, Studentenfutter, Erdnußbutter, Obst, Avocados (!) und Kartoffeln. Die tägliche Kaliumzufuhr (3–6 Gramm) sollte die Natriumaufnahme (0,5–5 Gramm) eigentlich überschreiten.

Kalium im Mineralwasser Die Mineralwasseranteile stehen meist in entgegengesetztem Verhältnis (einzige Ausnahme: RHÖN-SPRUDEL); Kalium weist immer nur wenige Milligramm auf. Höhere Dosen – ab etwa 100 Milligramm pro Liter – verstärken die entwässernde Wirkung.

Wässer nach ihrem Kaliumgehalt

○ = Mineralwasser
■ = Heilwasser
□ = Heil- und Mineralwasser
● = Trinkwasser
♦ = Mineral-Heiltafelwasser
◊ = Quellwasser
× = in diesem Buch besprochen

	PLZ	Wasser	Quellort	Kalium	Natrium	Natrium-Nachmessung ›natur‹	
○	B-	Spa Reine	Spa (Belgien)	0.50	2.50	1.60	×
○	8674	Höllensprudel	Hölle	0.70	10.10	–	×
○	8674	Prinzenquelle	Naila	0.70	11.50	–	×
■	8227	Adelholzener Primus-Heilquelle	B. Adelholzen	0.87	3.01	–	×
○	3380	Hahndorfer Georgsquelle	Goslar	0.90	352.00	–	
●	3000	*Trinkwasser aus dem Harz*	Hannover	0.90	4.60	–	
●	8500	*Trinkwasseranlage Ranna* (Jahresmittel)	Nürnberg	0.90	2.60	–	
●	8000	*Trinkwasserbereich West-Südwest* (Jahresmittelwert)	München	0.90	3.30	–	
○	F-	Evian	Evian-les-Bains (Hoch-Savoyen)	1.00	5.60	–	×
○	F-	Perrier	Vergeze-Gard (Auvergne)	1.00	14.00	8.60	×
○	4800	Osning-Brunnen	Bielefeld	1.04	378.50	375.00	
○	CH-	Henniez	Henniez (Waadtland)	1.10	10.00	–	×
○	7951	Dietenbronner	B. Dietenbronn	1.20	6.60	2.50	×
●	8000	*Trinkwasserbereich Zentrum + Ost* (Jahresmittelwert)	München	1.20	4.30	–	
■	7140	Thauma-Eisen-	Ludwigsburg Heilquelle	1.34	25.90	–	
■	8591	St. Linus	Pechbrunn	1.40	11.70	–	×
○	2333	Wittenseer Quelle	Groß Wittensee	1.45	9.20	8.40	×

	PLZ	Wasser	Quellort	Kalium	Natrium	Natrium-Nachmessung ›natur‹
■	CH-	Valser St. Petersquelle	Bad Vals (Graubünden)	1.60	8.30	– ×
■	7140	Lamscheider Stahlbrunnen	Ludwigsburg	1.61	28.60	–
◇	A-	Vöslauer	Bad Vöslau (N.-Österreich)	1.74	10.15	– ×
○	CH-	Aqui	Zürich	1.75	318.00	– ×
■	7407	Bad Niedernauer Römerquelle	Rottenburg a. N.	1.86	8.05	– ×
○	6231	Schwalbacher Schöffengrund	Schwalbach	2.00	19.00	–
■	7170	Schwäbisch Haller St.Ulrich-Quelle	Schwäb. Hall	2.00	40.90	– ×
○	3320	Stephensbrunnen	Salzgitter	2.00	93.00	–
○	CH-	Adelbodner	Adelboden	2.10	6.00	– ×
○	CH-	Aproz	Sitten (Wallis)	2.10	8.20	– ×
□	A-	Römerquelle	Edelstal (Burgenland)	2.10	15.20	12.30 ×
○	6365	Diana	Rosbach 1	2.26	29.90	35.10
○	7737	Wittmannsthal-Quelle	Bad Dürrheim	2.31	4.30	3.20
■	3590	Bad Wildunger Reinhardsquelle	Reinhards-hausen	2.49	16.40	–
○	4972	Steinsieker	Löhne	2.50	19.60	15.60
●	2000	*Trinkwasserbehälter Baursberg 2* (Jahresmittelwert)	Hamburg	2.50	69.00	–
○	I-	S. Pellegrino	San Pellegrino Terme (Italien)	2.70	41.50	37.50 ×
○	7964	Kisslegger	Kisslegg (Allgäu)	2.80	315.00	304.00 ×
■	3490	Caspar-Heinrich-Quelle	Bad Driburg	2.83	24.00	–
○	4934	Staatlich Bad Meinberg	Bad Meinberg	2.90	33.70	21.40 ×
■	8788	Bad Brückenauer Wernarzer Wasser	Bad Brückenau	3.00	2.40	–
○	2057	Reinbeker Schloßquelle	Reinbek	3.00	347.00	375.00
♦	A-	Gasteiner	Badgastein	3.01	78.90	60.00 ×
○	F-	Contrex	Contrexeville (Vogesen)	3.10	7.50	5.00 ×

	PLZ	Wasser	Quellort	Kalium	Natrium	Natrium-Nach-messung ›natur‹	
●	8500	*Trinkwasseranlage Erlenstegen* (Jahresmittel)	Nürnberg	3.10	10.10	–	
○	6589	Schwollener Sprudel	Schwollen	3.20	52.40	37.40	
○	3530	Diemeltaler Quelle	Warburg	3.23	14.30	13.80	
○	3530	Germeta Quelle	Warburg	3.30	14.20	12.10	
○	CH-	Passugger	Passugg bei Chur (Graubünden)	3.40	46.00	–	×
○	7152	Kloster-Quelle	Aspach	3.70	9.80	8.00	
■	7152	Marco Quelle Heilwasser	Aspach	3.80	10.00	–	×
○	3380	Okertaler	Goslar	3.80	314.40	301.00	
○	7152	Rietenauer Heiligenthalquelle	Bad Rietenau	4.00	10.00	10.60	×
○	7452	Imnauer Apollo	Bad Imnau	4.10	29.00	25.60	×
○	5657	Haaner Felsenquelle	Haan	4.13	31.80	31.50	×
■	3590	Bad Wildunger Georg-Viktor-Quelle	Bad Wildungen	4.18	41.70	–	
○	4630	Lohberg	Bochum	4.20	69.00	69.40	
●	4300	*Trinkwasserwerte* (Jahresdurchschnitt)	Essen	4.50	34.40	–	
○	8530	Franken Brunnen	Neustadt	4.56	53.50	41.10	×
●	2000	*Trinkwasserbehälter Curslack N.* (Jahresmittelwert)	Hamburg	4.70	36.00	–	
○	3411	Katlenburger	Katlenburg	4.71	412.80	342.00	
○	3280	Bad Pyrmonter	Bad Pyrmont	4.80	216.00	214.00	
○	7240	ETA Eyachtal-Quelle	Horb	5.20	30.60	30.30	
■	3490	Bad Driburger Bitterwasser	Bad Driburg	5.39	135.10	–	
○	4939	Graf Metternich Brunnen	Vinsbeck	5.40	278.00	272.00	
○	2351	St. Michaelis	Trappenkamp	5.40	325.00	328.00	
○	F-	Volvic	Puy-de-Dome (Auvergne)	5.40	8.00	8.20	×
○	2000	Alstertaler	Norderstedt	5.50	327.60	330.00	
○	7240	Mühringer	Mühringen	5.60	48.90	50.10	
○	4600	Ardey	Dortmund	6.00	88.40	72.20	
○	6589	Hochwald Sprudel	Schwollen	6.00	55.00	77.20	
○	4807	Ravenna Brunnen	Borgholzh.	6.00	488.00	413.00	
○	3584	Kellerwald	Zwesten	6.02	169.00	323.00	

	PLZ	Wasser	Quellort	Kalium	Natrium	Natrium-Nachmessung ›natur‹	
○	4800	Juwel	Bielefeld	6.30	131.00	244.00	
○	4300	Stiftsquelle	Essen	6.60	11.40	13.70	
○	5485	Sinziger	Sinzig	6.78	76.20	58.50	×
○	6337	Westerwald-Quelle	Leun	7.00	133.00	–	
■	4630	Sankt Martin	Wattenscheid	7.01	164.70	–	×
○	6293	Neuselters Mineralquelle	Löhnberg	7.06	148.10	136.00	×
○	6950	Pfalzgrafen Quelle	Mosbach-Neckarelz	7.31	88.97	–	×
○	7452	Imnauer Fürstenquelle	Bad Imnau	7.40	22.10	19.40	
○	7500	Alwa	Karlsruhe 41	7.50	66.10	–	
○	7605	Griesbacher	Griesbach	7.60	69.20	58.40	
○	7407	Obernauer Löwensprudel	Obernau	7.60	30.30	28.80	
○	7605	Josefsquelle	Bad Peterstal	7.70	136.10	121.20	
○	6293	Tann-Quell	Löhnberg	7.70	187.00	–	
○	4300	Assindia	Essen	7.82	19.60	21.40	
○	4100	Rheinfels Quelle	Duisburg	8.00	76.00	75.80	×
○	3584	Zwestener Löwensprudel	Zwesten	8.05	461.10	–	×
○	4270	Durstina	Dorsten	8.10	256.00	251.00	
○	6277	Emstaler Brunnen	Oberselters	8.20	194.00	–	×
○	7123	Fontanis	Spielberg	8.50	43.10	40.70	
○	4630	Stadion	Wattenscheid	8.60	339.50	309.00	
○	4807	Marien-Brunnen	Borgholzhausen	8.80	622.00	642.00	
○	4630	Shop	Wattenscheid	8.80	82.00	76.00	
○	4690	Hetali	Herne	8.84	274.60	226.00	
○	CH-	Rhäzünser	Rhäzüns (Graubünden)	9.00	16.00	–	×
○	4630	Fortis	Wattenscheid	9.10	104.00	98.20	
○	4630	Herzog-Quelle	Bochum	9.10	399.00	406.00	
■	7624	Leopoldsquelle	Bad Rippoldsau	9.19	147.00	–	×
○	6465	Spessart-Quelle	Bieber-gemünd-Rossbach	9.20	163.00	103.00	
○	4230	Vesalia-Quelle	Wesel	9.20	326.00	301.00	
○	5401	Frische Brise	Rhens	9.80	560.00	656.00	
○	3388	Bad Harzburger	Bad Harzburg	10.00	395.00	396.00	
○	5530	Flora-Brunnen	Gerolstein (Vulkaneifel)	10.00	126.00	–	

	PLZ	Wasser	Quellort	Kalium	Natrium	Natrium-Nachmessung ›natur‹	
○	3388	Juliushaller	Bad Harzburg	10.00	417.00	–	
■	5401	Kaiser Ruprecht Heilquelle	Rhens	10.00	581.00	–	×
○	4972	Werretaler	Löhne	10.00	330.00	321.00	
○	7605	Kurparkquelle	Bad Peterstal	10.10	115.00	109.00	
○	6360	Staatl. Hess. Fortuna Quelle	Friedberg	10.20	129.30	197.00	
■	3584	Zwestener Löwenquelle Heilwasser	Zwesten	10.50	606.00	–	×
○	6300	Graf Meinhard Quelle	Gießen	10.80	634.40	456.00	
○	7264	Teinacher	Bad Teinach (Schwarzwald)	10.80	143.00	149.00	×
○	5401	Rhenser Mineralbrunnen	Rhens	10.90	530.00	541.00	×
■	6430	Bad Hersfelder Lullusbrunnen	Bad Hersfeld	11.00	229.40	–	
○	7624	Rippoldsauer Mineralwasser	Bad Rippoldsau	11.10	201.00	195.00	×
○	4473	Emsland-Quelle	Haselünne	11.40	401.00	370.00	
○	8532	Bad Windsheimer Residenz-Quelle	B. Windsheim	11.50	107.70	103.00	×
○	5530	Gerolsteiner Sprudel	Gerolstein (Vulkaneifel)	11.90	128.20	123.00	×
○	8532	Bad Windsheimer Schönthal Quelle	B. Windsheim	12.00	105.10	100.00	
○	3527	Johanniter Quelle	Calden	12.30	93.50	98.40	
○	8532	Meister-Perle	Külsheim	12.30	164.90	–	
○	8532	Rangau-Quelle	Külsheim	12.30	164.90	246.00	
○	6093	Bad Weilbacher Herzog-Adolf-Quelle	Bad Weilbach	12.40	150.00	703.00	
●	3000	*Trinkwasser-Werk Grasdorf*	Hannover	12.40	46.00	–	
○	5480	Johannis Quell	Vulkaneifel	12.80	89.60	78.60	×
○	8398	Redinger	Pocking	13.20	385.00	349.00	
○	6293	Löhnberger	Löhnberg	13.70	335.00	–	
■	7605	Freyersbacher Alexanderquelle	Bad Peterstal	13.80	178.10	–	×
○	7245	Starzacher	Starzach	13.80	84.00	73.00	
○	7605	Peterstaler Mineralwasser	Bad Peterstal	13.90	180.00	181.00	×

	PLZ	Wasser	Quellort	Kalium	Natrium	Natrium-Nach-messung ›natur‹	
○	4300	Burgwallbronn	Essen	14.00	53.70	54.70	
○	6427	Salzschlirfer	Bad Salzschlirf	14.00	381.40	430.00	
■	5530	St. Gero	Gerolstein (Vulkaneifel)	14.10	174.70	–	×
○	3527	Wilhelmstaler	Calden	14.80	82.30	86.40	
○	6368	Arkia	Bad Vilbel	15.00	146.40	127.10	
■	3590	Bad Wildunger Helenenquelle	B. Wildungen	15.07	724.40	–	
■	7264	Hirschquelle	Bad Teinach (Schwarzwald)	15.50	220.00	–	×
○	5100	Granus Sprudel	Aachen	15.60	135.80	–	×
○	6293	Selters	Selters (Lahn)	15.60	368.00	325.00	×
■	5474	Bad Tönissteiner Heilbrunnen	Brohl	15.80	96.00	–	×
■	6050	Kaiser Friedrich Heilquelle	Offenbach (Main)	16.00	1419.00	–	×
□	A-	Peterquelle	Deutsch Goritz (Steiermark)	16.00	566.00	–	×
○	6277	Oberselters Mineralbrunnen	Oberselters	16.20	622.00	619.00	×
■	7263	Paracelsus-Quelle	Bad Liebenzell	16.60	298.00	–	
○	6408	Rhön-Sprudel	Weyhers	16.60	3.20	–	×
○	5442	Reginaris	Mending am Laacher See	16.80	291.50	291.00	×
○	5474	Tönissteiner Römerfüllung	Brohl	16.80	98.60	83.90	×
○	6408	Weyherser Mineralbrunnen	Weyhers	16.80	6.70	2.20	
■	8830	St. Lambertus Altmühltaler Heilquelle	Naturpark Altmühltal	16.90	186.00	–	×
○	7263	Bad Liebenzeller Mineral-Therme	Bad Liebenzell	17.00	278.00	–	
□	A-	Severinquelle	Güssing (Burgenland)	17.00	221.00	–	×
■	6293	Friedrich Christian Heilquelle	Löhnberg	17.30	471.00	–	×
○	6050	Kaiser Friedrich Quelle	Offenbach (Main)	17.30	1390.00	1450.00	×
○	6368	Bad Vilbeler UrQuelle	Bad Vilbel	17.50	97.00	72.90	×
○	7347	Überkinger	B. Überkingen	17.80	1015.00	941.00	×

	PLZ	Wasser	Quellort	Kalium	Natrium	Natrium-Nachmessung ›natur‹	
■	8532	St. Anna	B. Windsheim	18.10	159.00	–	×
○	5303	Markusbrunnen	Bornheim	18.30	487.00	530.00	
■	6277	Kurselters	Oberselters	18.40	826.20	–	×
○	5420	Victoria Lahnsteiner Mineralquelle	Oberlahnstein	18.50	867.00	777.00	×
○	6405	Förstina	Eichenzell	19.00	31.40	41.80	
■	5420	Victoria Lahnsteiner Heilquelle	Oberlahnstein	19.00	909.60	–	×
○	3509	Wildsberg-Quelle	Beiseförth	19.30	156.30	161.00	
○	6368	Kronia	Bad Vilbel	20.00	140.00	149.00	
○	4300	Alt-Bürgerbrunn	Essen	20.10	45.00	41.60	
○	5474	Brohler Stille Quelle	Brohl	20.10	592.00	607.00	
○	6000	Luisen Brunnen	N.-Erlenb.	21.00	265.00	268.00	×
○	6148	Odenwald Quelle	Heppenheim	21.00	372.00	477.00	
○	6368	Hassia Sprudel	Bad Vilbel	21.20	226.90	190.00	×
○	5340	Aegidius Brunnen	Bad Honnef	21.50	431.00	330.00	
○	2803	Weyher Mineralbrunnen	Weyhe	21.50	454.00	394.00	
■	YU-	Rogaska-Quell	Rogaska Slatina (Slowenien)	22.00	11.70	–	×
○	4290	Atlantis Quelle	Bocholt	22.40	452.10	343.00	
■	5568	Dunarisbrunnen	Daun	23.10	588.50	–	
○	6251	Selters	Selters/Taunus	23.70	1060.00	913.00	×
■	5483	Bad Neuenahrer Heilwasser	Bad Neuenahr	24.00	300.00	–	
■	6251	Stilles Selters	Selters/Taunus	24.50	1031.00	–	×
○	7050	Remstal Sprudel	Waiblingen-Beinstein (Remstal)	25.00	222.00	230.00	×
■	5427	Emser Kränchen	Bad Ems	25.20	955.30	–	×
○	5472	Nereus-Quelle	Plaidt	25.70	301.40	27–	
○	5300	Bad Godesberger	B. Godesberg	25.90	458.20	339.00	
■	H-	Hunyadi Janos	Ungarn	26.20	5915.00	–	×
■	7320	Göppinger Christophsquelle	Göppingen	26.60	331.90	–	×
○	7050	Beinsteiner	Beinstein	28.00	496.70	–	
○	5535	Birresborner Phönix	Birresborn	28.00	532.00	501.00	
○	6368	Schattia Mineralsprudel	Bad Vilbel	28.00	214.00	–	
■	7050	Elisabethenquelle	Waiblingen-Beinstein (Remstal)	28.01	496.74	–	×

	PLZ	Wasser	Quellort	Kalium	Natrium	Natrium-Nachmessung ›natur‹	
■	6251	Staatl. Fachingen	Fachingen (Lahn)	28.10	602.00	–	×
○	8830	Altmühltaler Quelle	Naturpark Altmühltal	28.90	47.00	–	×
○	5462	Arienheller Brunnen	B. Hönningen	29.00	619.60	–	
○	A-	Güssinger Mineralwasser	Güssing (Burgenland)	29.00	533.00	–	×
○	5483	Apollinaris	Bad Neuenahr	29.40	504.00	431.00	×
○	5303	Roisdorfer	Roisdorf	30.40	85.30	1038.00	
■	7347	Adelheidquelle	B. Überkingen	31.00	973.20	–	×
○	7605	Freyersbacher Schwarzwälder Mineralwasser	Bad Peterstal	31.50	260.00	278.00	×
■	5535	Birresborner Adonis-Quelle	Birresborn	31.90	597.90	–	
○	7320	Göppinger Mineralwasser	Göppingen	32.00	438.00	463.00	×
○	6367	Selzer	Karben	33.30	485.00	421.00	
○	5472	Burg-Quelle	Plaidt	34.20	418.00	451.00	
○	5340	Bad Honnefer	Bad Honnef	34.80	1055.00	1326.00	
○	6368	Hessen-Quelle	Bad Vilbel	34.80	347.00	269.00	
○	5462	Hubertus Sprudel	B. Hönningen	36.20	756.20	634.00	
○	6368	Hermanns Quelle	Bad Vilbel	36.30	276.00	267.00	
○	6368	Elisabethen-Quelle	Bad Vilbel	38.00	90.00	95.60	
■	8532	Bad Windsheimer St. Kiliani-Heilquelle	B. Windsheim	40.80	1055.00	–	×
■	7440	Nürtinger Heinrichsquelle	Nürtingen	42.60	3382.00	–	
○	I-	Ferrarelle	Riardo (Süditalien)	43.00	50.60	–	×
□	A-	Preblauer	Preblau (Kärnten)	44.10	813.00	–	×
○	5569	Nürburg-Quelle	Dreis	46.10	346.20	319.00	
■	8730	Staatl. Bad Kissinger Luitpoldsprudel	Bad Kissingen	48.90	857.50	–	
■	5483	Heppinger	Bad Neuenahr	52.70	856.00	–	×
○	F-	Vichy Celestins	Vichy (Südfrankreich)	60.00	1200.00	1046.00	
○	6368	Salustra	Bad Vilbel	60.60	661.10	638.00	
○	5100	Aachener Kaiserbrunnen	Aachen	63.10	1315.00	1051.00	×

	PLZ	Wasser	Quellort	Kalium	Natrium	Natrium-Nachmessung ›natur‹	
■	6430	Bad Hersfelder Vitalisbrunnen	Bad Hersfeld	70.40	2642.00	–	
■	5485	Sinziger Heilquelle	Sinzig	73.40	890.00	–	×
■	8730	Staatl. Bad Kissinger Rakoczy	Bad Kissingen	95.00	2529.00	–	
■	8730	Staatl. Bad Kissinger Maxbrunnen	Bad Kissingen	95.10	2333.00	–	
■	CSSR	Karlsbader Mühlbrunn	Karlovy Vary (Westböhmen)	98.04	1713.00	–	×
■	6990	Bad Mergentheimer Karlsquelle	Bad Mergentheim	102.70	3886.00	–	
■	6990	Bad Mergentheimer Albertquelle	Bad Mergentheim	321.90	1303	3.00	

Chlorid (Cl^-)

Chlorid wirkt neben dem Bi(= Hydrogen)carbonat als wichtigstes Anion im Körperwasser zwischen den Zellen, wo es zusammen mit dem Natrium die Bedingungen für einen reibungslosen Stoffwechsel aufrecht erhält.

Magensäure

Besonders ist Chlorid auch im Magen-Darm-Trakt konzentriert, wo es wesentlich zur Bildung von Magensäure beiträgt. Bei Erbrechen unterlaufen daher mit dem Auswurf der Magensäure auch starke Chloridverluste, die mit einem entsprechend kalibrierten Mineralwasser wieder ausgeglichen werden können.

Tagesdosis

Die erwünschte Tagesdosis beträgt 3 bis 5 Gramm und wird normalerweise über die tägliche Salzeinnahme geregelt.

Calcium (Ca^{2+})

Obwohl das Körper-Calcium fast vollständig in Knochen und Zähne eingebunden ist, stellt doch ein winziger lebenswichtiger Anteil die Blutgerinnung sowie die Erregbarkeit von Nerven und Muskeln sicher. Bei den meisten Hautallergien wirkt Calcium ausgleichend.

Vitamin D Die Aufnahme wird begünstigt durch anwesendes Vitamin D und blockiert durch übermäßiges Fett.

Tagesbedarf Der Tagesbedarf liegt bei 800 Milligramm. Schwangere und Kinder brauchen mehr: 1200 Milligramm. Über Mineralwasser eingefahrenes Calcium kann eine Wirkung erst dann entfalten, wenn 150 Milligramm pro Liter überschritten werden, was dem Wasser einen mineralisch-harten Geschmack verleiht. Der Calciumbedarf wird durch normale Kost, vor allem Milch und Käseerzeugnisse, in der Regel abgedeckt.

Streß Er wächst bei starker Nervenbeanspruchung (= Streßsituationen) an. Calcium hemmt die Magnesiumaufnahme.

Nierensteine Im ungünstigen Fall bauen sich aus übermäßigem Calcium Nierensteine auf. Wer zu Steinerkrankungen (oder auch zur Arteriosklerose) neigt, sollte daher nur Mineralwasser unter 150 bis 200 Milligramm Calcium pro Liter trinken, diese dann allerdings sorgenfrei, durchaus auch im Rahmen einer Steinprophylaxe.

Wässer nach ihrem Calciumgehalt

○ = Mineralwasser
■ = Heilwasser
□ = Heil- und Mineralwasser
● = Trinkwasser
♦ = Mineral-Heiltafelwasser
◇ = Quellwasser
× = in diesem Buch besprochen

	PLZ	Wasser	Ort	Calcium	Magnesium	
○	CH-	Aqui	Zürich	2.45	0.84	×
○	B-	Spa Reine	Spa (Belgien)	3.30	1.30	×
○	7964	Kisslegger	Kisslegg (Allgäu)	4.00	1.20	×
■	6050	Kaiser Friedrich Heilquelle	Offenbach (Main)	4.79	4.09	×
○	4800	Christinen-Brunnen	Bielefeld	4.80	0.00	
○	6050	Kaiser Friedrich Quelle	Offenbach (Main)	5.00	3.70	×
○	4800	Osning-Brunnen	Bielefeld	6.00	2.50	
○	3380	Hahndorfer Georgsquelle	Goslar	6.70	2.00	
○	2000	Alstertaler	Norderstedt	7.00	4.40	
○	4630	Herzog-Quelle	Bochum	9.30	2.80	
○	F-	Volvic	Puy-de-Dome (Auvergne)	10.40	6.00	×
○	3411	Katlenburger	Katlenburg	14.70	5.80	
■	8788	Bad Brückenauer Wernarzer Wasser	Bad Brückenau	15.00	6.37	
■	8591	St. Linus	Pechbrunn	16.20	6.80	×
○	4473	Emsland-Quelle	Haselünne	18.10	6.68	
■	8830	St. Lambertus Altmühltaler Heilquelle	Naturpark Atlmühltal	18.70	3.30	×
♦	A-	Gasteiner	Badgastein	20.00	0.97	
●	3000	*Trinkwasser aus dem Harz*	Hannover	25.00	6.00	
○	8398	Redinger	Pocking	25.09	4.57	
○	4290	Atlantis Quelle	Bocholt	25.10	20.00	
○	6427	Salzschlirfer	Bad Salzschlirf	29.90	9.90	
○	CH-	Zurzacher	Bad Zurzach	30.20	1.88	×
○	5300	Bad Godesberger	Bad Godesberg	37.80	47.20	
○	3394	Harzer Kristallbrunnen	Langelsheim	39.00	10.30	
○	3388	Juliushaller	Bad Harzburg	40.00	10.00	
■	7263	Paracelsus-Quelle	Bad Liebenzell	40.08	9.72	×

	PLZ	Wasser	Ort	Calcium	Magnesium	
○	4690	Hetali	Herne	42.00	10.30	
●	3500	*Trinkwasserbehälter Lindenberg*	Kassel	42.40	8.10	
○	4800	Juwel	Bielefeld	43.00	12.00	
○	7263	Bad Liebenzeller Mineral-Therme	Bad Liebenzell	44.10	7.30	×
○	6589	Schwollener Sprudel	Schwollen	44.10	14.60	
○	2351	St. Michaelis	Trappenkamp	44.40	5.80	
●	4300	Trinkwasserwerte (Jahresdurchschnitt)	Essen	44.50	7.70	
○	6408	Rhön-Sprudel	Weyhers	45.20	26.10	×
●	4770	*Trinkwassermittelwerte*	Soest	45.40	5.52	
○	5340	Aegidius Brunnen	Bad Honnef	47.50	57.10	
○	8830	Altmühltaler Quelle	Naturpark Atlmühltal	47.80	11.40	×
○	4230	Vesalia-Quelle	Wesel	47.90	16.70	
○	3388	Bad Harzburger	Bad Harzburg	50.00	11.00	
○	6408	Weyherser Mineralbrunnen	Weyhers	50.00	30.00	
●	7000	*Trinkwasser aus dem Bodensee* (Jahresmittel)	Stuttgart	51.00	8.40	
○	6589	Hochwald Sprudel	Schwollen	52.00	24.80	
○	7951	Dietenbronner	Bad Dietenbronn	52.10	29.10	×
○	7347	Überkinger	Bad Überkingen	56.10	21.90	×
■	5427	Emser Kränchen	Bad Ems	56.60	47.20	×
○	5100	Aachener Kaiserbrunnen	Aachen	57.60	8.16	×
●	8500	*Trinkwasseranlage Ranna* (Jahresmittel)	Nürnberg	58.00	24.00	
○	5485	Sinziger	Sinzig	58.70	30.10	×
●	3500	*Trinkwasserbehälter Osterberg*	Kassel	59.20	17.00	
○	5480	Johannis Quell	Vulkaneifel	59.60	50.70	×
○	2814	Vilsa	Bruchhausen-Vilsen	61.00	5.20	
○	5420	Victoria Lahnsteiner Mineralquelle	Oberlahnstein	64.50	45.90	×
●	8500	*Trinkwasseranlage Erlenstegen* (Jahresmittel)	Nürnberg	66.00	19.00	
○	5462	Arienheller Brunnen	Bad Hönningen	66.50	91.00	
●	8000	*Trinkwasserbereich West-Südwest* (Jahresmittelwert)	München	68.20	21.20	
○	6277	Emstaler Brunnen	Oberselters	68.90	19.70	

	PLZ	Wasser	Ort	Calcium	Magnesium	
○	5657	Haaner Felsenquelle	Haan	69.20	16.60	×
■	5420	Victoria Lahnsteiner Heilquelle	Oberlahnstein	71.70	49.20	×
●	2000	*Trinkwasserbehälter Baursberg 2* (Jahresmittelwert)	Hamburg	72.00	7.00	
○	5462	Hubertus Sprudel	Bad Hönningen	72.10	114.60	
■	5401	Kaiser Ruprecht Heilquelle	Rhens	74.80	36.10	×
○	5401	Rhenser Mineralbrunnen	Rhens	75.00	38.00	×
■	7440	Nürtinger Heinrichsquelle	Nürtingen	75.80	62.30	
○	4270	Durstina	Dorsten	76.10	13.60	
●	8000	*Trinkwasserbereich Zentrum + Ost* (Jahresmittelwert)	München	77.40	22.90	
■	5568	Dunarisbrunnen	Daun	77.70	101.40	
○	2000	Nord-Quelle	Hamburg	78.20	6.20	
■	5483	Bad Neuenahrer Heilwasser	Bad Neuenahr	78.40	87.90	×
○	2333	Wittenseer Quelle	Groß Wittensee	78.80	5.10	×
○	2000	Jakobus	Hamburg	79.40	6.40	
○	F-	Evian	Evian-les-Bains (Hoch-Savoyen)	79.90	25.70	×
○	2055	Fürst Bismarck Quelle	Aumühle (Sachsenwald)	82.00	5.50	×
○	2057	Reinbeker Schloßquelle	Reinbek	83.00	14.50	
○	1000	Spreetaler	Berlin	83.20	7.82	
○	5340	Bad Honnefer	Bad Honnef	83.60	143.30	
○	7702	Randegger Ottilienquelle	Gottm.-Randegg	84.20	33.40	
○	5472	Nereus-Quelle	Plaidt	86.20	55.70	
○	3380	Okertaler	Goslar	87.10	16.00	
○	5474	Brohler Stille Quelle	Brohl	87.30	106.00	
■	8227	Adelholzener Primus-Heilquelle	Bad Adelholzen	87.90	29.70	×
■	6251	Stilles Selters	Selters (Taunus)	89.20	43.40	×
○	5401	Frische Brise	Rhens	90.30	39.60	
○	7605	Kurparkquelle	Bad Peterstal	93.90	19.80	
○	5483	Apollinaris	Bad Neuenahr	94.30	115.30	×
○	6277	Oberselters Mineralbrunnen	Oberselters	94.70	36.50	×
○	6300	Graf Meinhard Quelle	Gießen	95.30	40.00	
■	6277	Kurselters	Oberselters	95.30	39.80	×
♦	A-	Vöslauer	Bad Vöslau (Niederöstereich)	97.00	40.40	×

	PLZ	Wasser	Ort	Calcium	Magnesium	
○	F-	Vichy Celestins	Vichy (Südfr.)	100.00	9.00	×
●	2000	*Trinkwasserbehälter Curslack Nord* (Jahresmittelwert)	Hamburg	105.00	10.00	
○	6251	Selters	Selters (Taunus)	106.00	42.00	×
○	5535	Birresborner Phönix	Birresborn	107.00	80.00	
○	4807	Ravenna Brunnen	Borgholzhausen	107.60	6.00	
○	6293	Graf Bernhard Quelle	Löhnberg	108.00	37.00	
○	1000	Fürstenbrunn	Berlin	108.40	18.70	
■	5535	Birresborner Adonis-Quelle	Birresborn	112.20	80.70	
○	6368	Elisabethen-Quelle	Bad Vilbel	113.00	22.00	
○	3380	Harzer Grauhof Brunnen	Grauhof (Harz)	113.00	7.80	×
●	1000	*Trinkwasserwerte* (Jahresdurchschnitt)	Berlin	113.00	9.30	
○	CH-	Henniez	Henniez (Waadtland)	114.00	18.20	×
■	5483	Heppinger	Bad Neuenahr	115.90	164.80	×
●	7000	*Trinkwasser aus Landbrunnen* (= nicht vom Bodensee)	Stuttgart	118.00	12.00	
□	A-	Severinquelle	Güssing (Burgenland)	118.60	33.60	×
○	6293	Neuselters Mineralquelle	Löhnberg	118.70	26.20	×
○	5568	Dauner	Daun	118.90	173.70	
□	A-	Preblauer	Perblau (Kärnten)	119.00	17.38	×
○	4630	Stadion	Wattenscheid	120.80	22.80	
○	6360	Staatl. Hess. Fortuna Quelle	Friedberg	121.20	33.30	
■	6251	Staatl. Fachingen	Fachingen (Lahn)	122.00	53.20	×
○	4807	Marien-Brunnen	Borgholzhausen	123.40	7.60	
○	3490	Bad Driburger	Bad Driburg	123.90	34.80	
○	5100	Granus Sprudel	Aachen	125.10	16.10	×
○	6368	Bad Vilbeler UrQuelle	Bad Vilbel	126.10	20.70	×
○	3280	Bad Pyrmonter	Bad Pyrmont	128.00	40.00	
○	5303	Roisdorfer	Roisdorf	129.20	89.10	
○	7846	Lieler Schlossbrunnen	Schliengen-Liel	131.00	10.20	×
○	6293	Tann-Quell	Löhnberg	131.70	33.40	
○	3584	Kellerwald	Zwesten	132.00	66.00	
○	7410	Rommelsbacher Silberbrunnen	Reutlingen	133.00	43.10	
■	7605	Freyersbacher Alexanderquelle	Bad Peterstal	133.30	27.10	×

	PLZ	Wasser	Ort	Calcium	Magnesium	
○	6093	Bad Weilbacher Herzog-Adolf-Quelle	Bad Weilbach	134.00	30.50	
■	CSSR	Karlsbader Mühlbrunn	Karlovy Vary (Westböhmen)	135.90	37.33	×
○	5475	Rhodius Fellbuhr-Quelle	Burgbrohl	136.00	191.00	×
○	6465	Spessart-Quelle	Biebergemünd-Rossbach	136.00	60.80	
■	7347	Adelheidquelle	Bad Überkingen	136.30	107.00	×
○	2000	Hella	Hamburg	138.00	12.00	
○	6365	Diana	Rosbach 1	139.40	57.30	
○	F-	Perrier	Vergeze-Gard (Auvergne)	140.20	3.50	×
○	5472	Burg-Quelle	Plaidt	141.40	86.90	
○	6337	Westerwald-Quelle	Leun	143.00	–	
■	7140	Thauma-Eisen-Heilquelle	Ludwigsburg	143.80	52.30	
○	7264	Teinacher	Bad Teinach (Schwarzwald)	144.30	34.00	×
○	2803	Weyher Mineralbrunnen	Weyhe	145.00	48.80	
○	A-	Güssinger Mineralwasser	Güssing (Burgenland)	146.70	39.90	×
○	4516	Ewinaris	Wersche	146.80	37.00	
○	6368	Arkia	Bad Vilbel	147.10	26.60	
○	6368	Kronia	Bad Vilbel	148.00	32.00	
■	7140	Lamscheider Stahlbrunnen	Ludwigsburg	154.50	59.30	
○	7846	Lieler Quelle	Schliengen-Liel	155.00	39.60	
■	3590	Bad Wildunger Reinhardsquelle	Reinhardshausen	155.40	62.70	
○	6231	Schwalbacher Schöffengrund	Schwalbach	156.00	56.00	
○	6293	Selters	Selters (Lahn)	156.00	51.70	×
■	6430	Bad Hersfelder Kullusbrunnen	Bad Hersfeld	157.60	12.00	
■	5485	Sinziger Heilquelle	Sinzig	160.80	214.00	×
○	4600	Ardey	Dortmund	161.00	24.30	
○	5303	Markusbrunnen	Bornheim	163.00	61.10	
○	6148	Odenwald Quelle	Heppenheim	170.00	19.00	
□	A-	Römerquelle	Edelstal (Burgenland)	171.10	77.90	×
□	A-	Peterquelle	Deutsch Goritz (Steiermark)	172.00	41.00	×
○	8674	Prinzenquelle	Naila	172.00	32.20	×
●	3000	*Trinkwasser-Werk Grasdorf*	Hannover	174.00	53.00	

	PLZ	Wasser	Ort	Calcium	Magnesium	
○	5474	Tönissteiner Römerfüllung	Brohl	174.10	137.20	×
■	6293	Friedrich Christian Heilquelle	Löhnberg	175.00	63.50	×
■	5474	Bad Tönissteiner Heilbrunnen	Brohl	175.30	136.60	×
○	7605	Peterstaler Mineralwasser	Bad Peterstal	177.00	37.10	×
○	3584	Zwestener Löwensprudel	Zwesten	184.10	78.80	×
○	6950	Pfalzgrafen Quelle	Mosbach-Neckarelz	184.37	38.30	×
○	6293	Löhnberger	Löhnberg	186.00	54.00	
○	7605	Sophien-Quelle	Bad Peterstal	186.00	37.50	
○	6293	Ulmtal-Quelle	Löhnberg	186.00	54.00	
○	4600	Reinoldus-Brunnen	Dortmund	191.00	28.00	
○	8530	Franken Brunnen	Neustadt	193.70	37.50	×
○	YU-	Radenska	Radenci (Slowenien)	194.60	105.40	×
■	4630	Sankt Martin	Wattenscheid	197.50	25.40	×
○	5442	Reginaris	Mending am Laacher See	198.20	120.40	×
○	8674	Höllensprudel	Hölle	199.40	28.90	×
○	7100	Kimi	Heilbronn	201.00	61.00	
○	F-	Vittel	Vittel (Vogesen)	202.00	36.00	×
■	3584	Zwestener Löwenquelle Heilwasser	Zwesten	202.00	92.50	×
■	3590	Bad Wildunger Georg-Viktor-Quelle	Bad Wildungen	202.30	103.30	
○	4630	Fortis	Wattenscheid	205.00	33.10	
■	7624	Leopoldsquelle	Bad Rippoldsau	205.80	40.60	×
○	I-	S. Pellegrino	San Pellegrino Terme (Italien)	207.00	59.30	×
○	4630	Shop	Wattenscheid	208.00	29.10	
○	6368	Hassia Sprudel	Bad Vilbel	209.00	38.10	×
○	4300	Burgwallbronn	Essen	215.30	35.90	
■	7264	Hirschquelle	Bad Teinach (Schwarzwald)	216.50	36.48	×
○	4300	Assindia	Essen	217.80	36.80	
○	5401	Perling	Rhens	223.00	99.50	
○	6365	Rosbacher Ur-Quelle	Rosbach (v. d. H.)	225.90	128.30	×
○	CH-	Rhäzünser	Rhäzüns (Graubünden)	227.20	41.10	×
■	7170	Schwäbisch Haller St.Ulrich-Quelle	Schwäbisch Hall	228.40	50.40	×

	PLZ	Wasser	Ort	Calcium	Magnesium	
○	4300	Alt-Bürgerbrunn	Essen	234.00	30.00	
○	4100	Rheinfels Quelle	Duisburg	242.00	31.00	×
○	7170	Schwäbisch Haller Wildbadquelle	Schwäbisch Hall	242.00	52.70	×
○	3530	Diemeltaler Quelle	Warburg	243.70	52.20	
○	4800	Carolinen-Quelle	Bielefeld	244.00	62.30	
○	6368	Hermanns Quelle	Bad Vilbel	244.00	62.60	
○	6368	Salustra	Bad Vilbel	251.10	130.60	
○	7605	Griesbacher	Griesbach	254.00	27.00	
○	7500	Alwa	Karlsruhe 41	256.00	25.40	
○	7605	Josefsquelle	Bad Peterstal	262.00	18.00	
○	6368	Hessen-Quelle	Bad Vilbel	263.00	46.90	
○	3257	Graf Hallermunt	Springe	264.40	22.00	
○	7240	ETA Eyachtal-Quelle	Horb	272.50	52.50	
○	3527	Johanniter Quelle	Calden	275.10	92.50	
■	8532	St. Anna	Bad Windsheim	279.60	84.80	×
○	4300	Stiftsquelle	Essen	280.00	30.80	
○	5569	Nürburg-Quelle	Dreis	280.80	387.70	
■	3490	Caspar-Heinrich-Quelle	Bad Driburg	281.30	82.50	
○	CH-	Passugger	Passugg bei Chur (Graubünden)	286.00	24.00	×
○	6368	Schattia Mineralsprudel	Bad Vilbel	298.00	58.00	
○	7050	Remstal Sprudel	Waiblingen-Beinstein (Remstal)	300.60	65.60	×
○	7605	Freyersbacher Schwarzwälder Mineralwasser	Bad Peterstal	305.00	70.00	×
○	7240	Mühringer	Mühringen	307.00	52.70	
■	7407	Bad Niedernauer Römerquelle	Rottenburg a.N.	309.50	82.60	×
■	3590	Bad Wildunger Helenenquelle	Bad Wildungen	312.00	244.50	
○	7320	Göppinger Mineralwasser	Göppingen	313.00	65.00	×
○	7624	Rippoldsauer Mineralwasser	Bad Rippoldsau	321.00	48.80	×
■	7320	Göppinger Christophsquelle	Göppingen	323.00	59.90	×
○	6400	Fuldaer Rhön-Quelle	Fulda	323.20	–	
○	7737	Wittmannsthal-Quelle	Bad Dürrheim	324.25	54.95	
○	5530	Flora-Brunnen	Gerolstein (Vulkaneifel)	325.00	98.00	
○	7320	Jebenhauser Sprudel	Jebenhausen	329.00	19.00	×
○	7737	Dürrheimer Johannisquelle	Bad Dürrheim	348.00	45.90	

	PLZ	Wasser	Ort	Calcium	Magnesium
○	3260	Extaler	Rinteln	357.00	57.15
○	7245	Starzacher	Starzach	357.00	65.30
○	5530	Gerolsteiner Sprudel	Gerolstein (Vulkaneifel)	363.70	112.50 ×
○	6000	Luisen Brunnen	Nieder-Erlenbach	369.00	53.00 ×
○	3509	Wildsberg-Quelle	Beiseförth	370.90	113.70
○	3527	Wilhelmstaler	Calden	373.30	128.20
○	4630	Lohberg	Bochum	383.00	51.90
○	7068	Schurwald-Sprudel	Urbach	384.00	63.70
■	CH-	Valser St. Petersquelle	Bad Vals (Graubünden)	386.00	50.00 ×
■	H-	Hunyadi Janos	Ungarn	388.20	2242.00 ×
■	YU-	Rogaska-Quell	Rogaska Slatina (Slowenien)	398.00	859.00 ×
○	4972	Werretaler	Löhne	403.00	–
○	4934	Staatlich Bad Meinberger	Bad Meinberg	405.00	79.10
■	5530	St. Gero	Gerolstein (Vulkaneifel)	407.30	120.50 ×
○	7452	Imnauer Fürstenquelle	Bad Imnau	410.00	55.60 ×
○	7519	Wüteria-Schloßbrunnen	Gemmingen	414.00	77.20
○	I-	Ferrarelle	Riardo (Süditalien)	428.80	14.60 ×
○	7068	Urbacher	Urbach	435.00	82.90 ×
○	CH-	Aproz	Sitten (Wallis)	454.00	67.00 ×
○	4939	Graf Metternich Brunnen	Vinsbeck	456.00	81.20
■	7050	Elisabethenquelle	Waiblingen-Beinstein (Remstal)	465.16	102.14 ×
○	7050	Beinsteiner	Beinstein	465.20	102.10
○	F-	Contrex	Contrexeville (Vogesen)	471.00	85.00 ×
■	8730	Staatl. Bad Kissinger Luitpoldsprudel	Bad Kissingen	478.60	151.30
○	3530	Germeta Quelle	Warburg	502.30	78.40
○	7844	Breisgauer	Neuenburg	507.00	73.80
○	6405	Förstina	Eichenzell	510.50	67.20
○	6367	Selzer	Karben	512.00	74.60
○	7452	Imnauer Apollo	Bad Imnau	519.00	44.90 ×
○	CH-	Adelbodner	Adelboden	540.00	39.00 ×
■	8730	Staatl. Bad Kissinger Maxbrunnen	Bad Kissingen	541.20	183.80
○	7152	Rietenauer Heiligenthalquelle	Bad Rietenau	546.00	64.30 ×

	PLZ	Wasser	Ort	Calcium	Magnesium	
■	8730	Staatl. Bad Kissinger Rakoczy	Bad Kissingen	550.40	198.00	
○	7101	Teusser	Teusserbad	559.00	85.00	
○	7152	Marco Mineralquelle	Aspach	570.00	65.50	
■	7152	Marco Quelle Heilwasser	Aspach	570.00	65.50	×
○	7123	Fontanis	Spielberg	574.00	101.00	
■	8532	Bad Windsheimer St. Kiliani-Heilquelle	Bad Windsheim	574.50	129.10	×
○	8532	Bad Windsheimer Residenz-Quelle	Bad Windsheim	577.20	83.70	×
○	7031	Rohrauer-Sprudel	Gärtingen-Rohrau	577.80	77.90	
○	4972	Steinsieker	Löhne	579.00	40.70	
○	8532	Bad Windsheimer Schönthal Quelle	Bad Windsheim	592.10	75.20	
○	3320	Stephensbrunnen	Salzgitter	596.00	62.00	
○	7152	Kloster-Quelle	Aspach	599.00	64.00	
○	7452	Filippo	Bad Imnau	604.00	51.30	
○	8532	Meister-Perle	Külsheim	618.00	78.70	
○	8532	Rangau-Quelle	Külsheim	618.00	78.70	
○	7407	Obernauer Löwensprudel	Obernau	651.30	79.00	
○	8729	Knetzgauer Steigerwald	Knetzgau	669.30	51.60	×
■	3490	Bad Driburger Bitterwasser	Bad Driburg	671.40	184.50	
■	6430	Bad Hersfelder Vitalisbrunnen	Bad Hersfeld	695.40	172.80	
■	6990	Bad Mergentheimer	Bad Mergentheim Karlsquelle	711.40	370.70	
■	6990	Bad Mergentheimer Albertquelle	Bad Mergentheim	811.60	711.80	

Magnesium (Mg^{2+})

Magnesium baut mit an Knochen und Sehnen, hilft dem Kohlehydrat- und Eiweißstoffwechsel, festigt die Muskeltätigkeit, besonders des Herzmuskels, begünstigt die Blutgerinnung und wirkt gefäßerweiternd.

Vorbeugend gegen Herzinfarkt

Es beugt vor gegen Herzinfarkt! Kanadische Wissenschaftler entdeckten in Herzmuskeln von Infarktopfern jedesmal einen deutlich unterdurchschnittlichen Magnesiumgehalt.

Mangel durch Falschernährung

Beim Großteil der Bevölkerung erreicht das eingenommene Magnesium nicht sein Ziel. Das liegt an unserer zu fett- und eiweißreichen Zivilisationskost.

Wünschenswerte Tageszufuhr

Die wünschenswerte Magnesiumzufuhr pro Tag liegt zwischen 300 und 400 Milligramm. Reiche Magnesiumquellen sind Kakao, Weizenkeime und Nüsse, vor allem auch Spinat. Wer seinen Magnesiumbedarf übers Mineralwasser ergänzen will, sollte darauf achten, daß mindestens 50 Milligramm in einem Liter gelöst sind.

Was die Aufnahme blockiert

Auch sollte der Calciumanteil in solchem Fall den Magnesiumgehalt nicht zu sehr überschreiten, denn Calcium hemmt die Aufnahme von Magnesium. Blockierende Wirkung haben auch Fett und Eiweiß. Die Fettmenge sollte deswegen nicht mehr als 90 Gramm pro Tag betragen. Beim Eiweiß kommen 70 bis 80 Gramm etwa einem Bedarf von 400 Milligramm Magnesium gleich.

Abführwirkung

Liegt der Magnesiumgehalt über 100 Milligramm pro Liter, so ist – besonders wenn erhöhtes Sulfat hinzutritt – mit einer leicht abführenden Wirkung zu rechnen.

Magnesium-Mineralwasser: billiger als Tabletten

Der Magnesiumanteil einiger der folgenden Wässer liegt bereits im Medikamentbereich und kann deswegen die Zufuhr von Tabletten ersetzen. Das ist nicht nur billiger, sondern das Mineral wird in seiner gelösten Form auch sehr viel schneller vom Körper aufgenommen.

Wässer nach Magnesiumgehalt

○ = Mineralwasser
■ = Heilwasser
□ = Heil- und Mineralwasser
● = Trinkwasser
♦ = Mineral-Heiltafelwasser
◊ = Quellwasser
× = in diesem Buch besprochen

	PLZ	Wasser	Quellort	Magnesium	Calcium	
○	CH-	Aqui	Zürich	0.84	2.45	×
♦	A-	Gasteiner	Badgastein	0.97	20.00	×
○	7964	Kisslegger	Kisslegg (Allgäu)	1.20	4.00	×
○	B-	Spa Reine	Spa (Belgien)	1.30	3.30	×
○	CH-	Zurzacher	Bad Zurzach	1.88	30.20	×
○	3380	Hahndorfer Georgsquelle	Goslar	2.00	6.70	
○	4800	Osning-Brunnen	Bielefeld	2.50	6.00	
○	4630	Herzog-Quelle	Bochum	2.80	9.30	
■	8830	St. Lambertus Altmühltaler Heilquelle	Naturpark Atlmühltal	3.30	18.70	×
○	F-	Perrier	Vergeze-Gard (Auvergne)	3.50	140.20	×
○	6050	Kaiser Friedrich Quelle	Offenbach (Main)	3.70	5.00	×
■	6050	Kaiser Friedrich Heilquelle	Offenbach (Main)	4.09	4.79	×
○	2000	Alstertaler	Norderstedt	4.40	7.00	
○	8398	Redinger	Pocking	4.57	25.09	
○	2333	Wittenseer Quelle	Groß Wittensee	5.10	78.80	×
○	2814	Vilsa	Bruchhausen-Vilsen	5.20	61.00	
○	2055	Fürst Bismarck Quelle	Aumühle (Sachsenwald)	5.50	82.00	×
●	4770	*Trinkwassermittelwerte*	Soest	5.52	45.40	
○	3411	Katlenburger	Katlenburg	5.80	14.70	
○	2351	St. Michaelis	Trappenkamp	5.80	44.40	
○	4807	Ravenna Brunnen	Borgholzhausen	6.00	107.60	
●	3000	*Trinkwasser aus dem Harz*	Hannover	6.00	25.00	
○	F-	Volvic	Puy-de-Dome (Auvergne)	6.00	10.40	×
○	2000	Nord-Quelle	Hamburg	6.20	78.20	

	PLZ	Wasser	Quellort	Magnesium	Calcium	
■	8788	Bad Brückenauer Wernarzer Wasser	Bad Brückenau	6.37	15.00	
○	2000	Jakobus	Hamburg	6.40	79.40	
○	4473	Emsland-Quelle	Haselünne	6.68	18.10	
■	8591	St. Linus	Pechbrunn	6.80	16.20	×
●	2000	*Trinkwasserbehälter Baursberg 2* (Jahresmittelwert)	Hamburg	7.00	72.00	
○	7263	Bad Liebenzeller Mineral-Therme	Bad Liebenzell	7.30	44.10	
○	4807	Marien-Brunnen	Borgholzhausen	7.60	123.40	
●	4300	*Trinkwasserwerte* (Jahresdurchschnitt)	Essen	7.70	44.50	
○	3380	Harzer Grauhof Brunnen	Grauhof (Harz)	7.80	113.00	×
○	1000	Spreetaler	Berlin	7.82	83.20	
●	3500	*Trinkwasserbehälter Lindenberg*	Kassel	8.10	42.40	
○	5100	Aachener Kaiserbrunnen	Aachen	8.16	57.60	×
●	7000	*Trinkwasser aus dem Bodensee* (Jahresmittel)	Stuttgart	8.40	51.00	
○	F-	Vichy Celestins	Vichy (Südfrankreich)	9.00	10.00	×
●	1000	*Trinkwasserwerte* (Jahresdurchschnitt)	Berlin	9.30	113.00	
■	7263	Paracelsus-Quelle	Bad Liebenzell	9.72	40.08	×
○	6427	Salzschlirfer	Bad Salzschlirf	9.90	29.90	
○	3388	Juliushaller	Bad Harzburg	10.00	40.00	
●	2000	*Trinkwasserbehälter Curslack Nord* (Jahresmittelwert)	Hamburg	10.00	105.00	
○	7846	Lieler Schlossbrunnen	Schliengen-Liel	10.20	131.00	×
○	3394	Harzer Kristallbrunnen	Langelsheim	10.30	39.00	
○	4690	Hetali	Herne	10.30	42.00	
○	3388	Bad Harzburger	Bad Harzburg	11.00	50.00	
○	8830	Altmühltaler Quelle	Naturpark Altmühltal	11.40	47.80	×
■	6430	Bad Hersfelder Lullusbrunnen	Bad Hersfeld	12.00	157.60	
○	2000	Hella	Hamburg	12.00	138.00	
○	4800	Juwel	Bielefeld	12.00	43.00	
●	7000	*Trinkwasser aus Landbrunnen* (= nicht vom Bodensee)	Stuttgart	12.00	118.00	

	PLZ	Wasser	Quellort	Magnesium	Calcium	
○	4270	Durstina	Dorsten	13.60	76.10	
○	2057	Reinbeker Schloßquelle	Reinbek	14.50	83.00	
○	I-	Ferrarelle	Riardo (Süditalien)	14.60	428.80	×
○	6589	Schwollener Sprudel	Schwollen	14.60	44.10	
○	3380	Okertaler	Goslar	16.00	87.10	
○	5100	Granus Sprudel	Aachen	16.10	125.10	×
○	5657	Haaner Felsenquelle	Haan	16.60	69.20	×
○	4230	Vesalia-Quelle	Wesel	16.70	47.90	
●	3500	*Trinkwasserbehälter Osterberg*	Kassel	17.00	59.20	
□	A-	Preblauer	Perblau (Kärnten)	17.38	119.00	×
○	7605	Josefsquelle	Bad Peterstal	18.00	262.00	
○	CH-	Henniez	Henniez (Waadtland)	18.20	114.00	×
○	1000	Fürstenbrunn	Berlin	18.70	108.40	
○	7320	Jebenhauser Sprudel	Jebenhausen	19.00	329.00	×
○	6148	Odenwald Quelle	Heppenheim	19.00	170.00	
●	8500	*Trinkwasseranlage Erlenstegen* (Jahresmittel)	Nürnberg	19.00	66.00	
○	6277	Emstaler Brunnen	Oberselters	19.70	68.90	×
○	7605	Kurparkquelle	Bad Peterstal	19.80	93.90	
○	4290	Atlantis Quelle	Bocholt	20.00	25.10	
○	6368	Bad Vilbeler UrQuelle	Bad Vilbel	20.70	126.10	×
●	8000	*Trinkwasserbereich West-Südwest* (Jahresmittelwert)	München	21.20	68.20	
○	7347	Überkinger	Bad Überkingen	21.90	56.10	×
○	6368	Elisabethen-Quelle	Bad Vilbel	22.00	113.00	
○	3257	Graf Hallermunt	Springe	22.00	264.40	
○	4630	Stadion	Wattenscheid	22.80	120.80	
●	8000	*Trinkwasserbereich Zentrum + Ost* (Jahresmittelwert)	München	22.90	77.40	
○	CH-	Passugger	Passugg bei Chur (Graubünden)	24.00	286.00	×
●	8500	*Trinkwasseranlage Ranna* (Jahresmittel)	Nürnberg	24.00	58.00	
○	4600	Ardey	Dortmund	24.30	161.00	
○	6589	Hochwald Sprudel	Schwollen	24.80	52.00	
○	7500	Alwa	Karlsruhe 41	25.40	256.00	
■	4630	Sankt Martin	Wattenscheid	25.40	197.50	×

	PLZ	Wasser	Quellort	Magnesium	Calcium	
○	F-	Evian	Evian-les-Bains (Hoch-Savoyen)	25.70	79.90	×
○	6408	Rhön-Sprudel	Weyhers	26.10	45.20	×
○	6293	Neuselters Mineralquelle	Löhnberg	26.20	118.70	×
○	6368	Arkia	Bad Vilbel	26.60	147.10	
○	7605	Griesbacher	Griesbach	27.00	254.00	
■	7605	Freyersbacher Alexanderquelle	Bad Peterstal	27.10	133.30	×
○	4600	Reinoldus-Brunnen	Dortmund	28.00	191.00	
○	8674	Höllensprudel	Hölle	28.90	199.40	×
○	7951	Dietenbronner	Bad Dietenbronn	29.10	52.10	×
○	4630	Shop	Wattenscheid	29.10	208.00	
■	8227	Adelholzener Primus-Heilquelle	Bad Adelholzen	29.70	87.90	×
○	4300	Alt-Bürgerbrunn	Essen	30.00	234.00	
○	6408	Weyherser Mineralbrunnen	Weyhers	30.00	50.00	
○	5485	Sinziger	Sinzig	30.10	58.70	×
○	6093	Bad Weilbacher Herzog-Adolf-Quelle	Bad Weilbach	30.50	134.00	
○	4300	Stiftsquelle	Essen	30.80	280.00	×
○	4100	Rheinfels Quelle	Duisburg	31.00	242.00	
○	6368	Kronia	Bad Vilbel	32.00	148.00	
○	8674	Prinzenquelle	Naila	32.20	172.00	×
○	4630	Fortis	Wattenscheid	33.10	205.00	
○	6360	Staatl. Hess. Fortuna Quelle	Friedberg	33.30	121.20	
○	7702	Randegger Ottilienquelle	Gottm.-Randegg	33.40	84.20	
○	6293	Tann-Quell	Löhnberg	33.40	131.70	
□	A-	Severinquelle	Güssing (Burgenland)	33.60	118.60	×
○	7264	Teinacher	Bad Teinach (Schwarzwald)	34.00	144.30	×
○	3490	Bad Driburger	Bad Driburg	34.80	123.90	
○	4300	Burgwallbronn	Essen	35.90	215.30	
○	F-	Vittel	Vittel (Vogesen)	36.00	202.00	×
■	5401	Kaiser Ruprecht Heilquelle	Rhens	36.10	74.80	×
■	7264	Hirschquelle	Bad Teinach (Schwarzwald)	36.48	216.50	×
○	6277	Oberselters Mineralbrunnen	Oberselters	36.50	94.70	×
○	4300	Assindia	Essen	36.80	217.80	

	PLZ	Wasser	Quellort	Magnesium	Calcium	
○	4516	Ewinaris	Wersche	37.00	146.80	
○	6293	Graf Bernhard Quelle	Löhnberg	37.00	108.00	
○	7605	Peterstaler Mineralwasser	Bad Peterstal	37.10	177.00	×
■	CSSR	Karlsbader Mühlbrunn	Karlovy Vary (Westböhmen)	37.33	135.90	×
○	8530	Franken Brunnen	Neustadt	37.50	193.70	×
○	7605	Sophien-Quelle	Bad Peterstal	37.50	186.00	
○	5401	Rhenser Mineralbrunnen	Rhens	38.00	75.00	×
○	6368	Hassia Sprudel	Bad Vilbel	38.10	209.00	×
○	6950	Pfalzgrafen Quelle	Mosbach-Neckarelz	38.30	184.37	×
○	CH-	Adelbodner	Adelboden	39.00	540.00	×
○	5401	Frische Brise	Rhens	39.60	90.30	
○	7846	Lieler Quelle	Schliengen-Liel	39.60	155.00	
■	6277	Kurselters	Oberselters	39.80	95.30	×
○	A-	Güssinger Mineralwasser	Güssing (Burgenland)	39.90	146.70	×
○	3280	Bad Pyrmonter	Bad Pyrmont	40.00	128.00	
○	6300	Graf Meinhard Quelle	Gießen	40.00	95.30	
◊	A-	Vöslauer	Bad Vöslau (Niederöstereich)	40.40	97.00	
■	7624	Leopoldsquelle	Bad Rippoldsau	40.60	205.80	×
○	4972	Steinsieker	Löhne	40.70	579.00	
◊	A-	Peterquelle	Deutsch Goritz (Steiermark)	41.00	172.00	×
○	CH-	Rhäzünser	Rhäzüns (Graubünden)	41.10	227.20	×
○	6251	Selters	Selters (Taunus)	42.00	106.00	×
○	7410	Rommelsbacher Silberbrunnen	Reutlingen	43.10	133.00	
■	6251	Stilles Selters	Selters (Taunus)	43.40	89.20	×
○	7452	Imnauer Apollo	Bad Imnau	44.90	519.00	×
○	7737	Dürrheimer Johannisquelle	Bad Dürrheim	45.90	348.00	
○	5420	Victoria Lahnsteiner Mineralquelle	Oberlahnstein	45.90	64.50	×
○	6368	Hessen-Quelle	Bad Vilbel	46.90	263.00	
○	5300	Bad Godesberger	Bad Godesberg	47.20	37.80	
■	5427	Emser Kränchen	Bad Ems	47.20	56.60	×
○	7624	Rippoldsauer Mineralwasser	Bad Rippoldsau	48.80	321.00	×
○	2803	Weyher Mineralbrunnen	Weyhe	48.80	145.00	

	PLZ	Wasser	Quellort	Magne-sium	Cal-cium	
■	5420	Victoria Lahnsteiner Heilquelle	Oberlahnstein	49.20	71.70	×
■	CH-	Valser St. Petersquelle	Bad Vals (Graubünden)	50.00	386.00	×
■	7170	Schwäbisch Haller St.Ulrich-Quelle	Schwäbisch Hall	50.40	228.40	×
○	5480	Johannis Quell	Vulkaneifel	50.70	59.60	×
○	7452	Filippo	Bad Imnau	51.30	604.00	
○	8729	Knetzgauer Steigerwald	Knetzgau	51.60	669.30	×
○	6293	Selters	Selters (Lahn)	51.70	156.00	×
○	4630	Lohberg	Bochum	51.90	383.00	
○	3530	Diemeltaler Quelle	Warburg	52.20	243.70	
■	7140	Thauma-Eisen-Heilquelle	Ludwigsburg	52.30	143.80	
○	7240	ETA Eyachtal-Quelle	Horb	52.50	272.50	
○	7240	Mühringer	Mühringen	52.70	307.00	
○	7170	Schwäbisch Haller Wildbadquelle	Schwäbisch Hall	52.70	242.00	×
○	6000	Luisen Brunnen	Nieder-Erlenbach	53.00	369.00	×
●	3000	*Trinkwasser-Werk Grasdorf*	Hannover	53.00	174.00	
■	6251	Staatl. Fachingen	Fachingen (Lahn)	53.20	122.00	×
○	6293	Löhnberger	Löhnberg	54.00	186.00	
○	6293	Ulmtal-Quelle	Löhnberg	54.00	186.00	
○	7737	Wittmannsthal-Quelle	Bad Dürrheim	54.95	324.25	
	7452	Imnauer Fürstenquelle	Bad Imnau	55.60	410.00	
○	5472	Nereus-Quelle	Plaidt	55.70	86.20	
○	6231	Schwalbacher Schöffengrund	Schwalbach	56.00	156.00	
○	5340	Aegidius Brunnen	Bad Honnef	57.10	47.50	
○	3260	Extaler	Rinteln	57.15	357.00	
○	6365	Diana	Rosbach 1	57.30	139.40	
○	6368	Schattia Mineralsprudel	Bad Vilbel	58.00	298.00	
■	7140	Lamscheider Stahlbrunnen	Ludwigsburg	59.30	154.50	
○	I-	S. Pellegrino	San Pellegrino Terme (Italien)	59.30	207.00	×
■	7320	Göppinger Christophsquelle	Göppingen	59.90	323.00	×
○	6465	Spessart-Quelle	Biebergemünd-Rossbach	60.80	136.00	
○	7100	Kimi	Heilbronn	61.00	201.00	
○	5303	Markusbrunnen	Bornheim	61.10	163.00	
○	3320	Stephensbrunnen	Salzgitter	62.00	596.00	

	PLZ	Wasser	Quellort	Magne-sium	Cal-cium	
○	4800	Carolinen-Quelle	Bielefeld	62.30	244.00	
■	7440	Nürtinger Heinrichsquelle	Nürtingen	62.30	75.80	
○	6368	Hermanns Quelle	Bad Vilbel	62.60	244.00	
■	3590	Bad Wildunger Reinhardsquelle	Reinhardshausen	62.70	155.40	
■	6293	Friedrich Christian Heilquelle	Löhnberg	63.50	175.00	×
○	7068	Schurwald-Sprudel	Urbach	63.70	384.00	
○	7152	Kloster-Quelle	Aspach	64.00	599.00	
○	7152	Rietenauer Heiligenthalquelle	Bad Rietenau	64.30	546.00	
○	7320	Göppinger Mineralwasser	Göppingen	65.00	313.00	×
○	7245	Starzacher	Starzach	65.30	357.00	
○	7152	Marco Mineralquelle	Aspach	65.50	570.00	
■	7152	Marco Quelle Heilwasser	Aspach	65.50	570.00	×
○	7050	Remstal Sprudel	Waiblingen-Beinstein (Remstal)	65.60	300.60	×
○	3584	Kellerwald	Zwesten	66.00	132.00	
○	CH-	Aproz	Sitten (Wallis)	67.00	454.00	×
○	6405	Förstina	Eichenzell	67.20	510.50	
○	7605	Freyersbacher Schwarzwälder Mineralwasser	Bad Peterstal	70.00	305.00	×
○	7844	Breisgauer	Neuenburg	73.80	507.00	
○	6367	Selzer	Karben	74.60	512.00	
○	8532	Bad Windsheimer Schönthal Quelle	Bad Windsheim	75.20	592.10	
○	7519	Wüteria-Schloßbrunnen	Gemmingen	77.20	414.00	
□	A-	Römerquelle	Edelstal (Burgenland)	77.90	171.10	×
○	7031	Rohrauer-Sprudel	Gärtingen-Rohrau	77.90	577.80	
○	3530	Germeta Quelle	Warburg	78.40	502.30	
○	8532	Meister-Perle	Külsheim	78.70	618.00	
○	8532	Rangau-Quelle	Külsheim	78.70	618.00	
○	3584	Zwestener Löwensprudel	Zwesten	78.80	184.10	×
○	7407	Obernauer Löwensprudel	Obernau	79.00	651.30	
○	4934	Staatlich Bad Meinberger	Bad Meinberg	79.10	405.00	
○	5535	Birresborner Phönix	Birresborn	80.00	107.00	

	PLZ	Wasser	Quellort	Magnesium	Calcium	
■	5535	Birresborner Adonis-Quelle	Birresborn	80.70	112.20	
○	4939	Graf Metternich Brunnen	Vinsbeck	81.20	456.00	
■	3490	Caspar-Heinrich-Quelle	Bad Driburg	82.50	281.30	
■	7407	Bad Niedernauer Römerquelle	Rottenburg a.N.	82.60	309.50	×
○	7068	Urbacher	Urbach	82.90	435.00	×
○	8532	Bad Windsheimer Residenz-Quelle	Bad Windsheim	83.70	577.20	×
■	8532	St. Anna	Bad Windsheim	84.80	279.60	×
○	F-	Contrex	Contrexeville (Vogesen)	85.00	471.00	×
○	7101	Teusser	Teusserbad	85.00	559.00	
○	5472	Burg-Quelle	Plaidt	86.90	141.40	
■	5483	Bad Neuenahrer Heilwasser	Bad Neuenahr	87.90	78.40	×
○	5303	Roisdorfer	Roisdorf	89.10	129.20	
○	5462	Arienheller Brunnen	Bad Hönningen	91.00	66.50	
○	3527	Johanniter Quelle	Calden	92.50	275.10	
■	3584	Zwestener Löwenquelle Heilwasser	Zwesten	92.50	202.00	×
○	5530	Flora-Brunnen	Gerolstein (Vulkaneifel)	98.00	325.00	
○	5401	Perling	Rhens	99.50	223.00	
○	7123	Fontanis	Spielberg	101.00	574.00	
■	5568	Dunarisbrunnen	Daun	101.40	77.70	
○	7050	Beinsteiner	Beinstein	102.10	465.20	
■	7050	Elisabethenquelle	Waiblingen-Beinstein (Remstal)	102.14	465.16	×
■	3590	Bad Wildunger Georg-Viktor-Quelle	Bad Wildungen	103.30	202.30	
○	YU-	Radenska	Radenci (Slowenien)	105.40	194.60	×
○	5474	Brohler Stille Quelle	Brohl	106.00	87.30	
■	7347	Adelheidquelle	Bad Überkingen	107.00	136.30	×
○	5530	Gerolsteiner Sprudel	Gerolstein (Vulkaneifel)	112.50	363.70	
○	3509	Wildsberg-Quelle	Beiseförth	113.70	370.90	
○	5462	Hubertus Sprudel	Bad Hönningen	114.60	72.10	
○	5483	Apollinaris	Bad Neuenahr	115.30	94.30	×
○	5442	Reginaris	Mending am Laacher See	120.40	198.20	×

	PLZ	Wasser	Quellort	Magne-sium	Cal-cium	
■	5530	St. Gero	Gerolstein (Vulkaneifel)	120.50	407.30	×
○	3527	Wilhelmstaler	Calden	128.20	373.30	
○	6365	Rosbacher Ur-Quelle	Rosbach (vor der Höhe)	128.30	225.90	×
■	8532	Bad Windsheimer St. Kiliani-Heilquelle	Bad Windsheim	129.10	574.50	×
○	6368	Salustra	Bad Vilbel	130.60	251.10	
■	5474	Bad Tönissteiner Heilbrunnen	Brohl	136.60	175.30	×
○	5474	Tönissteiner Römerfüllung	Brohl	137.20	174.10	×
○	5340	Bad Honnefer	Bad Honnef	143.30	83.60	
■	8730	Staatl. Bad Kissinger Luitpoldsprudel	Bad Kissingen	151.30	478.60	
■	5483	Heppinger	Bad Neuenahr	164.80	115.90	×
■	6430	Bad Hersfelder Vitalisbrunnen	Bad Hersfeld	172.80	695.40	
○	5568	Dauner	Daun	173.70	118.90	
■	8730	Staatl. Bad Kissinger Maxbrunnen	Bad Kissingen	183.80	541.20	
■	3490	Bad Driburger Bitterwasser	Bad Driburg	184.50	671.40	
○	5475	Rhodius Fellbuhr-Quelle	Burgbrohl	191.00	136.00	×
■	8730	Staatl. Bad Kissinger Rakoczy	Bad Kissingen	198.00	550.40	
■	5485	Sinziger Heilquelle	Sinzig	214.00	160.80	×
■	3590	Bad Wildunger Helenenquelle	Bad Wildungen	244.50	312.00	
■	6990	Bad Mergentheimer Karlsquelle	Bad Mergentheim	370.70	711.40	
○	5569	Nürburg-Quelle	Dreis	387.70	280.80	
■	6990	Bad Mergentheimer Albertquelle	Bad Mergentheim	711.80	811.60	
■	YU-	Rogaska-Quell	Rogaska Slatina (Slowenien)	859.00	398.00	×
■	H-	Hunyadi Janos	Ungarn	2242.00	388.20	×

Eisen ($Fe^{2+/3+}$)

Eisen gehört zu den sog. ›Spurenelementen‹; das sind Mineralien, deren Ansammlung in Tier oder Mensch den Wert von 50 Milligramm pro Kilo Körpermasse nicht übersteigt.

Mangelversorgung — Eisen zählt zu den Spurenelementen, mit denen die Bevölkerung – besonders menstruierende Frauen und kleine Kinder – unterversorgt ist.

Sauerstofftransport — Es hat Anteil am Blutfarbstoff Hämoglobin und besorgt den Sauerstofftransport. Aus pflanzlicher Nahrung wird ein Zehntel, aus Fleisch etwa ein Drittel in den Körper aufgenommen.

Aus ästhetischen Gründen entzogen — Trotz seiner günstigen Wirkung wird Eisen den meisten Mineralwässern entzogen. Auf der Flasche steht dann ›enteisent‹. Wenn Eisen nämlich in Berührung mit Luftsauerstoff gerät, flockt es aus und sinkt als rostfarbener Niederschlag zu Boden. Otto Normalverbraucher, in Unkenntnis des Vorgangs, findet dies unappetitlich.

Geschmacksbeeinträchtigung — Ab 1,5 Milligramm pro Liter beginnt Eisen, die Geschmackswirkung der übrigen im Wasser enthaltenen Mineralien zuzudecken.

Heilwässer — Deswegen haben einen rein gesundheitsfördernden Eisenanteil nur einige Heilwässer.

Tagesbedarf — Tagesbedarf an Eisen: 12 bis 18 Milligramm

Eisenhaltige Wässer

○ = Mineralwasser
■ = Heilwasser
□ = Heil- und Mineralwasser
● = Trinkwasser
♦ = Mineral-Heiltafelwasser
◊ = Quellwasser
× = in diesem Buch besprochen

	PLZ	Wasser	Quellort	Eisen
○	CH-	Aqui	Zürich	0.01 ×
○	7152	Rietenauer Heiligenthalquelle	Bad Rietenau	0.01 ×
●	3000	*Trinkwasser aus dem Harz*	Hannover	0.01
■	7347	Adelheidquelle	Bad Überkingen	0.02 ×
■	7605	Freyersbacher Alexanderquelle	Bad Peterstal	0.02 ×
○	5657	Haaner Felsenquelle	Haan	0.02 ×
■	5401	Kaiser Ruprecht Heilquelle	Rhens	0.02 ×
■	7263	Paracelsus-Quelle	Bad Liebenzell	0.02 ×
■	5485	Sinziger Heilquelle	Sinzig	0.02 ×
■	7407	Bad Niedernauer Römerquelle	Rottenburg a.N.	0.03 ×
■	7320	Göppinger Christophsquelle	Göppingen	0.03 ×
○	A-	Güssinger Mineralwasser	Güssing (Burgenland)	0.03 ×
■	7624	Leopoldsquelle	Bad Rippoldsau	0.03 ×
■	7152	Marco Quelle Heilwasser	Aspach	0.03 ×
■	7170	Schwäbisch Haller St.Ulrich-Quelle	Schwäbisch Hall	0.03 ×
●	2000	*Trinkwasserbehälter Curslack N.* (Jahresmittel)	Hamburg	0.03
■	5420	Victoria Lahnsteiner Heilquelle	Oberlahnstein	0.03 ×
■	3490	Caspar-Heinrich-Quelle	Bad Driburg	0.04
○	I-	S. Pellegrino	San Pellegrino Terme (Italien)	0.04 ×
○	CH-	Adelbodner	Adelboden	0.05 ×
■	8227	Adelholzener Primus-Heilquelle	Bad Adelholzen	0.05 ×
○	7605	Josefsquelle	Bad Peterstal	0.05
■	6277	Kurselters	Oberselters	0.05 ×
■	7440	Nürtinger Heinrichsquelle	Nürtingen	0.05
♦	A-	Gasteiner	Badgastein	0.06 ×
■	5530	St. Gero (Vulkaneifel)	Gerolstein	0.06 ×
■	8830	St. Lambertus Altmühltaler Heilquelle	Naturpark Altmühltal	0.08 ×
○	F-	Vichy Celestins	Vichy (Südfr.)	0.10 ×

	PLZ	Wasser	Quellort	Eisen
■	3584	Zwestener Löwenquelle Heilwasser	Zwesten	0.10 ×
■	8532	St. Anna	Bad Windsheim	0.13 ×
■	7264	Hirschquelle	Bad Teinach (Schwarzwald)	0.15 ×
■	H-	Hunyadi Janos	Ungarn	0.15 ×
■	5474	Bad Tönissteiner Heilbrunnen	Brohl	0.22 ×
○	3584	Zwestener Löwensprudel	Zwesten	0.23 ×
○	8830	Altmühltaler Quelle	Naturpark Altmühltal	0.26 ×
■	YU-	Rogaska-Quelle	Rogaska Slatina (Slowenien)	0.30 ×
○	6277	Emstaler Brunnen	Oberselters	0.57 ×
○	CH-	Passugger	Passugg bei Chur (Graubünden)	0.57 ×
○	5401	Perling	Rhens	0.59
■	6430	Bad Hersfelder Lullusbrunnen	Bad Hersfeld	0.65
□	A-	Preblauer	Perblau (Kärnten)	1.00 ×
■	CSSR	Karlsbader Mühlbrunn	Karlovy Vary (Westböhmen)	1.26
■	8730	Staatl. Bad Kissinger Maxbrunnen	Bad Kissingen	1.46 ×
■	5427	Emser Kränchen	Bad Ems	1.63 ×
■	6251	Staatl. Fachingen	Fachingen (Lahn)	1.95 ×
○	6277	Oberselters Mineralbrunnen	Oberselters	2.20 ×
■	5483	Heppinger	Bad Neuenahr	2.37 ×
■	6430	Bad Hersfelder Vitalisbrunnen	Bad Hersfeld	3.22
■	6990	Bad Mergentheimer Karlsquelle	Bad Mergentheim	3.50
■	3590	Bad Wildunger Reinhardsquelle	Reinhardshausen	3.51
■	6251	Stilles Selters	Selters (Taunus)	3.97 ×
○	CH-	Rhäzünser	Rhäzüns (Graubünden)	4.00 ×
■	5535	Birresborner Adonis-Quelle	Birresborn	4.80
○	6589	Schwollener Sprudel	Schwollen	5.22
■	5568	Dunarisbrunnen	Daun	5.52
■	3590	Bad Wildunger Helenenquelle	Bad Wildungen	6.21
■	3490	Bad Driburger Bitterwasser	Bad Driburg	6.24
■	5483	Bad Neuenahrer Heilwasser	Bad Neuenahr	7.77 ×
■	3590	Bad Wildunger Georg-Viktor-Quelle	Bad Wildungen	10.78
■	8730	Staatl. Bad Kissinger Rakoczy	Bad Kissingen	10.90
■	6990	Bad Mergentheimer Albertquelle	Bad Mergentheim	12.67
■	8730	Staatl. Bad Kissinger Luitpoldsprudel	Bad Kissingen	15.10
■	7140	Thauma-Eisen-Heilquelle	Ludwigsburg	24.20
■	7140	Lamscheider Stahlbrunnen	Ludwigsburg	24.80

Sulfat (SO_4^{2-})

Das bittere Sulfat wirkt auf die Leber und regt die Gallenfunktion an.

Bitter und kaum resorbiert

Da es nur in geringen Spuren vom Körper aufgenommen wird, hält es in Kombination mit Natrium oder Magnesium sein Lösungswasser fest und aktiviert durch das Flüssigkeitsvolumen die Darmbewegung.

Abführmittel

So kommt es zu der bekannten glatten Abführwirkung, was der einzige ›Schaden‹ ist, den übermäßiges Sulfat im Wasser zufügt. Wer deswegen zu Durchfällen neigt, sollte ab 250 Milligramm pro Liter vorsichtig sein. Auch wer bei Diarrhöe seinen Salzhaushalt mit starkem Mineralwasser wieder ins Gleichgewicht bringen will, sollte darauf achten, daß es nicht ausgerechnet zuviel Sulfat enthält.

Obergrenze bei Tafelwassern

Wohl auch aus diesem Grund, und weil sich der Käufer nicht durch einen Blick aufs Etikett über die Inhaltsstoffe orientieren kann, ist dem Tafelwasser eine Sulfatgrenze von 250 Milligramm pro Liter gesetzt worden.

Galle

Wer hingegen Schwierigkeiten mit dem guten Essen hat, dem helfen Sulfatwässer (sozusagen ›nichtalkoholische Magenbitter‹), weil sie den Gallenfluß stimulieren und dadurch die Verdauung begünstigen.

Wässer nach ihrem Sulfatgehalt

○ = Mineralwasser
■ = Heilwasser
□ = Heil- und Mineralwasser
● = Trinkwasser
♦ = Mineral-Heiltafelwasser
◊ = Quellwasser
× = in diesem Buch besprochen

	PLZ	Wasser	Quellort	Sulfat	Magnesium	
○	8398	Redinger	Pocking	2.20	4.57	
○	4630	Herzog-Quelle	Bochum	3.00	2.80	
○	I-	Ferrarelle	Riardo (Süditalien)	3.80	14.60	×
○	B-	Spa Reine	Spa (Belgien)	5.00	1.30	×
○	F-	Volvic	Puy-de-Dome (Auvergne)	6.70	6.00	×
■	8591	St. Linus	Pechbrunn	6.80	6.80	×
○	8674	Höllensprudel	Hölle	8.05	28.90	×
○	7951	Dietenbronner	Bad Dietenbronn	8.10	29.10	×
■	7140	Lamscheider Stahlbrunnen	Ludwigsburg	8.60	59.30	
■	7140	Thauma-Eisen-Heilquelle	Ludwigsburg	9.10	52.30	
○	6408	Weyherser Mineralbrunnen	Weyhers	9.40	30.00	
□	A-	Severinquelle	Güssing (Burgenland)	10.20	33.60	×
○	F-	Evian	Evian-les-Bains (Hoch-Savoyen)	11.00	25.70	×
○	2057	Reinbeker Schloßquelle	Reinbek	11.10	14.50	
■	8227	Adelholzener Primus-Heilquelle	Bad Adelholzen	11.30	29.70	×
○	6589	Hochwald Sprudel	Schwollen	12.00	24.80	
●	8500	*Trinkwasseranlage Ranna* (Jahresmittel)	Nürnberg	12.00	24.00	
○	2351	St. Michaelis	Trappenkamp	12.60	5.80	
■	8788	Bad Brückenauer Wernarzer Wasser	Bad Brückenau	12.84	6.37	
○	8674	Prinzenquelle	Naila	12.90	32.20	×
○	A-	Güssinger Mineralwasser	Güssing (Burgenland)	13.80	39.90	×

	PLZ	Wasser	Quellort	Sulfat	Magnesium	
○	6365	Diana	Rosbach 1	15.00	57.30	
○	6293	Neuselters Mineralquelle	Löhnberg	15.10	26.20	×
○	6293	Selters	Selters (Lahn)	15.60	51.70	×
○	6408	Rhön-Sprudel	Weyhers	16.70	26.10	×
○	4270	Durstina	Dorsten	18.20	13.60	
○	6293	Tann-Quell	Löhnberg	18.60	33.40	
○	CH-	Henniez	Henniez (Waadtland)	18.80	18.20	×
●	3500	*Trinkwasserbehälter Osterberg*	Kassel	19.30	17.00	
○	4473	Emsland-Quelle	Haselünne	19.90	6.68	
●	8000	*Trinkwasserbereich Zentrum + Ost* (Jahresmittelwert)	München	20.00	22.90	
■	6277	Kurselters	Oberselters	20.20	39.80	×
○	5535	Birresborner Phönix	Birresborn	21.00	80.00	
○	6337	Westerwald-Quelle	Leun	21.00	–	
○	6293	Löhnberger	Löhnberg	22.00	54.00	
■	3590	Bad Wildunger Helenenquelle	Bad Wildungen	22.06	244.50	
○	5474	Tönissteiner Römerfüllung	Brohl	22.20	137.20	×
■	6251	Stilles Selters	Selters (Taunus)	22.50	43.40	×
■	5474	Bad Tönissteiner Heilbrunnen	Brohl	22.70	136.60	×
○	6589	Schwollener Sprudel	Schwollen	23.00	14.60	
●	3500	*Trinkwasserbehälter Lindenberg*	Kassel	24.70	8.10	
○	4800	Osning-Brunnen	Bielefeld	25.80	2.50	
○	7702	Randegger Ottilienquelle	Gottm.-Randegg	26.60	33.40	
■	5535	Birresborner Adonis-Quelle	Birresborn	26.70	80.70	
○	6368	Hassia Sprudel	Bad Vilbel	27.80	38.10	×
○	6251	Selters	Selters (Taunus)	28.60	42.00	×
○	3380	Hahndorfer Georgsquelle	Goslar	28.80	2.00	
○	6277	Oberselters Mineralbrunnen	Oberselters	29.00	36.50	×
○	6231	Schwalbacher Schöffengrund	Schwalbach	29.00	56.00	
■	6293	Friedrich Christian Heilquelle	Löhnberg	29.80	63.50	×
○	5530	Flora-Brunnen Heilquelle	Gerolstein	31.00	98.00	

	PLZ	Wasser	Quellort	Sulfat	Magnesium	
○	2333	Wittenseer Quelle	Groß Wittensee	31.10	5.10	×
○	6148	Odenwald Quelle	Heppenheim	31.30	19.00	
○	6368	Bad Vilbeler UrQuelle	Bad Vilbel	31.90	20.70	×
○	6277	Emstaler Brunnen	Oberselters	32.00	19.70	×
●	7000	*Trinkwasser aus Landbrunnen* (= nicht vom Bodensee)	Stuttgart	32.00	12.00	
●	8500	*Trinkwasseranlage Erlenstegen* (Jahresmittel)	Nürnberg	32.00	19.00	
●	3000	*Trinkwasser aus dem Harz*	Hannover	33.00	6.00	
○	6368	Arkia	Bad Vilbel	33.20	26.60	
○	5530	Gerolsteiner Sprudel	Gerolstein (Vulkaneifel)	33.70	112.50	×
●	7000	*Trinkwasser aus dem Bodensee* (Jahresmittel)	Stuttgart	34.00	8.40	
■	3590	Bad Wildunger Reinhardsquelle	Reinhardshausen	34.40	62.70	
○	4290	Atlantis Quelle	Bocholt	36.60	20.00	
○	6368	Hermanns Quelle	Bad Vilbel	37.50	62.60	
○	5475	Rhodius Fellbuhr-Quelle	Burgbrohl	37.70	191.00	×
■	5530	St. Gero	Gerolstein (Vulkaneifel)	37.90	120.50	×
○	5442	Reginaris	Mending am Laacher See	38.20	120.40	×
○	6368	Salustra	Bad Vilbel	38.70	130.60	
○	6000	Luisen Brunnen	Nieder-Erlenbach	39.00	53.00	×
●	8000	*Trinkwasserbereich West-Südwest* (Jahresmittelwert)	München	39.70	21.20	
○	7320	Jebenhauser Sprudel	Jebenhausen	40.00	19.00	×
○	6368	Kronia	Bad Vilbel	40.00	32.00	
○	5657	Haaner Felsenquelle	Haan	41.70	16.60	×
○	4800	Juwel	Bielefeld	42.00	12.00	
○	5568	Dauner	Daun	42.50	173.70	
○	7846	Lieler Schlossbrunnen	Schliengen-Liel	42.80	10.20	×
●	4770	Trinkwassermittelwerte	Soest	43.42	5.52	
○	6360	Staatl. Hess. Fortuna Quelle	Friedberg	44.60	33.30	
○	3490	Bad Driburger	Bad Driburg	45.50	34.80	
○	CH-	Passugger	Passugg bei Chur (Graubünden)	48.00	24.00	×

	PLZ	Wasser	Quellort	Sulfat	Magnesium	
○	6368	Hessen-Quelle	Bad Vilbel	49.00	46.90	
■	5427	Emser Kränchen	Bad Ems	50.00	47.20	×
○	7964	Kisslegger	Kisslegg (Allgäu)	50.20	1.20	×
○	2055	Fürst Bismarck Quelle	Aumühle (Sachsenwald)	50.30	5.50	×
○	7264	Teinacher	Bad Teinach (Schwarzwald)	50.60	34.00	×
○	F-	Perrier	Vergeze-Gard (Auvergne)	51.40	3.50	×
○	6368	Elisabethen Quelle	Bad Vilbel	52.00	22.00	
■	3590	Bad Wildunger Georg-Viktor-Quelle	Bad Wildungen	55.90	103.30	
●	4300	*Trinkwasserwerte* (Jahresdurchschnitt)	Essen	56.20	7.70	
○	5485	Sinziger	Sinzig	60.80	30.10	×
■	5568	Dunarisbrunnen	Daun	62.50	101.40	
○	7320	Göppinger Mineralwasser	Göppingen	63.00	65.00	×
○	6465	Spessart-Quelle	Biebergemünd-Rossbach	63.70	60.80	
○	8830	Altmühltaler Quelle	Naturpark Altmühltal	64.00	11.40	×
■	7263	Paracelsus-Quelle	Bad Liebenzell	64.20	9.72	×
■	5483	Bad Neuenahrer Heilwasser	Bad Neuenahr	65.30	87.90	×
■	6251	Staatl. Fachingen	Fachingen (Lahn)	65.50	53.20	×
○	3394	Harzer Kristallbrunnen	Langelsheim	65.90	10.30	
○	6367	Selzer	Karben	66.00	74.60	
○	7605	Griesbacher	Griesbach	66.50	27.00	
○	7500	Alwa	Karlsruhe 41	68.10	25.40	
■	8830	St. Lambertus Altmühltaler Heilquelle	Naturpark Altmühltal	69.00	3.30	×
■	7320	Göppinger Christophsquelle	Göppingen	71.10	59.90	×
○	4800	Christinen-Brunnen	Bielefeld	73.70	–	
○	3380	Harzer Grauhof Brunnen	Grauhof (Harz)	73.90	7.80	×
○	5480	Johannis Quell	Vulkaneifel	74.10	50.70	×
○	4690	Hetali	Herne	78.10	10.30	
○	6368	Schattia Mineralsprudel	Bad Vilbel	80.00	58.00	
○	5472	Nereus-Quelle	Plaidt	80.10	55.70	
■	7264	Hirschquelle	Bad Teinach (Schwarzwald)	80.50	36.48	×
○	7605	Kurparkquelle	Bad Peterstal	86.70	19.80	

	PLZ	Wasser	Quellort	Sulfat	Magnesium	
○	5472	Burg-Quelle	Plaidt	90.80	86.90	
○	4230	Vesalia-Quelle	Wesel	92.20	16.70	
○	2000	Jakobus	Hamburg	10.00	6.40	
□	A-	Preblauer	Perblau (Kärnten)	101.00	17.38	×
○	6300	Graf Meinhard Quelle	Gießen	101.90	40.00	
○	5474	Brohler Stille Quelle	Brohl	103.00	106.00	
○	1000	Fürstenbrunn	Berlin	104.00	18.70	
■	3490	Caspar-Heinrich-Quelle	Bad Driburg	104.40	82.50	
●	2000	*Trinkwasserbehälter Baursberg 2* (Jahresmittelwert)	Hamburg	107.00	7.00	
○	5462	Arienheller Brunnen	Bad Hönningen	107.10	91.00	
○	2000	Nord-Quelle	Hamburg	107.50	6.20	
●	2000	*Trinkwasserbehälter Curslack Nord* (Jahresmittelwert)	Hamburg	110.00	10.00	
○	4807	Ravenna Brunnen	Borgholzhausen	116.90	6.00	
●	1000	Trinkwasserwerte (Jahresdurchschnitt)	Berlin	123.00	9.30	
■	5485	Sinziger Heilquelle	Sinzig	124.90	214.00	×
○	5483	Apollinaris	Bad Neuenahr	128.00	115.30	×
○	CH-	Aqui	Zürich	129.00	0.84	×
○	F-	Vichy Celestins	Vichy (Südfr.)	130.00	9.00	×
♦	A-	Gasteiner	Badgastein	130.20	0.97	
○	4807	Marien-Brunnen	Borgholzhausen	135.10	7.60	
○	5340	Aegidius Brunnen	Bad Honnef	139.00	57.10	
■	7407	Bad Niedernauer Römerquelle	Rottenburg a.N.	139.00	82.60	×
○	5300	Bad Godesberger	Bad Godesberg	139.70	47.20	
●	3000	*Trinkwasser-Werk Grasdorf*	Hannover	142.00	53.00	
○	5100	Granus Sprudel	Aachen	145.00	16.10	×
○	6427	Salzschlirfer	Bad Salzschlirf	145.20	9.90	
○	3388	Juliushaller	Bad Harzburg	148.00	10.00	
○	YU-	Radenska	Radenci (Slowenien)	148.70	105.40	×
○	2803	Weyher Mineralbrunnen	Weyhe	149.00	48.80	
◊	A-	Vöslauer	Bad Vöslau (Niederöstereich)	151.00	40.40	
○	3388	Bad Harzburger	Bad Harzburg	152.00	11.00	
○	6093	Bad Weilbacher Herzog-Adolf-Quelle	Bad Weilbach	154.00	30.50	
○	3380	Okertaler	Goslar	162.90	16.00	

	PLZ	Wasser	Quellort	Sulfat	Magnesium	
■	7605	Freyersbacher Alexanderquelle	Bad Peterstal	163.00	27.10	×
○	CH-	Rhäzünser	Rhäzüns (Graubünden)	163.00	41.10	×
○	5340	Bad Honnefer	Bad Honnef	171.20	143.30	
○	5462	Hubertus Sprudel	Bad Hönningen	173.20	114.60	
○	7410	Rommelsbacher Silberbrunnen	Reutlingen	178.00	43.10	
■	5483	Heppinger	Bad Neuenahr	188.00	164.80	×
○	7605	Peterstaler Mineralwasser	Bad Peterstal	188.00	37.10	×
○	3584	Kellerwald	Zwesten	191.60	66.00	
○	3527	Johanniter Quelle	Calden	199.40	92.50	
○	7605	Sophien-Quelle	Bad Peterstal	208.00	37.50	
○	4300	Assindia	Essen	217.50	36.80	
○	2000	Hella	Hamburg	222.10	12.00	
○	4600	Ardey	Dortmund	223.00	24.30	
○	CH-	Zurzacher	Bad Zurzach	251.60	1.88	×
○	4600	Reinoldus-Brunnen	Dortmund	255.00	28.00	
○	3527	Wilhelmstaler	Calden	271.00	128.20	
○	5100	Aachener Kaiserbrunnen	Aachen	279.70	8.16	×
○	4630	Fortis	Wattenscheid	295.00	33.10	
○	4630	Shop	Wattenscheid	296.00	29.10	
○	3411	Katlenburger	Katlenburg	296.60	5.80	
○	4300	Alt-Bürgerbrunn	Essen	297.20	30.00	
■	7170	Schwäbisch Haller St.Ulrich-Quelle	Schwäbisch Hall	304.10	50.40	×
○	5401	Rhenser Mineralbrunnen	Rhens	306.00	38.00	×
○	F-	Vittel	Vittel (Vogesen)	306.00	36.00	×
○	6950	Pfalzgrafen Quelle	Mosbach-Neckarelz	307.05	38.30	×
○	7170	Schwäbisch Haller Wildbadquelle	Schwäbisch Hall	314.00	52.70	×
■	5401	Kaiser Ruprecht Heilquelle	Rhens	314.10	36.10	×
○	5303	Markusbrunnen	Bornheim	315.60	61.10	
■	7347	Adelheidquelle	Bad Überkingen	318.50	107.00	×
○	5401	Frische Brise	Rhens	323.00	39.60	
■	4630	Sankt Martin	Wattenscheid	335.40	25.40	×
■	6050	Kaiser Friedrich Heilquelle	Offenbach (Main)	336.10	4.09	×
○	6050	Kaiser Friedrich Quelle	Offenbach (Main)	336.40	3.70	×
○	3280	Bad Pyrmonter	Bad Pyrmont	340.00	40.00	

	PLZ	Wasser	Quellort	Sulfat	Magnesium	
○	4516	Ewinaris	Wersche	340.40	37.00	
○	5303	Roisdorfer	Roisdorf	342.80	89.10	
○	5420	Victoria Lahnsteiner Mineralquelle	Oberlahnstein	345.00	45.90	×
○	3584	Zwestener Löwensprudel	Zwesten	351.60	78.80	×
■	7624	Leopoldsquelle	Bad Rippoldsau	353.60	40.60	×
○	4630	Stadion	Wattenscheid	361.60	22.80	
■	5420	Victoria Lahnsteiner Heilquelle	Oberlahnstein	367.60	49.20	×
○	4300	Burgwallbronn	Essen	372.30	35.90	
○	7605	Josefsquelle	Bad Peterstal	380.00	18.00	
□	A-	Römerquelle	Edelstal (Burgenland)	397.50	77.90	×
○	8530	Franken Brunnen	Neustadt	401.30	37.50	×
■	3584	Zwestener Löwenquelle Heilwasser	Zwesten	401.90	92.50	×
○	4100	Rheinfels Quelle	Duisburg	435.00	31.00	×
○	7605	Freyersbacher Schwarzwälder Mineralwasser	Bad Peterstal	444.00	70.00	×
○	7240	Mühringer	Mühringen	445.00	52.70	
○	3257	Graf Hallermunt	Springe	450.00	22.00	
○	4300	Stiftsquelle	Essen	459.00	30.80	
○	3509	Wildsberg-Quelle	Beiseförth	469.80	113.70	
■	6430	Bad Hersfelder Lullusbrunnen	Bad Hersfeld	483.50	12.00	
○	7240	ETA Eyachtal-Quelle	Horb	488.00	52.50	
○	7624	Rippoldsauer Mineralwasser	Bad Rippoldsau	489.00	48.80	
○	3530	Diemeltaler Quelle	Warburg	504.60	52.20	
■	8532	St. Anna	Bad Windsheim	525.20	84.80	×
○	I-	S. Pellegrino	San Pellegrino Terme (Italien)	547.00	59.30	×
○	7050	Remstal Sprudel	Waiblingen-Beinstein (Remstal)	572.90	65.60	×
○	7245	Starzacher	Starzach	575.00	65.30	
○	7100	Kimi	Heilbronn	611.00	61.00	
○	7846	Lieler Quelle	Schliengen-Liel	627.00	39.60	×
○	4800	Carolinen-Quelle	Bielefeld	645.00	62.30	
○	7452	Imnauer Fürstenquelle	Bad Imnau	710.00	55.60	
○	6405	Förstina	Eichenzell	712.80	67.20	

	PLZ	Wasser	Quellort	Sulfat	Magnesium	
○	7737	Dürrheimer Johannisquelle	Bad Dürrheim	730.00	45.90	
○	7737	Wittmannsthal-Quelle	Bad Dürrheim	737.20	54.95	
■	8730	Staatl. Bad Kissinger Luitpoldsprudel	Bad Kissingen	806.70	151.30	
○	6400	Fuldaer Rhön-Quelle	Fulda	820.00	–	
○	7068	Schurwald-Sprudel	Urbach	866.00	63.70	
■	8730	Staatl. Bad Kissinger Rakoczy	Bad Kissingen	876.70	198.00	
○	3260	Extaler	Rinteln	880.00	57.15	
■	CH-	Valser St. Petersquelle	Bad Vals (Graubünden)	880.00	50.00	×
■	8730	Staatl. Bad Kissinger Maxbrunnen	Bad Kissingen	887.70	183.80	
○	4630	Lohberg	Bochum	919.00	51.90	
○	7407	Obernauer Löwensprudel	Obernau	940.00	79.00	
○	4939	Graf Metternich Brunnen	Vinsbeck	951.00	81.20	
○	4972	Werretaler	Löhne	994.00	–	
○	7452	Imnauer Apollo	Bad Imnau	1065.00	44.90	×
○	7050	Beinsteiner	Beinstein	1085.00	102.10	
■	7050	Elisabethenquelle	Waiblingen-Beinstein (Remstal)	1085.00	102.14	×
○	7068	Urbacher	Urbach	1095.00	82.90	×
○	7347	Überkinger	Bad Überkingen	1111.00	21.90	×
○	CH-	Aproz	Sitten (Wallis)	1118.00	67.00	×
○	4934	Staatlich Bad Meinberger	Bad Meinberg	1144.00	79.10	
○	7519	Wüteria-Schloßbrunnen	Gemmingen	1154.00	77.20	
○	F-	Contrex	Contrexeville (Vogesen)	1202.00	85.00	×
○	CH-	Adelbodner	Adelboden	1230.00	39.00	×
○	7152	Rietenauer Heiligenthalquelle	Bad Rietenau	1250.00	64.30	×
○	3530	Germeta Quelle	Warburg	1273.00	78.40	
○	7152	Marco Mineralquelle	Aspach	1300.00	65.50	
■	7152	Marco Quelle Heilwasser	Aspach	1300.00	65.50	×
○	4972	Steinsieker	Löhne	1320.00	40.70	
○	7152	Kloster-Quelle	Aspach	1350.00	64.00	
○	7844	Breisgauer	Neuenburg	1374.00	73.80	
○	8729	Knetzgauer Steigerwald	Knetzgau	1375.00	51.60	×
○	7452	Filippo	Bad Imnau	1406.00	51.30	

	PLZ	Wasser	Quellort	Sulfat	Magnesium	
○	8532	Bad Windsheimer Residenz-Quelle	Bad Windsheim	1419.00	83.70	×
○	7031	Rohrauer-Sprudel	Gärtingen-Rohrau	1435.00	77.90	
○	8532	Bad Windsheimer Schönthal Quelle	Bad Windsheim	1462.00	75.20	
○	3320	Stephensbrunnen	Salzgitter	1483.00	62.00	
○	8532	Meister-Perle	Külsheim	1495.00	78.70	
○	8532	Rangau-Quelle	Külsheim	1495.00	78.70	
■	8532	Bad Windsheimer St. Kiliani-Heilquelle	Bad Windsheim	1515.00	129.10	×
○	7123	Fontanis	Spielberg	1561.00	101.00	
○	7101	Teusser	Teusserbad	1565.00	85.00	
■	YU-	Rogaska-Quell	Rogaska Slatina (Slowenien)	1574.00	859.00	×
■	3490	Bad Driburger Bitterwasser	Bad Driburg	1602.00	184.50	
■	CSSR	Karlsbader Mühlbrunn	Karlovy Vary (Westböhmen)	1639.00	37.33	×
○	5569	Nürburg-Quelle	Dreis	1990.00	387.70	
■	6430	Bad Hersfelder Vitalisbrunnen	Bad Hersfeld	2797.00	172.80	
■	6990	Bad Mergentheimer Karlsquelle	Bad Mergentheim	3877.00	370.70	
■	7440	Nürtinger Heinrichsquelle	Nürtingen	4388.00	62.30	
■	6990	Bad Mergentheimer Albertquelle	Bad Mergentheim	7956.00	711.80	
■	H-	Hunyadi Janos	Ungarn	21020.00	2242.80	×

Kupfer (Cu^{2+})

Kupfer spielt trotz seiner geringen Tagesnotwendigkeit von 2 bis 4 Tausendstelgramm eine zentrale Rolle z.B. im menschlichen Abwehrsystem. In Mineralwässern kommt Kupfer allerdings nur in verschwindend geringen Teilen vor.

Fluorid (F^-)

Fluoride sind die Salze des Fluor und üben, verglichen mit anderen Mineralien, keine überlebenswichtige Tätigkeit aus; jedoch fördern sie die Härte der Zähne und verhindern Belag. Darüber hinaus erhöhen sie die Stabilität der Knochen.

Karies-vorbeugung

Bis zum 15. Lebensjahr beugen sie – u.a. durch Hemmung angriffslustiger Mundbakterien – Karies vor, danach kaum.

Fluoridhaltige Lebensmittel

Fluoridreich sind See- und Meerestiere, ganz besonders Austern und Miesmuscheln. Bestimmte Fischarten wie Hering, Dorsch oder Seelachs enthalten pro 100 Gramm gut 1 Milligramm Fluorid.

Wünschens-werte Tagesdosis

Das nähert sich bereits der wünschenswerten Tagesdosis, die laut *Deutscher Gesellschaft für Ernährung* zwischen 1 und 2 Milligramm liegt.

Optimale Wirkung und Giftigkeit liegen eng beeinander

Was darüber hinausgeht, ist nicht mehr zuträglich. Zu hohe Gaben wirken sogar giftig, führen über Zahnschmelzverfärbungen bis hin zu Knochen- oder Skelettverformungen.

Die Mineral- und Tafelwasser-Verordnung kennt keinen Grenzwert

Während die *Trinkwasserverordnung* mehr als 1,5 Milligramm Fluorid pro Liter nicht erlaubt, schreibt die *Mineral- und Tafelwasser-Verordnung* ab dieser Grenze lediglich den Hinweis ›fluoridhaltig‹ vor.

Warnhinweis

Dieser Hinweis muß vergrößert und mit einer Warnung aufs Etikett gedruckt werden, wenn der Fluoridgehalt eines Mineralwassers 5 Milligramm pro Liter übersteigt. Die Regelung gilt jedoch nicht für Heilwässer, deren irgendwie gearteter Gehalt erklärtermaßen (Medikament) nach oben offen ist.

Ab wann wirkt Fluorid giftig?

Ein Erwachsener, der täglich mehr als 4 bis 5 Milligramm Fluorid einnimmt, tut sich damit keinen Gefallen. Sehr hohe Gaben (bis zu 50 Milligramm pro Liter Flüssigkeit oder Kilo Nahrung) verschlechtern die Jodversorgung und behindern damit die Schilddrüse. Was darüber hinausgeht, bedeutet irgendwann – zwischen 5 und 10 Gramm – den Tod.

Richtwerte für Babys

Richtwert für Säuglinge ist 0,1 Milligramm je Kilogramm Körpergewicht. Die *Deutsche Gesellschaft für Ernährung* empfiehlt jedoch, während des ersten Lebensjahres nie mehr als 0,25 Milligramm täglich.

Keine Schwarze Liste

Die Fluoridwerte der einzelnen Wässer stehen, soweit sie ermittelt werden konnten, in der Hauptliste *(Alphabetische Erfassung von über 250 in Deutschland, Österreich und der Schweiz verkehrenden Mineral- und Heilwässern mit ihren kennzeichnenden Inhaltsstoffen)* ein paar Seiten weiter vorne. Sie werden hier nicht nochmals, etwa in der Reihenfolge ihres Kalibers, aufgereiht, weil der Wert nicht in jedem Einzelfall herauszufinden war und dadurch die Plätze von Unbekannten in solcher, ab einem bestimmten Punkt negativen ›Hit‹liste fraglich wären.

Iod (I^-)

Iod wird dringend zum Aufbau der Schilddrüsenhormone benötigt, die, allgemein gesprochen, die Lebenstätigkeit überhaupt anspornen oder – durch Abwesenheit – verkümmern lassen.

Winzige Mengen Iod, das nur in geringsten Gaben im Blut kreist, wird von der Schilddrüse besonders begierig aufgenommen.

Iodarme Gebiete Iodarme Gebiete liegen erfahrungsgemäß landeinwärts, wo weniger Fisch, die außer Milch einzig wirkliche Iodquelle, gegessen wird.

Täglicher Bedarf Der tägliche Bedarf eines Erwachsenen schwankt zwischen 0,1 und 0,2 Milligramm. Gaben über 0,5 Milligramm pro Tag sind zu vermeiden. Darauf sollte beim Einnehmen der als ›iodhaltig‹ gekennzeichneten Heilwässer geachtet werden.

Iodidhaltige Wässer

○ = Mineralwasser
■ = Heilwasser
□ = Heil- und Mineralwasser
● = Trinkwasser
♦ = Mineral-Heiltafelwasser
◇ = Quellwasser
× = in diesem Buch besprochen

	PLZ	Wasser	Quellort	Iodid
■	CSSR	Karlsbader Mühlbrunn	Karlovy Vary (Westböhmen)	0.004 ×
■	7624	Leopoldsquelle	Bad Rippoldsau	0.009 ×
○	CH-	Henniez	Henniez (Waadtland)	0.010 ×
□	A-	Preblauer	Preblau (Kärnten)	0.010 ×
■	CH-	Valser St. Petersquelle	Bad Vals (Graubünden)	0.014 ×
■	3590	Bad Wildunger Georg-Viktor-Quelle	Bad Wildungen	0.015
■	3590	Bad Wildunger Reinhardsquelle	Reinhardshausen	0.016
■	5427	Emser Kränchen	Bad Ems	0.020 ×
○	5442	Reginaris	Mending am Laacher See	0.020 ×
■	8830	St. Lambertus Altmühltaler Heilquelle	Naturpark Altmühltal	0.020 ×
○	CH-	Adelbodner	Adelboden	0.021 ×
■	3490	Caspar-Heinrich-Quelle	Bad Driburg	0.025
■	5535	Birresborner Adonis-Quelle	Birresborn	0.028
■	6990	Bad Mergentheimer Karlsquelle	Bad Mergentheim	0.030
■	5568	Dunarisbrunnen	Daun	0.030
○	A-	Güssinger Mineralwasser	Güssing (Burgenland)	0.030 ×
■	6277	Kurselters	Oberselters	0.030 ×
■	7170	Schwäbisch Haller St. Ulrich-Quelle	Schwäbisch Hall	0.036 ×
■	5483	Bad Neuenahrer Heilwasser	Bad Neuenahr	0.040 ×
○	CH-	Passugger	Passugg bei Chur (Graubünden)	0.040 ×
■	5401	Kaiser Ruprecht Heilquelle	Rhens	0.042 ×
■	5420	Victoria Lahnsteiner Heilquelle	Oberlahnstein	0.043 ×

	PLZ	Wasser	Quellort	Iodid
○	CH-	Rhäzünser	Rhäzüns (Graubünden)	0.050 ×
■	6293	Friedrich Christian Heilquelle	Löhnberg	0.060 ×
■	3590	Bad Wildunger Helenenquelle	Bad Wildungen	0.095
■	YU-	Rogaska-Quell	Rogaska Slatina (Slowenien)	0.100 ×
■	8730	Staatl. Bad Kissinger Rakoczy	Bad Kissingen	0.100
○	YU-	Radenska	Radenci (Slowenien)	0.130 ×
■	6990	Bad Mergentheimer Albertquelle	Bad Mergentheim	0.180
○	CH-	Aqui	Zürich	0.200 ×
■	8730	Staatl. Bad Kissinger Maxbrunnen	Bad Kissingen	0.200
■	7440	Nürtinger Heinrichsquelle	Nürtingen	0.300
■	3584	Zwestener Löwenquelle Heilwasser	Zwesten	0.310 ×
■	5474	Bad Tönissteiner Heilbrunnen	Brohl	0.380 ×
■	H-	Hunyadi Janos	Ungarn	0.800 ×

Kohlensäure (CO_2)

Die Kohlensäure springt bei Mineralwässern gemeinhin als erstes ins Auge. Außer lustig zu perlen, erfüllt sie noch eine Reihe anderer nützlicher Aufgaben.

Drei Hauptwirkungen

Zum einen konserviert sie das Wasser und hält es so auch über ausgedehnte Lagerungszeiträume frisch im Geschmack.

Lösungsmittel

Als nächstes hält sie die Hydrogencarbonate in Lösung, welche sonst ausfallen würden.

Verdauungsförderung

Zum dritten fördert sie die Aufsaugefähigkeit des Magens und hilft so einerseits der Verdauung, macht andererseits – siehe Sekt – schneller beschwipst.

Einteilung der Wässer nach ihrem Kohlensäureanteil

Man unterscheidet zwischen ›platten‹ (unter 1 Gramm Kohlensäure pro Liter), ›stillen‹ (1 bis 2 Gramm pro Liter), ›halbstillen‹ (3 bis 5 Gramm) und ›kohlensäurereichen‹ (über 8 Gramm) Sprudelsorten.

Deutsche = Kohlensäurefanatiker

Nirgendwo in der Welt wird das Mineralwasser so ›belebt‹ gemocht wie in Deutschland. 8 Gramm Kohlensäure pro Liter sind die Regel. Soviel bringt kein natürlicher Austritt, ob Quelle oder Brunnen; Kohlensäure wird deswegen in allen Fällen zugesetzt (was das Etikett vermerkt).

Unschädlich

Schaden kann Kohlensäure dem Menschen nicht (abgesehen von lautem Rülpsen), denn der Körper erzeugt selbst jede Menge davon. Die damit verglichen kleinen Zusatzgaben über Mineralwasser regen bestenfalls die Atmung an.

Wie man Kohlensäure leicht aus Mineralwasser entfernt...

Kohlensäure läßt sich mit jedem gewöhnlichen Küchenmixer ausquirlen. Durch solche Behandlung wird auch der stärkste Sprudel binnen kurzem zum ›stillen Wasser‹.

Heilanzeigen

Im folgenden werden die Heilwässer gemäß ihren Heilanzeigen aufgelistet. Dabei wurde auf die Angaben der Etiketten bzw. des *Deutschen Bäderkalenders* zurückgegriffen.

Verschiedene Schriftart

Die *kursiv gedruckten* Sorten sind in Teil II dieses Buchs mit Etikett besprochen; die übrigen sind in Teil II nicht besprochen, tauchen aber in der Hauptliste *(Alphabetische Erfassung von über 250 in Deutschland, Österreich und der Schweiz verkehrenden Mineral- und Heilwässern mit ihren kennzeichnenden Inhaltsstoffen)* am Anfang von Teil III auf und sind darüber hinaus auch allgemein bekannt sowie im Handel erhältlich.

Heilbrunnen-Großhändler im Anhang

Die am besten sortierten Heilbrunnen-Händler Deutschlands haben sich zum *Verband Deutscher Heilbrunnen-Großhändler e.V.* zusammengeschlossen. Ihre Adressen und Telefonnummern stehen im Anhang.

Fieberhafte Erkrankungen
Stilles Selters

Katarrhalische Erkrankungen der Luftwege (Rachen, Bronchien), Halsentzündung
Emser Kränchen
Göppinger Christophsquelle
Preblauer
Staatl. Bad Kissinger Maxbrunnen
Stilles Selters

Arteriosklerose
Gasteiner Mineral-Heiltafelwasser
Rogaska-Quell
Staatl. Fachingen

Übergewicht/Fettsucht
Bad Driburger Bitterwasser
Dunarisbrunnen
Gasteiner Mineral-Heiltafelwasser
Rogaska-Quell

Senkung des Harnsäurespiegels (gichtvorbeugend und -behandelnd)
Bad Brückenauer Wernarzer Wasser
Gasteiner Mineral-Heiltafelwasser
Kurselters
Paracelsus-Quelle
Staatl. Fachingen

Unterstützung der Diabetes-Behandlung
Adelholzner Primus-Heilquelle
Bad Neuenahrer Heilwasser
Bad Niedernauer Römerquelle
Bad Wildunger Georg-Viktor-Quelle
Bad Wildunger Helenenquelle

Bad Wildunger Reinhardsquelle
Kaiser Friedrich Heilquelle
Peterquelle
Staatl. Fachingen

Rheuma

Bad Brückenauer Wernarzer Wasser
Gasteiner Mineral-Heiltafelwasser

Kariesvorbeugung

Emser Kränchen
St. Lambertus Altmühltaler Heilquelle

Blutarmut

Gasteiner Mineral-Heiltafelwasser
Lamscheider Stahlbrunnen
Thauma-Eisen-Heilquelle

Entzündliche Magenerkrankungen, Zustände nach Magenoperation (mit Stumpfgastritis), Sodbrennen, Säureüberschuß, Neigung zu Magengeschwüren, Katarrh

Adelholzener Primus-Heilquelle
Bad Hersfelder Lullusbrunnen
Bad Hersfelder Vitalisbrunnen
Bad Mergentheimer Albertquelle
Bad Mergentheimer Karlsquelle
Bad Neuenahrer Heilwasser
Bad Niedernauer Römerquelle
Birresborner Adonis-Quelle
Caspar-Heinrich-Quelle
Dunarisbrunnen
Emser Kränchen
Freyersbacher Alexanderquelle
Göppinger Christophsquelle
Heppinger
Kaiser Friedrich Heilquelle

Kaiser Ruprecht Heilquelle
Karlsbader Mühlbrunn
Lamscheider Stahlbrunnen
Marco Quelle Heilwasser
Nürtinger Heinrichsquelle
Peterquelle
Preblauer
Rogaska-Quell
Römerquelle
Sankt Martin
Severinquelle
Sinzinger Heilquelle
St. Anna
St. Gero
Staatl. Bad Kissinger Luitpoldsprudel
Staatl. Bad Kissinger Rakoczy
Staatl. Fachingen
Thauma-Eisen-Heilquelle
Valser St. Petersquelle
Victoria Lahnsteiner Heilquelle
Zwestener Löwensprudel

Allgemeine Unterstützung der Magenfunktion und Säureharmonisierung
Adelheidquelle
Hirschquelle
Paracelsus-Quelle
St. Gero

Anregung der Magensaftsekretion (bei Säuremangel)
Bad Winsheimer St. Kiliani-Heilquelle
Gasteiner Mineral-Heiltafelwasser
Leopoldsquelle
Schwäbisch Haller St. Ulrich-Quelle
St. Anna
Zwestener Löwensprudel

Appetitlosigkeit, Verdauungsstörungen, Völlegefühl

Hunyadi János
Kaiser Ruprecht Heilquelle
St. Gero
Staatl. Fachingen
Valser St. Petersquelle
Victoria Lahnsteiner Heilquelle

Abführend

Bad Driburger Bitterwasser
Bad Mergentheimer Albertquelle
Bad Mergentheimer Karlsquelle
Elisabethenquelle
Heppinger
Hunyadi János
Karlsbader Mühlbrunn
Leopoldsquelle
Sankt Martin

Entzündliche, katarrhalische Erkrankungen des Darms

Adelholzener Primus-Heilquelle
Bad Hersfelder Lullusbrunnen
Bad Hersfelder Vitalisbrunnen
Bad Mergentheimer Albertquelle
Bad Mergentheimer Karlsquelle
Bad Neuenahrer Heilwasser
Bad Niedernauer Römerquelle
Birresborner Adonis-Quelle
Caspar-Heinrich-Quelle
Dunarisbrunnen
Emser Kränchen
Freyersbacher Alexanderquelle
Gasteiner Mineral-Heiltafelwasser
Göppinger Christophsquelle
Heppinger

Kaiser Friedrich Heilquelle
Karlsbader Mühlbrunn
Lamscheider Stahlbrunnen
Marco Quelle Heilwasser
Nürtinger Heinrichsquelle
Rogaska-Quell
Severinquelle
Staatl. Bad Kissinger Luitpoldsprudel
Staatl. Bad Kissinger Rakoczy
Staatl. Fachingen
Valser St. Petersquelle

Allgemeine Förderung der Darmfunktion
Adelheidquelle
Hirschquelle
Paracelsus-Quelle
St. Anna

Allgemeine Funktionsförderung von Niere und Blase, harntreibend, ausschwemmend
Adelheidquelle
Gasteiner Mineral-Heiltafelwasser
Hirschquelle
Paracelsus-Quelle
Rogaska-Quell
St. Gero

Entzündliche Erkrankungen der Niere und Zustände nach Operation
Bad Brückenauer Wernarzer Wasser
Kaiser Friedrich Heilquelle
Marco Quelle Heilwasser
Peterquelle
Preblauer
Sankt Martin
Staatl. Fachingen

Zustände nach Prostata-Operation

Friedrich Christian Heilquelle
Kaiser Ruprecht Heilquelle
Preblauer
St. Anna
Victoria Lahnsteiner Heilquelle

Chronisch entzündliche Erkrankung der Harnwege und Zustände nach Steinabgang

Adelholzener Primus-Heilquelle
Bad Brückenauer Wernarzer Heilquelle
Bad Mergentheimer Albertquelle
Bad Mergentheimer Karlsquelle
Bad Neuenahrer Heilwasser
Bad Niedernauer Römerquelle
Bad Wildunger Georg-Viktor-Quelle
Bad Wildunger Helenenquelle
Bad Wildunger Reinhardsquelle
Birresborner Adonis-Quelle
Caspar-Heinrich-Quelle
Freyersbacher Alexanderquelle
Friedrich Christian Heilquelle
Kaiser Ruprecht Heilquelle
Leopoldsquelle
Marco Quelle Heilwasser
Peterquelle
Römerquelle
Sankt Martin
Severinquelle
St. Anna
Staatl. Bad Kissinger Maxbrunnen
Staatl. Fachingen
Thauma-Eisen-Heilquelle
Victoria Lahnsteiner Heilquelle
Zwestener Löwensprudel

Neigung zur Steinbildung

Bad Niedernauer Römerquelle
Friedrich Christian Heilquelle
Kurselters
Leopoldsquelle
Paracelsus-Quelle
Peterquelle
Preblauer
Römerquelle
Sankt Martin
Severinquelle
Valser St. Petersquelle

Vorbeugung gegen Nieren- und Blasenleiden

St. Linus

Unterstützung der allgemeinen Leberfunktion

Bad Windsheimer St. Kiliani-Heilquelle
Rogaska-Quell
Staatl. Bad Kissinger Luitpoldsprudel
Staatl. Fachingen

Chronische Leiden und entzündliche Erkrankungen der Leber

Adelholzener Primus-Heilquelle
Bad Hersfelder Lullusbrunnen
Bad Hersfelder Vitalisbrunnen
Bad Mergentheimer Albertquelle
Bad Mergentheimer Karlsquelle
Bad Neuenahrer Heilwasser
Bad Niedernauer Römerquelle
Dunarisbrunnen
Friedrich Christian Heilquelle
Kaiser Ruprecht Heilquelle

Nürtinger Heinrichsquelle
Paracelsus-Quelle
Peterquelle
St. Anna
Victoria Lahnsteiner Heilquelle

Erkrankung des Gallenwegsystems, Zustände nach Operationen

Adelholzener Primus-Heilquelle
Bad Driburger Bitterwasser
Bad Mergentheimer Albertquelle
Bad Mergentheimer Karlsquelle
Bad Neuenahrer Heilwasser
Bad Niedernauer Römerquelle
Birresborner Adonis-Quelle
Dunarisbrunnen
Friedrich Christian Heilquelle
Gasteiner Mineral-Heiltafelwasser
Kaiser Friedrich Heilquelle
Kaiser Ruprecht Heilquelle
Leopoldsquelle
Marco Quelle Heilwasser
Nürtinger Heinrichsquelle
Peterquelle
St. Anna
St. Gero
Staatl. Bad Kissinger Rakoczy
Stilles Selters
Victoria Lahnsteiner Heilquelle
Zwestener Löwensprudel

Gallensteine

Adelholzener Primus-Heilquelle
Bad Neuenahrer Heilwasser
Peterquelle

Anregung der Gallenabsonderung

Bad Windsheimer St. Kiliani-Heilquelle
Elisabethenquelle
Hunyadi János
Karlsbader Mühlbrunn
Rogaska-Quell
St. Anna
Staatl. Fachingen
Zwestener Löwensprudel

Unterstützung der Bauchspeicheldrüse

Staatl. Fachingen

Muttermilchreduktion nach Abstillen (Spannungsgefühl in Brüsten)

Hunyadi János

Wässer, die sich zur Zubereitung von Babynahrung eignen

Neugeborene, Säuglinge und Kleinkinder verbrauchen besonders viel Flüssigkeit. Mit einem Monat z. B. nehmen sie täglich ⅙ ihres Körpergewichts an Wasser zu sich. Ein Erwachsener verbraucht zeitgleich nur 1/46; während bei ihm 60–65% des Körpergewichts auf die Säfte entfallen, sind es beim Säugling 70%.

Vorschriften der Mineral- und Tafelwasser-Verordnung

Damit auch den Babys mit ihren noch unreifen Nieren ein ernährungsphysiologisch wirkungsvolles und in eventuell schädlichen Bereichen von vornherein begrenztes Mineralwasser zur Verfügung steht, hat der Gesetzgeber folgende Schwellen festgeschrieben: für Natrium 20, für Nitrat 10, für Fluorid 1,5 und für Nitrit 0,02 Milligramm pro Liter.* Nur Wässer, die diese Grenzen einhalten, dürfen den Titel *Geeignet für die Zubereitung von Säuglingsnahrung* auf dem Etikett führen.

Bedenken beim Fluor

Solche geringsten Werte sollen Vater und Mutter in die Lage versetzen, die Babynahrung während der ersten Lebensmonate mit einem uneingeschränkt zuverlässigen natürlichen Mineralwasser anrühren zu können. Beim Fluoridgehalt sollte trotzdem darauf geachtet werden, daß er 0,1 Milligramm pro Kilogramm Körpergewicht nicht überschreitet.

---

* vgl. hierzu auch die *Stellungnahme des Bundesgesundheitsamtes zu Natrium-Grenzwerten in Trink- und Mineralwasser*

(Die *Deutsche Gesellschaft für Ernährung* empfiehlt im ersten Lebensjahr höchstens 0,25 Milligramm Fluorid pro Tag.)

Sulfat für Babys unbegrenzt?

Ein anderer Schaukelpunkt: Sulfat, das nachgewiesenermaßen abführende Wirkung hat. Deswegen begrenzt die *Mineral- und Tafelwasser-Verordnung* den Sulfatgehalt z.B. von Tafelwasser (weil man ev. Hochlagen vom Etikett nicht ablesen könnte) von vornherein auf 250 Milligramm pro Liter. Bei Mineralwässern jedoch, die sich *Geeignet für die Zubereitung von Säuglingsnahrung* nennen dürfen, ist der gleiche Sulfatgehalt nach oben offen. Demnach würde sich z.B. ROGASKA-QUELL (siehe Teil II) durchaus als Säuglingswasser qualifizieren: mit 11,7 Milligramm Natrium, 0,5 Milligramm Nitrat, 0,25 Milligramm Fluorid – *1574* Milligramm Sulfat und *859* Milligramm Magnesium (also das reinste Rizinusöl!).

Kandidatenliste

Als nächstes eine Liste aller zu ermittelnden Wässer dieses Buchs *unter 20 Milligramm Natrium* mit zusätzlich ihren Nitrat-, Fluorid- und Sulfatwerten. In dieser Liste steht überall ein Strich (›–‹), wo der Wert, der an diese Stelle gehörte, nicht ermittelt werden konnte. Der Strich hat keinesfalls zu bedeuten, daß es diesen Wert nicht gibt. Markiert er die Rubrik der Umweltmagazine (›natur‹/›Öko-Test‹), so ist das angesprochene Wasser in dieser Hinsicht lediglich nicht getestet worden. Wo er darüber hinaus auftaucht, liegt die entsprechende Information beim Brunnenbesitzer. Dagegen

bedeutet die Buchstabenkombination ›n.n.‹, daß die erwähnte Meßgröße nicht existiert bzw. ihr Wert eine bestimmte Grenze unterschreitet und deswegen als ›nicht nachgewiesen‹ gelten kann.
Nochmals: Laut *Mineral- und Tafelwasser-Verordnung* dürfen nur solche Wässer sich *Geeignet für die Zubereitung von Babynahrung* nennen, die folgende Grenzwerte einhalten: Natrium 20 mg/l, Nitrat 10 mg/l, Fluorid 1,5 mg/l.
Was die Risiken von Mineralwasser zur Bereitung von Babynahrung betrifft, siehe auch folgendes RADIOAKTIVITÄT-Kapitel.

Wasser unter 20 Milligramm Natrium

aufgelistet nach Regionen (PLZ!)

	PLZ Wasser	
●	1000 *Trinkwasserwerte*	Berlin
○	1000 Spreetaler	Berlin
○	2000 Jakobus	Hamburg
○	2000 Nord-Quelle	Hamburg
●	2000 *Trinkwasserbehälter Curslack N.*	Hamburg
●	2000 *Trinkwasserbehälter Baursberg 2*	Hamburg
○	2055 Fürst Bismarck Quelle	Aumühle (Sachsenwald)
○	2333 Wittenseer Quelle	Groß Wittensee
○	2814 Vilsa	Bruchhausen-Vilsen
●	3000 *Trinkwasser aus dem Harz*	Hannover
●	3000 *Trinkwasser-Werk Grasdorf*	Hannover
○	3257 Graf Hallermunt	Springe
○	3260 Extaler	Rinteln
○	3380 Harzer Grauhof Brunnen	Grauhof (Harz)
○	3490 Bad Driburger	Bad Driburg
●	3500 *Trinkwasserbehälter Lindenberg*	Kassel
●	3500 *Trinkwasserbehälter Osterberg*	Kassel
○	3530 Germeta Quelle	Warburg
○	3530 Diemeltaler Quelle	Warburg
■	3590 Bad Wildunger Reinhardsquelle	Reinhardshausen
○	4300 Stiftsquelle	Essen
○	4300 Assindia	Essen
●	4300 *Trinkwasserwerte*	Essen
●	4770 *Trinkwasserwerte*	Soest
○	4800 Carolinen-Quelle	Bielefeld
○	4972 Steinsieker	Löhne
○	6231 Schwalbacher Schöffengrund	Schwalbach
○	6408 Rhön-Sprudel	Weyhers
○	6408 Weyherser Mineralbrunnen	Weyhers
●	7000 *Trinkwasser aus dem Bodensee*	Stuttgart

○ = Mineralwasser
■ = Heilwasser
□ = Heil- und Mineralwasser
● = Trinkwasser
♦ = Mineral-Heiltafelwasser
◊ = Quellwasser
× = in diesem Buch besprochen

Natrium	Natrium-Nachmessung ›natur‹	Nitrat (Herstellerangabe)	Nitrat-Nachmessung ›natur‹	Nitrat-Nachmessung ›öko-test‹	Fluorid	Sulfat	
–	–	3.20	–	–	0.12	123.00	
18.70	15.90	–	0.50	–	–	–	
11.90	7.20	–	n. n.	n. n.	–	100.00	
13.20	9.30	–	1.80	1.30	–	107.50	
36.00	–	4.80	–	–	0.16	110.00	
69.00	–	2.20	–	–	0.09	107.00	
11.80	5.00	–	n. n.	3.20	0.12	50.30	×
9.20	8.40	0.05	n. n.	n. n.	0.17	31.10	×
14.10	18.60	0.45	0.80	–	0.16	–	
4.60	–	7.80	–	–	–	33.00	
46.00	–	12.30	–	–	–	142.00	
18.00	7.20	–	5.80	0.50	–	450.00	
11.40	3.90	4.00	6.50	5.10	1.25	880.00	
18.40	25.70	–	11.20	6.80	0.14	73.90	×
7.92	6.50	–	14.90	–	–	45.50	
–	–	12.60	–	–	–	24.70	
–	–	15.90	–	–	–	19.30	
14.20	12.10	–	12.50	15.00	0.31	1273.00	
14.30	13.80	–	17.50	12.70	–	504.60	
16.40	–	2.30	–	–	0.23	34.40	
11.40	13.70	–	1.20	–	–	459.00	
19.60	21.40	–	1.50	–	0.17	217.50	
34.40	–	24.80	–	–	0.22	56.20	
–	–	18.59	–	–	–	43.42	
18.40	9.30	n. n.	7.80	0.80	–	645.00	
19.60	15.60	n. n.	1.30	–	0.29	1320.00	
19.00	–	–	–	–	–	29.00	
3.20	–	0.10	–	n. n.	0.62	16.70	×
6.70	2.20	n. n.	n. n.	–	0.60	9.40	
4.50	–	4.00	–	–	–	34.00	

	PLZ	Wasser	
●	7000	*Trinkwasser aus Landbrunnen*	Stuttgart
○	7031	Rohrauer-Sprudel	Gärtingen-Rohrau
○	7068	Schurwald-Sprudel	Urbach
○	7068	Urbacher	Urbach
○	7152	Kloster-Quelle	Aspach
○	7152	Marco Mineralquelle	Aspach
■	7152	Marco Quelle Heilwasser	Aspach
○	7152	Rietenauer Heiligenthalquelle	Bad Rietenau
■	7407	Bad Niedernauer Römerquelle	Rottenburg a.N.
○	7702	Randegger Ottilienquelle	Gottm.-Randegg
○	7737	Wittmannsthal-Quelle	Bad Dürrheim
○	7737	Dürrheimer Johannisquelle	Bad Dürrheim
○	7846	Lieler Schlossbrunnen	Schliengen-Liel
○	7951	Dietenbronner	Bad Dietenbronn
●	8000	*Trinkwasserbereich West-Südwest*	München
●	8000	*Trinkwasserbereich Zentrum + Ost*	München
■	8227	Adelholzener Primus-Heilquelle	Bad Adelholzen
●	8500	*Trinkwasseranlage Ranna*	Nürnberg
●	8500	*Trinkwasseranlage Erlenstegen*	Nürnberg
■	8591	St. Linus	Pechbrunn
○	8674	Höllensprudel	Hölle
○	8674	Prinzenquelle	Naila
■	8788	Bad Brückenauer Wernarzer Wasser	Bad Brückenau
○	CH-	Adelbodner	Adelboden
○	CH-	Aproz	Sitten (Wallis)
■	CH-	Valser St. Petersquelle	Bad Vals (Graubünden)
○	CH-	Henniez	Henniez (Waadtland)
◇	A-	Vöslauer	Bad Vöslau (N.-Österreich)
□	A-	Römerquelle	Edelstal (Burgenland)
○	F-	Vittel	Vittel (Vogesen)
○	F-	Evian	Evian-les-Bains (H.-Savoyen)
○	F-	Contrex	Contrexeville (Vogesen)
○	F-	Volvic	Puy-de-Dome (Auvergne)
○	F-	Perrier	Vergeze-Gard (Auvergne)
○	B-	Spa Reine	Spa (Belgien)

Natrium	Natrium-Nachmessung ›natur‹	Nitrat (Herstellerangabe)	Nitrat-Nachmessung ›natur‹	Nitrat-Nachmessung ›öko-test‹	Fluorid	Sulfat	
5.20	–	25.00	–	–	–	32.00	
15.40	14.90	–	7.00	–	0.24	1435.00	
6.60	6.30	–	11.50	–	–	866.00	
11.80	6.60	1.00	7.10	1.10	–	1095.00	×
9.80	8.00	4.50	27.50	19.70	0.25	1350.00	
10.00	8.80	–	25.90	22.50	–	1300.00	
10.00	–	–	–	22.40	0.29	1300.00	×
10.00	10.60	9.00	27.60	19.70	0.29	1250.00	×
8.05	–	0.44	–	2.90	–	139.00	×
4.60	3.60	0.40	0.50	–	0.08	26.60	
4.30	3.20	n. n.	0.70	0.50	–	737.20	
5.30	4.00	–	n. n.	n. n.	–	730.00	
19.00	20.50	–	–	–	–	42.80	×
6.60	2.50	0.10	37.80	30.30	0.05	8.10	×
3.30	–	6.00	–	–	0.14	39.70	
4.30	–	8.50	–	–	0.11	20.00	
3.01	–	5.26	–	5.90	0.08	11.30	×
2.60	–	11.00	–	–	–	12.00	
10.10	–	12.00	–	–	–	32.00	
11.70	–	0.20	–	0.60	0.08	6.80	×
10.10	–	0.61	–	–	0.29	8.05	×
11.50	–	–	–	–	–	12.90	×
2.40	–	6.46	–	–	0.08	12.84	
6.00	–	0.14	–	–	0.09	1230.00	×
8.20	–	3.60	–	–	0.13	1118.00	×
8.30	–	0.10	–	–	0.45	880.00	×
10.00	–	22.00	–	–	0.10	18.80	×
10.15	–	4.96	–	–	0.50	151.00	×
15.20	12.30	0.35	3.60	–	–	397.50	×
3.00	2.90	–	7.60	8.30	–	306.00	×
5.60	–	3.80	–	5.00	–	11.00	×
7.50	5.00	–	2.70	2.80	0.26	1202.00	×
8.00	8.20	4.00	5.90	6.00	–	6.70	×
14.00	8.60	15.90	19.50	17.80	0.08	51.40	×
2.50	1.60	1.90	3.70	0.60	–	5.00	×

Radioaktivität von Mineralwässern

Seit dem GAU in Tschernobyl achtet die Öffentlichkeit besonders auf die radioaktive Belastung von Nahrungsmitteln.

Strontium in Mineralwasser

Hier hat das Element Strontium im Mineralwasser die Trinker verunsichert. Es wird auf verschiedenen Flaschenetiketten ausgewiesen. Auf den ersten Blick meint mancher, diese Wässer seien besonders strahlenbelastet. Denn Strontium gehört – wie Cäsium – zum besonders langlebigen Tschernobyl-Abfall.

Mineralwasser-Strontium ist nicht radioaktiv

Radioaktiv sind allerdings nur die in Atommeilern oder bei Kernwaffenexplosionen *künstlich* erzeugten Strontium-Isotopen* 89 und 90. Das im Mineralwasser vorkommende Strontium ist aber *natürlichen* Ursprungs. Es ist *nicht* radioaktiv und auch ansonsten unschädlich. Wir nehmen davon täglich auch ohne Mineralwasser 1 bis 4 Milligramm zu uns.

Natürliche Radioaktivität von Mineralwässern

Mineralwässer sind deswegen aber nicht frei von Strahlung. Wie die Umwelt, der sie entstammen, weisen auch sie immer einen *natürlichen Gehalt* an Radioaktivität auf. Dieser ist in der Regel höher als bei Trinkwasser, weil Mineralwässer sich länger im Boden aufhalten; dadurch lösen sie neben den erwünschten Mineralien immer auch mehr von solchen Stoffen aus, die natürlich radioaktiv sind –

* ISOTOPE sind mögliche Varianten ein und desselben Elementes (im großen und ganzen vergleichbar den unterschiedlichen Ausführungen einer bestimmten Modellreihe etwa von Automobilen).

z.B. Radium^{226}, das je nach Region mehr oder minder in kristallinen Gesteinen vorkommt.

Bundesgesundheitsamt mißt nach

In den letzten Jahren hat das Bundesgesundheitsamt 760 Trinkwässer und 166 handelsübliche Flaschenwässer auf Radium^{226} untersucht. Ergebnis: Die Mineralwässer enthielten im Schnitt sechseinhalbmal mehr des radioaktiven Stoffes als Trinkwasser. Davon ausgehend, daß täglich nicht mehr als ein halber Liter Mineralwasser getrunken wird, kamen die Experten des Bundesgesundheitsamtes zu dem Schluß: »Das durch Mineralwasser bedingte hypothetische Gesundheitsrisiko liegt im Bereich dessen, was wir als Risiko der Schwankungsbreite der natürlichen Strahlenexposition bereit sind zu akzeptieren.«

Besonderes Risiko für Kleinkinder?

Gleichzeitig gibt Ingbert Gans vom *Institut für Wasser-, Boden- und Lufthygiene* des Bundesgesundheitsamtes (in ›The Science of the Total Environment‹, 45, Amsterdam 1985, S. 98) zu bedenken, daß eine besondere Aufmerksamkeit auf das Risiko für Kleinkinder gerichtet werden muß, deren Nahrung ggf. mit Mineralwasser angerührt wird.

Das Bundesgesundheitsamt zum Risiko von Mineralwasser-Radioaktivität für Kleinkinder…

Auf diesen Hinweis angesprochen und um Genauigkeit gebeten, erwiderte das Bundesgesundheitsamt dem Autor dieses Buches:

»Ihre Anfrage bezüglich natürlicher Radionuklide in Mineralwässern wird wie folgt beantwortet:

Bei dem von Ihnen zitierten Artikel handelt es sich um die Veröffentlichung eines Vortrages, der auf einer wissenschaftlichen Veranstaltung über die zivilisatorisch erhöhte natürliche Strahlenexposition und Folgerungen für administratives Eingreifen gehalten wurde. Der von Ihnen angesprochene Hinweis richtete sich an die versammelten Fachleute und nicht an junge Eltern. Er faßt den damaligen Stand der wissenschaftlichen Diskussion zusammen.
Für Abschätzungen des gesundheitlichen Risikos ionisierender Strahlung bietet die natürliche Strahlenexposition und ihre Schwankungsbreite ein geeignetes Bezugssystem. In der Vergangenheit am weitesten erforscht war von dieser natürlichen Strahlenexposition die Komponente der externen Bestrahlung im Freien und in Gebäuden. In den letzten Jahren ist mit großem Aufwand die inhalative Komponente, Radon und seine Folgeprodukte, untersucht worden. Für die externe Strahlendosis wurde in der Bundesrepbulik eine mittlere Schwankungsbreite von 0,5 mSv/a [= 500 Millirem jährlich] Ganzkörperdosis ermittelt. Für die Inhalationsdosis liegt der entsprechende Wert noch höher.
Wie in der von Ihnen zitierten Publikation ausgeführt, ist die Schwankungsbreite des Gesundheitsrisikos, dem Erwachsene durch Mineralwasserkonsum ausgesetzt sind, von ähnlicher Größe wie die Schwankungsbreite des Gesundheitsrisikos durch externe Strahlung.
Inzwischen durchgeführte Abschätzungen zur Strahlenexposition infolge der Verwendung von Mineralwasser zur Zubereitung von Babynahrung haben ergeben, daß die damals für Erwachsene getroffene Aussage auch auf Säuglinge ausgedehnt werden kann. Diese von Ihnen zitierten ›besonderen‹ Betrachtungen des Problems haben damit ergeben, daß administrative Regelungen nicht erforderlich sind.

Mit freundlichen Grüßen
Prof. Dr. G. von Nieding«

Anhang

Wässer nach Regionen

(zeigt, was der einzelne in seiner Nachbarschaft finden kann, und wo Deutschlands Mineralwasser-Provinzen liegen...)

Wässer nach Regionen

○ = Mineralwasser
■ = Heilwasser
□ = Heil- und Mineralwasser
● = Trinkwasser
♦ = Mineral-Heiltafelwasser
◊ = Quellwasser
× = in diesem Buch besprochen

	PLZ	Marke	Quellort	
○	1000	Fürstenbrunn	Berlin	
○	1000	Spreetaler	Berlin	
○	2000	Alstertaler	Norderstedt	
○	2000	Hella	Hamburg	
○	2000	Jakobus	Hamburg	
○	2000	Nord-Quelle	Hamburg	
○	2055	Fürst Bismarck Quelle	Aumühle (Sachsenwald)	×
○	2057	Reinbeker Schloßquelle	Reinbek	
○	2333	Wittenseer Quelle	Groß Wittensee	×
○	2351	St. Michaelis	Trappenkamp	
○	2803	Weyher Mineralbrunnen	Weyhe	
○	2814	Vilsa	Bruchhausen-Vilsen	
○	3257	Graf Hallermunt	Springe	
○	3260	Extaler	Rinteln	
○	3280	Bad Pyrmonter	Bad Pyrmont	
○	3320	Stephensbrunnen	Salzgitter	
○	3380	Hahndorfer Georgsquelle	Goslar	
○	3380	Harzer Grauhof Brunnen	Grauhof (Harz)	×
○	3380	Okertaler	Goslar	
○	3388	Bad Harzburger	Bad Harzburg	
○	3388	Juliushaller	Bad Harzburg	
○	3394	Harzer Kristallbrunnen	Langelsheim	
○	3411	Katlenburger	Katlenburg	
○	3490	Bad Driburger	Bad Driburg	
■	3490	Bad Driburger Bitterwasser	Bad Driburg	
■	3490	Caspar-Heinrich-Quelle	Bad Driburg	
○	3509	Wildsberg-Quelle	Beiseförth	
○	3527	Johanniter Quelle	Calden	
○	3527	Wilhelmstaler	Calden	

	PLZ	Marke	Quellort	
○	3530	Diemeltaler Quelle	Warburg	
○	3530	Germeta Quelle	Warburg	
○	3584	Kellerwald	Zwesten	
■	3584	Zwestener Löwenquelle Heilwasser	Zwesten	×
○	3584	Zwestener Löwensprudel	Zwesten	×
■	3590	Bad Wildunger Georg-Viktor-Quelle	Bad Wildungen	
■	3590	Bad Wildunger Helenenquelle	Bad Wildungen	
■	3590	Bad Wildunger Reinhardsquelle	Reinhardshausen	
○	4100	Rheinfels Quelle	Duisburg	×
○	4230	Vesalia-Quelle	Wesel	
○	4270	Durstina	Dorsten	
○	4290	Atlantis Quelle	Bocholt	
○	4300	Alt-Bürgerbrunn	Essen	
○	4300	Assindia	Essen	
○	4300	Burgwallbronn	Essen	
○	4300	Stiftsquelle	Essen	
○	4473	Emsland-Quelle	Haselünne	
○	4516	Ewinaris	Wersche	
○	4600	Ardey	Dortmund	
○	4600	Reinoldus-Brunnen	Dortmund	
○	4630	Fortis	Wattenscheid	
○	4630	Herzog-Quelle	Bochum	
○	4630	Lohberg	Bochum	
■	4630	Sankt Martin	Wattenscheid	×
○	4630	Shop	Wattenscheid	
○	4630	Stadion	Wattenscheid	
○	4690	Hetali	Herne	
○	4800	Carolinen-Quelle	Bielefeld	
○	4800	Christinen-Brunnen	Bielefeld	
○	4800	Juwel	Bielefeld	
○	4800	Osning-Brunnen	Bielefeld	
○	4807	Marien-Brunnen	Borgholzhausen	
○	4807	Ravenna Brunnen	Borgholzhausen	
○	4934	Staatlich Bad Meinberger	Bad Meinberg	
○	4939	Graf Metternich Brunnen	Vinsbeck	
○	4972	Steinsieker	Löhne	
○	4972	Werretaler	Löhne	
○	5100	Aachener Kaiserbrunnen	Aachen	×
○	5100	Granus Sprudel	Aachen	×
○	5300	Bad Godesberger	Bad Godesberg	
○	5303	Markusbrunnen	Bornheim	
○	5303	Roisdorfer	Roisdorf	
○	5340	Aegidius Brunnen	Bad Honnef	

	PLZ	Marke	Quellort	
○	5340	Bad Honnefer	Bad Honnef	
○	5401	Frische Brise	Rhens	
■	5401	Kaiser Ruprecht Heilquelle	Rhens	×
○	5401	Perling	Rhens	
○	5401	Rhenser Mineralbrunnen	Rhens	×
■	5420	Victoria Lahnsteiner Heilquelle	Oberlahnstein	×
○	5420	Victoria Lahnsteiner Mineralquelle	Oberlahnstein	×
■	5427	Emser Kränchen	Bad Ems	×
○	5442	Reginaris	Mending am Laacher See	×
○	5462	Arienheller Brunnen	Bad Hönningen	
○	5462	Hubertus Sprudel	Bad Hönningen	
○	5472	Burg-Quelle	Plaidt	
○	5472	Nereus-Quelle	Plaidt	
■	5474	Bad Tönissteiner Heilbrunnen	Brohl	×
○	5474	Brohler Stille Quelle	Brohl	
○	5474	Tönissteiner Römerfüllung	Brohl	×
○	5475	Rhodius Fellbuhr-Quelle	Burgbrohl	×
○	5480	Johannis Quell	Vulkaneifel	×
○	5483	Apollinaris	Bad Neuenahr	×
■	5483	Bad Neuenahrer Heilwasser	Bad Neuenahr	×
■	5483	Heppinger	Bad Neuenahr	×
○	5485	Sinziger	Sinzig	×
■	5485	Sinziger Heilquelle	Sinzig	×
○	5530	Flora-Brunnen	Gerolstein (Vulkaneifel)	
○	5530	Gerolsteiner Sprudel	Gerolstein (Vulkaneifel)	×
■	5530	St. Gero	Gerolstein (Vulkaneifel)	×
■	5535	Birresborner Adonis-Quelle	Birresborn	
○	5535	Birresborner Phönix	Birresborn	
○	5568	Dauner	Daun	
■	5568	Dunarisbrunnen	Daun	
○	5569	Nürburg-Quelle	Dreis	
○	5657	Haaner Felsenquelle	Haan	×
○	6000	Luisen Brunnen	Nieder-Erlenbach	×
■	6050	Kaiser Friedrich Heilquelle	Offenbach (Main)	×
○	6050	Kaiser Friedrich Quelle	Offenbach (Main)	×
○	6093	Bad Weilbacher Herzog-Adolf-Quelle	Bad Weilbach	
○	6148	Odenwald Quelle	Heppenheim	
○	6231	Schwalbacher Schöffengrund	Schwalbach	
○	6251	Selters	Selters (Taunus)	×

	PLZ	Marke	Quellort	
■	6251	Staatl. Fachingen	Fachingen (Lahn)	×
■	6251	Stilles Selters	Selters (Taunus)	×
○	6277	Emstaler Brunnen	Oberselters	×
■	6277	Kurselters	Oberselters	×
○	6277	Oberselters Mineralbrunnen	Oberselters	×
■	6293	Friedrich Christian Heilquelle	Löhnberg	
○	6293	Graf Bernhard Quelle	Löhnberg	
○	6293	Löhnberger	Löhnberg	
○	6293	Neuselters Mineralquelle	Löhnberg	×
○	6293	Selters	Selters (Lahn)	×
○	6293	Tann-Quell	Löhnberg	
○	6293	Ulmtal-Quelle	Löhnberg	
○	6300	Graf Meinhard Quelle	Gießen	
○	6337	Westerwald-Quelle	Leun	
○	6360	Staatl. Hess. Fortuna Quelle	Friedberg	
○	6365	Diana	Rosbach 1	
○	6365	Rosbacher Ur-Quelle	Rosbach (vor der Höhe)	×
○	6367	Selzer	Karben	
○	6368	Arkia	Bad Vilbel	
○	6368	Bad Vilbeler UrQuelle	Bad Vilbel	×
○	6368	Elisabethen-Quelle	Bad Vilbel	
○	6368	Hassia Sprudel	Bad Vilbel	×
○	6368	Hermanns Quelle	Bad Vilbel	
○	6368	Hessen-Quelle	Bad Vilbel	
○	6368	Kronia	Bad Vilbel	
○	6368	Salustra	Bad Vilbel	
○	6368	Schattia Mineralsprudel	Bad Vilbel	
○	6400	Fuldaer Rhön-Quelle	Fulda	
○	6405	Förstina	Eichenzell	
○	6408	Rhön-Sprudel	Weyhers	×
○	6408	Weyherser Mineralbrunnen	Weyhers	
○	6427	Salzschlirfer	Bad Salzschlirf	
■	6430	Bad Hersfelder Lullusbrunnen	Bad Hersfeld	
■	6430	Bad Hersfelder Vitalisbrunnen	Bad Hersfeld	
○	6465	Spessart-Quelle	Biebergemünd-Rossbach	
○	6589	Hochwald Sprudel	Schwollen	
○	6589	Schwollener Sprudel	Schwollen	
○	6950	Pfalzgrafen Quelle	Mosbach-Neckarelz	×
■	6990	Bad Mergentheimer Albertquelle	Bad Mergentheim	
■	6990	Bad Mergentheimer Karlsquelle	Bad Mergentheim	
○	7031	Rohrauer-Sprudel	Gärtingen-Rohrau	

	PLZ	Marke	Quellort	
○	7050	Beinsteiner	Beinstein	
■	7050	Elisabethenquelle	Waiblingen-Beinstein (Remstal)	×
○	7050	Remstal Sprudel	Waiblingen-Beinstein (Remstal)	×
○	7068	Schurwald-Sprudel	Urbach	
○	7068	Urbacher	Urbach	×
○	7100	Kimi	Heilbronn	
○	7101	Teusser	Teusserbad	
○	7123	Fontanis	Spielberg	
■	7140	Lamscheider Stahlbrunnen	Ludwigsburg	
■	7140	Thauma-Eisen-Heilquelle	Ludwigsburg	
○	7152	Kloster-Quelle	Aspach	
○	7152	Marco Mineralquelle	Aspach	
■	7152	Marco Quelle Heilwasser	Aspach	×
○	7152	Rietenauer Heiligenthalquelle	Bad Rietenau	×
■	7170	Schwäbisch Haller St.Ulrich-Quelle	Schwäbisch Hall	×
○	7170	Schwäbisch Haller Wildbadquelle	Schwäbisch Hall	×
○	7240	ETA Eyachtal-Quelle	Horb	
○	7240	Mühringer	Mühringen	
○	7245	Starzacher	Starzach	
○	7263	Bad Liebenzeller Mineral-Therme	Bad Liebenzell	×
■	7263	Paracelsus-Quelle	Bad Liebenzell	×
■	7264	Hirschquelle	Bad Teinach (Schwarzwald)	×
○	7264	Teinacher	Bad Teinach (Schwarzwald)	×
■	7320	Göppinger Christophsquelle	Göppingen	×
○	7320	Göppinger Mineralwasser	Göppingen	×
○	7320	Jebenhauser Sprudel	Jebenhausen	×
■	7347	Adelheidquelle	Bad Überkingen	×
○	7347	Überkinger	Bad Überkingen	×
■	7407	Bad Niedernauer Römerquelle	Rottenburg am Neckar	×
○	7407	Obernauer Löwensprudel	Obernau	
○	7410	Rommelsbacher Silberbrunnen	Reutlingen	
■	7440	Nürtinger Heinrichsquelle	Nürtingen	
○	7452	Filippo	Bad Imnau	
○	7452	Imnauer Apollo	Bad Imnau	×
○	7452	Imnauer Fürstenquelle	Bad Imnau	
○	7500	Alwa	Karlsruhe 41	
○	7519	Wüteria-Schloßbrunnen	Gemmingen	
■	7605	Freyersbacher Alexanderquelle	Bad Peterstal	×

	PLZ	Marke	Quellort	
○	7605	Freyersbacher Schwarzwälder Mineralwasser	Bad Peterstal	×
○	7605	Griesbacher	Griesbach	
○	7605	Josefsquelle	Bad Peterstal	
○	7605	Kurparkquelle	Bad Peterstal	
○	7605	Peterstaler Mineralwasser	Bad Peterstal	×
○	7605	Sophien-Quelle	Bad Peterstal	
■	7624	Leopoldsquelle	Bad Rippoldsau	×
○	7624	Rippoldsauer Mineralwasser	Bad Rippoldsau	×
○	7702	Randegger Ottilienquelle	Gottm.-Randegg	
○	7737	Dürrheimer Johannisquelle	Bad Dürrheim	
○	7737	Wittmannsthal-Quelle	Bad Dürrheim	
○	7844	Breisgauer	Neuenburg	
○	7846	Lieler Quelle	Schliengen-Liel	
○	7846	Lieler Schlossbrunnen	Schliengen-Liel	×
○	7951	Dietenbronner	Bad Dietenbronn	×
○	7964	Kisslegger	Kisslegg (Allgäu)	×
■	8227	Adelholzener Primus-Heilquelle	Bad Adelholzen	×
○	8398	Redinger	Pocking	
○	8530	Franken Brunnen	Neustadt	×
○	8532	Bad Windsheimer Residenz-Quelle	Bad Windsheim	×
○	8532	Bad Windsheimer Schönthal Quelle	Bad Windsheim	
■	8532	Bad Windsheimer St. Kiliani-Heilquelle	Bad Windsheim	×
○	8532	Meister-Perle	Külsheim	
○	8532	Rangau-Quelle	Külsheim	
■	8532	St. Anna	Bad Windsheim	×
■	8591	St. Linus	Pechbrunn	×
○	8674	Höllensprudel	Hölle	×
○	8674	Prinzenquelle	Naila	×
○	8729	Knetzgauer Steigerwald	Knetzgau	×
■	8730	Staatl. Bad Kissinger Luitpoldsprudel	Bad Kissingen	
■	8730	Staatl. Bad Kissinger Maxbrunnen	Bad Kissingen	
■	8730	Staatl. Bad Kissinger Rakoczy	Bad Kissingen	
■	8788	Bad Brückenauer Wernarzer Wasser	Bad Brückenau	
○	8830	Altmühltaler Quelle	Naturpark Atlmühltal	×
■	8830	St. Lambertus Altmühltaler Heilquelle	Naturpark Atlmühltal	×
○	CH-	Adelbodner	Adelboden	×
○	CH-	Aproz	Sitten (Wallis)	×
○	CH-	Aqui	Zürich	×
○	CH-	Henniez	Henniez (Waadtland)	×
○	CH-	Passugger	Passugg bei Chur (Graubünden)	×
○	CH-	Rhäzünser	Rhäzüns (Graub.)	×

	PLZ	Marke	Quellort	
■	CH-	Valser St. Petersquelle	Bad Vals (Graubünden)	×
○	CH-	Zurzacher	Bad Zurzach	×
♦	A-	Gasteiner	Badgastein	×
○	A-	Güssinger Mineralwasser	Güssing (Burgenland)	×
□	A-	Peterquelle	Deutsch Goritz (Steiermark)	×
□	A-	Preblauer	Perblau (Kärnten)	×
□	A-	Römerquelle	Edelstal (Burgenland)	×
□	A-	Severinquelle	Güssing (Burgenland)	×
◊	A-	Vöslauer	Bad Vöslau (Niederösterreich)	×
○	F-	Contrex	Contrexeville (Vogesen)	×
○	F-	Evian	Evian-les-Bains (Hoch-Savoyen)	×
○	F-	Perrier	Vergeze-Gard (Auvergne)	×
○	F-	Vichy Celestins	Vichy (Südfrankreich)	×
○	F-	Vittel	Vittel (Vogesen)	×
○	F-	Volvic	Puy-de-Dome (Auvergne)	×
○	YU-	Radenska	Radenci (Slowenien)	×
■	YU-	Rogaska-Quell	Rogaska Slatina (Slowenien)	×
○	I-	Ferrarelle	Riardo (Kampanien)	×
○	I-	S. Pellegrino	San Pellegrino Terme (Italien)	×
○	B-	Spa Reine	Spa (Belgien)	×
■	CSSR	Karlsbader Mühlbrunn	Karlovy Vary (Westböhmen)	×
■	H-	Hunyadi Janos	Ungarn	×

Stellungnahme des Bundesgesundheitsamtes zu Natrium-Grenzwerten in Trink- und Mineralwasser

Zur Frage eines Zusammenhangs zwischen Natriumgehalt (Enthärtung) des Trinkwassers und Bluthochdruck formulierte der Bundesgesundheitsrat 1983 ein auch heute noch gültiges Votum (abgedruckt im Anschluß an diesen Text), in dem Säuglinge als Zielgruppe genannt werden. 1983 und 1984 benannte die WHO (Weltgesundheitsorganisation) auch Hypertoniker als Risikogruppe.
Der Vergleich des Na-Gehalts des Neugeborenen (ca. 2g/kg) mit Ausscheidung und Bedarf für das Wachstum führt auf einen täglichen Minimalbedarf des Säuglings an Natrium von ca. 60mg pro Tag. Dieser Bedarf läßt sich problemlos mit Humanmilch (160mg/l Na), oder künstlicher Säuglingsfertignahrung (bis zu 470mg/l Na) decken. Als empfohlene Zufuhr sind bei der NAS*) 300mg (Säuglinge) bzw. 1400mg (Kleinkinder) Na pro Tag angegeben.
Wenn hiervon 40% über die Flüssigkeitszufuhr erfolgen sollen, so resultiert für Mineral- und Trinkwasser bei Säuglingen eine Obergrenze von 100–200mg/l. Trinkwasser mit seinem Grenzwert von 150mg/l ist also solchen Mineralwässern vorzuziehen, die z.B. mehr als 200mg Na/l enthalten, was auf eine ganze Reihe von Wässern zutrifft. Als mögliche Einschränkung für die Verwendung von Trinkwasser ist aber dessen Nitratgehalt zu beachten. Bei Überschreitung des Grenzwertes von 50mg/l NO_3^- empfiehlt das BGA die Verwendung nitratarmen, abgepackten Wassers (Bundesgesundheitsblatt 29 [1986]; 192–193).
Erwachsene mit freiem Zugang zu Kochsalz nehmen über den Nahrungsweg heute ca. doppelt so viel Natrium auf wie nötig wäre: 4–6**) g pro Tag. Trinkwasser mit seinem per Trinkwasser-Verordnung geregelten Höchstgehalt an Natrium von 150mg/l stellt von dieser Menge allenfalls einen Anteil von 6%, ist also für Menschen

*) National Academy of Sciences, USA (1980): Dietary Allowances

**) entsprechend 10–15g NaCl (Kochsalz) pro Tag

mit normalem Blutdruck unbedenklich. Ähnliches gilt für alle Mineralwässer, sofern sie nicht täglich literweise getrunken werden.
Wer natriumarm leben möchte, sollte dann nicht nur beim Mineralwasser ansetzen, sondern seine gesamte Aufnahme von Na über Lebensmittel zu reduzieren suchen. Der Beweis, daß er dann im Alter *nicht* an Bluthochdruck leiden wird, ist bisher allerdings noch nicht erbracht worden.
Wer also vorsorglich, ohne medizinische Indikation, einigermaßen natriumarm leben möchte, könnte sich als Obergrenze für den Natriumgehalt von Mineralwasser an einem Gehalt von 200–400 mg/l Na orientieren. Damit würden mit 1 l/Tag allenfalls 20% der Natriumaufnahme innerhalb einer mäßig natriumarmen Diät (2–3 g Natriumaufnahme pro Tag) erreicht. Auf diese Weise könnten sich vor allem Personen vorsorglich schützen, die wissen, daß sie familiär eine Disposition für Herz/Kreislauf-Krankheiten besitzen oder aufgrund anderer Risikofaktoren diesbezüglich gefährdet sind. Es ist klar, daß auch unter diesen Gesichtspunkten Trinkwasser keinen Risikofaktor darstellt. Als ernstzunehmende Risikogruppen verbleiben Säuglinge und Hypertoniker. Man hat Grund zu der Annahme, daß die Beachtung eines niedrigen Salzkonsums bereits zu Beginn des Lebens jene ca. 20% der Kinder vor späteren Herz/Kreislauf-Krankheiten schützen wird, die dafür genetisch disponiert sind oder im Lauf ihres Erwachsenwerdens aus anderen Gründen eine Disposition dafür entwickeln. Dementsprechend dürfen laut MTVO*) nur solche natürlichen Mineral-, Quell- und Tafelwässer als ›für die Säuglingsnahrung geeignet‹ deklariert werden, deren Natriumgehalt unter 20 mg/l liegt.
Was die ärztlich identifizierten Hypertoniker angeht, so wird für diesen Personenkreis eine tägliche Natriumaufnahme von bis herab zu 0,5 oder 1 g empfohlen (EPA, NAS). Dies ist der geschätzte tägliche Minimalbedarf des Erwachsenen. Dementsprechend liegen die Grenzwerte der derzeit noch gültigen Diätverordnung für Natrium in Lebensmitteln bei 120 mg pro 100 g Lebensmittel. Lebensmittel, auch Mineralwasser, mit diesem Natriumgehalt werden als ›natriumarm‹, solche mit 40 mg/100 g als ›streng natriumarm‹ eingestuft.
Es ist aber klar, daß ein Hypertoniker, der täglich vielleicht einen Liter ›streng natriumarmes‹ Mineralwasser tränke, das 0,4 g Na pro Liter enthalten darf, sich nur schwierig natriumarm ernähren

---

*) Mineral- und Tafelwasser-Verordnung

könnte. Es würde das empfohlene Natrium-Kontingent bereits durch den Genuß von Mineralwasser zur Hälfte auffüllen. Hinzu käme zumindest der natürliche Gehalt pflanzlicher Lebensmittel an Natrium, der eine unvermeidbare tägliche Zufuhr von wenigstens 500 mg bedingt. ›Streng natriumarmes‹ Mineralwasser laut derzeitiger Fassung der Diätverordnung entspricht also nicht den besonders strengen Natrium-Vermeidungskriterien eines Hypertonikers. Der Verordnungsgeber beabsichtigt demnächst aber eine Änderung der Diätverordnung und Nährwertkennzeichnungsverordnung, wonach künftig bei natriumarmen Getränken im Hinblick auf die Aufnahme größerer Mengen ein wesentlich geringerer Höchstwert vorgeschrieben wird. Der Grenzwert von 20 mg Natrium pro Liter nach der MTVO bleibt davon aber unberührt. Bei den ›streng natriumarmen‹ diätetischen Lebensmitteln werden in Zukunft unter Beibehaltung des Höchstwertes (40 mg / 100 g) die Getränke ausgenommen.

Ist also der Natriumgehalt der örtlich verfügbaren Mineralwässer nicht bekannt, so ist der maßvolle Konsum von Trinkwasser mit seinen höchstens 150 mg / l Na gegenüber den bislang noch als ›streng natriumarm‹ deklarierten Mineralwässern für diesen Personenkreis als das kleinere Übel anzusehen. Mineralwässer mit weniger als 100 oder 150 mg / l Na sind allerdings reichlich verfügbar, so daß Hypertoniker nicht auf den Genuß von Mineralwasser, aber auch nicht auf den von Trinkwasser verzichten müssen.

Der Bundesgesundheitsrat zur Frage eines Zusammenhangs zwischen Natriumgehalt (Enthärtung) von Trinkwasser und Bluthochdruck

Vollversammlung des Bundesgesundheitsrates

In der Vollversammlung des Bundesgesundheitsrates vom 12. 10. 1983 wurde zu zehn Fragen gesundheitspolitischer und medizinischer Probleme Stellung genommen.

Zu der Frage,

»Ist angesichts der nicht mehr vereinzelt wissenschaftlichen Veröffentlichungen über mögliche Zusammenhänge zwischen bestimmten Erkrankungen des Herz-Kreislauf-Systems und der Wasserhärte eine Enthärtung unseres Trinkwassers zu verantworten?«,

erstattet der Bundesgesundheitsrat folgendes Votum:

1. Eine Wertung der in der nationalen und internationalen Literatur vorliegenden Publikationen und neuere Untersuchungen des Instituts für Sozialmedizin und Epidemiologie sowie des Instituts für Wasser-, Boden- und Lufthygiene des Bundesgesundheitsamtes erlauben den Schluß, daß ein Einfluß von Trinkwasserinhaltsstoffen auf die Kranheiten des Kreislaufsystems nicht nachzuweisen ist.
   Weitere Untersuchungen über den Zusammenhang zwischen Trink- und Ernährungsgewohnheiten, Trinkwasserinhaltsstoffen und Herz-Kreislauf-Erkrankungen unter Berücksichtigung einer Reihe von bekannten und vermuteten Risikofaktoren erscheinen auch angesichts ihrer hohen Kosten zur Klärung der hier gestellten Frage nicht gerechtfertigt.
2. Der Bundesgesundheitsrat rät von einer Enthärtung (Entzug von Kalzium- und Magnesiumionen aus dem Wasser) des zum menschlichen Genuß bestimmten Wassers ab. Dafür sind folgende Gründe maßgeblich:

a) Eine zu weitgehende Enthärtung des Wassers sollte unterbleiben, da eine Versorgung des Organismus mit Mineralstoffen aus dem Trinkwasser wünschenswert ist.
b) Bei einer Enthärtung über Ionenaustauscher werden dem Trinkwasser größere Mengen *unerwünschten Natriums zugeführt, die besonders Säuglinge gefährden können.*
c) Im Haushalt ist eine sachgemäße Bedienung und Wartung der Geräte und Einrichtungen zur Enthärtung nicht gewährleistet. Hieraus entstehen zusätzliche hygienische Gefahren. Wenn eine Enthärtung des Brauchwassers für Wasch- und Spülmaschinen, Heißwasser- und andere Geräte notwendig erscheint, sollte die Installation so eingerichtet werden, daß das zum Kochen und Trinken bestimmte Wasser evtl. durch eine gesonderte Leitung für die Küche von der Enthärtung unberührt bleibt.

3. Für eine zentrale Teilenthärtung sehr harter Wässer durch das Wasserwerk bestehen diese Bedenken nicht, sofern eine Erhöhung des Natriumgehaltes unterbleibt.

Bundesgesundheitsblatt 27 (1984), 1:14–16

Quellen, nach denen die Werte der Erschließungslisten von Teil III zitiert wurden

1 Institut Fresenius, Taunusstein
2 Herstellerangaben laut Etikett
3 Laboratorium für Wasseruntersuchungen, Hannover (Prof. Höll)
4 Laboratorien des französischen Gesundheitsministeriums
5 Abteilung für Chemie der Universität Ljubljana
6 Institut Bouissin Bertand, Montpellier
7 Institut für angewandte Chemie, Stuttgart (Prof. Gockl)
8 Institut für Wasserchemie und Chemische Balneologie der TU München (Prof. Quentin)
9 Chemisches Untersuchungsinstitut Dr. Gerhard Wiegleb, Leonberg
10 Geologisches Landesamt Baden-Württemberg, Freiburg
11 Chemisches Laboratorium Romeis, Burkardroth
12 Institut Dr. E. Nuss, Bad Kissingen
13 Institut für Anorganische, Analytische Chemie, Universität Graz
14 Untersuchungsinstitut Dr. Horst Fast / Dr. Walter Jäger, Konstanz
15 Chemisches Laboratorium G. Wargin
16 Hygienisch Bakteriologisches Institut, Bielefeld
17 Chemisches Laboratorium Dr. Stavenow
18 Chemisches Untersuchungsamt der Stadt Bochum
19 Hygiene-Institut der Universität Bonn
20 Prof. Dr. E. Thofern, Universität Bonn
21 Laboratorium Dr. Handloser, Bielefeld
22 Chemisches Institut Dr. W. Jäger, Tübingen
23 Institut LGU, Hildesheim
24 Chemisches Labor Dr. Peter Nehring, Braunschweig
25 Herstellerangaben
26 Biologisches Laboratorium Weiterstadt
27 Sektion Wasserchemie und Chemische Balneologie der Klinik für Physikalische Medizin, Balneologie und Rheumatologie der Universität Gießen

28 Stadtwerke (der jeweiligen Gemeinde)
29 Ernährungs-Umschau 33 (1986) Heft 12, S. 390f.
30 Bundesstaatliche Anstalt für exp.-pharmakologische und balneologische Untersuchungen, Wien
31 Zentrum für die Entwicklung und wissenschaftliche Erforschung von Mineralwässern, Maribor
32 Bundesanstalt für chemische und pharmazeutische Untersuchungen
33 Bundesversuchs- und Forschungsanstalt Arsenal
34 Hydrologisches Institut der Universität Clermont-Ferrand
36 Istituto d'Igiene der Universität Neapel
37 Große Heilwasseranalyse von Univ.-Prof. F. Scheminzky und Ing. E. Komma
38 Kantonal waadtländisches Laboratorium

Heilbrunnen-Großhändler in der Bundesrepublik Deutschland

Mitglieder des Verbandes Deutscher Heilbrunnen-Großhändler e.V.
4005 Meerbusch 1, Marienburger Straße 16, Telefon (02105) 76226

5100 Bad Aachen, Julius Schultz KG, Matthiashofstr. 32 (Ecke Franzstr.), Tel. (0241) 22441

2907 Achim 3, ›TRINKs Bremen‹, Theodor-Barth-Straße 31, Tel. (0421) 488035

5770 Arnsberg, J. Korte, Inh. P. Korte, Wenniglohe̱r Straße 4, Tel. (02931) 3503

8900 Augsburg 11, Otto Pachmayr, Mineralwasser KG, 8904 Friedberg, Liebigstr. 20, Tel. (0821) 603003

8600 Bamberg, Joh. Bapt. Stöcklein, Inh. Hans Mahr, Nonnenbrücke 9, Tel. (0951) 27818

1000 Berlin 20, Brunnenversand Siemens GmbH & Co. KG, Nonnendamm Allee 28, Tel. (030) 3342041

1000 Berlin 42, ›TRINKs Berlin‹, Alboinstraße 82–110, Tel. (030) 75009-0

4800 Bielefeld 17, Brunnenhaase Mineralbrunnen oHG, Friedrich-Hagemann-Straße 42, Tel. (0521) 38088/89

5300 Bonn 1, Fritz Becker GmbH, Getränke-Großvertrieb, Brühlerstr. 26, Tel. (0228) 662077-78

3300 Braunschweig 1, Brunnenhaase Mineralbrunnen oHG, Gartenkamp 84, Tel. (0531) 52091

8630 Coburg, Jusa-Betriebe oHG, Gebr. Sagasser, Callenbergerstraße 16, Tel. (09561) 75075

4600 Dortmund 1, Friedrich Lübert GmbH, Gutenbergstraße 70/72, Tel. (0231) 142015/16

4000 Düsseldorf 30, Johann Kierdorf, Tussmannstraße 76, Tel. (0211) 484471

4100 Duisburg, ›TRINKs Duisburg‹, Philosophenweg 17a, Tel. (0203) 20387

5427 Bad Ems, Rudolf Eisfeller GmbH & Co. KG, Lahnstraße 42, Tel. (02603) 2362

8520 Erlangen-Tennenlohe, Raiser u. Heller, Wetterkreuz 24, Tel. (09131) 603733

4300 Essen 1, Mineralbrunnen Schubert, Söllingstraße 26–28, Tel. (0201) 225006

6301 Fernwald 3, Jean Weisel, Inh. E. Hartung, Hattenröder Weg 10a, Tel. (06404)4388
2390 Flensburg-Mürwik, Pabsch u. Sohn oHG, Blasberg 12a, Tel. (0461)37707
6000 Frankfurt (Main) 90, Brunnenhaase Mineralbrunnen oHG, Solmsstraße 93, Tel. (0611)779069
5948 Fredeburg, Hugo Schauerte KG; Wehrscheid 11, Tel. (02974)275/457
2321 Grebin/Holst., Hornilius u. Bünning oHG, Tel. (04383)333/34
5270 Gummersbach 1, Erlinghagen, Nachfolg.: Kürschgen, Am Brink 21, Tel. (02261)67799
5800 Hagen, Gustav Schulte KG, Overbergstraße 134, Tel. (02331)65225
2000 Hamburg 50, ›TRINKs Hamburg‹, Boschstraße 26, Tel. (040)898151
2087 Hamburg-Bönningstedt, Brunnenhaase Mineralbrunnen oHG, Nordring 10, Tel. (040)5566638/39
4700 Hamm 1, Gebr. Schürmann GmbH & Co. KG, Widumstraße 22/28, Postfach 2369, Tel. (02381)5601
3000 Hannover 21, Brunnenhaase Mineralbrunnen oHG, Entenfangweg 11, Tel. (0511)757051-53
6900 Heidelberg, Schaaff & Co., Wieblinger Weg 97, Tel. (06221)81007
9662 Helmbrechts, Getränkevertrieb Albert Deuerlein, Presseckerstraße 21, Tel. (09252)5010
4690 Herne-Holthausen 1, August Humpert, Bruchstraße 140, Tel. (02323)31521
2250 Husum, Herbert Petersen GmbH & Co. KG, Gutenbergstraße 24–26, Tel. (04841)71031
6750 Kaiserslautern, Getränke-Koch GmbH, Mühlstraße 59/61, Tel. (0631)70076
2358 Kaltenkirchen, Heinrich Siems KG, Hamburger Straße 28, Tel. (04191)2238
7500 Karlsruhe 1, Bahm & Bassler, Inh. Rudolf Holzky, Zimmerstraße 3, Tel. (0721)698455
3500 Kassel-Bettenhausen, Brunnenhaase Mineralbrunnen oHG, Leipziger Straße 90, Tel. (0561)572021
2300 Kiel 1, ›TRINKs Kiel‹, Suchskrug 5–7, Tel. (0431)542066
2121 Kirchgellersen, ›TRINKs Lüneburg‹, Lüneburger Straße 7, Tel. (04135)7121
6654 Kirkel (Saar), Johann Nebgen, Waldstraße 4, Tel. (06849)414

6570 Kirn/Nahe, Getränke Jung GmbH, Meckenbacher Weg 28, Tel. (06752) 8255
5000 Köln 51, W. Custor Nachf. KG, Mannsfelderstraße 30/32, Tel. (0221) 372758
5000 Köln 90, Brunnenhaase Mineralbrunnen oHG, Hansestraße 3, Tel. (02203) 38617/8
7316 Köngen, Getränke Haug KG, Bahnhofstr. 29, Tel. (07024) 8929
4150 Krefeld 1, Jakob Bayen, Bleichpfad 20, Tel. (02151) 1005
2400 Lübeck, ›TRINKs Lübeck‹, Schwertfegerstraße 16/18, Tel. (0451) 891051
2120 Lüneburg, Getränke-Vertrieb H. Mundt, Inh. C. Gutbier, Bleckeder Landstraße 5, Tel. (04131) 51170
6500 Mannheim 23, Wilhelm Müller GmbH & Co. KG; Neckarauer Straße 161–175, Tel. (0621) 816041
6800 Mannheim 81, Peter Rixius, Getränke-Handel KG, Helmertstraße 4–6, Tel. (0621) 850050
4130 Moers 1, Getränke Brücker GmbH, Klever Straße 1, Tel. (02841) 24250
4050 Mönchengladbach, Herm. Pesch, Gutenbergstraße 29, Tel. (02161) 602451
4050 Mönchengladbach 2, Robert Reichert GmbH & Co. KG, Erftstraße 49, Tel. (02166) 80087
8000 München 50, O. Pachmayr, Mineralwasser KG, Triebstraße 37, Tel. (089) 14990920
4400 Münster, Ferd. Meyer, Dieckstraße 12–14, Tel. (0251) 36416
5483 Bad Neuenahr-Ahrweiler 31, Dieter Schaefer GmbH u. Co. KG, Ehlingerstr. 47, Tel. (02641) 21071-74
2350 Neumünster, Ludwig Hanff, Stoverweg 38, Tel. (04321) 5071
8500 Nürnberg, Getränke Pfleghardt GmbH, Lenkersheimerstraße 10, Tel. (0911) 32424/25
2900 Oldenburg, Hans Fr. Bruns, Wunderburgstraße 134/136, Tel. (0441) 25168
3579 Ottrau 1, Erwin Hartung, Ortsstraße 12, Tel. (06639) 303
7530 Pforzheim, Getränke Ackermann, Bleichstraße 70, Tel. (07231) 24330
2061 Pinneberg-Prisdorf, Ernst-Schmidt, Werkstraße 12, Tel. (04101) 7814
6790 Pirmasens, Getränke Gross oHG, Sirnter Straße 24, Tel. (06331) 73034
4350 Recklinghausen-Süd, Gerhard Werner Getränkevertrieb GmbH & Co. KG, König-Ludwig-Straße 7, Tel. (02361) 7045

5205 St. Augustin 3 - Menden, Helmut Siebel GmbH & Co. KG, Siegstraße 2b, Tel. (02241) 311623

7000 Stuttgart 80, W. Benz Söhne, Industriestraße 51–61, Postfach 800109, Tel. (0711) 78802-0

8752 Waldaschaff, Bernhard Büttner, Aschaffenburger Straße 199, Tel. (06095) 1031/32

4712 Werne, Max Krietemeyer GmbH & Co. KG, Klöcknerstraße 6, Tel. (02389) 5091

6200 Wiesbaden, Richard Müller GmbH u. Co., Assmannshäuser Straße 30–32, Tel. (06121) 48041

8700 Würzburg 1, Brod & Mehling, Krankenkai, Postfach 5332, Tel. (0931) 52235

8700 Würzburg, Getränke Schubert GmbH, Zeppelinstraße 3a, Tel. (0931) 73068

5600 Wuppertal, Brunnenhaase Mineralbrunnen oHG, Güterbahnhof Mirke, Tel. (0202) 751015

Literaturhinweise

›Akt. Ernähr.‹ 10 (1985) 1 – 3, Stuttgart-New York
›Akt. Ernähr.‹ 11 (1986) 14 – 19, Stuttgart-New York
›Alles über Wein‹ (Nr. 2), Mainz 1986
›Bild der Wissenschaft‹ (Sonderdruck Mineralwasser), Stuttgart 1984
›Der Mineralbrunnen‹ (April 1987)
›Der Mineralbrunnen‹ (März 1974, Juli 1975)
›Der Mineralbrunnen‹ Sonderdruck (März 1987)
›Der Naturbrunnen‹ (Nr. 9) 1957
›Der Spiegel‹ (Nr. 19, 40, 50) 1986
›Die Welt‹ (Nr. 260) 1979
›Ernährungs-Umschau‹ 33 Heft 12 (1986)
›Essen & Trinken‹ (Nr. 6) 1984
›Getränke-Markt‹ (März 1986)
›HP-Heilkunde‹ (Jul./Aug. 1986)
›Handelsblatt‹ (4. Mai) 1982
›Hochdruck‹ 1 (1985)
›Medical Tribune‹ Nr. 10 (März 1987)
›Rheinischer Merkur/Christ und Welt‹ Nr. 39 (19. September 1986)
›Science Total Environment‹, 45 (1985) Amsterdam
›Sunday Times Magazine‹ (3. 2. 1980)
›Time‹ (Nr. 20), New York 1985
›Öko-Test‹ (März), Frankfurt 1987
›natur – Das Umweltmagazin‹ (März), München 1987
›test‹ (Heft 6) 1986
Deutscher Bäderkalender, Gütersloh 1985
Elmadfa, I.: *Die große Vitamin- u. Mineralstoff-Tab.,* München 1984
Fachgespräch Überwachung der Umweltradioaktivität (Bundesminister des Inneren)
Green, Maureen und Timothy: *Mineralwasser, Die besten Marken der Welt,* München 1987
Schneider, Wilhelm: *Stirbt das Wasser, stirbt der Mensch,* Bergisch Gladbach 1986
Scholz, Heinz: *Mineralstoffe und Spurenelemente,* Stuttgart 1980
Wiesenberger, Arthur von: *OASIS The Complete Guide to Botteled Water Throughout the World,* Santa Barbara 1978